广视角·全方位·多品种

权威·前沿·原创

皮书系列为
“十二五”国家重点图书出版规划项目

印度洋地区蓝皮书

BLUE BOOK OF THE INDIAN OCEAN REGION

印度洋地区发展报告（2014）

ANNUAL REPORT ON THE DEVELOPMENT OF THE INDIAN OCEAN REGION (2014)

印度洋地区国际关系

顾　问／吴建民
主　编／汪　戎
副主编／朱翠萍　万广华

社会科学文献出版社
SOCIAL SCIENCES ACADEMIC PRESS (CHINA)

图书在版编目(CIP)数据

印度洋地区发展报告. 2014，印度洋地区国际关系/汪戎主编.
—北京：社会科学文献出版社，2014. 3
（印度洋地区蓝皮书）
ISBN 978 - 7 - 5097 - 5704 - 8

Ⅰ. ①印… Ⅱ. ①汪… Ⅲ. ①南亚 - 研究报告 ②国际关系 - 研究报告 - 南亚 Ⅳ. ①D735 ②D835. 02

中国版本图书馆 CIP 数据核字（2014）第 035347 号

印度洋地区蓝皮书
印度洋地区发展报告（2014）
——印度洋地区国际关系

顾　　问 / 吴建民
主　　编 / 汪　戎
副 主 编 / 朱翠萍　万广华

出 版 人 / 谢寿光
出 版 者 / 社会科学文献出版社
地　　址 / 北京市西城区北三环中路甲 29 号院 3 号楼华龙大厦
邮政编码 / 100029

责任部门 / 经济与管理出版中心（010）59367226　　责任编辑 / 张景增
电子信箱 / caijingbu@ ssap. cn　　责任校对 / 岳书云
项目统筹 / 恽　薇　蔡莎莎　　责任印制 / 岳　阳
经　　销 / 社会科学文献出版社市场营销中心（010）59367081　59367089
读者服务 / 读者服务中心（010）59367028

印　　装 / 北京季蜂印刷有限公司
开　　本 / 787mm × 1092mm　1/16　　印　　张 / 22. 75
版　　次 / 2014 年 3 月第 1 版　　字　　数 / 348 千字
印　　次 / 2014 年 3 月第 1 次印刷
书　　号 / ISBN 978 - 7 - 5097 - 5704 - 8
定　　价 / 79. 00 元

本课题受
中国与东印度洋地区合作发展协同创新中心
资助

主要编撰者简介

吴建民 中国资深外交官，曾任中国外交部新闻司司长、发言人，外交学院院长。1994～2003年，历任中国驻荷兰特命全权大使、中国常驻联合国日内瓦办事处及瑞士其他国际组织常驻代表和特命全权大使、中国驻法国特命全权大使、原国际展览局主席。现任国家创新与发展战略研究会副会长、印度洋地区研究中心理事长。

汪 戎 全国MBA教育指导委员会委员、教育部经济学学科教育指导委员会委员；云南财经大学党委书记、教授、博士生导师；印度洋地区研究中心副理事长、中心主任。主要研究领域包括世界经济、企业理论与实践。

朱翠萍 云南财经大学印度洋地区研究中心副主任、副教授、经济学博士，世界经济方向硕士生导师。近年来主要研究领域包括海洋战略、印度问题、中印关系和经济发展等。

万广华 亚洲开发银行主任经济学家、世界经济问题研究专家；云南财经大学特聘教授，印度洋地区研究中心副理事长、中心主任。2010年入选首批云南省“百人计划”。主要研究领域包括世界经济、国际贸易、宏观经济等。

摘　要

以中国和印度为代表的新兴市场国家的群体性崛起是冷战后最具国际影响力的大事。相应"新兴经济体""金砖国家""金钻 11 国""薄荷糖国家"等都成为这一时期的热门词汇。其中，中国经济高速增长被认为是世界经济增长史上的奇迹。2005 年中国 GDP 超过了英国，2008 年超过了德国，2010 年超过了日本。尽管不能忽视在"赶超"背后中国的人均 GDP 只有日本和美国的 1/10 的现实，但是中国经济的高速增长依然引发各权威机构对中国未来赶超美国成为世界第一大经济体的预测，也引来各种声音要求中国——这个穷"老二"在国际事务和世界秩序构建中承担更多责任，中国的外交战略面临新的挑战。尽管中国不断强调"韬光养晦、有所作为"的外交战略，不断强调"与邻为善、以邻为伴"的周边政策，但是"树欲静而风不止"，"大象岂能藏身树后"。

一定程度上，国际关系特别是主要大国关系决定着国际体系的走向，而国际体系的走向反过来又会通过影响外交战略而影响大国关系。面对当前国际体系的新变化，各国多采取灵活的多边主义外交政策来应对。特别是印度洋地区的缅甸和印度，不仅双边关系不断提升，而且由于得天独厚的地缘政治优势，吸引了世界和地区大国纷纷投来"橄榄枝"。中国自然难以做到"以不变应万变"，需要有国际关系理念的创新和外交战略的调整来主动应对国际体系变化，努力在价值体系塑造中传递正能量，在国际事务中扮演更加积极的角色，成为新的国际规则和国际秩序的建设者，努力拓展未来的发展空间。为此，中国新一代领导人提出了构建新型大国关系的战略主张。"大国"既指人口数量大、经济力量大，也指地缘位置重要性大。新型大国关系的战略构想，并不局限于中美之间，也包括中国与印度洋沿岸主要国家印度、南非、缅甸、巴基斯坦等构建新型大国关系。特别是中共十八大对中国深化国际关系和参与国际秩序构建注入了新的理念，提出了新的要求，以“不冲突、不对抗”为底线，以建立相互尊重为前提，以务实合作为途径和以互利共赢为目标的新型大国关系理念是中国国际关系史上的伟大创举，“推进国际秩序朝着更加公正合理的方向发展”是顺应求和平、谋发展、促合作的时代潮流的主张，符合世界各国的根本关切和利益诉求。这本身也说明，虽然中国外交战略的基本方向没有变，但是中国的外交理念更加开放、包容和务实、灵活，中国参与国际体系的外交政策正在由“被动接受和应对”向“主动塑造和建设”方向转变。

中国是亚洲国家中邻国最多、地缘结构最复杂的经济体。历史遗留问题与现实利益冲突产生的碰撞，伴随着国际形势的动荡，使得中国周边环境的复杂性超越了以往任何一个时代，极大地考验着中国外交的智慧与战略。与此同时，我们在外交上面临的机遇也在增多。对中国外交而言，大国是关键，周边是首要，要努力将周边作为一个整体来构建大战略。多年来，“中国威胁论”肆意弥漫，干扰了中国与周边国家关系的正常发展。几十年过去了，我们看到中国一直在为亚洲的崛起乃至世界和平而不懈地努力着。在全球化的今天，世界经济发展的特点是一荣俱荣，一损俱损。走和平崛起的发展道路一直以来都是中国国家战略的核心，保持发展势头不仅是中国，也是世界各国要谋求的最大利益。要保持发展的势头，必须保持开放的势头和互利共赢的合作理念，冲突和对抗解决不了问题，战争更解决不了问题，和平、发展与合作才是我们这个时代的主旋律，是与时俱进的人类共同的期盼，也是任何力量都无法阻挡的。在这样的背景下我们更应该认识到，我们所应该做的是，顺应时代潮流，抓住战略机遇期谋求发展。只有亚洲国家的通力合作才能实现整个世界力量的平衡，从而才能通过创造新的全球秩序促进亚洲的繁荣与稳定，才能与世界人民一起建立一个和平、繁荣与和谐的世界。

21 世纪的第二个 10 年，是世界大国外交战略的关键时期。在新的历史时期，各国之间的战略竞争不可避免。只要各国能够达成共识，合理管控风险，避免竞争升级为冲突，大国间的竞争与合作关系就能延续，就能推动国际体系向和平、发展、合作的主流方向发展，在全球化和多极化时代塑造更加公正合理的国际体系，走出一条合作共赢的共同发展道路。

Abstract

The rise of emerging countries represented by China and India is the most influential event after the Cold War. Therefore, words and phrases such as "emerging economies", "BRICS" , "Diamond 11", "MINT" have become popular in the media. China's rapid economic growth has in particular been considered a miracle in the world history of economic growth. China's GDP overtook the UK's in 2005, Germany's in 2008 and Japan's in 2010. although China's per capita GDP is only one tenth of that of Japan and the United States. The rapid growth of China's economy has led many international organizations to forecast that China will overtake the U. S. to become the world's largest economy in the future and to call on China to shoulder more responsibilities in international affairs and in helping to maintain world order. China's diplomacy faces new challenges. Although China has repeatedly emphasized the strategy of keeping a low profile, and the policy of "maintaining friendly neighborhood", she will still be a souree of concern for the world.

To some extent, relations between big powers determine the trend of the international system while the international system affects the strategic diplomatic relations between big powers. Many countries take the flexible multilateral approach to dealing with changes to the current international system. Myanmar and India in the Indian Ocean region in particular not only focus on bilateral relations but have also attracted the attention of world and regional powers thanks to their unique geopolitical advantages. It is impossible for China to deal with different situation with the same approach and innovations in international theory and adjustments to diplomacy strategy are needed if china is to cope with the changing international system, to help forge an international regime and to play a bigger role in international affairs. China should become a facilitator for international conventions and the international system. To this end, a new generation of leaders in China have put forward the proposition of building new strategic relations between big powers. "Big power" refers to these countries with a large population, big economic strength, and that aceupy important geopolitical position. The concept of new strategic relations between big powers does not only apply to Sino-U. S. relations, but also to relations between China and major countries in the Indian Ocean, including India, South Africa, Myanmar, and Pakistan. The Eighteen Congress of CPC has put forward new concepts and new goals in relalion to china's participation in international regimes construction, which includes taking "no conflict, no confrontation" as the bottom line, mutual respect as the premise, pragmatic and mutually beneficial cooperation as the means and win-win as the end. The concept of new strategic relations between big powers is an innovative idea in the history of China's international relations. "Prometing justice and fairness in the international regime" is compatible with the trend of history, which is to pursuit peace, development and cooperation, and in linc with the fundamental interests of all countries. It also illustrates that although the basic direction of China's diplomatic strategy has not changed, China's diplomacy is more open, tolerant, pragmatic and flexible; Chinese foreign policy is changing from "passive acceptance" to "take the initiative to shape and build".

China is the Asian country with the largest numer of ncighboring countries and a complex geopolitical structure. Historical issues and conflicts of interest, along with the international unrest bring a complex environment for China's diplomacy, the management of which requires better wisdom and strategy. At the same time, we also have a lot of opportunities. The major powers are the key to China's diplomacy, and neighboring countries are the priority, and China should build the periphery as a part of a grand strategy. Over the years, the notion of "China threat" has spread widely and harmed the normal development of China's relations with neighboring countries. China has tried to contribute to the rise of Asia and world peace. In the era of globalization, countries are highly dependent on each other. Peaceful development has always been the core of the China's national strategy and maintaining development is not only in the best interest of China, but also in the best interest of the world. To continue development, we must adhere to the policy of opening-up and the concept of win-win cooperation.

Conflict and confrontation will not solve problems, nor wile war solve problems, peace, development and cooperation are the main themes of our times and also the common expectation of mankind. In this context we should recognize that we must adapt to the times, to seize this strategic opportunity for development. Only through the cooperation of Asian countries, can we achieve the balance of power in the world, to promote prosperity and stability in Asia, and to establish a peaceful, prosperous and harmonious world.

The second decade of the 21st century is a crucial period for all major powers in the world. The strategic competition among countries is inevitable in this period. As long as countries can reach a consensus, manage and control risks and prevent competition escalating in to conflicts, competition and cooperation between the great powers will be able to continue. With a stable relations amony big powers, the international system will be able to promote peace, development, cooperation and help establish a more just and equitable international system, and open up the path of win-win cooperation and common development.

序

全球形势中的亚洲

回顾过去的 2013 年，国际形势的走向可以用三句话来概括：一条主线，两大潮流，三个中心。

一　一条主线

1991 年 12 月 25 日，苏联解体，冷战结束。这标志着 1945 年“二战”结束之后雅尔塔的两极体系的终结，美国成为当时世界上唯一的超级大国。在我看来，在两极体制终结后，世界在朝着多极的方向迈进，这是一个很长的过渡时期，在这个很长的过渡时期里，国际关系的主线是一极和多极之争。

冷战结束 22 年了，回顾这 22 年的历程，一极与多极的较量是非常明显的。我们都记得 2003 年 3 月 20 日美国发动的伊拉克战争，美国发动战争的借口是为了反恐，是因为伊拉克有大规模杀伤性武器，美国执意要打伊拉克，世界上许多国家是不赞成的，法国和德国坚决反对打，中国和俄罗斯也不赞成打。

美国发动伊拉克战争的借口后来被事实证明是站不住脚的，美国的借口是伊拉克有大规模杀伤性武器，而后来美国军队打进伊拉克，把伊拉克翻了个底朝天，也没有发现大规模杀伤性武器。联合国有一个核查和销毁伊拉克大规模杀伤性武器的小组，主席是汉斯·布利克斯（瑞典前任外交大臣），他是我的一个朋友，他当时就坚决反对发动伊拉克战争，认为伊拉克大规模杀伤性武器的问题完全可以通过联合国的核查小组来解决。但是美国就是不干，一定要打。美国打伊拉克战争绕开了安理会，有安理会的授权打伊拉克是合法的，没有安理会的授权打伊拉克是非法的。美国之所以要绕开安理会是因为安理会的多数成员国是反对打的，时任联合国秘书长科菲·安南在美国发动伊拉克战争之前和之后都表示，没有安理会的授权发动伊拉克战争是非法的。2013 年 10 月下旬，我在布鲁塞尔会见科菲·安南先生，他也是我的一位朋友，我们认识很多年了，我们还谈起他对当时伊拉克战争的讲话，安南对我说："我讲了这个话之后，美国人很不高兴，就开始整我了。"

美国为什么要发动伊拉克战争，我们都还记得苏联解体后，美国的精英阶层曾经一度欣喜若狂，认为历史终结了，美国作为唯一的超级大国可以雄踞天下，千秋万代。

然而，世界走向多极是一股历史潮流，冷战结束前后，一批国家在崛起，有西欧国家和俄罗斯、中国、日本等，此外一批新兴大国也在崛起，特别是印度、巴西、南非等，这些国家的崛起是阻挡不住的，而 2001 年美国的 GDP 占到全球的 31%，这是美国在"二战"结束之后登上的又一个高峰。美国是唯一的超级大国，经济实力有那么大，军事实力举世无双，科技和创新能力全球第一，这就决定美国想要建立一个单极世界的欲望是强烈的。我们都还记得进入 21 世纪后，小布什总统的国家安全事务助理赖斯女士曾经发表过一篇著名的讲话，批判多极世界，认为多极世界是会导致冲突和对抗的世界，是不稳定的世界，而单极世界是最好的世界，是最稳定的世界。这个说法当然世界上很多国家是不认同的。冷战结束后，单极和多极的较量始终是国际关系的主线。

冷战结束之后，进入 21 世纪，美国发动了阿富汗战争和伊拉克战争两场战争。这两场战争不仅给阿富汗人民和伊拉克人民带来了深重的灾难，而且对美国的国力挫伤严重。美国人自己估计大概花了 6 万亿美元。2013 年 10 月，美国政府关门了 16 天，因为债务上限 16.7 万亿美元已经到了，要再提高上限就需要国会批准。然而共和党利用这个机会给奥巴马总统出难题，要他在医疗改革方面做出重大的让步。当今世界的唯一超级大国没有钱了，连大家都很期待的奥巴马总统的亚洲之行也被迫取消了。如果美国不打这两场战争，美国的日子大概会很好过。

2008年的金融危机表明当今世界的问题只靠以美国为首的西方七国集团很难解决，所以出现了20国集团峰会。20国集团峰会头三次会开得很成功，使这场大的金融危机没有演变为大萧条。20国集团峰会的成果本身就是世界走向多极的表现。在经济和金融领域，美国想要维持单极世界，一家说了算已经比较困难了。

然而，美国在军事、科技领先的地位是其他国家迄今为止赶不上的。2013年10月23日，德国总理默克尔给奥巴马总统打电话批评美国窃听她的手机，据说窃听的时间长达10年之久，默克尔总理非常生气，把这件事情公之于众，认为美国这个行动，侵犯了她的隐私，也侵犯了很多欧洲民众的隐私，是不能接受的。

无独有偶，巴西总统罗塞夫也是因为美国窃听她的手机电话愤然推迟了她对美国的访问。实际上美国窃听的不仅是德国和巴西领导人的电话，大概全世界绝大多数国家都被窃听。这是一个简单的窃听事件吗？为什么默克尔总理、罗塞夫总统生那么大的气，这样的事情在冷战时期大概不会发生。为什么冷战结束了，美国要对它的朋友甚至盟国的领导人也进行窃听，我想这件事情的本质仍然反映了美国想利用它的技术优势推行单极世界的欲望。美国窃听事件引起了全世界的愤怒，美国人为此的辩解是苍白无力的，说是为了反恐，德国方面做了有力的反驳，指出看不出窃听默克尔总理的电话与反恐有什么关系。

窃听事件是过去一年国际上十分引人注目的事件，这是单极与多极较量的反映。世界处于从单极走向多极的过渡时期里，单极和多极的较量是过渡时期的主线。今后大概还会继续下去，只不过形式会有所变化罢了。

二　两大潮流

20世纪美国结束越南战争之后，时代的主题逐渐发生了变化，从战争与暴力革命的时代进入了以和平与发展为主题的时代。这大概是国际关系中最大的变化。20世纪很长时间是在战争与革命中度过的。人类经历了两次世界大战和许多次革命，代价是沉重的。惨痛的经历教育了人民，推动了时代的主题从战争与革命转为和平与发展。随着时代主题的变化，世界上出现了两大潮流。

第一股潮流是和平发展与合作共赢的潮流。推动这股潮流前进的是两股力量。一股是全球化带来的相互依存，人类从来没有像今天这样相互依存。第二股力量是人类所面临的共同挑战，从来没有像今天这样严峻，譬如气候变化、恐怖主义、自然灾害、毒品走私等。一个国家不论其如何强大都无法单独应对这些严峻的挑战。人类只有联合起来才能生存下去。

与前一股潮流相对立的还有一股潮流，那就是冷战、对抗、冲突和仇恨的潮流。因为今天的世界是从旧世界发展过来的，推动第二股潮流也是两股力量。一股是思维的惯性，世界变了，人们的思想还停留在过去，停留在冷战时期，人们的思想落后于现实，这是经常发生的事情。第二股力量是既得利益集团，他们唯恐天下不乱，他们希望世界爆发新的冷战，爆发对抗与冲突，因为世界越动荡，冲突越多，他们就越便于从中渔利。

特别需要指出的是随着时代主题的变化，游戏规则也在变化，从零和游戏转变为正和游戏。零和游戏在世界上统治了几千年，形成了强大的惯性。人们总是生活在思维惯性之中。惯性不知不觉影响了人们的思想和行为。

由于上述原因，环顾今天的世界，各种事件让你眼花缭乱，目不暇接。但仔细看，都是两大潮流在较量。第一股潮流，和平发展与合作共赢的潮流代表着光明和人类的未来，第二股潮流代表着黑暗和过去，这两大潮流的交锋将会决定21世纪人类的命运。

就中国而言，就大多数国家而言，我想都是支持和平发展、合作共赢潮流的，我们的崛起得益于这股潮流，我们的发展又壮大了这股潮流。

令人欣慰的是，2013年，第一股潮流取得进展，伊朗核问题经过艰苦的谈判达成了临时协议。这是来之不易的。这个协议尽管是初步的，但却给解决伊朗核问题带来了希望。

叙利亚内战看不到尽头，围绕化学武器问题，美国曾经威胁要对阿萨德政府动武，后来经过各方的共同努力，叙利亚阿萨德政府同意销毁自己所掌握的全部化学武器，避免了美国的干预和冲突的升级，使中东地区人民和全世界人民都松了一口气。

大家都认识到叙利亚内战问题只能和平解决。2014 年 1 月要举行叙利亚问题第二次日内瓦会议。丘吉尔有一句名言：谈比打好（Jaw-jaw is better than war-war）。尽管叙利亚问题谈判解决的前景仍然扑朔迷离，但能够谈起来也不失为一点进展。

2013 年，尽管冷战、冲突、对抗、仇恨的潮流还在那里顽强地表现自己，但是和平发展与合作共赢的潮流还是取得了进展，这是令人欣慰的。

三　三个中心

环顾今天的全球形势，可以明显看到有三个中心：2008 年金融危机首先在美国爆发，后来危机逐渐转移到欧洲，今天金融危机的中心依然在欧洲。欧洲人正在同这场危机及其后果进行苦斗。

第二个中心是全球局部战争、对抗动荡冲突的中心在中东和北非，这个地区是全球麻烦最多的地区。叙利亚战争是其集中表现。这个地区吸引了全球，特别是大国在外交上的注意力。在可预见的将来，中东和北非作为全球动荡中心的局面还会继续下去，这是非常不幸的。战争和动荡形势的持续给这个地区的人民带来了深重的苦难，国际社会也要为这个地区花费大量的人力、物力和财力来缓解危机。

第三个中心是全球经济增长的中心在亚洲，特别是东亚。国际货币基金组织预测，2013 年，全球经济增长率为 3%，美国为 1.6%，欧洲为 -0.4%，日本为 2%，亚洲的新兴国家为 6.3%。2014 年，预计全球增长 3.5%，美国为 2.6%，欧洲为 1%，日本为 1.2%，亚洲的新兴国家为 6.5%。

上述数据表明，全球经济增长的中心仍然在亚洲，特别是东亚和南亚。2008 年的金融危机已经持续 5 年了，世界要步出经济衰退的阴影，要靠增长。而亚洲经济增长高出全球经济增长 3 个百分点，亚洲的经济增长不仅亚洲需要，而且全世界也需要。

毋庸讳言，今天的亚洲也还存在不少麻烦，亚洲国家围绕领土、主权问题有严重的争端，特别是中日两国围绕钓鱼岛问题的较量。然而，把亚洲形势放在全球局势中来观察，是否可以得出这样两个结论：一是亚洲保持经济持续增长，保持作为全球经济增长中心的地位不仅亚洲需要，而且全世界需要；第二个结论是今天世界上的主要国家和国际社会，没有一家想把亚洲地区搞乱，使亚洲经济增长的势头中断，因为这样做不符合它们的根本利益。

我以为，把亚洲的局势放在全球局势中来观察，我们就会看得更加清楚，我们就会更加珍惜亚洲作为全球经济增长中心的地位。亚洲在人类历史上是领先了一千多年的，直到 1820 年，亚洲的经济总量还占全球的 56%。当然我们在近代落后了。但是我们正在赶上去，因此亚洲今天所面临的发展机遇可能是几百年以来最好的机遇。我们亚洲人民有一切理由紧紧抓住这个机遇，用好这个机遇，推动亚洲的崛起。同时，我们还要妥善地处理我们之间的分歧，不要让分歧妨碍我们之间的合作发展，不要让分歧妨碍亚洲的崛起。

前驻法大使、印度洋地区研究中心理事长　吴建民

2014 年 1 月于北京

目录

𝔹Ⅰ 总报告

𝔹Ⅱ 分报告：多边关系与地区经济合作

BⅢ 专题报告：2013年双边关系与发展

BⅣ 附录

皮书数据库阅读使用指南

CONTENTS

𝔹 I General Report

𝔹 II Sub-report: Multilateral Relations and Regional Economic Coopration

𝔹 III Special Reports: Bilateral Relations and Development in 2013

B IV Appendix

总 报 告

General Report

B.1

孟加拉湾上的大国竞争与合作

汪 戎*

摘 要：

21 世纪以来，由于以中印为代表的新兴经济体的群体性崛起以及美国实施“亚太再平衡”战略，使得印度洋与西太平洋地区越来越成为大国关系和地位变化的战略性区域。孟加拉湾，这一在大国战略格局中历来不太起眼的地区，也开始显现大国之间的竞争与合作。特别是美、中、印、日等国，近两年来在这一地区开展了引人注目的角逐与博弈。未来这个落后而多样、脆弱而富有潜力的地区是走向混乱和失败，还是走向安定与成功，与本地区各国与大国关系的发展变化密切相关。2013 年，大国在该地区表现出各自推动地区开放与稳定的努力。尽管存在着大国间的明争暗斗，相互之间的坦

* 汪戎，印度洋地区研究中心主任，教授、博士生导师。

诚合作也还有相当的距离，但也出现了在该地区建立新型大国关系的希望，这为避免该地区国家走向失败和防止地区混乱提升了信心。

关键词：

孟加拉湾　大国关系　竞争与合作

赤道以北的印度洋地区环绕着三个海湾，即亚丁湾、波斯湾及孟加拉湾。只要我们翻开历史，印度洋上发生的许多事件都与这三个海湾有着密切的关系，特别是进入21世纪后，影响全球的海洋经济、政治和安全的重大事件大多都发生在这三个海湾地区。当然，随着海盗引发的印度洋航线安全问题在全球协作机制的管控下有所缓和，亚丁湾问题也就不再特别吸引全球关注了；同时，伊拉克战争结束后，2013年底，伊核危机又出现了可喜的转机，笼罩在波斯湾上空的战争阴云也似乎在渐渐淡去。随着美国战略重点的西移，多国力量在海湾地区安全领域所发挥的作用不断加强，波斯湾短时间也许不会再出现那种剑拔弩张、一触即发的紧张状态。然而，以往少有关注却显得相对平静的孟加拉湾，却日益表现出在印度洋地区重大的战略作用，并对大国的全球战略正产生着越来越大的影响。2013年，域外大国如美国、日本、中国对这一地区高度关注，其国家元首和政府首脑出乎寻常地轮番造访这一地区，特别是西方国家对缅甸政策的急剧转弯尤为突出。孟加拉湾地区的复杂性、多变性以及政治经济的脆弱性，都将使这一地区未来的战略格局充满了更大的不确定性，孟加拉湾也许将成为印度洋地区政治、经济和安全局势新的焦点，因而会对全球政治、经济、安全产生重大影响。

一　国际经济政治格局变化背景下的孟加拉湾

进入21世纪，冷战后形成的“一超多强”的国际格局和美国超级大国的地位依然如故，但是“一超”和“多强”的力量格局正在迅速发生变化。特别是以中国和印度为代表的新兴国家经济快速发展，全球大国关系已经从传统的双边均衡转向了以地缘政治和地缘经济为导向而争夺地区影响力的复杂性双边和多边关系，并由此推动了彼此战略视野中大国关系和地位的变化，战略竞争态势呈现明显的上升趋势。

世界正在走向多极化，这个趋势不可阻挡。一个多极化的世界不可避免地充满了竞争，因为每个国家都会竭力维持其在国际体系中的战略地位。[①] 传统的大国竞争规则是，如要赢得竞争，一方面必须增强自己的竞争实力，另一方面则尽一切可能阻止或削弱对手竞争力量的发展。[②] 因此，为了争夺影响力而进行的战略竞争，只有在特殊情况下才会将对手视为伙伴，即使有可能助推战略合作，也只会是在某一领域，难以实现全方位的合作。结果，战略竞争者会把对手视为敌人，难以避免地引发恶性竞争甚至是冲突，而且彼此的相互威胁认知不断升级，导致各国之间的战略互信更加脆弱，甚至会催生“结构性动荡”局面的出现，由此引发地区安全的危机。

然而，不断走向多极化的世界，也在创造着新的国际体系，因此，新型的大国关系也会逐渐取代传统的大国关系。因为多极的世界是体现了全球化过程必然催生的国家关系本质性变化，人类所面对的问题不再是区域性的，更多是全球性的，无论是气候变化、环境破坏、自然灾害、能源与粮食安全、贫困与疾病，还是毒品、海盗、恐怖主义、核扩散与安全、全球金融与经济危机、国际贸易和货币秩序、网络利用与安全等，都不再是一个或两个大国能够应对和解决的。事实上，美国也十分清楚，当今世界，以上任何一个问题它都没有能力单独面对，必须有全球范围内的合作，特别是与多个大国的合作才能有所推进。近年来，在印度洋地区发生

① Kenneth N. Waltz, “The Emerging Structure of International Politics”, *International Security*, Vol. 18, No. 2 (Autimn, 1993), pp. 44－79.

② Strategic Studies Institute, USA, “United States and China in Power Transition”, Manas Publications, 2013, p. 57.

的许多全球性问题，其应对过程也证明了，即使是这些问题的区域性解决，也需要多个大国共同协商和努力，才能取得有效的成果。因此，大国间常常冲破意识形态、政治制度和文化传统的差别，在各个领域内寻求共同利益来应对全球性挑战。在印度洋地区，各国合作进行打击恐怖主义和海盗行动，进行应对气候变暖的行动，进行海洋灾害的救援行动，以及控制核扩散行动等，都体现了这种新型的大国合作关系。尽管这种新型的大国关系还在艰难探索中，还常常受到各种国际势力和本国势力的严重影响，表现得不尽如人意，但它却体现了人类文明的正能量积聚的方向。由此，传统的大国竞争观念极化了“对手”和“敌人”意识，在世界多极化的过程中过分强调了竞争，然而，事实是，“多极化”不仅会激化竞争，“多极化”也在创造着合作。

多极化的国际体系是我们理解孟加拉湾当前和未来的背景，那么当今的国际体系变化的主要特点是什么呢？关于国际体系的概念[①]，现实主义尤其是新现实主义、自由主义尤其是新自由主义和建构主义乃至英国学派等立论的基础是国际体系的无政府性。以此为出发点，新现实主义重点阐述了国际体系力量的配置与变迁，新自由主义着重分析了国际体系制度的作用和变迁，建构主义则主要关注国际体系观念、认同的定位和变迁，英国学派则对国际体系与国际社会作出了经典的区分。[②] 总体上，国际体系结构指主要国家的物质力量（军事、经济、权力、利益等）的分配状态。[③] 体系由结构（structure）和互动的单元（unit）构成，结构是全系统范围内的组成部分，使得系统能够被视为一个整体。[④] 国际体系中系统层面的结构称为国际格局（International Structure），国际体系转型从根本上而言就是国际体系的结构层

① 关于国际体系的概念，相关研究包括秦亚青主编《国际体系与中国外交》，世界知识出版社，2009；梁守德、陈岳、李义虎主编《变革中的国际体系与中国责任》，世界知识出版社，2011。

② 杨洁勉：《中美应对国际体系转型的战略和举措》，《国际问题论坛》2006 年冬季号。

③ 叶自成：《从华夏体系历史看美国国际关系理论范式的西方特色》，《世界经济与政治》2012 年第 2 期，第 5 页。

④ 〔美〕肯尼思·华尔兹：《国际政治理论》，信强译，上海世纪出版集团，2008，第 84 页。

面，也就是国际格局产生了新的发展、变化和走向。[①] 近年来，国际体系发生变化主要源于以下两个方面的原因，因而，对孟加拉湾地区的国际关系格局变化产生两种影响的可能性：

第一，新兴市场国家群体性崛起引发了国际体系的变化。2012 年，新兴经济体和低收入国家 GDP 总值首次超过全球 GDP 的 50%，这种变化已经并将继续引发全球政治经济和安全格局的深刻变化。[②] 在新兴市场国家中，除了金砖国家（BRICS）总体上保持了持续增长外，包括巴基斯坦、埃及、印度尼西亚、伊朗、韩国、菲律宾、墨西哥、孟加拉国、尼日利亚、土耳其和越南在内的新金钻 11 国（N－11）的增长潜力也被普遍看好。根据世界银行的统计数据，2001 年美国占世界 GDP 的比重为 31.8%，2012 年下降到 20% 左右，与金砖国家几乎“打了个平手”；同时，美国在全球出口额中所占的比重从 2000 年的 12.3% 下降至 2011 年的 8.1%，进口额占世界的比重也从 19.2% 下降至 12.3%。根据国际货币基金组织的预测，2013 年金砖国家的 GDP 总额将超过美国，到 2016 年其 GDP 总额占全球的比重将达到 23.7%。为了实现金砖国家共同的地缘政治和地缘经济利益，不断提高金砖国家含金量，2013 年 3 月，在南非德班举行的金砖国家领导人第五次会晤上，金砖五国决定筹备设立共同开发银行。

在金砖国家中，以中国和印度的发展最引人注目。中国和印度在自身国力不断提升的基础上，在沿欧亚边缘地带南部一线，包括孟加拉湾，建立并正在建立一系列的港口和运输路线。因此，有学者认为，在美国海军未来的实力存在不确定性的背景下，加上美国的经济问题及其对军事开支的影响，维持了印度洋地区 500 年的西方优势有可能慢慢地走向终结。[③] 在未来世界多极化趋势不可阻挡的预期下，在旧的秩序被逐渐打破、新秩序还没有建立

① 叶江：《论当前国际体系中的权力扩散与转移及其对国际格局的影响》，http://www.aisixiang.com/data/68478-3.html。

② 汪戎等：《印度洋地区发展报告（2013）》，社会科学文献出版社，2013。

③ 〔美〕罗伯特·D. 卡普兰：《印度洋与美国权力的未来》，吴兆礼、毛悦译，社会科学文献出版社，2013，第 3 页。

起来的“灰色阶段”，世界格局将进入由战略竞争而导致的“动荡期”；相应国际关系也将进入一个充满合作机遇的“磨合期”。

尽管未来的印度洋地区，包括孟加拉湾的国际战略格局究竟会存在多少的不确定性，依然存在很多争议，但是新兴经济体的群体性崛起，特别是在印度洋地区，包括对孟加拉湾所形成的特殊地缘经济政治利益，必然会提高对这一地区安全和发展的特殊关注。于是，大国影响的权力结构必将发生重组。尽管在未来相当长的一个时期内，美国仍将通过保持自己在国际事务中最具有话语权和最具有影响力的地位，在这一地区产生重大的作用，然而，孟加拉湾国家自身的崛起，域内大国和域外大国的多边作用的不断加强，以中国和印度为代表的新兴经济体将成为不可忽视的重要力量，继续推动这一地区向多极化竞争和合作的方向发展，并在参与这一地区的经济增长、社会进步、安全稳定的过程中，成长为国际体系转型的真正力量。

第二，美国亚太再平衡战略助推了国际体系变化。为了维护在全球的领导地位，为了确保未来在亚太地区的权力和利益，美国切实地推动了全球战略的再平衡，由此而采取的主要行动是，逐渐从中东抽身而转向亚太，将主要的战略资源从反恐转向了加强在“太平洋和印度洋的存在”，增加其在亚太的军事力量。事实上，美国的亚太再平衡战略是为了防止未来权力扩散或权势转移而实施的预防性管控，然而，却使自己成为国际体系转型的主要推手。

与国际体系变化相伴随的是权力的分散和转移，而这恰恰是美国最不愿意看到的情形。美国毫无疑问地想维持其主导的单极世界，但在国际体系中制定规则和充当维持秩序角色而不断加大的投入，让其越来越“力不从心”，因此，要维持其在全球的主导地位和地缘战略优势，必须要改变战略布局和实施方式。自 2011 年 11 月，美国总统奥巴马在亚太经济合作组织（APEC）非正式首脑会议上正式提出了亚太“再平衡”战略后，美国高官不断在多个重要场合强调美国在亚太地区的重要领导地位。

美国亚太战略调整的第一步，是通过战略性资源调整来经营扼守太平洋和印度洋之间航运要道的东南亚。在外交方面，继续巩固与菲律宾、新加坡和泰国的盟友和准盟友关系，调整对东南亚政策包括与美国存在矛盾的缅甸、柬埔寨和老挝，特别是解除对缅甸的大部分制裁，施以援助和投资，邀请参加军演，密切与东南亚国家政治军事联系；在经济方面，通过推行“跨太平洋战略经济伙伴关系协定”（TPP）谈判，使包括印尼、越南、马来西亚和文莱等更多东盟成员国加入以共享亚洲经济增长的成果；在军事方面，将更多的海上军事力量部署在太平洋。2013 年 12 月 16 日，美国国务院公共事务局发布了《东亚 - 太平洋再平衡：扩大美国参与》的简报，报告中强调，美国在东亚 - 太平洋地区的投资额自奥巴马任职以来上升了 35%，截至 2012 年达到了 6220 亿美元。美国将继续加强对这一地区的积极和持久参与，通过再平衡更好地推进自身利益，包括努力创造和保持美国的就业；让美国更加安全和更有保障；帮助扩大民主和繁荣国家的队伍。①

毫无疑问，由于中国和印度 20 年来的快速发展，改变了西太平洋和印度洋的国际关系格局，挑战了美国在这一地区传统的权力和主导地位，迫使美国进行全球战略的再平衡。同时，中国和印度在这一地区的经济实力和政治影响已经难以扼制，美国的再平衡必然也要面对这一新的势力，加强与中国与印度的再平衡。2013 年 3 月 11 日，美国国家安全事务助理汤姆·多尼隆（Tom Donilon）在亚洲协会演讲时强调，奥巴马政府在第二任期内“再平衡”战略具有重要意义。但同时也在演讲中说，美国欢迎中国和平崛起，将与中国建立更具建设性的关系。② 特别是 2013 年 6 月，习近平主席与奥巴马总统在安纳伯格庄园会晤，开启了两国元首建立个人关系，增进彼此国内、双边以及全球问题的沟通与理解，并为改善两国关系，建立新型大国关

① The Asia-Pacific Rebalance：Expanding U. S. engagement，http：//www. state. gov/r/pa/pl/2013/218776. htm.

② 《美国总统国家安全事务助理多尼隆谈美国的亚太政策》，环球网，2013 年 3 月 18 日，http：//blog. huanqiu. com/316056/2013 - 03 - 18/2703857/。

系定下了基调。①

美国“亚太再平衡”既包括其战略资源在全球范围内的重新配置，也包括战略资源的配置重心从中东调整到亚太后，对美国长期以来忽视造成“失衡”的亚太格局的“再平衡”。美国的“再平衡战略”引发亚太不少国家“见风使舵”，纷纷实施“动态”的平衡主义战略，特别是既想享受美国的“安全庇护”，又想在经济上依靠中国而享受中国经济增长的“红利”，在现实利益与矛盾冲突中权衡取舍，寻找平衡点。

因此，美国的“再平衡”，实际上是美、中、印在亚太地区的力量再平衡，也是亚太各国战略格局的再次调整。如果这样去观察问题，就会发现，这样的区域力量再平衡的焦点地区是围绕中国的西太平洋和孟加拉湾。而相对于西太平洋的中国南海和东海，美国、中国和印度在孟加拉湾将存在更大的战略空间，在这一地区，影响共同利益的区域性和全球性问题都将形成三个大国间的更具挑战的竞争和更具弹性的合作。也许，这一地区将为美、中、印在解决能源和海上安全问题，应对环境和气候挑战，促进宗教与民族和解，扼制恐怖主义和走私贩毒，推动经济增长和消除贫困等提供新的机制探索，以实现新型大国关系在国际体系变化过程中的重建和发展。

总之，孟加拉湾，这个在大国战略格局中历来不太起眼的地区，近两年来，也开始显现大国的激烈竞争，特别是美、中、印、日等国，在这一地区开展了引人注目的角逐与博弈。这一过程会导致这个落后而多样、脆弱而富有潜力的地区是走向混乱和失败，还是走向安定与成功，我们还将继续观察。但不可否认的是，2013 年，各大国在该地区表现出各自推动地区的开放和稳定的努力。尽管存在大国间的明争暗斗，大国间基于共同利益的坦诚合作也还有相当的距离，然而，中印间、美印间就共同关心的地区性问题也进行了局部的实质性合作，表明在该地区也出现了建立域内

① 韩磊（Paul Haenle）:《中美新型大国关系意味着什么?》,《凤凰周刊》2014 年 6 月第 2 期，第 36 ~ 37 页。

和域外新型大国关系的希望，这为避免国家失败和地区混乱的风险提升了信心。

二　缅甸的变革与大国的关注

缅甸是孟加拉湾地区非常重要的国家，因此，对印度洋地区的发展和安全将表现出日益关键的战略地位作用。近年来伴随着缅甸政体由军人执政向民主政体的转型，缅甸处处萌动着变革，其外交政策也发生了相应变化。缅甸在努力向世界敞开国门的同时，“明智地处理”国际关系，“巧妙地平衡”各国的投资者，广交朋友。一个突出的表现是，缅甸高层频繁出访，不仅希望西方国家解除制裁，同时寻求与美国、日本、中国、印度等世界和地区大国的合作。一个显著的成就是，仅缅甸改革后的2010～2011财年，缅甸获得了创纪录的200多亿美元的外国投资，而过去20年获得的外资总额只有160亿美元。①

（一）缅甸的变革

缅甸在2010年11月多党制全国大选基础上，从议会中选出前政府总理吴登盛担任新政府首任总统，宣布回归多党议会制民主政体。2012年4月1日，缅甸新政府举行了议会补选活动，共有来自17个政党的150名候选人以及7名独立候选人竞选37个联邦议会人民院议席、6个联邦议会民族院议席和2个省邦议席。在45个议会议席补选中，全国民主联盟（简称民盟）最终获得43个议席，民盟领导人昂山素季当选为联邦议会人民院议员。昂山素季赢得选举象征缅甸政治民主化进程向前迈出了一大步。与此同时，缅甸进一步采取一系列举措推进民主化改革，包括多次颁布大赦令释放囚犯；宣布解除对美国之音、英国广播公司、自由亚洲电台以及缅甸民主之声网站的管制；放松对媒体的审查，让工会合法，允许民众和平示威游行，与少数

① 薛洪涛：《缅甸政治突变考验中国》，《法治周末》2011年10月18日。

民族武装组织进行和平谈判等。这些举措不断赢得西方的认可，目前以美国为首的西方国家已宣布放松对缅甸金融和投资方面的制裁，这将反过来进一步助推缅甸民主化改革，因为缅甸方面希望西方国家最终能够取消所有制裁。

值得关注的是，缅甸在2015年将迎来大选。而修宪是缅甸政治生活中的大事，将对大选产生直接影响。2013年7月，缅甸联邦议会组成了一个109名议员参加的宪法评估联合委员会，以便对2008年全民公决通过的缅甸宪法进行必要的修改，这是缅甸修宪迈出的重要一步。[①] 2013年12月28～30日，缅甸联邦巩固与发展党（简称巩发党）举行了第二次中央执行委员会会议，会后宣布，将对宪法中包括涉及总统任职资格在内的73个条款提出修改意见。这等于为昂山素季在2015年大选中竞选总统保留了希望和悬念。[②]

然而，缅甸国内深层次的问题仍然没有得到根本性解决。“二战”刚结束时，缅甸的民族英雄昂山将军在为缅甸独立的斗争中，明确地意识到民族的和解和冲突的避免对于这个新的国家是何等的重要。因此，勇敢地排除了各种障碍，于1947年2月在掸族小镇彬龙与少数民族的土司们签署了基于三项原则的协议：建立权力分散的联邦制国家、承认山区少数民族的高度自治、多年后承认其独立的权利。[③] 五个月后，昂山将军被刺杀，1948年1月，英国人离开了缅甸，缅甸正式独立了，然而，民族和解的努力却陷入了难以推进的困境。民族冲突和不断的战争就成为缅甸长期的国内问题。而且民族冲突又与军人专制统治、国家长期封闭、经济落后与贫困、边境地区的宗教矛盾交织在一起，是任何一个政治领袖和政治体制都必须面对的难题。今天的缅甸，背着这些沉重的负担面对着必须开放的局势，在更多更大的国际风浪中去发展，对于缅甸自身和关注缅甸的大国，都是明显的挑战。

---

① 《缅甸议会组成宪法评估委员会　迈出修宪第一步》，http：//gb. cri. cn/42071/2013/07/25/6071s4195419. htm。

② 《缅甸审议修宪开启　政治舞台开演“大戏”》，《光明日报》2014年1月3日。

③ 〔美〕罗伯特·卡普兰：《印度洋与美国权力的未来》（中文版），社会科学文献出版社，2013，第291页。

（二）美国的关注

美国自1988年缅甸军政府武力镇压学生示威后，开始对缅甸实施制裁。美国对缅甸的制裁政策主要包括禁止美国公民或企业在缅甸从事大部分经济活动，以及只与缅甸保持最低限度的外交联系。由于缅甸开启民主化改革的举动，2009年11月3日，美国负责东亚和太平洋事务的助理国务卿库尔特·坎贝尔到缅甸访问，这是14年来美国高官首次访问缅甸。访问期间，坎贝尔在多个场合反复强调美国政府希望“改善和缅甸的关系”。美国在2009年11月发表的评估中总结道：美国对缅甸采取双轨政策，一方面要继续制裁缅甸，另一方面要增加更高级别的外交联系。

2012年9月26日，美国国务卿希拉里·克林顿在与吴登盛会面时宣布，为了认可缅甸快速的改革步伐，美国将取消禁止进口缅甸货物的限制。值得一提的是，2012年11月19日，奥巴马“历史性”“突破性”地访问了缅甸，并分别会见了总统吴登盛和反对派领导人昂山素季。2013年5月20～23日，缅甸总统吴登盛应美国总统奥巴马邀请访美，是缅甸总统近半个世纪以来的首次访美。吴登盛访美期间，美国与缅甸签署了贸易与投资框架。

2013年2月22日，美国财政部宣布解除对缅甸四家银行——缅甸经济银行、缅甸投资和商业银行、亚洲绿色发展银行以及伊洛瓦底银行的制裁，允许这些银行进入美国的金融市场，这是美国进一步放松对缅甸制裁的新举措。紧接着，2月24～28日，缅甸迎来了历史上最大规模的美国企业代表团访问，代表团由美国主管经济商务事务的助理国务卿何塞·费尔南德斯率领，包括50名美国企业高管。代表团涵盖了百胜餐饮集团（肯德基和必胜客的所有者）、通用汽车公司、康菲石油公司、卡特彼勒公司等美国众多大公司。[①] 据官方统计数据，至2013年3月底，美国在缅甸15个项目中共投资2.43亿美元，占缅甸对外投资的0.6%。2011～2012财年，美缅双边贸易额约为2.9亿美元，其中缅甸出口美国2957万美元，从美国进口2.64亿美元。但

① 《分析称美缅关系明显升温　意在平衡中国影响力》，《人民日报》2013年2月27日。

美国对缅甸的投资不仅大大落后于中国、泰国、日本等亚洲国家，甚至还远远落后于荷兰、挪威等欧洲国家。[①]

2013年10月9日，第23届东盟峰会期间，美国国务卿约翰·克里代表奥巴马总统出席，表示美国将在2014年缅甸成为东盟轮值主席国后加强与缅甸的接触，并称发展美国与东盟的伙伴关系是奥巴马政府的优先考虑之一，与东盟国家的安全、经济和人文关系是美国"亚洲再平衡"战略的重要组成部分。[②]

对于美国的政策转向，缅甸政府积极回应。一度被国际社会孤立的缅甸似乎有"久旱逢甘露"之感，寄希望于通过加强与美国的联系来解除多年来被其制裁的情况，摆脱在国际关系领域所处的尴尬境地。更让缅甸感到欣慰的是，缅甸应邀以观察员身份参加了2013年2月11日美国在泰国清迈举行的"2013金色眼镜蛇"联合军演，来自美国、泰国、日本、韩国、印尼、马来西亚和菲律宾7国的13000名军事人员参加了为期11天的演习，澳大利亚、法国、英国、印度等国受邀参与策划，中国、文莱、智利、德国、老挝、新西兰、俄罗斯、阿联酋等国作为观察员参加。缅甸受邀参与被普遍视为是西方与缅甸改善关系的强烈信号。

然而目前美国似乎并不打算完全解除对缅甸的制裁，美国国务院2013年9月30日发表声明说，美国将继续对缅甸采取"双轨"政策，也就是在进行有原则接触的同时继续对其进行制裁。同时，美国威尔逊国际学者中心南亚问题专家库格尔曼指出，美国必须小心谨慎地拉拢缅甸。既不能损害缅甸与中国的关系，更不能影响美中关系，美国在鼓励嘉奖缅甸的同时，需要考虑到缅甸仍有待改善的人权、宗教问题。因此奥巴马政府在与缅甸进行外交接触之时，并没有急于解除对缅甸的制裁。[③] 无论如何，美国一步一个脚

① 《美缅关系明显升温》，《人民日报》2013年2月27日。

② 《美国将加强与缅甸接触》，《新闻晚报》2013年10月10日，http://newspaper.jfdaily.com/xwwb/html/2013-10/10/content_6519.htm。

③ 《美专家：美国提升与缅甸关系不会损害中美关系》，凤凰网，2013年5月22日，http://news.ifeng.com/world/detail_2013_05/22/25573271_0.shtml。

印地抛出“橄榄枝”，背后有多重战略考量，毕竟缅甸扼守东南亚和南亚的战略要冲，既是构建“再平衡”战略的支点，也是美国深化与东盟合作的突破口。改善与缅甸的关系，有利于美国更好地参与亚太事务，是美国“亚太再平衡”战略的一个重要组成部分。

（三）稳中有变的中缅关系

缅甸开启民主化改革并逐渐向世界开放以来，中缅关系开始发生了微妙然而必须引起关注的变化。目前来看，虽然中缅间的相互外交政策没有发生大的波动，但实际上缅甸与中国的国家关系特别是民间的关系已经今非昔比，面临多种变数，其中存在着新的合作机遇，也潜藏着更多的风险。对于中国来说，缅甸是中国维持西南周边安全的重要合作伙伴，是东盟及区域事务的重要支持者，在贸易、投资、经济、技术合作上有着广阔的前景，在战略地位上，乂是中国西下印度洋的陆路出海口，对于建立和维护新的能源供应渠道非常重要。因此，在新的政治经济格局下，处置好中缅关系，对于中国的周边外交和全球战略是一个重要的考验。

近年来，中缅经贸合作领域已从原来单纯的贸易和经济援助扩展到工程承包、投资和多边合作。[①] 2013 年 9 月 30 日，中缅天然气管道禄丰 – 广西贵港段主干线完工，标志着我国四大能源进口大通道之一的中缅天然气管道干线全部建成。连接中国和缅甸的新建天然气管道于 10 月 20 日投入运营。中缅油气管道工程缅甸段于 2010 年 6 月 3 日开工，中国段于 2010 年 9 月 10 日开工。其中，原油管道中国段全长 1631 公里，天然气管道中国段全长 1727 公里。西起印度洋东岸，横贯缅甸从瑞丽进入中国境内，运送到西南的云南、贵州、广西和重庆四省区市，全长 7676 公里，输气能力达 120 亿立方米。[②] 中缅天然气管道项目总耗资达 25 亿美元，管道年输油能力达 2200 万吨。除了将大幅缩短中东和非洲石油进口中国的路程并节省成本外，

① 《李克强分别会见缅甸总统吴登盛、马来西亚总理纳吉布、澳大利亚总理阿博特和美国国务卿克里》，http：//news. xinhuanet. com/2013 – 10/10/c_ 117643212. htm。

② 《中缅天然气管道工程主干线全线贯通》，《云南日报》2013 年 10 月 1 日。

还将使中国减小能源运输通道中对马六甲海峡的依赖。同时，中国还将每年减少3000吨煤炭消费量，从而降低对煤炭的依赖度。

应习近平主席邀请，缅甸总统吴登盛于2013年4月5~7日对中国进行国事访问并出席了博鳌亚洲论坛2013年的年会，加速了两国能源合作进程。2013年9月2日，中国国务院总理李克强在广西南宁会见了前来出席第十届中国－东盟博览会的缅甸总统吴登盛。紧接着，10月9日，李克强在参加文莱斯里巴加湾举行的东亚领导人峰会的过程中再次会见了吴登盛，强调在新形势下，中方愿与缅方把握好两国关系的大方向，加强各领域的务实合作，为两国睦邻友好关系不断注入新动力。

中国在缅甸投资多年，除了基础设施、石油管道和油轮码头等外，中国公司还为缅甸提供了大量先进技术和设备，承建水泥厂、机车厂、纺织厂等多个项目。应当说，长期的投资合作优势是有利于经营中缅关系的。但是，伴随着美、日、印频频伸出“橄榄枝”，三国企业抢占缅甸市场热情高涨的情况下，中国在缅甸的投资空间必然受到挤压。为了争取解除西方制裁，缅甸的外交策略即便不会因为中缅传统关系和现实利益而全面倒向西方，至少也会由于实施“平衡外交策略”而产生较大的弹性。2011年9月30日，缅甸叫停了中国在缅甸北部伊洛瓦底江援建的36亿美元的大型水坝，这就是明显的例证。

很显然，中国与缅甸都在寻求改变传统的外交政策，努力实现双边既不破坏传统友好关系又能适应新的开放格局下各自的国家利益诉求和国内问题解决的道路。在这样的背景下，两国都在谨慎地处理已经表现出来的冲突和矛盾，低调地对待对方的政策调整。缅甸能否持续地坚持对外开放而真正融入国际社会，能否持续地坚持国内改革而实现国家的民主和发展，还需要2015年的大选之后的进程来检验。但这一进程无论发生什么变化，中国作为缅甸的近邻，都是影响缅甸国内外政策的重要外部力量。因此，尽管有其他大国的影响存在，尽管缅甸的对外政策有较强的自主性，但中缅关系的长期走向在很大程度上是取决于中国的战略取向和处置方式的。

（四）日缅关系迅速升温

第二次世界大战之后，在亚洲国家中，日本与缅甸之间曾经保持过多年亲密而持久的关系，缅甸在获得巨大经济利益的同时，也形成了深厚的对日友好的社会基础。

日缅双边关系拐点的出现，源于1988年缅甸军政府上台后，缅甸与西方国家之间的关系不断恶化，日本不得不跟上以美国为首的西方国家的步伐，缓慢终止了对缅援助，导致缅甸与日本之间的关系日渐疏远。2011年底美缅关系解冻后，日本立刻调整对缅政策，其中一个突出的表现就是迅速通过增加对缅甸的贷款和加大日本企业对缅投资而大举进军缅甸市场，恢复并进一步强化日缅关系。

2012年4月21日，缅甸总统吴登盛参加了日本与湄公河流域国家首脑会议，这是缅甸国家元首28年来首次访日，此次会议被认为是“掀开了缅日关系新的一页”。会议通过了《日本－湄公河合作2012年东京战略》，并且缅日两国签署了共同声明，日本免除缅甸对日共计3035亿日元（约合31.2亿美元）的债务。① 同时，应日本政府邀请，缅甸反对党领袖昂山素季也于2013年4月13日抵达日本，对日本进行了为期7天的访问。这是昂山素季1986年访问日本之后，时隔27年再次访问日本。访问期间，昂山素季除了呼吁日本增加对缅资金支持、对缅投资等经济合作和进一步支持缅甸民主改革进程外，还表达了她将参加2015年缅甸大选的意愿。

2013年5月24～26日，日本首相安倍晋三访问缅甸，这是自1977年以来继日本首相福田赳夫之后日本首相的首次访缅。日本不仅宣布免除缅甸5000亿日元（约合人民币330多亿元）的全部债务，还宣布提供巨额经济援助，包括投资149亿美元帮助解决仰光的电力问题，还对缅甸基础设施增加2000亿日元投资。日本还将向缅甸贷款500亿日元，支持日本与缅甸合

① 《日本将重启对缅日元贷款》，http：//news. xinhuanet. com/world/2012－04/21/c_ 111821237. htm。

作开发迪洛瓦经济特区，这是日本时隔26年首次提供日元贷款。同时，安倍表示，日方将从硬件和软件两个方面实施对缅援助。硬件方面，主要是火力发电、高速通信网、给排水线路、道路港湾等基础建设；软件方面，主要是民主化法律体系的搭建及相关法律专家与人才培养。① 2013年12月15日在东京举行的日本东盟特别首脑会议上，安倍宣布向缅甸提供630亿日元（约合6.1亿美元）的贷款，用于完善缅甸国内铁道网改建等。② 据日本共同社报道，日本外交消息人士2013年9月25日透露，日本政府敲定一项资源政策，就是要与缅甸共同开发稀土等天然矿物。另据《缅甸新光报》消息，日本有两家公司与缅甸第一电力部就建设上耶亚水电项目签订了协议。该项目位于即将完工的总装机79万千瓦的上耶亚水电站上游。

自2011年美国国务卿希拉里的“破冰之旅”开启“淘金热”之后，不仅日本和印度先后加强了与缅甸的联系，争先恐后访缅的还有澳大利亚外长、英国外交大臣、德国外长、加拿大外长等，东盟各国也争先恐后地调整对缅政策。2014年1月10～11日，东盟投资协调委员会第六十二次会议在缅甸内比都召开。来自东盟国家的约50名官员参会，讨论修订东盟全面投资协议。东盟全面投资协议旨在促进区域内的投资，放松管制，鼓励资本在东盟国家间的流动。③ 为了张开双臂迎接未来大规模的投资，据缅投资与公司局透露，其将于2014年内增设3个分局。其中，曼德勒分局拟于2014年4月初开设，东枝分局和毛淡棉分局将于2014年底前开设。

三 印度发展大国关系的新特点

20世纪90年代初，印度实行经济改革，同时努力改善与南亚和非洲国家的关系。21世纪以来，随着印度的崛起，其战略目标也同时从谋求经济

① 《安倍着力构筑日缅特殊关系牵制中国》，《中国青年报》2013年5月28日。

② 《日本与东盟特别首脑会议闭幕》，http：//news. hexun. com/2013－12－15/160603120. html。

③ 《东盟投资协调委员会将在缅甸举行第六十二次会议》，anqiu. com/News/mofcom/2014－01/4735869. html。

利益向拓展战略空间扩展。为此，印度积极开展多元外交，希望能平衡大国关系，不断提高国际地位。除了印度自身为实现“大国梦”而努力提升国际影响力之外，在地缘政治上得天独厚的优势是印度在国际外交舞台上长袖起舞的最好条件。当然，印度与重要大国之间外交所面临的挑战与尴尬也无时不在。

（一）中印合作意愿加强，但相互猜疑不断

越来越多的事实似乎在表明这样一种认识，中印作为新兴市场国家的两个代表，双方的共同利益远远大于分歧，双方互利合作潜力巨大，特别是两国加强在基础设施、贸易、投资等领域合作，不仅对双方发展具有战略意义，对地区发展和安全甚至对全球秩序的构建也能发挥积极作用。但是中印两国也有不少主流观点将对方视为“长期的威胁和竞争对手”。

多年来，两国智库和学界都有较流行的认识，边界安全问题始终是中印关系中的一个根本问题，特别是印度方面始终难以摆脱 1962 年中印之间那场激烈的军事冲突，对中印关系发展产生着敏感的脆弱的负面影响。尽管那场边界武装冲突当时就在中国领导人非常理性的克制下没有发展为全面战争，而且也没有变动战争前有争议边境的状况；同时，战争之后，两国领导人力图通过谈判来达成和解的努力从未终止过，经过努力也已经取得了一些进展，但这场小规模边界冲突所反映出的两国在历史传统和现实发展道路上的差异和矛盾却是相当深沉的。因此，它必将成为两国从政府到民间的心理障碍，在意识形态和经济利益的冲突中不断强化为民族的习惯思维，成为不能触动的“伤痕”。2013 年 4 月，印度媒体报道有大约 50 名中国士兵在“实际控制线”之外“安营扎寨”，此事曾一度引起了不小风波。尽管如此，双边的威胁与竞争、分歧与争端处于可控范围。于是，两国边界安全问题谈而不决、保持现状并逐步化解的状况，这既是理性的体制性安排，又是中印间在许多战略性问题上达不成共识、根本性利益上难找到一致时的现实选择。事实上，边境安全问题并不是中印关系的根本性问题，而是中印长期存在的矛盾和冲

突的最高表现。[①] 中印两国有许多共同的历史光辉和荣耀，有许多共同的遭遇和灾难，也有许多共同的现实社会目标和经济利益，然而，由于两个文明古国在对待自己和世界的选择和认识上存在巨大的不同，在几千年的文明发展中，两个近邻国家并肩共行的时期并不多。两个国家在真正独立之后，在共同建设现代强国的道路上走近了，但长期隔离的不理解却在现实的利益冲突中加深相互的偏见和矛盾。如果这些偏见和矛盾得不到真正的谅解与和缓，边境问题就将存在。

除了历史遗留的边界问题，在观念上形成的巨大分歧和外交政策上的缺乏沟通，也导致两国在不断推进经济贸易合作的目标和政策选择上没有达成长期共识，对要解决的问题也没有提出一个清晰指向。印度的许多学者和政府官员将印度对华贸易长期存在的逆差归咎于中国的贸易壁垒，而对中国多加指责。这至少是没有研究印中贸易的结构、成本的轻率之举，也会加深中印间的不理解。事实上，中印两国巨大的贸易潜力需要双方共同的努力，进行长期开掘才能形成高度的契合，实现双方共同的巨大利益。如果不加强两国的产业结构调整，以改善贸易结构，降低贸易成本，而是简单地变动外贸政策，反而会出现得不偿失的结果。例如，印度是世界铁矿石的第三大出口国，而中国是其最大的出口市场，其铁矿石出口的80%销往中国，并占据其对华贸易的70%以上。2010年，印度政府阻止不合法的开采，铁矿石出口税从5%～15%上升到20%，结果铁矿石的出口下降，而中国从其他的供应商如澳大利亚购买，从而增加了印度对华的贸易逆差。而印度采取反倾销政策减小逆差的方式，则冲击着两国正常的经贸关系，必然使中国对印度的出口严重受阻。目前在双边贸易和投资方面还存在很多问题，比如由于安全问题，中国的移动手机生产在印度是禁止的；基础设施建设也阻碍贸易；印度的制造业短期内难以与中国抗衡；印度不断出台对中国产品的进口限制措施，并使中国多年来频繁遭受印度反倾销，印度是对华实施反倾销数量仅次

① Raja Mohan, "Samudra Manthan Sino-Indian Rivalry in the Indo-Pacific", *Oxford University Press*, 2013, p. 17.

于美国的国家。

无论是从全球范围还是从亚洲地区考察，中国和印度都是快速增长的新兴市场。近两年来，中印两国的经济有持续下滑的趋势。2013 年，中国经济增长率为 7.7%，印度的经济增长更不乐观。根据国际货币基金组织（IMF）报告，由于通货膨胀持续，双赤字依旧，基础设施建设滞后，投资继续下滑，印度 2013 年的经济增长有可能降至十年来的新低。这对于中国来说是机遇和挑战并存。机遇包括中国企业可以“走出去”加强与印度在基础设施领域的合作，包括铁路、电力、通信等方面投资，同时将印度企业“引进来”，在制药、软件等领域互动合作。挑战包括中印双边贸易额在 2012 年 665 亿美元基础上继续下降，印中逆差持续上升。这也是目前影响中印关系不可忽视的一个因素。

正如印度商务部长、著名经济学家贾伊拉姆·拉梅什（Jairam Ramesh，2005）认为，中印两国应该将“世界工厂”与“世界办公室”的优点结合起来，为构建新的国际经济新秩序做出各自的贡献，因为两国有太多的可以取长补短的地方。[①] 2003 年 6 月，印度总理瓦杰帕伊在北京大学演讲时，间接引用了邓小平的名言：“如果中印携手，21 世纪必将是亚洲的世纪。”[②]

正是看到未来的发展前景，双方虽然缓慢但却在努力改进双边对话机制包括双方领导人的沟通机制、海上安全对话机制等，力求在冲突发生时能及时和有效地采取措施化解危机或避免冲突升级。中印双方均日益以务实、容忍的态度接受对方在自己的“传统后院”和“势力范围”的存在与活动。中印日在亚丁湾联合护航、中印在东亚峰会的协调与配合等表明，两国处理双边关系时的零和思维减少，合作共赢理念增多。[③] 2013 年 3 月 27 日，习近平主席在南非德班会见印度总理辛格时表示，中印是两个最大的发展中国

---

① Jairam Ramesh，“Making Sense of Chindia：Reflections on China and India”，*India Research Press*，2005，pp. 3 – 18.

② 《印度总理瓦杰帕伊北大演讲》，http：//www. pk u. edu. cn/ new s/ xiao_ kan / new paper/ 994/ 1 – 2. htm。

③ 蓝建学：《中印关系新思维与“再平衡”》，《国际问题研究》2013 年第 3 期，第 98 页。

家，推动经济社会发展是两国相同的历史使命，世界需要中印共同发展。辛格表示，印方愿同中方共同努力，向世界证明，印中是合作伙伴，不是竞争对手。[①] 2013 年 5 月 19 日，李克强将印度作为其就任国务院总理后首次外访的第一站，充分体现了中国新一届政府对中印关系的重视。紧接着，应国务院总理李克强邀请，辛格总理于 10 月 22 ~ 24 日对中国进行了为期三天的访问，访问议题涉及边境防务与贸易合作。这是两国总理 1954 年以来首次年内互访。

因此，两国都要从战略高度约束竞争，加强合作。中印两国更多的经济合作有利于促进发展中国家在区域经济发展中获得主动性，并进一步影响亚太经济的发展前景，实现发展中国家与发达国家之间“力量的平衡”。

（二）美印深化军事合作，但摩擦接二连三

美国的全球战略是保持其领导权地位不受挑战，维护以美国为中心的世界秩序。而这一目标的实现首先要保证其在亚太地区处于支配地位，并且未来能主导印度洋事务。除了担心中国并将其视为威胁外，对华盛顿来说更大的威胁则是担心新兴经济体的两个代表中国和印度之间加强合作，加速其权力特别是在印度洋和西太平洋上权力的衰落进程。因此，与“接触 + 遏制”的对华政策相比，美国将实力不断上升且地缘优势突出的印度视为“亚太再平衡”战略的一个重要组成部分，也将其视为在亚太地区平衡中国影响力的重要战略伙伴，希望通过“拉拢 + 利用”印度来实现平衡中国的目的，最好实现“鹬蚌相争，渔翁得利”的效果。

美国渴望与印度保持更紧密的军事合作关系，特别是军贸合作关系。根据美国国务院发布的一份声明，美国向印度的军事出口额已经达到 80 亿美元，华盛顿目前正致力于将防务合作提高到“一个新的水平”。[②] 美国的军事装备正在源源不断地进入印度，甚至包括“爱国者”系列反导系统和洛·马公司

① 《习近平会见印度总理辛格时指出：世界需要中印共同发展》，http：//politics. people. com. cn/n/2013/0328/c70731 - 20950034. html。

② 《美印致力于加强国防领域合作关系》，《参考消息》2013 年 5 月 21 日。

研制的 F－35 隐形战斗机在内的顶级武器技术信息。此外，印度军事上也不断向美国靠拢，希望能够借力美国，将“大国梦”向前推进。印度空军已向美国采购大批 C－130J、C－17 运输机和 AH－64 武装直升机，连带引进美式标准后勤保障系统，无形中也令美国军机进驻印度少了许多技术麻烦。①

2013 年，美印之间除了军事合作累累硕果外，两国高层领导人也频繁往来。2013 年 6 月 23 日，美国国务卿克里到达印度，进行了为期三天的首次印度之访。访问期间，与印度外长库尔希德举行了第四轮印美战略对话，对话内容涉及印美在空间、科技、企业、国防、教育、农业等领域的合作。克里还重申美国将一如既往地支持印度在亚太事务中扮演建设性的角色。他说：“美国与印度在对待亚洲以及印度洋－太平洋地区的和平与稳定方面有着同样具体的立场。我们很高兴看到印度在地区和国际事务中发挥的重要作用。我们将在这些方面有更多协作。”② 2013 年 7 月 22 日，美国副总统拜登对印度进行了为期四天的访问。除了会见印度高层领导人，表达美国将一如既往地支持印度在地区和国际事务中发挥更大作用的观点之外，拜登还在印度金融中心孟买发表了主题演讲，敦促印度进一步放开经济，吸引更多外国投资，改善知识产权保护。③

印度方面，先是 2013 年 7 月 9 日，印度财政部长帕拉尼亚潘·齐丹巴拉姆访问美国，访问的主要目的是赢得美国更多的对印投资。紧接着，2013 年 9 月 27 日，印度总理辛格访问美国，会见中奥巴马称辛格是“伟大的朋友”，赞扬他对加强美印关系发挥的作用，双方一致同意在加强包括阿富汗、市场准入与移民等问题上开展合作。④

① 《印媒称美考虑在印驻军　看中地区地理位置十分重要》，http：//news. china. com. cn/live/2013－08/23/content_ 21881875. htm。

② 《印美举行第四次战略对话　双方在多领域达成共识》，http：//intl. ce. cn/qqss/201306/25/t20130625_ 24511170. shtml。

③ 《拜登访印敦促印度进一步开放　难掩美印分歧》，http：//world. huanqiu. com/exclusive/2013－07/4169276. html。

④ 《美媒：印度总理辛格访美难以改善美印关系》，http：//news. xinhuanet. com/yzyd/world/20130929/c_ 117562416. htm。

虽然美印两国不断强调，两国相互之间是“不可或缺的合作伙伴”，双边贸易已经超过了900亿美元，并且还在努力探索两国之间新的合作领域。但是，美印之间的摩擦依然接二连三。除了美印民用核协议的分歧之外，两国经济关系的隔阂始终存在，这也是影响美印关系的主要因素之一。2013年6月，170名美国议员曾向美国总统奥巴马控诉，称印度的出口政策给美国多个部门的就业造成影响。随即，美国副总统拜登在7月份访问印度时，指出印度在向美国企业开放市场的问题上犹豫不决。为此，印度最终向外国直接投资开放了某些领域。①

2013年12月12日，印度驻纽约副总领事科布拉加德因涉嫌伪造签证及克扣管家工资遭美国警方逮捕。这名39岁的外交官在被带到警察局后遭到脱衣检查，并和吸毒者一起被“关黑小屋”。此事引发印度高层和民众的强烈不满，并导致两国外交关系紧张。为表示报复，印度政府17日移除美国驻印大使馆门前道路上的混凝土路障，印度外长库尔希德18日表示，印度一定帮助科布拉加德“恢复尊严”。② 印度为科布拉加德“恢复尊严”所采取的措施是拟任命其为印度常驻联合国代表成员，民众连续几天在位于海德巴拉的美国领事馆外示威，部分民众还洗劫了美国在印度的分公司。但是，“尊严”并未恢复。2014年1月10日，印度驻美国女外交官柯布拉加德被美方判处签证欺诈等罪成立，由于柯布拉加德具有外交豁免权，最终美国方面要求其立即离境。印度方面则迅速作出了回应，针锋相对地驱逐了一名美国驻印度外交官。③

同时，不断爆出的美国对印度的监控丑闻也使美印双边关系“阴云笼罩”，给美印战略关系平添了几分不信任。《印度教徒报》称，美国国家安全局锁定的监控目标大部分涉及印度的政治、国家战略和商业利益。根据其

① 《外媒称辛格访美欲修复美印经济关系　摩擦难根除》，http：//www. chinanews. com/gj/2013/09－29/5335079. shtml。

② 《印度女外交官在美被捕事件引发美印外交风波》，http：//www. chinanews. com/gj/2013/12－18/5631326. shtml。

③ 《印度女外交官被判罪名成立离美　印方驱逐一名美外交官》，http：//news. xinhuanet. com/yzyd/world/20140111/c_ 118926056. htm。

所获秘密文件，在美国国家安全局监控监视的国家中，印度位列第五，与伊拉克、伊朗等同属高度监控的国家。美国国家安全局通过至少两条途径对印度进行监控：一条是名为“无限线人”的数据挖掘系统，它主要是追踪美国安全部门所搜集到的电话和邮件；另一条是“棱镜”监控计划，通过谷歌、微软等搜集有关印度的网络信息。据披露，仅在2013年3月，美国国家安全局就从印度的网站上获取了63亿份信息，同期它还从印度的通信网络中收集了62亿份信息。①

美印之间接连不断的摩擦和争端，从侧面反映出印度始终处于印美关系的弱势方，美国对印度“称兄道弟”地鼓励对方在地区事务中发挥作用，只是源于印度在美国全球战略中的地位，而印度绝不愿意充当美国实现在印度洋地区遏制中国的“马前卒”。②

（三）军事与经济合作联动，助推印缅关系不断加强

缅甸和印度同位于孟加拉湾，且地缘政治价值不断上升。印缅长期以来都奉行独立自主的外交政策，而且得天独厚的战略优势使得两国都意识到对外合作多元化和平衡发展与大国关系的重要性。

缅印边界长1331公里，缅甸历史上与印度有密切的关系，它曾有半个多世纪是作为英属印度的一个省而存在。缅甸军政府1988年执政后，缅印关系一度冷淡。自20世纪90年代初以来，两国逐步调整了彼此的外交政策，印缅关系的僵局被打破。特别是2000年11月，缅甸国家和平与发展委员会副主席貌埃副大将应邀访问印度被广泛认为是“破冰之旅”。之后的2003年11月，印度副总统谢卡瓦特访问了缅甸，这是16年来印度领导人第一次访问缅甸。特别值得一提的是，缅甸总统吴登盛携13名部长于2011年10月12~15日高调访问了印度。吴登盛与辛格分别代表两国政府发表了

---

① 《监控丑闻笼罩美印关系　专家称“蜜月期”结束》，http://news.xinhuanet.com/world/2013-09/27/c_125457762.htm。

② Raja Mohan, *Samudra Manthan Sino-Indian Rivalry in the Indo-Pacific*, Oxford University Press, 2013, p. 8.

包含44项内容的《联合声明》。在《联合声明》中，缅方正式承诺强化缅印双方在水利水电和石油天然气等能源开发领域的合作。最后，缅方还郑重表示，支持印度成为联合国常任理事国。这是缅甸领导人首次在外访期间，对印度“入常”表示高调支持。印度正在极力拉拢缅甸，而缅甸也是积极迎合。2012年5月印度总理辛格访问缅甸时，最为外界关注的是，印度进出口银行承诺向缅甸贷款5亿美元，帮助缅甸发展灌溉工程等技术。2010年，印度曾向缅甸提供3亿美元贷款。加上此次提供的5亿美元，印度向缅甸提供的贷款总共达到8亿美元。上次的3亿美元贷款用于缅甸铁路运输、电力输送、炼油、光纤通信发展。据印缅之间的相关备忘录，此次5亿美元贷款将被专项用于水利建设等工程。①

印度出于经济战略和安全战略的考虑提出“东向政策”，而缅甸不仅是“印度寻求能源安全的重要伙伴”，也是印度“东向政策”的“东大门”。因此，缅甸近年来成为印度高官访问的首选之地。而对于缅甸来说，一面是美国外交和经济方面的制裁压力，一面是印度主动地与缅甸靠拢，缅甸自然会积极地迎合并奉行“睦邻优先”的外交策略。

自此，缅印政治关系、军事关系明显改善，军购增加，军事访问也逐渐增多。2012年11月和12月，印度外交部长库尔希德和印度空军总参谋长布朗分别访问了缅甸。2013年1月21日，印度国防部长安东尼访问缅甸，商讨双边国防合作事务，内容涉及提升边境管理和加强缅甸军队的能力建设。② 2013年7月29日，印度海军总司令与缅甸海军总司令会谈期间，双方达成了印度帮助缅甸建造近海巡逻舰的协议，并利用此机会在印度军事机构中对缅甸海军官兵进行培训，以改善印缅关系。③ 这一事件之后不到一个月，发生了缅甸陆军跨过印缅边境，试图在印度曼尼普尔邦建造营地的事

① 《印度总理25年来首访缅甸引关注》，http://news.hexun.com/2012-05-29/141876424.html。

② 《印度国防部长访问缅甸欲促进两国军事合作》，http://military.china.com/news2/569/20130123/17648397.html。

③ 《印度提升与缅甸防务关系　帮其培训军队》，http://www.chinanews.com/mil/2013/07-31/5104291.shtml。

件。与媒体的愤慨形成鲜明对照的是，印度官方并没有“重视”此事，称只是“小范围误解”而已，足见印度欲改善印缅关系的诚意，毕竟缅甸是印度“向东看”战略的重要组成部分。随即，2013 年 9 月 10 ~ 15 日，印度和缅甸海军举行了第一次联合海上军事演习，进一步加强两国国防合作。缅甸开启民主化改革后，正逐渐向世界敞开大门，与印度的军事合作可以说超越了以往任何时候。

与此同时，近两年来，缅印经贸合作力度明显加大。缅甸不仅有稀土资源，还具有丰富的石油与天然气资源。印度先后投入巨资，在缅甸修建港口、铁路、石油与天然气管道。2010 年，印缅双边贸易额约 12 亿美元。印度投资开发缅甸近海石油天然气，拟铺设管道或建设液化气码头将缅甸的天然气输入印度。印度还向缅甸提供信贷，用于改造仰光 – 曼德勒铁路运输状况和提升边境公路等级等。2013 年 6 月，印度石油部长维拉帕·莫伊利表示，印度 3 家国营石油公司——印度石油天然气公司麾下的海外作业子公司 ONGG Videsh Ltd. 公司、印度石油公司和印度石油勘探公司——将投标缅甸的 8 个油气区块。[①] 同时，印度在缅甸首都内比都设立了农业研究院，并向缅甸提供价值 1000 万美元的农机和其他设备援助；印度生产的 YAMAHA 摩托车开始进入缅甸市场；印度通过提供信贷和技术协助等方式帮助“活化”缅甸 300 家服装工厂；印度塔塔汽车在缅甸建厂组装销售等一系列经济行为，助推印缅关系迅速提升。

对于缅印关系的迅速升温，国际战略研究专家认为，印度重视缅甸的战略地位是其国家战略的一部分；印度激进地推行东向战略，缅甸是“东大门”。而缅甸清楚自己的区位优势，也正渴望以此谋取最大的国家利益。

① 《印度 3 家石油公司将投标缅甸 8 个油气区块》，http：//www. chinabidding. com/zxzx-detail-219558868. html。

B.2

南亚及印度洋地区战略态势评析

叶海林*

摘　要：

当前，南亚及印度洋地区的域外联结性和影响力都在增强，区域格局变化的国际意义有所增加。但是，不论是从军事态势还是从经济环境角度，也不论是从现状分析还是从未来展望出发，南亚和印度洋地区的战略价值还没有达到决定全球体系走向的重要地步。与此同时，域外大国也并没有把南亚和印度洋区域作为实现各自全球战略的核心地带，或许可以将南亚及印度洋区域描述为“未来可能重要的区域”。中国的南亚和印度洋政策，应该立足于长远，保持耐心，量力而行，通过渐进的、有层次的政策与策略实现利益的最大化。

关键词：

南亚　印度洋地区　战略价值　战略态势

南亚及印度洋是近些年来中国乃至世界的国际关系与世界经济研究的热点对象区域之一。不过，到目前为止，南亚及印度洋区域研究既缺乏主流的框架和范式，学术研究和战略分析上也没有形成主导性的观点，连作为区域研究最基本的研究对象范畴，学术界都没有达成共识，甚至在学术

* 叶海林，中国社会科学院亚太与全球战略院《南亚研究》编辑部主任、云南财经大学印度洋地区研究中心常务理事、华东师范大学国际关系与地区发展研究院地区安全中心主任、中国南亚学会常务理事，副研究员。本文写作受到了上海市社会科学创新研究基地暨上海发展战略研究所余南平工作室的资助。

上和政策上是否有将南亚和印度洋区域作为一个整体加以研究的必要，也是有争议的。

具体说来，南亚和印度洋区域作为地理上的毗连区域是否具有政治和经济上的整体性？这种整体性——如果有的话——在学术研究和战略分析上是否足够重要？南亚和印度洋的近期局势变化和中长期趋势对于全球政治经济体系以及有关国家的影响是边缘性的还是意义重大的？以上种种都是人们所讨论的问题。在某种意义上，在这些问题上的分歧甚至大于人们对南亚及印度洋区域范围内的政治、经济与国际关系变化本身的认知差异。换句话说，南亚和印度洋区域到底发生了什么，并不是人们首要关心的问题，更能引起学术界和战略研究界兴趣的是这些变化的意义和影响何在。这似乎是本末倒置，但并非不可解释。在很大程度上，恰恰是由于人们对南亚和印度洋区域的全球政治经济影响力的认知方面存在重大差异，才导致不同的学者和专家对上述区域的政治经济变动进行选择性的案例分析和数据采集。

由于笔者专业背景和学术能力限制，本文并不试图对南亚和印度洋区域研究进行体系构建和方法论检讨，而是试图以战略分析的视角，首先讨论南亚和印度洋地区在全球体系中的地位，回答“南亚和印度洋地区对全球体系而言是否重要？以及如果重要的话，为什么重要？”这一战略研究的基本问题，继而对近年来，尤其是2013年以来的南亚和印度洋区域的政治、经济与国际关系变动情况展开讨论，回答这一地区“到底发生了什么？”以及“发生的情况变动的国际关系意义为何？”这两个问题，最后对中国的南亚及印度洋政策选择进行讨论，以便回到中国视角。

确定本国利益之所在和发现本国利益诉求的最佳实现途径，这本来就是任何战略分析与研究的题中之意。坦率地说，近些年来，中国的政策研究界颇为流行一种表述范式，即将实现“共赢”作为中国对外政策目标的最佳状态，不加论断地推定实现了地区互利合作就是实现了中国利益的最大化。作为对外宣传，这种表述原无不可，但作为政策检讨，逻辑上却是站不住脚的。第一，这种思维定势，缺省了实现地区合作的成本讨论环节，严格说来，并不符合战略和政策研究的一般形式。第二，将中国的利益等同于地区合作“共赢”是否符合当今国际体系的现实，也不是不可讨论的。实际上，这两个问题，在分析中国与南亚、印度洋地区的关系时，可能更加具有讨论的必要。

一　印度洋及南亚地区在全球体系中的地位

冷战期间，美国对阿尔巴尼亚恩维尔·霍查政权的内外政策毫不关心，对古巴的菲德尔·卡斯特罗却“关心备至”。而实际上，即使卡斯特罗的国际影响力要大于霍查，二者之间的差别也并没有达到一个“量级”以上。美国之所以关注卡斯特罗政权的一举一动，并动用大量外交、经济和军事资源试图颠覆卡斯特罗政权，显然是因为古巴距离美国很近，就在美国的“后院”，不由得美国忽视。反观阿尔巴尼亚，就算苏联在地拉那部署了同样威力的核武器，对美国也构不成实质意义上的威胁。

在20世纪90年代之前，尽管不能草率地认为整个南亚次大陆甚至全部印度洋沿岸地区在全球战略态势语境仅仅相当于美国眼中的阿尔巴尼亚，然而无论如何，这一地区在全球体系内处于从属地位是无疑的。美苏两国都没有将南亚和印度洋作为战略对抗的焦点区域。即使在苏军入侵阿富汗战争期间，南亚也没有被视作一个地缘政治的整体，美国和苏联确立了彼此冲突的阿富汗政策，却都谈不上建构了成体系的南亚战略。而由于苏联的能力限制以及美国对苏联力量有限性的清醒认知，远离美苏对抗前沿的印度洋更是被冷战格局所忽视——即使自20世纪70年代以来，印度洋海上通道对全球经济体系正常运转的意义已经毋庸置疑了。

从冷战结束到1998年印巴核试验之前，作为世界唯一超级大国的美国对南亚依旧兴味索然。塔利班在阿富汗的兴起，没有引起美国的关注，印巴核竞赛，也被华盛顿看作是一件和死亡与纳税相差无几的“不可避免的事情”。其他核大国的态度亦和美国类似，在世界体系的主要成员看来，南亚发生的一切都和自己关系不大，南亚乃至印度洋是一个近似“封闭”的系统，对全球秩序影响有限，而全球体系的巨大调整——从冷战兴起到结束——对南亚和印度洋地区秩序的影响也似乎不具备实质意义，印巴对抗不是冷战的结果，也没有随着冷战的终结而发生改变。

南亚乃至印度洋的相对孤立状态似乎在21世纪以后发生了改变。一方面，美国与阿富汗塔利班之间长达十数年的战争，迫使全球最强大的军事力量长期在阿富汗的贫瘠山谷对衣不遮体、武器粗劣的部落武装遂行不对称作战；另一方面，印度引人注目地实现了相对较长时间的高速增长，为西方世界找到了能平衡中国增长模式的且符合西方价值体系的印度模式。此外，随着西太平洋地区工业化水平的不断提升，印度洋海上交通线的重要性再度被浓墨重彩地突出出来。罗伯特·卡普兰的《季风》虽然不能算是分析严谨的学术著作，却很可以代表相当一部分西方政策研究界和传媒界人士的观点，即印度洋将成为21世纪乃至以后相当长一段时间的世界中心。

表面的证据总是不难找到的。首先，南亚印度洋区域是全球反恐战争的中心，即使在美国主导的全球反恐战争已接近曲终人散的2014年，从阿富汗到印度洋东非沿岸的广大区域仍然是美国无人机突袭的多发区域和打击“基地”组织的主战场。其次，印度洋海上通道承担了相当比重的能源与商品运输任务，这一航线的安全对本轮全球化进程可持续性的影响日渐提高。再次，印度经济的健康前景被越来越多的观察人士寄予厚望，既希望能从印度的经济增长中分享利益，又希望持续增长的印度能够继续扮演“中国平衡者”的角色。实际上，印度国际地位的提升一定程度上就是这种心理预期的现实结果。

以上理由都是存在的，且真实性客观性不容否认。然而，用这些理由证明南亚和印度洋区域已经或者即将居于全球政治格局和经济体系的核心地位，仍然必须回答一个基本问题：这些因素到底有多重要？能否真正影响到全球秩序？并由此迫使各主要大国制定各自的南亚和印度洋战略？

第一，所谓印度洋沿岸地区作为全球反恐前沿地带的战略意义。这种说法是存在很大疑问的，实际上，从阿富汗到肯尼亚的广大区域，之所以成为美国反恐的主要区域之一——并非唯一区域，原因在于“基地”组织在此区域的活动保持了较高频率。但双方的激烈冲突并不是因为环印度洋区域多么重要，恰恰是因为这一区域是中东北非阿拉伯人聚居区的外延地带。“基地”组织活动的核心目标是返回阿拉伯半岛并在那里建立教法秩序，本·拉登在世时是这样，被击毙后“基地”依然如此。环印度洋区域安全形势的恶化是中东宗教极端主义活动激化的外溢结果。要解决环印度洋地区的极端主义、恐怖主义活动问题，必须先解决阿拉伯半岛的秩序重构问题，否则便是本末倒置。

第二，也是最为人们所津津乐道的，所谓印度洋海上通道重要性日渐突出，维护印度洋海上通道安全必将成为各主要海上大国的关键诉求，由此，争夺印度洋海上霸权的斗争将成为21世纪的重要地缘政治命题。这种判断就经济学逻辑和历史经验来说，都是不充分和草率的。

印度洋海上通道是一个重要的全球公共产品，维护通道安全符合所有国家的利益，阻断通道将使全球化进程在物理上中断，将损害所有国家的利益。这一点已经成为全球化时代的基本共识之一。印度洋海上通道的确承担了相当一部分全球海上连接任务，但是，自工业革命以来，海上通道的控制权从来都不是大国间爆发战争的原因，海上通道的中断——以两次世界时期为甚——是战争的结果，而不是原因。换句话说，除非爆发世界大战，一般而言，没有国家会对另外一个海上大国进行通道封锁。原因在于这种封锁见效很慢，而且，作为拥有全套工业体系的大国，寻找某一种产品甚至是基本能源的替代来源并把战争坚持下去总是办得到的。一旦爆发世界大战，全球贸易中断，海上通道的经济学意义也就不复存在了。

因此，所谓印度洋海上通道安全的战略价值实际上是一个悖论，和平时期，作为全球化的必需公共产品，印度洋海上通道以及任何其他一条海上通道的安全都不会成为大国海洋战略的威胁对象。战争时期，所有这些问题都会让位于海军消灭对方海上力量的需要。①

① 当然可以争论说，“二战”期间德国潜艇对北冰洋航线以及大西洋航线的攻击是战时争夺海上通道控制权的一种作战形式，但对潜艇战的战略价值评估不宜过高，毕竟苏联和西方盟国不是因为在北冰洋和大西洋取得了反法西斯战争的胜利。围绕海上通道的斗争是战争的重要组成部分，但不是决定性的。

更为重要的是，这种说法忽略了20世纪后半叶以来出现的两个关键性的要素，一是核武器的发明和扩散，二是全球能源市场等全球化体系的出现和成熟。

自进入核武时代以来，封锁另外一个军事大国的海上通道，就如同古巴导弹危机一样，根本不是单纯的海军议题，而是要以核战争为后续方案的战略决策行动。这一点不是使海上通道变得更加危险，更加具有战略意义，而是使其变得更加安全。理由在于，倘若大国以消灭对方为目标，核武器是更好的选择，而属于“饥饿疗法”的海上封锁最终无论如何，也会导致局势走向核威慑甚至核武的使用。作为一种阶段性的、几乎必然导致核危机的策略，封锁其他大国的海上通道在21世纪并不值得推荐和选择。①

即使采用相对性概念且排除核武危机乃至军事冲突的风险，某大国认为阻断其他国家的海上通道，将使后者付出更大代价而己方的承受力较强，能够坚持到对方妥协，也要看到，在技术上阻断一个国家的海上通道意味着阻断所有进入这个国家港口的船只的航路，而不论这些船只属于哪个国家。这在现行的国际体系下基本上是不可能的。

此外，还要看到，印度洋海上通道最大宗运输品是来自中东地区的能源，也就是石油和天然气。石油的定价是有完备的国际机制的，阻断一个或几个外域大国的石油通道将对国际能源市场价格产生剧烈影响，其代价之大本身就已经成为保证海上通道安全的保险手段。至于天然气，欧洲和亚洲作为最大的天然气消费者，其来源地和自己都有陆地连接手段，对海上通道安全基本上是免疫的。基于上述各因素，阻断一个大国的能源运输实际上仅仅具有理论可行性而已。

至于从北阿拉伯海到东非海岸的海盗活动对印度洋海上通道的威胁，从来都只是一个专业问题，偶尔出于各种原因被夸大到战略层面。海盗给国际海运造成的影响始终能通过商业保险的方式加以消化，目前在北印度洋活动

① 当然，封锁一个没有海上力量的中小国家的海上通道是很容易设想的，但这显然不是全球性话题。

的各国海军与其说在致力于消灭海盗，还不如说在表现国际社会对海盗行为的态度和立场，部分国家或许有意图“借助”海盗的存在将自己的海上力量伸展到印度洋，但一则规模很有限，二则这种近乎机会主义的手段能否演变为所谓“印度洋海上秩序大博弈”是非常可疑的。

第三，所谓关于南亚及印度洋地区将成为新的全球经济增长中心的论断。从人口增长趋势来说，的确言之成理。印度、巴基斯坦、阿拉伯半岛乃至非洲是人口增长最为集中的区域，未来 10～15 年，数以亿计的青年人将在上述地区成为劳动者主体。问题在于，人口增长和劳动力增长，以及产业竞争力的提升并不必然存在因果关系。现实是，决定全球经济增长的多个要素——资本流向、创新能力、规则制定权等，依然掌握在欧美世界手中，而大规模制造能力则集中在远东地区，环印度洋区域拥有的无非是一定的能源原材料储备、大量未经训练的初级劳动力以及理论上存在的巨大市场。这三者能否成为环印度洋区域长期快速增长的保证都是有讨论空间的，为本区域成为全球经济中心提供支撑基本上属于过于乐观的远景期待，代表了某种良好的意愿，并且是一种忽略了本地区主导国家乃至于整个地区严重的内部结构性矛盾的良好意愿。

综上，不论是从军事态势还是从经济环境而言，不论是从现状分析还是从未来展望出发，南亚和印度洋区域的战略价值还没有达到决定全球体系走向的重要地步，这一区域的变化，对全球秩序的影响力是比较有限的，向区域外辐射的能力较低。与此同时，区域外大国也没有把南亚、印度洋区域作为实现各自全球战略的核心地带。作为结论，或许可以将南亚及印度洋区域描述为“未来可能重要的区域”。

二　近年来印度洋南亚地区区域格局的演变和发展

尽管不宜将南亚和印度洋区域的全球战略重要性过于夸大，然而无论如何，一个拥有 20 多亿人口、涵盖了全球主要海上通道的环印度洋地区还是非常受人瞩目的。近些年来，世界主要大国对南亚及印度洋区域的重视程度不断提高，显然也不是完全基于对本地区未来重要性的主观构想。大国对南亚、印度洋区域的重视，如中、美、日对非洲的重视，既有着“长期投资”的考量，也有着相互竞争的预防性战略因素，担心对方获得战略先手，亦体现出对本区域部分国家经济发展实力增长现实及前景的承认和尊重。

同时，南亚、印度洋地区区域格局也在发生自主性不断强化且对外辐射能力不断增加的变动。印度的崛起获得了越来越多国家的认可，南亚地区合作虽然还缺乏动力，环印度洋区域合作也只是一张画饼，但是，“金砖”集团的扩充及实体化，各种版本的跨区域合作方案的提出，显示出南亚及印度洋区域的域外联结性和影响力都在增强，区域格局变化的国际意义有所增加。

（一）区域外大国纷纷强化与区域成员联系，谋篇布局姿态明显

美国多年前就已经至少在表述上明显提高了对南亚事务的重视。奥巴马政府第一任期内，时任国务卿希拉里·克林顿主导提出了“美印关系 3.0 版本”，尽管这一不能称其为战略的战略最终雷声大雨点小，成效有限，然而美国此后的一系列大南亚政策还是朝着更加务实的方向前进。奥巴马政府先后执行了“阿富巴战略”“新丝绸之路计划”等，对印外交也不断深化。美国的南亚、印度洋战略具有明显的层次，意图突破南亚传统的印巴非此即彼困境，实现鱼与熊掌兼得。美国在南亚次大陆西北方向推行的“阿富巴战略”，虽经更名，但实质始终未变，即尽快实现从阿富汗的撤退。对于美国来说，阿富汗已无战略价值，更没有留驻大量军队的必要。至于谁来填补美军撤退后留下的“真空”或者解决美军未能解决的麻烦，并不是奥巴马所要关心的问题。在这种心态的掌控下，美国逐步将阿富汗和巴基斯坦都视为负担，政策渐趋保守。在南亚次大陆的主体和东端，美国主要希冀加强和印度的联系，鼓励印度发挥更大作用。希拉里·克林顿时期，出于意识形态因素，缅甸的地位一度有所上升，但整个中南半岛都不是美国的外交优先方向，奥巴马第二任期这一点表现得更加明显。综合而言，美国对南亚区域的政策可以概括为印度优先，保持守势，节约成本，避免风险。

至于环印度洋区域，美国对非洲的重视显著提高，奥巴马总统2013年实现了对非洲的访问，参加了已故南非领导人曼德拉的葬礼，并在2014年召开美非峰会，摆出大规模介入非洲事务的架势。但这一政策的前景仍有待评估。对于美国来说，在南亚、印度洋区域强化美国的影响力是毋庸置疑的，但这是否意味着美国会努力排斥其他国家在同一区域的影响力却是可以讨论的，美国的政策主要基于成本考量，耗费大量外交和经济资源与其他国家“争夺”南亚和印度洋，是一种理论可能性，但缺乏现实例证支持。

相对于美国，中国在南亚、印度洋区域的进取姿态在2013年体现得格外明显。中国新政府成立以来，国家元首首访俄罗斯后直接飞往非洲，政府首脑则历史性地实现了出访首选南亚地区，并且完成了中印两国总理的年度首次互访。中国还提出了两个得到广泛宣传的次区域小多边合作战略，分别是“中巴经济走廊”战略和“孟中印缅经济圈”战略，向南亚次大陆扩展影响力的势头非常强劲。如果以历史角度考察中国与南亚、印度洋区域的互动，则2013年毫无疑问地成为扭转以往保守政策的关键之年。但如果对2013年中国的对外策略以全球视角进行综合考察，却会发现，中国对南亚、印度洋的积极外交，很可能不是中国提升了南亚、印度洋区域在中国国际战略的排序的结果，而是中国整体外交思维转型的结果。换句话说，中国对南亚、印度洋区域的进取姿态是因为中国外交整体上变得更加具有主动性，而不是因为更加重视南亚。当然，相反的观点同样是存在的。至于哪一种判断更加符合实际，所依靠的证据不应该是外交辞令的表述，而是对中国2014年以后的跟进外交行动的检验。

日本作为另外一个主要的区域外大国，安倍政权成立后对南亚的重视也明显提高，且在层级和力度上超过了日本对其他次区域外交活动。2013年，日本天皇和首相都实现了对南亚和印度洋区域的访问。一方面，日本非常希望印度洋区域国家，特别是非洲国家能够支持日本扩大国际影响力的期望，毕竟这一地区和日本之间不存在历史问题，没有不可逾越的政治分歧和领土争端；另一方面，日本也希望扩大对非洲、缅甸以及印度经济发展乃至防务建设的参与。其中，毫无疑问地含有针对中国的成分，但能否将日本的所有举动都理解为是和中国竞争呢？客观地说，中日两国从民间到政府以及学术界，在看待对方的时候都存在着过度的己方中心视角问题，倾向于将对方的行为进行不利于自己的意图解读。实际上，日本和中国在东北亚以外的区域进行互相排斥的竞争的能力是存在疑问的。

综上，区域外大国近年来加强了与区域内成员的联系，推出了多个版本的跨区域合作计划，但将这些活动定性为区域外大国在南亚、印度洋区域的竞争激化，似乎仍然证据不足。

（二）南亚、印度洋区域秩序有待发育，自主性和影响力虽然有所增强，但既不均衡也缺乏整体架构

1. 区域结构更加失衡，印度一家独大局面已经确定

南亚和印度洋区域长期以来缺乏主导国家，冷战时期南亚地区的基本格局是印巴对抗，巴基斯坦凭借着军事与印度的相近水平和印度保持着脆弱的战略均势。冷战结束后，印度的经济改革进程不断取得成效，两国之间的综合实力差距越来越明显。虽然双方均已进入核武时代，使得这一区域的两个主要军事强国之间并没有出现代差，但是显然印巴两国之间已经没有战略均衡可言，印度无论在经济水平和规模、国际权重乃至常规军事力量都已经遥遥领先于巴基斯坦，巴基斯坦只能依靠得到地理因素强化的中短程导弹和核武器均势避免全面落入下风。与此同时，巴基斯坦受制于长期无法解决的西北安全问题，处境更加困难，已经失去了在南亚范围内制衡印度的能力。

2. 地区对外辐射能力加强，但整体性依然不足

南亚和印度洋区域曾经长期作为全球体系的例外部分存在，近年来，虽然地区部分国家实力的提高以及地区合作进程的加深，南亚、印度洋区域与国际体系的连接不断增强，南亚、印度洋地区事务的区域外意义日渐明显。区域外大国对区域内重要成员的期待在逐步提高，印度的“东向”政策日益受到周边国家乃至世界大国的重视，阿富汗问题依然吸引着世界的注意力，南亚地区穆斯林人口的迅速增加和伊斯兰化进程的加深使得这一区域与

中东地区宗教运动越来越保持同步，区域经济增长的远景对区域外经济力量的吸引力不断增强。

尽管如此，南亚、印度洋区域依然面临着严重的结构性问题，地区整体性明显不足。首先，南亚地区一体化进程始终在低水平徘徊，印度洋沿岸地区在政治上和经济上仍属于不同的板块，彼此之间的连接和关联远远小于与外区域的联系。实际上，不但区域外大国没有整体性的南亚、印度洋战略或者政策，有的只是局部的、次区域的策略，就连南亚、印度洋地区内部也没有认真尝试建立地区整体议程。

3. 地区安全矛盾依然突出，部分地区存在失控危险

阿富汗问题已经进入了尾声，但是，这仅仅指的是北约在阿富汗的军事行动即将结束，并不意味着阿富汗问题乃至巴阿交界地区的安全问题能够在短期内解决。恰恰相反，北约 2014 年的撤退将给阿富汗问题带来更多的不确定因素，阿富汗和平进程中断，甚至演化为全面内战的危险始终是存在的。更严重的问题在于，国际社会对此既未表现出坚决的意志，承担起维护阿富汗安全与稳定、解决巴基斯坦安全焦虑的责任，也毫无切实准备。包括伊斯坦布尔进程在内的旨在解决阿富汗问题的国际努力正在逐步沦为“清谈会”。2014 年以后，阿富汗再度成为极端主义的大本营、地区动荡的策源地是非常可能的。而且和苏联入侵阿富汗不同，这一次巴基斯坦将无法再发挥地区屏障的作用，反而有可能成为极端主义与世俗力量激烈冲突的战场，影响到全球伊斯兰复兴的进程和结果。

三　中国的南亚及印度洋地区外交：诉求与策略

2013 年，中国明显提高了与南亚、印度洋国家的互动力度与频率。固然可以争辩说，中国对环印度洋区域外交主动性的增强是中国整体外交思路转型的结果，不过，对于南亚和印度洋区域来说，中国的“加力”还是带来了明显的现实与心理冲击。

对于中国来说，南亚和印度洋区域虽然不是首要战略方向，既非战略利益的主要来源，也不存在必须集中力量应对的重大奉献，但在中国看来，南亚、印度洋地区具有如下战略价值。

（一）中国构建更加有利于自身的国际体系的助力

中印之间存在若干结构性的重大分歧，但两国在修正国际政治经济秩序方面还是存在诸多共同语言的，中国更是把印度洋沿岸的非洲国家以及南亚其他国家作为自己实现“国际关系民主化”的重要合作伙伴。在经济上，中国也高度看待非洲市场和印度市场的巨大潜力，迫切希望将这两个涵盖巨大人口的区域，特别是前者，发展成中国企业“走出去”的主要目标，为中国经济的可持续增长提供市场支撑。

（二）中国战略通道建设与备份的关键地域

中国高度依赖印度洋海上通道，以保持对全球化进程的参与，这一点人所共知。需要注意的是，中国并不打算完全依靠自己的硬力量，特别是军事力量确保通道安全，对于中国来说，这一策略成本极高，收益却很有限。中国的考量主要是借助印度洋海盗问题实现中国海军的突破，提高国际地位，树立大国形象。这实际上是运用硬实力谋求软实力的手段，而非恰恰相反。对于战略通道的建设问题，中国的主要方式是在利用公共秩序保证海上通道安全的同时，积极尝试建立补充性的备用通道，比如已经接近完成的中缅油气管道和一直停留在构想阶段的中巴能源走廊。中国很清楚，这些管道并不能取代海上通道的作用，但可以形成有效对冲，避免其他国家以海上通道安全讹诈中国。

（三）中国边疆开发与维稳的外延地带

中国西部地区存在程度不同的分离主义、极端主义和恐怖主义活动，“三股势力”的长期存在虽然有着国内因素，但无论是在新疆还是在西藏，都和境外势力的支持有着千丝万缕的联系。中国在打击“东突”势力时需要得到来自巴基斯坦以及阿富汗的支持和配合，在对抗“藏独”集团时也不能忽视印度和尼泊尔的影响。中国的南亚和印度洋外交，特别是南亚外交，反恐怖反“民分”工作始终是无法回避、无法搁置的重要组成部分。

以上战略需求，均具有相当的重要性，不过，也都属于长期性议题，短期内不会也不可能成为中国对外战略的核心内容，即不具备急迫性[①]。基于上述战略意图的中国南亚和印度洋政策，应该立足于长远，保持耐心，量力而行，通过渐进的、有层次的政策与策略实现利益的最大化。

首先，中国应该努力维持与印度的关系，避免在中国主要应对来自东南海上方向的威胁时卷入和印度的冲突当中。如果中国和印度因为领土争端等问题管控不力而爆发激烈冲突，即使中国凭借自身硬实力取得了战术胜利，也无法迫使印度按照中国的意愿接受冲突后的结局，并且将分散中国的力量，使得中国在应对海上风险时更加吃力。当然，这并不意味着中国应该对印度采取安抚策略，以利益妥协为手段诱使印度就范。如果中国容忍印度的挑衅举动，中国非但无法获得回报，反而将使得自己在南亚、印度洋区域的影响力受到削弱，利益遭到蚕食。在对待印度的态度与策略上，中国实际上要解决的是如何在次要方向应对主要战略对手的问题，既要避免管控不力将次要方面恶化为主要方向，也要避免陷入欲求稳而不得的窘境。

其次，为了实现与印度关系的稳定，增加中国牵制印度的力量，中国南亚外交策略应该坚持以巴基斯坦为首要合作伙伴，强化对巴基斯坦的支持，避免巴基斯坦力量进一步受到削弱，南亚地缘态势彻底失衡。中国应该消除国际社会对中国在印巴关系当中保持平衡的定见，公开、有承诺地支持巴基斯坦的安全诉求。这不但是为了坚定巴基斯坦作为中国盟友的信心，也是为给本区域以及更广泛范围内对中国有所期待的国家树立榜样，为构建中国主导的战略合作架构奠定基础。

最后，中国经略南亚和印度洋区域，应该在远周边区域，即非洲和中东

---

① 这里说的不具备急迫性，指的不是边疆维稳斗争不具备急迫性。边疆维稳与反恐工作毫无疑问是重要而急迫的，但以边疆维稳为任务的外交工作在中巴关系与中印关系当中都不居于核心地位，目标的实现也不可能一蹴而就。于巴基斯坦，是因为巴方的能力问题；于印度，则是印方的意愿问题。二者都不是短期内可以改变的。

地区坚持广泛多边参与，充分发挥地区合作机制的重要性，主要依靠市场手段，以不排他的方式争取扩大自己的影响力，摒弃所谓“争夺战”的对抗性思维。而在近周边区域，即南亚次大陆，则应更加积极主动地尝试以“小多边”方式推动合作，按照对中国的亲近程度确定合作的优先伙伴，但无须像中国与东南亚合作那样建立针对极少数敌视中国的“负面清单”。中国应该在远周边树立普遍的良好形象，而近周边确立差异性的合作态度，以巩固基本合作对象并开发潜在合作伙伴。

分报告：多边关系与地区经济合作

Sub－report：Multilateral Relations and Regional Economic Coopration

B.3 印－太平洋地区战略竞争与多边关系

朱翠萍*

摘　要：

当前，印－太平洋概念迅速浮出水面且备受关注，源于包括美国、澳大利亚和印度在内的世界和地区大国争夺印－太平洋地区权利和影响力的战略考量。在这样的现实背景下，探讨如何通过区域经济整合来释放需求和增长潜力，在相互合作中实现互利共赢和减少冲突是非常必要和极为迫切的。世界格局变化下美国“亚太再平衡”加剧了这一地区的战略竞争，而东印度洋沿岸主要国家和西太平洋沿岸主要国家之间经济关系上表现出来的不对称性相互依赖，增加了潜在冲突

* 朱翠萍，云南财经大学印度洋地区研究中心副教授，经济学博士。

的可能性。从构建区域安全角度，在地缘政治因结构性障碍无法推进的前提下，经济整合可以通过合作共赢化解冲突，促进地区繁荣与稳定。

关键词：

地区冲突　印－太平洋　经济整合　地区安全

随着全球化和经济一体化的不断推进，一个越来越明显的趋势是，包括美国在内的任何一个国家都不可能对世界和地区秩序单独发挥主导作用，也不可能单独提供包括制度、机制在内的公共产品。放眼全球，未来相当长时期内，各国尤其是世界和地区大国之间爆发军事冲突的可能性几乎没有，这种冲突会更多地转移到经济领域。从目前的形势看，世界经济即便不会继续在危机的泥潭中挣扎，增速放缓趋势依旧十分明显。在这样的现实背景下，探讨如何发展多边关系，通过区域经济整合[①]来释放需求和增长潜力，在相互合作中实现互利共赢和减少冲突是非常必要和极为迫切的。从大国战略竞争视角下解读印－太平洋地区多边关系与经济整合前景，需要讨论以下四个方面的问题：一是世界变化对地区安全和发展格局产生了怎样的影响？二是主要利益相关者在印－太平洋地区的战略考量是什么？三是印度洋和太平洋主要国家形成了怎样的经济关系？四是印－太平洋地区经济整合的前景如何？

一　世界变化对地区安全与发展格局影响

世界正在发生巨大变化，变化主要来自全球化。全球化一方面带来了经济重心的转移，使得各国之间的相互依存度不断提升；另一方面也导致国际格局变化，使得区域秩序重构的趋势越来越明显。可以说，全球化的发展，

① 所谓经济整合是国与国之间逐渐去除贸易障碍以及生产要素流动限制，使商品、服务与生产资料的市场逐渐合二为一的过程。

是时代变化的一个重要动因，致使世界从 MAD（Mutual Assured Destruction，互相确保摧毁）进入了 MED（Mutual Economic Dependence，经济上相互依存），许多国家之间形成了一种相互依存的局面。① 全球化虽然深化了各国之间的相互依存关系，但并没有使冲突甚至是战争变得难以想象，也没有使合作成为必然。② 虽然世界各国之间无论在政治领域、经济领域甚至是安全领域的关系变得如此相互依存是前所未有的，这种变化意味着外部环境对于各国的影响力也超越了以往任何时候，伴随这种变化而来的还有各种不确定性和风险因素的增大，这已经并将继续引发全球政治、经济和安全格局的深刻变化。与此同时，人类面临的各种挑战包括气候变化、海盗、恐怖主义等也是前所未有的。全球经济机遇与挑战并存，必将催生布热津斯基所形容的"全球政治觉醒"。③ 没有政治基础就不可能维持任何经济体系。信仰全球化的那些人面对的挑战是，一定要使经济增长与政治想象力相匹配。④

当前包括中国、俄罗斯、印度、巴西、南非在内的新兴工业化国家的群体性崛起已经呈现不可逆转之势，新兴经济体特别是"金砖国家"的经济增长率远高于世界平均的经济增长率（见图 1）。截至 2011 年，新兴经济体占世界经济的比重已经超过了 1/4，其中"金砖国家"占世界经济的份额已经上升到 1/5（见图 2）。一个明显的事实是，从 2006 年开始，新兴发展中国家的增长速度就远远高于发达国家，截至 2012 年底，全球新兴经济体和低收入国家 GDP 总值首次超过全球 GDP 的 50%。发达经济体有 10 亿人口，新兴经济体和低收入国家有 60 亿人口，60 亿人口的需求结构正改变着整个世界的需求结构，这是世界的巨大变化，也是人类经济发展史上前所未有的巨大变化。⑤

新兴经济体的群体性快速发展特别是"金砖国家"的迅速崛起正在改变着国际秩序和权力结构。有研究预测，未来三四十年时间里，在全球经济

① 吴建民：《公共外交札记》，中国人民大学出版社，2012，第 32 页。
② 朱翠萍：《感知威胁、建构威胁与美印海洋战略延伸》，《南亚研究》2013 年第 2 期。
③ 〔美〕兹比格涅夫·布热津斯基、布兰特·思考克罗夫特：《大博弈：全球政治觉醒对美国的挑战》，新华出版社，2009，第 1 页。
④ 〔美〕亨利·基辛格：《美国的全球战略》，海南出版社，2009，第 210 页。
⑤ 朱民：《变化中的世界》，《国际经济评论》2012 年第 6 期，第 9 ~ 15 页。

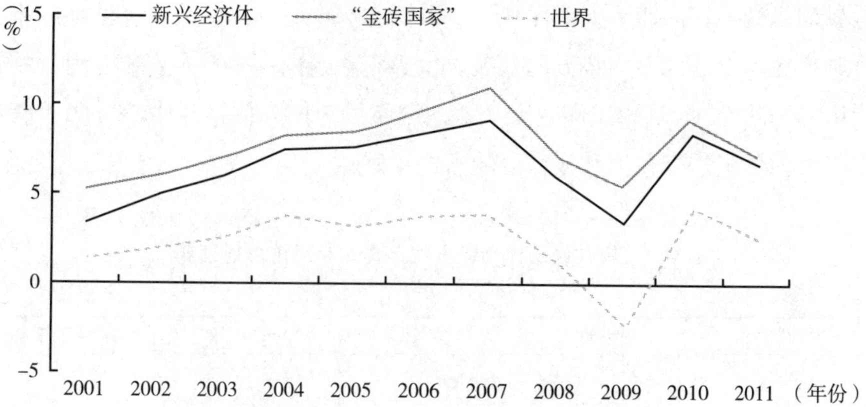

图 1　新兴经济体和“金砖国家”经济增长率

注：新兴经济体包括阿根廷、巴西、中国、印度、印度尼西亚、墨西哥、俄罗斯、沙特、南非、土耳其十国。

资料来源：根据世界银行 WDI 数据库数据计算而来。

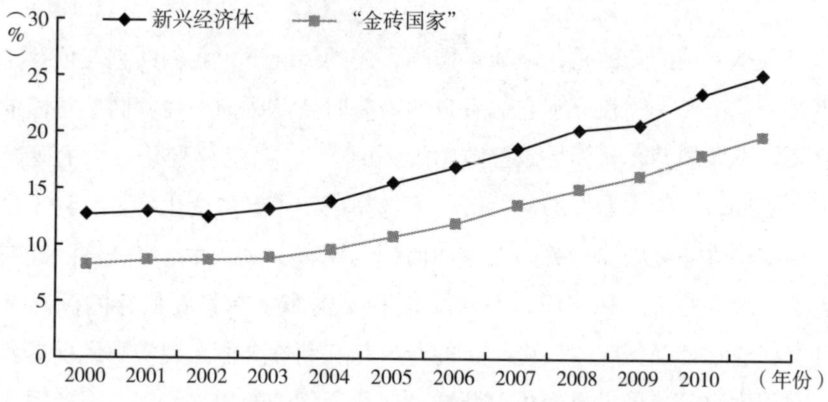

图 2　新兴经济体和金砖国家经济总量占世界比重

注：新兴经济体包括阿根廷、巴西、中国、印度、印度尼西亚、墨西哥、俄罗斯、沙特、南非、土耳其十国。

资料来源：根据世界银行 WDI 数据库数据计算而来。

中新兴经济体将与发达经济体平分秋色，全球经济的重心会发生一次从发达经济体向新兴经济体的巨大转移（见表 1）。① 随着经济重心的转移，整个

① 徐秀军：《新兴经济体与全球经济治理结构转型》，《世界经济与政治》2012 年第 10 期，第 76 页。

世界的目光将转向印－太平洋地区，以西方为中心的国际政治经济秩序将不可避免地朝着东西方均势方向发展，世界正在走向一个没有霸权、力量相对均衡的国际秩序。[①] 未来印－太平洋地区将成为国际体系的中心，印太两洋也将成为各国争夺权力和权力影响力的主阵地。

表 1　发达经济体与新兴经济体未来经济总量预测

单位：万亿美元

年份	七国集团	发达经济体	"金砖国家"	新兴经济体
2005	27.3	32.4	4.2	8.9
2015	33.0	39.6	10.2	19.0
2030	43.0	51.6	28.2	46.8
2050	64.2	77.0	90.0	138.0

注："金砖国家"包括巴西、中国、印度和俄罗斯。

资料来源：安东尼·范·阿哥塔米尔著《世界是新的——新兴市场崛起与争锋的世纪》，蒋永军译，东方出版社，2007，第 5 页。

今天越来越清楚的是，在缺乏国际秩序的情况下，我们的相互依存正在产生冲突，主要大国在寻求它们各自的需要时彼此碰撞，在共同威胁面前彼此分裂，不能团结，从而导致挫败感的不断上升。[②] 世界变化带来的既是机遇也是挑战，大国关系发展与经济行为选择决定了这种变化将更有利于增进合作抑或将进一步增加冲突。无论如何，实现印－太平洋地区经济的繁荣与维护这一地区的安全稳定应该是各国的相互需求。在相互依存的国际环境下，实现这种相互需求需要进一步的开放与互利性合作。现实中，世界各国均不同程度地感受到世界变化以及这种变化所带来的相互依存。但各国是相互视对方为对手甚至是"敌人"而相互猜疑、建构威胁从而加剧战略竞争而陷入"囚徒困境"，还是在共同利益和共同威胁的领域相互合作而提升实力，这既是决定每个经济体发展可持续性的关键，也是决定国家、地区甚至世界秩序的关键。

---

① 张建新：《后西方国际体系与东方的兴起》，《世界经济与政治》2012 年第 5 期，第 4 页。

② 〔美〕布鲁斯·琼斯、卡洛斯·帕斯夸尔、斯蒂芬·约翰·斯特德曼：《权利与责任：构建跨国威胁时代的国际秩序》，秦亚青等译，世界知识出版社，2009，第 269 页。

二　印 - 太平洋概念与主要利益相关者战略考量

随着新兴市场国家特别是中国和印度的崛起，全球政治、经济中心不断向亚太地区转移，世界和地区大国的目光不可避免地逐渐由大西洋 - 太平洋地区向印度洋 - 太平洋地区转移，印 - 太平洋概念迅速浮出水面。未来世界各国围绕印 - 太平洋海洋权益的争夺也将愈加激烈，并在过去以争夺军事目标、战略要地和海峡通道为主的基础上增加争夺经济利益、海洋资源等内容。海上军事力量和军事活动的发展日益呈现以海制陆的军事走向。① 争夺印 - 太平洋地区权力和权力影响力的战略竞争将愈演愈烈，引发的“战略多疑症”将不可避免地影响双边以及多边关系的稳定与发展，并最终落脚到经济领域的合作，使得政治因素成为经济合作的“绊脚石”。

印 - 太平洋（Indo-Pacific）原本是一个地理概念。作为一个新的地缘政治概念而“闪亮登场”，源于以中印为代表的新兴市场国家的崛起，源于这一区域贸易、投资和能源供应方面的巨大潜力以及美国维持其在世界的霸权地位和在印 - 太平洋地区影响力的全球战略考量。美国宣布战略重心转移后，曾在多个场合的官方讲话中频繁使用“印 - 太平洋”概念取代“亚太地区”，“印 - 太平洋”概念逐渐吸引了大国目光，特别引起了美国、澳大利亚和印度对此问题的热切关注。当前美国等国政府和战略界谈论的“印 - 太平洋”概念主要是指从西太平洋到西印度洋的广阔海域及其沿海大陆架，或者确切地说，是从东经 140°到东经 60°、南接南印度洋、北抵沿海国家的广阔区域。② 印度学者认为，从广义的角度，印 - 太平洋包含从整个印度洋向东通过南亚、

---

① 时宏远：《美国的印度洋政策及对中国的影响》，《国际问题研究》2012 年第 4 期，转引自刘仲民《世界海洋政治与中国海洋发展战略》，时事出版社，2009，第 8 页。

② Dan Mcdaniel, *India, China and the United States in the Indo-Pacific Region: Coalition, Co-existense or Clash?* October 2012, p. 2. 转引自韦宗友《美国在印太地区的战略调整及其地缘战略影响》，《世界经济与政治》2013 年第 10 期，第 141 页。

东南亚以及太平洋的广大区域（Dennis Rumley，Timothy Doyle and Sanjay Chaturvedi，2012）。[①] 从地缘政治整合的角度，印－太平洋包含印度洋和西太平洋的广大海域，北京和新德里将在这一广阔的海域发挥重要作用（Raja Mohan，2013）。[②] 但也有学者认为，“印－太平洋”概念中，位于太平洋东岸的美国、地处印度洋的印度与印度洋和太平洋之间的澳大利亚三国将发挥重要的战略作用。[③] 当前，澳大利亚、印度和美国的分析家与政策制定者越来越多地使用“印－太平洋”概念分析亚洲的地缘发展战略而不是传统的东亚一体化构建战略。[④] 有学者甚至认为世界已经进入了“印－太平洋”世纪（Medcalf Rory，2012）。[⑤] 事实上，一个海权强国，一定是一个对外开放发展的经济强国。海权诞生和发展的基础是海上贸易的发展与繁荣，在互通有无中牟利，在商品交换中刺激需求、满足需求进而促进生产，这就是以海上贸易为基础的海权所追求的经济立足点，也是一种以交换与需求拉动的财富增长模式。[⑥] 2013 年美国将稳步推进亚太再平衡战略，战略关注点将撒向从太平洋到印度洋的广阔水域；印度的“东向政策”也将快速推进，海洋战略将不断从印度洋向太平洋延伸；处在印太两洋上的澳大利亚自然也期待能够在“印－太平洋”地区发挥“轴心国”作用；中国为了拥有一个和平稳定的周边环境，也会努力经营印－太平洋地区。“印－太平洋”（Indo-Pacific）概念将迅速浮出水面，并助推世界和地区大国竞相争夺在“印－太平洋”的影响力。

---

① Dennis Rumley，Timothy Doyle and Sanjay Chaturvedi，“Securing the Indian Ocean? Competing regional security Constructions”，*Journal of the Indian Ocean Region*，Vol. 8，No. 1，June 2012，pp. 1－20.

② C. Raja Mohan，“SAMUDRA MANTHAN-Sino-Indian Rivary in the Indo-Pacific”，*Oxford University Press*，2013，p. 212.

③ 金灿荣：《“印太”概念背后的美国动机》，新华网，2013 年 1 月 11 日，http：//news. xinhuanet. com/globe/2013－01/11/c_ 132095969. htm。

④ Nick Bisley，The Indo-Pacific：what does it actually mean?，October 6th，2012 http：//www. eastasiaforum. org/2012/10/06/the-indo-pacific-what-does-it-actually-mean/.

⑤ Medcalf Rory，“Unselfish giants? Understanding China and India as Security Providers”，*Australian Journal of International Affairs*，Vol. 66，No. 1，pp. 1－13.

⑥ 陈彤：《回归地理特性　探讨海权本质》，《世界经济与政治》2012 年第 2 期，第 60～61 页。

（一）美国：全球层面战略考量

正如沃勒斯坦在《美国实力的衰弱》一书中所言，可能没有多少人相信“美国正在走向衰落”的观点。但实际上，自20世纪70年代以来，美国的全球霸权地位一直处于衰落的进程中。① 更为明显的是，从90年代开始，以中国和印度为代表的新兴市场国家的群体性崛起无疑成为冷战后最具国际影响力的大事。相应“新兴经济体”“金砖国家”“金钻11国”“薄荷糖国家”等都成为这一时期的热门词汇。麦迪森、高盛等相继对未来世界经济格局变化做出预测认为，大约20年后，亚洲将成为世界政治与经济的中心。到2030年，中印两国的经济总量将接近美国的两倍，中国本身的经济规模也将超过美国，而印度也在快速缩小差距。有些人预测这种情况到2020年就会发生；而有些人认为中国最晚在2035年超过美国，印度紧随其后将在2040年超过美国。② 这些预测使美国感受到了前所未有的威胁和压力，似乎就在一眨眼的历史瞬间，世界走到了尽头，被一个没有冷战般实体威胁的世界所代替。③ 世界多极化趋势逐渐显现，未来政治均势和权力分散的多极化“前景”是美国“感知威胁”的最主要来源。特别是，中国国际地位的相对变化无疑将改变其与贸易伙伴的合作价值，而信息不对称条件下观测值的缺陷在此基础上进一步放大了“中国威胁”以及各国对中国的关注。这些变化使得美国到处承担义务的必要性和使命感被大大弱化了，美国感受到了其世界霸权地位受到了前所未有的“挑战”。为此，美国必须小心地与亚洲涌现出的不同政治集团周旋，既要执著，又要有长远的观点。美国必须继续留在亚洲但不能显得

① Immanuel Wallerstein, *The Decline of American Power: The U.S. in a Chaotic World*. New York: New Press, 2003. 转引自徐秀军《新兴经济体与全球经济治理结构》，《世界经济与政治》2012年第10期，第75页。

② 〔美〕温迪·道伯森：《亚洲新势力2030：世界经济重心转移》，赵长一译，中国金融出版社，2010，第163页。

③ 〔美〕兹比格涅夫·布热津斯基、布兰特·思考克罗夫特：《大博弈：全球政治觉醒对美国的挑战》，姚芸竹译，新华出版社，2009，第2页。

颐指气使。它应当在对付种种威胁方面发挥重大作用，同时又避免使自己成为每场争端的焦点。[①]

作为全球唯一的超级大国，美国的全球战略是维护其霸权地位不受挑战，保持以美国为中心的世界秩序。而这一目标的实现首先要保证其在亚太地区处于支配地位，并且未来能主导印－太平洋地区事务。这个地区从印度次大陆一直延伸到美洲西海岸，横跨太平洋和印度洋两个大洋，由于交通运输和战略因素而日益紧密地联系在一起。该地区有美国的一些重要盟国，还有中国、印度和印度尼西亚等重要的新兴强国。[②] 2010 年以来，奥巴马以及美国国务院和国防部高级官员屡次在讲话中使用了“印－太平洋”概念，涉及内容包括：同印度海军加强合作，将印度海军塑造为印度－太平洋海洋通道（包括南海、马六甲海峡以及更大范围的太平洋）的管理人；加强美印在东亚海洋安全事务上的政策立场协调；将澳大利亚的西北海岸线打造成美国“印太地区”纽带上朝西太平洋和东印度洋的力量投送点。[③] 2012 年 1 月，美国在其发布的《维持美国的全球领导地位：21 世纪国防优先任务》国防战略报告中再次强调了印度洋对于美国全球战略的重要性：“美国的经济和安全利益与西太平洋和东亚到印度洋以及南亚一带的发展息息相关，这既给美国带来了日益严重的挑战，也带来了大量机会。”[④] 于是，美国高调调整战略重心，表面上是从大西洋向太平洋转移，实际上是在印度洋和太平洋之间寻找立足点，是海权战略经过缓冲后的“回归”。[⑤] 印度毫无疑问是印度洋地区独一无二的大国，“印－太平洋”概念则正好能将印度纳入美国的全球战略考量之中。因此，美国不断地在多个场合突出印度在整个印－太

---

① 〔美〕亨利·基辛格：《美国的全球战略》，海南出版社，2009，第 139 页。

② 《希拉里：美国的太平洋世纪》，中国网，2011 年 10 月 14 日，http：//www.china.com.cn/international/txt/2011－10/14/content_ 23622321.htm。

③ 陈雅莉：《美国的“再平衡”战略：现实评估和中国的应对》，《世界经济与政治》2012 年第 11 期，第 68～69 页。

④ American Department of Defense，Sustaining U.S. Global Leadership：Priorities for 21st Century Defense，Jan. 2012，p. 2.

⑤ 朱翠萍：《中国的印度洋战略：动因、挑战与应对》，《南亚研究》2012 年第 3 期，第 1 页。

平洋地区重要的战略地位，强调“印度可加大努力，在范围更广阔的亚太地区建立领导地位”①。

（二）印度：“东向政策”逻辑延伸考量

从1991年开始，印度在国内推行经济体制改革，对外则提出了面向东南亚、东亚和太平洋地区的“东向政策”，努力朝着“称雄南亚—争当军事强国—争夺21世纪一流大国的地位”的战略目标逐渐迈进。② 不可否认的是，在南亚诸国中，印度在人口规模、领土面积、经济总量和综合国力等方面都是首屈一指的，可谓是南亚的“超级大国”，是影响南亚各国之间关系和南亚战略格局的核心国家。

21世纪以来，随着印度的崛起，其战略目标也从谋求经济利益向拓展战略空间扩展。印度国防部于2001年宣称：“印度的安全超越了陆地地理边界的限定，由于它的规模、位置、贸易和广阔的专属经济区，从波斯湾以西到马六甲以东再到赤道以南，都是印度安全环境之所在。”③ 2003年9月4日，印度外长辛格在第二届印度东盟商务峰会发表讲话称：“印度的东向政策已经进入第二阶段。第一阶段主要以东盟国家的贸易和投资关系为重点；第二阶段将从单纯的经济问题转移到经济及包括共同努力以保护海上通道、协调反恐等在内的安全问题。”④ 2004年6月23日，印度历史性地公开发布了服务于经济发展需要的新时期战略性纲领性文件——《印度海军理论》。该文件的核心思想是通过重点发展战略核潜艇和航空母舰建立可靠的海上核威慑能力，努力打造一支力量均衡、结构合理、具备相当威慑力的现代

① 《美媒：印度应该在亚太发挥领导作用》，中国网，2011年7月22日，http：//fm.m4.cn/1115749.shtml。

② 胡志勇：《文明的力量崛起》，新华出版社，2006，第102页，转引自师学伟《21世纪初印度大国理念框架下的亚太外交战略》，《南亚研究》2011年第3期，第67页。

③ 《印度国家安全战略》，百度文库，http：//wenku.baidu.com/view/52b6d601e87101f69e3195ff.html。

④ Tridib Chakraborti，“India's Southeast Asia Policy in the 21st Century：Perambulating the Horizon”，in Y. Yagama Reddy ed.，*Emerging India in Asia-Pacific*（New Delhi：New Century Publications，2007），p. 160.

“蓝水海军”。在控制整个印度洋的基础上，贯彻“西出、东进、南下”的战略思想，逐步将印度的战略利益延伸至西起波斯湾、东至南中国海、南抵赤道以南的广大海域，实现投放力量由近海防御和区域防御向进攻性远洋的转变。①

对于印度来说，“印太”概念相对“亚太”更能突出印度的重要地位，印度自然会欣然接受并积极迎合。当前，新德里的海军力量正逐步进入太平洋，未来战略重点将从印度洋两个“咽喉要道”中的亚丁湾延伸到马六甲海峡。② 印度“东向”战略延伸，产生了两方面的作用。一方面，通过加强与东南亚地区的经贸合作，提升与周边国家以及亚太地区的多边关系，努力促使多边合作更加“机制化”；另一方面，通过将海军的足迹扩展到太平洋，增强印度在这一地区的影响力。如果说印度“东向政策”第一阶段的主要目标是加强与经济相对发达的东南亚地区的经贸联系，实现互利共赢的经济利益目标；第二阶段的主要目标则是走出南亚和印度洋，通过实施“平衡主义外交”战略而与亚太国家进行实质性的政治与安全方面的务实合作从而不断拓展战略利益空间，增加印度在亚太的影响力，提高其国际地位，也以此“防范”中国崛起后对印度的“威胁”。

（三）澳大利亚：区域层面战略考量

从澳大利亚角度来说，近两年逐渐热议的“印 - 太平洋”并不是一个全新的概念，早在20 世纪50 年代就曾有澳大利亚学者使用这一概念讨论过非殖民地化问题。到了 60 年代和 70 年代，由澳大利亚国际关系学院（AIIA）和澳大利亚国立大学（ANU）主办的两次会议中都曾提出并讨论了这个概念，强调特殊地理位置决定了印度洋和太平洋对于维护澳大利亚国家安全的重要性。之后，在 30 多年后的 2005 年，东南亚研究院的迈克尔·理查德森（Michael Richardson）在包括印度、澳大利亚和新西兰参加的东亚峰

① 白眼星：《印度海军作战理论详述》，维普资讯，http：//www. cqvip. com。

② C. Raja Mohan，*Samudra Manthan*：*Sino-Indian Rivalry in the Indo-Pacific*（Washington D. C.：Carnegie Endowment for International Peace，2012），p. 4.

会一篇论文中再次使用了“印 - 太平洋”概念。[①] 值得一提的是，作为对 2012 年 10 月发布的《亚洲世纪中的澳大利亚白皮书》和 2013 年 1 月发布的《澳大利亚国家安全战略书》的进一步补充，2013 年 5 月澳大利亚又发布了《2013 国防白皮书》。白皮书讲述了 2009 年以来影响澳大利亚国家安全和国防布局的国际国内因素，阐述了澳大利亚的战略重心是连接印度洋和太平洋的新区域。未来向印度洋 - 太平洋的战略转移意味着繁荣的增长，但也会带来不确定性和风险。[②] 相比传统的澳大利亚“亚太”外交战略，这显然是一个更新了的术语。澳大利亚处于“印太”的中心枢纽位置，因此推行“印 - 太平洋”概念能够使澳大利亚感受到自己在大国和地区关系中的“桥梁”作用。当前，“印 - 太平洋”概念已经频繁出现在澳大利亚的国防和外交政策讨论中，虽然目前这依然是一个有争议的概念。玛丽萨·泰勒（Melissa Conley Tyler）认为，从澳大利亚角度，印 - 太平洋概念的基本内涵包括：首先，澳大利亚需要评估印 - 太平洋概念对于处理与美国和中国关系的意义，尤其是否采用印 - 太平洋概念会被认为澳大利亚有密切与美国的关系而疏远中国的意图；其次，将印 - 太平洋概念引入外交政策，澳大利亚必须考虑如何构建与印 - 太平洋大国之间的关系；再次，澳大利亚需要强化与区域其他国家包括印度、印度尼西亚、日本、韩国、越南、泰国、主要非洲国家以及中国和美国的关系，包括安全对话与区域合作；最后，澳大利亚需要投入时间和精力构建印 - 太平洋机制，这些机制包括环印度洋地区合作联盟（IOR-ARC）和东亚峰会（EAS）[③]。事实上，印 - 太平洋概念的准确内涵是什么、这一概念将服务于谁的利益以及它所蕴涵的主要风险和机遇有哪些，并没有多少争议，可以说这一概念被毫无批评地引用到澳大利亚的战略

---

① Melissa Conley Tyler and Samantha Shearman, Australia's new region: the Indo-Pacific, May 21st, 2013, http://www.eastasiaforum.org/2013/05/21/australias-new-region-the-indo-pacific/.

② 《2013 国防白皮书发布》，http://www.china.embassy.gov.au/bjngchinese/130503mediarelease_ch.html。

③ Melissa Conley Tyler and Samantha Shearman, Australia's new region: the Indo-Pacific, May 21st, 2013, http://www.eastasiaforum.org/2013/05/21/australias-new-region-the-indo-pacific/.

纲领中。印-太平洋战略的支持者有两个主要论点：第一，不断扩大的海洋利益以及印度与中国海军的抱负，预示着潜在的战略竞争将加剧，不可避免地将印度洋和太平洋这两个分割的领域连在一起；第二，经济联系特别是东亚对中东能源无止境的需求，提升了印度洋作为"能源通道"的重要性，并将两洋沿岸国家的命运连在了一起，拓展了相关国家的地缘战略空间。① 总体上，澳大利亚学者认为，"印-太平洋"概念是澳大利亚目前讨论安全问题和外交政策时的热点词，这是外部因素和内部因素共同驱动的结果。比如，外部因素包括中国崛起产生的"威胁"，特别是中国海军在印度洋的影响力与日俱增；中美竞争关系使澳大利亚处于两难境地，澳大利亚不得不在与美国的传统联盟和与中国的贸易关系中做出选择，在各种利益中寻求平衡以避免"蹚浑水"；内部因素包括印-太平洋战略不仅可以提升堪培拉和新德里以及其他战略伙伴的双边关系，还可以增强澳大利亚在印度洋地区以及环印度洋地区合作联盟中的影响力。无论如何，澳大利亚在"印-太平洋"地区独一无二的地理位置，决定了澳大利亚的战略需求在这一地区，决定了澳大利亚必须在"印-太平洋"地区发挥重要作用。

（四）中国：地缘经济利益与周边安全考量

进入21世纪以来，美国的霸权地位逐渐衰弱，"感受威胁"使其将"安全防御"战略提高到前所未有的高度，特别对中国的"防御"最为突出。随着APEC机制逐渐处于低迷状态，以东盟为核心的"10+1"（中国-东盟）、"10+3"（东盟10国与中、日、韩）以及"10+6"（东亚全面经济伙伴关系，东盟与中国、日本、韩国、印度、澳大利亚、新西兰）呈现良好的发展势头，中国在这些合作机制中均发挥了重要作用。美国为了配合战略重心东移，在经济上的重大举措就是借助"跨太平洋伙伴关系协定"（TPP）而在区域和全球层面谋求竞争上的相对优势，努力在角逐更大

① Nick Bisley, The Indo-Pacific: what does it actually mean?, October 6th, 2012, http://www.eastasiaforum.org/2012/10/06/the-indo-pacific-what-does-it-actually-mean/.

的市场份额中获取收益上的绝对优势。同时，美国也高调宣传印－太平洋战略，虽然不能完全说美国全球战略目的是对抗或遏制中国，但可以肯定地说，美国为了维护霸权地位和保持在印－太平洋地区影响力而实施再平衡战略，不仅制造了这一地区更为紧张的气氛，也加剧了战略竞争，进一步促使亚太格局悄然发生变化，并使中国的周边环境日趋复杂化。

目前亚太地区的纷争和矛盾呈上升趋势，虽未发生真枪实弹较量，但明争暗斗的激烈程度多年来鲜见，中国毫无疑问被认为是最具有挑战美国霸权地位的潜力国，它的崛起使华盛顿感到担心甚至害怕。于是由感知"中国威胁"而建构了"中国威胁论"，依据是中国经济、军事力量的迅速强大会使中国在地区和全球谋求与自身实力相称的更大权益，从而要求打破现有国际经济政治秩序，或对这种现有秩序进行调整，将威胁到他国的既有利益。[①] 在这样的现实背景下，无论是美国对印－太平洋咽喉要道的控制，还是印度作为地区大国崛起后期待在印度洋发挥主导作用甚至在太平洋发挥积极作用，抑或是澳大利亚出于得天独厚的地缘政治价值想提升地区影响力，均触发了亚太地区力量格局的变化并助推世界和地区大国竞相争夺在"印－太平洋"（Indo-Pacific）的影响力。如果大国战略延伸意图不明或仅仅为了反威胁而建构威胁，则有可能会产生地缘政治冲突并造成结构性对抗的紧张局面。[②] 中国目前的地缘政治形势可用"东急西重"来概括。在东面需要尽早突破中国进入太平洋深海区的人为封锁，尽早解除实施"统筹国内国际两个大局"政策的瓶颈因素。在西面需要稳定的政治环境以保障来自西亚并进入中国的能源通道的安全畅通。[③] 在地缘政治因结构性障碍无法推进的前提下，通过地缘经济层面的合作，相关国家的对话不仅仍能进行，而且也会从其他层面推动地缘政治层面的合作。[④]

---

① 钮维敢：《偏见和对立——当代"中国威胁"论透视》，《马克思主义研究》2010 年第 1 期，第 132 页。

② 朱翠萍：《感知威胁、建构威胁与美印海洋战略延伸》，《南亚研究》2013 年第 2 期。

③ 张文木：《天堂很远，中国却很近》，《世界经济与政治》2013 年第 1 期，第 39 页。

④ 王俊生：《东北亚多边安全机制：进展与出路》，《世界经济与政治》2012 年第 12 期，第 70 页。

国际关系中的古典现实主义理论认为国家外交政策是同时由国内和国际因素所决定的。也就是说，一个国家的战略既受到国内各种政治力量的左右，也受到其他国家选择的影响。[①] 世界地缘政治重心的转移，驱使美国“重返亚太”，并对亚太战略进行再平衡；印度“东向政策”由东南亚向西太平洋甚至更为宽广的领域延伸，以及澳大利亚将印－太作为一个战略性概念写入外交政策，目的都是争夺地区和世界影响力。中国对印度洋海域能源和贸易通道存在高度依赖，北京虽然无意与华盛顿、新德里来争夺在这片领域的优先权和影响力，但必须也有权维护其地缘经济利益和保障周边经济安全。尽管中国坚持奉行不结盟和独立自主的外交政策，一再声明“将始终不渝地走和平发展道路，始终不渝地奉行互利共赢的开放战略”，始终坚持“睦邻、富邻、安邻”的周边政策，但中国经济快速崛起后对周边国家“威胁感”不断上升，导致中国与周边国家的领土、领海争端加剧。摆在我们面前的一个严峻挑战是如何化解外界对中国崛起的疑虑和不安。中国发挥重要作用的区域合作机制如“金砖五国（BRICS）”、“10＋1”、“10＋3”、区域全面经济伙伴关系（RCEP），将与“跨太平洋战略经济伙伴协定”（TPP）等区域机制如何融合？毕竟不同的机制代表不同的利益群体，在利益交融的过程中各种矛盾和利益冲突在所难免。目前，中国在东亚地区合作机制构建中取得了一定先机，占有一定优势。TPP的推进将会使中国在东亚经济合作的地位逐渐由主动变为被动，直接影响中日韩自贸区的谈判进程。

近年来，基于不同制度和不同区域的各种层次的经济一体化正在产生摩擦。根据霸权理论，当超级大国实力衰退时，外部竞争有可能使该大国放弃自由贸易转向贸易保护，世界贸易自由化进程也将在一定程度上受阻，美中贸易摩擦也更多地受到政治因素的影响。[②] 从这个角度看，印－太平洋地区

---

① 袁正清、赵洋：《国际关系研究的新进展》，李慎明、张宇燕主编《全球政治与安全报告（2013）》，第282页。

② 周喆：《大国间经济冲突的政治动因探究——基于美日、美中贸易摩擦的比较分析》，《政治经济学评论》2013年1月。

经济整合有助于打造中国与东盟自贸区升级版，通过辐射效应拓展与南亚国家的经济合作，有助于推进 RCEP，也是避免美国主导 TPP 给这一地区经济整合带来冲突的一个选择。鉴于中国周边地区普遍存在的安全两难情势和诸多不稳定因素，在区域范围内通过多边机制对力量进行制度化运作，不仅可以借助合力来确保战略目标的实现，而且还能赢得合法性、认可和追随，符合中国大力倡导的新安全观的精髓。[①] 无论如何，从中国角度考虑，印－太平洋合作机制如果能着眼于互利共赢的区域合作，不仅可以营造双赢甚至多赢的局面，还可以为化解双边安全和地区安全中的各种消极因素提供平台。

三　印－太平洋地区多边经济关系

根据亚洲开发银行的报告，过去十年，由于贸易和旅游的发展，亚洲的自由贸易协定数量增至原来的 3 倍多，从 2002 年的 70 个增加到 2013 年 1 月的 257 个，新加坡、印度、中国、日本、韩国等东亚经济体引领亚洲自贸协定的快速增长，亚洲经济日益一体化。未来的合作将更加复杂和更具有挑战性，更大的整合将难以实现。报告说，即将出现的“跨太平洋战略经济伙伴协定”（TPP）和“区域全面经济伙伴关系”（RCEP）等区域贸易集团的影响仍不清楚，它们可能会相互竞争，也可能成为全球贸易协定的组成部分。目前需要解决大量的自贸协定相互重叠的问题。[②] 在这样的背景下，印太两洋经济体的经济关系与发展前景如何呢？

一般而言，当贸易关系或经济关系较为对称时，相对收益较为均衡，从而贸易能减少冲突，使得贸易具有可持续性，贸易与合作正相关，与冲突负相关；当贸易关系或经济关系不对称时，则相对收益不均而容易诱发或增加冲突，贸易与冲突正相关，与合作负相关。相互依赖的世界将是一个和平的世界还是冲突的世界？特别是经济相互依赖究竟是进一步增加合作还是将导

① 宋德星：《战略现实主义——中国大战略的一种选择》，《世界经济与政治》2012 年第 9 期，第 17 页。

② 《亚行称亚洲经济日益一体化》，《参考消息》2013 年 3 月 7 日。

致更频繁的冲突？目前学术界看法不一，主要观点包括：①经济相互依赖能够减少冲突；②经济相互依赖会导致更加频繁的冲突；③经济相互依赖可能减少冲突也可能增加冲突，取决于不同的情景和条件；④经济相互依赖和冲突之间没有相关性。国际贸易的主流理论认为，双边贸易量主要由禀赋、技术、市场结构和消费偏好等因素决定，因此，贸易平衡状态并不一定是测度贸易障碍的良好指标。[①] 本文认为，不对称性相互依赖的经济关系是否会引发冲突，无疑政治是不可忽视的主要因素。但是在政治环境一定的情况下，不对称性相互依赖的经济关系将增加冲突的可能性。当前区域经济摩擦的政治化趋势日益显现，已经成为地区经济安全的“绊脚石”。

所谓不对称性相互依赖是指在相互依赖中，一方比另一方较少依赖对方的现象。依赖较小的一方未能凭借其在经济相互依赖中的有利地位，通过使用经济手段，将经济影响力转化为政治影响力，对另一方形成权力，进而实现自身的外交目标。[②] 经济不对称性相互依赖是引发经济冲突的主要来源。从2011年西太平洋主要国家与印度洋沿岸部分国家进出口市场依赖看（见表2），在西太平洋国家中，中国的进出口市场高度依赖于欧盟、美国、日本和韩国，日本高度依赖于中国、欧盟和美国，韩国则高度依赖于中国、美国、欧盟和日本；而在印度洋沿岸东南亚和南亚国家中，只有马来西亚对中国进出口市场存在高度依赖。此外，中国是缅甸和孟加拉国的第一进口市场，是印度尼西亚的第二进出口市场。显然，西太平洋地区和东印度洋地区存在市场依赖上的不对称性。

作为世界第一贸易大国，中国是周边多个国家第一大贸易伙伴国，但贸易存在严重的不平衡。仅以2011年中国与印度洋沿岸国家的经济联系来看（见表3），中国与澳大利亚存在巨额贸易逆差，达到487.6亿美元，主要源于铁矿石和煤炭资源的进口；中国与印度洋沿岸东南亚国家的马来西亚、印

---

① 田丰：《中国与世界贸易组织争端解决机制：评估和展望》，《世界经济与政治》2012年第1期。

② 宋国友、高群博：《经济地理、政治版图与不对称相互依赖的权力效用》，《世界经济与政治》2012年第9期，第132页。

表 2　2011 年西太平洋与印度洋沿岸部分国家进出口市场依赖

单位：%

国　家	主要进口国与进口占总进口的百分比			主要出口国与出口占总出口的百分比		
	第一进口国	第二进口国	第三进口国	第一出口国	第二出口国	第三出口国
中国	欧盟（12.11）	日本（11.16）	韩国（9.33）	欧盟（18.76）	美国（17.12）	中国香港（14.12）
日本	中国（21.5）	欧盟（9.41）	美国（8.92）	中国（19.68）	美国（15.51）	欧盟（11.65）
韩国	中国（16.48）	日本（13.03）	欧盟（9.04）	中国（24.17）	美国（10.16）	欧盟（10.14）
孟加拉国	中国（19.43）	印度（14.39）	欧盟（6.88）	欧盟（54.96）	美国（19.73）	加拿大（4.22）
印度	欧盟（12.72）	中国（12.2）	阿联酋（7.95）	欧盟（18.11）	阿联酋（12.4）	美国（10.92）
印度尼西亚	新加坡（19.01）	中国（15.33）	日本（10.28）	斯里兰卡（16.57）	中国（11.27）	欧盟（10.09）
马来西亚	中国（13.17）	新加坡（12.79）	日本（11.38）	中国（13.14）	新加坡（12.69）	斯里兰卡（11.51）
马尔代夫	阿联酋（21.85）	新加坡（21.57）	印度（10.1）	欧盟（47.67）	泰国（18.88）	斯里兰卡（9.7）
缅甸	中国（30.03）	新加坡（25.78）	泰国（14.29）	泰国（42.29）	中国香港（14.23）	印度（13.96）
巴基斯坦	阿联酋（15.65）	中国（14.85）	沙特阿拉伯（10.71）	欧盟（25）	美国（15.15）	阿富汗（10.5）
新加坡	欧盟（12.6）	美国（10.8）	马来西亚（10.7）	马来西亚（12.21）	中国香港（11.03）	印度尼西亚（10.45）
斯里兰卡	印度（22.08）	中国（10.84）	欧盟（9.82）	欧盟（35.55）	美国（21.41）	印度（5.21）
泰国	日本（18.45）	中国（13.38）	欧盟（7.81）	中国（11.98）	欧盟（10.59）	斯里兰卡（10.52）
东帝汶	印度尼西亚（43.26）	新加坡（22.58）	中国（13.84）	新加坡（32.56）	韩国（26.75）	印度（15.67）

资料来源：根据 UNCTAD 数据整理计算而得。

表 3　2011 年中国与印度洋沿岸主要国家贸易

单位：亿美元

印度洋沿岸主要国家		贸易		
		出口总额	进口总额	贸易余额
大洋洲	澳大利亚	339.1	826.7	-487.6
中东国家	巴林	8.8	3.3	5.5
	伊朗	147.6	303.8	-156.2
	伊拉克	38.3	104.4	-66.1
	以色列	67.4	30.4	37.0
	约旦	25.1	2.6	22.5
	科威特	21.3	91.8	-70.5
	阿曼	9.98	148.8	-138.82
	卡塔尔	11.99	46.9	-34.91
	沙特阿拉伯	148.5	494.7	-346.2
	阿联酋	268.1	83.1	185.0
	也门共和国	11.0	31.4	-20.4
南亚国家	孟加拉国	78.1	4.5	73.6
	印度	505.4	233.7	271.7
	马尔代夫	0.97	0.0014	0.9686
	巴基斯坦	84.4	21.2	63.2
	斯里兰卡	29.9	1.5	28.4
东部非洲国家	科摩罗	0.08	0.0069	0.0731
	吉布提	5.1	0.0018	5.0982
	埃及	72.8	15.2	57.6
	肯尼亚	23.7	0.60	23.1
	马达加斯加	5.0	1.03	3.97
	毛里求斯	4.97	0.097	4.873
	莫桑比克	7.0	2.6	4.4
	塞舌尔	0.35	0.0032	0.3468
	索马里	0.91	0.06	0.85
	南非	133.6	321.1	-187.5
	苏丹	19.95	95.4	-75.45
	坦桑尼亚	16.5	4.9	11.4
	厄立特里亚	1.5	0.0087	1.4913

续表

印度洋沿岸主要国家		贸易		
		出口总额	进口总额	贸易余额
东南亚国家	缅甸	48.2	16.8	31.4
	印度尼西亚	292.2	313.4	-21.2
	马来西亚	278.86	621.37	-342.51
	新加坡	355.7	281.4	74.3
	泰国	256.9	390.4	-133.5
	东帝汶	0.70	0.017	0.683

度尼西亚和泰国存在贸易逆差，其中与马来西亚的逆差最大，达到342.51亿美元，与泰国的贸易逆差达到133.5亿美元；与新加坡和缅甸存在贸易顺差，其中与新加坡的顺差为74.3亿美元，与缅甸顺差为31.4亿美元；中国与印度洋沿岸的南亚国家均存在贸易顺差，其中中国与印度的顺差最大，达到271.7亿美元，与孟加拉国、巴基斯坦和斯里兰卡的顺差分别为73.6亿美元、63.2亿美元和28.4亿美元；与印度洋沿岸多个西亚中东国家存在贸易逆差，其中逆差最大的沙特阿拉伯为346.2亿美元，伊朗、阿曼和伊拉克分别为156.2亿美元、138.8亿美元和66.1亿美元，与阿联酋为顺差，达到了185.0亿美元。与沙特、伊朗、阿曼和伊拉克的贸易逆差，源于它们分别是中国对中东能源的前四大进口国。贸易不平衡特别是与周边主要国家的巨额贸易顺差是影响中国与这些国家双边关系的消极因素。

此外，贸易结合度指数（Trade Intensity Index，TII）是用来衡量两国在贸易方面相互依存度的综合指标，指一国对某一贸易伙伴国的出口占该国出口总额的比重与该贸易伙伴国进口总额占世界进口总额的比重之比。计算公式为：$T_{ij} = (x_{ij}/X_{it}) / (x_{wj}/X_{wt})$。

式中，T_{ij}表示i国对j国的贸易结合度，x_{ij}表示i国对j国的出口额，X_{it}表示i国的出口总额，x_{wj}表示j国对世界的进口总额，X_{wt}表示世界进口总额。如果贸易强度指数小于1，表明两国在贸易方面联系松散，低于与世界其他国家的贸易紧密程度；如果等于1，则处于平均水平；如果大于1，则表明两国之间的贸易结合紧密，高于与世界其他国家的贸易紧密程度。

从图 3 可以看出，印度洋地区主要国家对中国的贸易结合度均大于 1，显示中国对这些国家都很重要，尽管重要性有变化。但从图 4 可以看出，中国对印度洋地区主要国家的贸易结合度除了马来西亚、泰国和印度尼西亚大于 1 之外，中国对印度洋地区其他国家的贸易结合度均小于 1。同时，还有一个显著的变化是，中国对南非的贸易结合度上升很快，2005 年以前的这一数值在 0.5 以下，2009 年之后均大于 1。

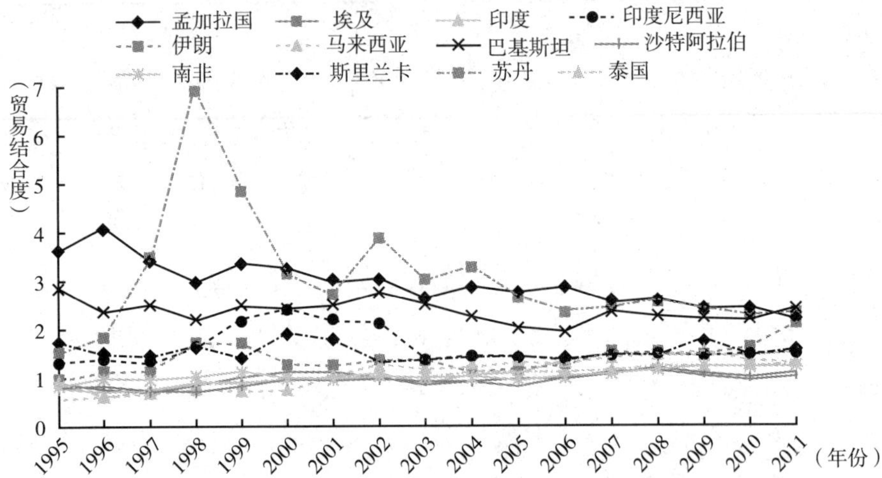

图 3　印度洋地区主要国家对中国的贸易结合度

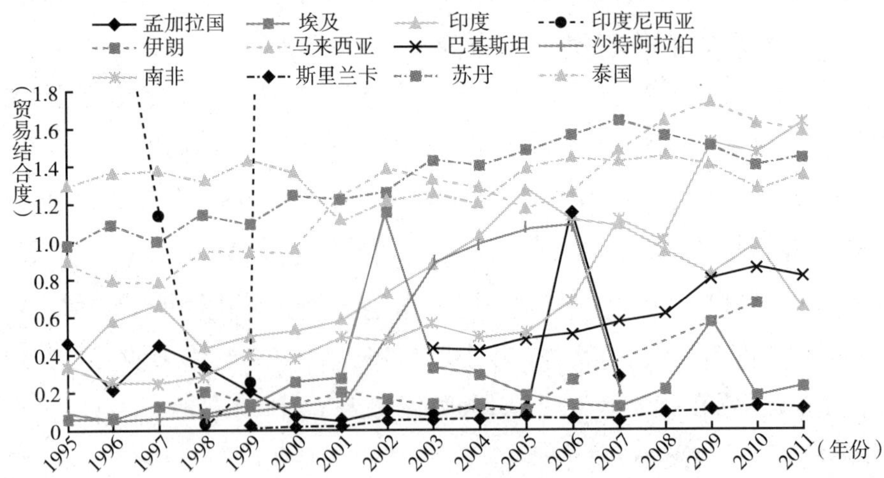

图 4　中国对印度洋地区主要国家的贸易结合度

贸易领域的这种错位性失衡是部分周边国家“经济上依赖中国、政治和安全上依赖美国”现象出现的重要原因。[①] 作为太平洋国家的中国与印度洋地区主要经济体间的贸易发展较快，双边贸易的重要性一直在上升，贸易相互依存度在不断增强。大部分双边贸易，尤其是印度洋经济体对中国的贸易，仍然具有较强的扩张潜力。当前中国与周边国家的经济冲突也随着经济依存度的提高而上升，虽然政治因素和制度因素对冲突的范围和冲突的程度发挥了重要作用，但是不能忽视经济因素对于冲突的作用。

此外，从中国对外投资存量看，2003 年为 330 亿美元，2011 年上升至 4247.8 亿美元。就直接投资的对象国看，大部分集中在邻近中国的亚洲经济体。从投资企业的数量看，亚洲居首，欧洲次之，非洲居第三位。[②] 在所有大型对外投资项目中，追求市场份额的占 28.4%，投资矿产资源的占 51.3%，寻求战略资产的占 20.1%，而以提高效率为目的的只有 0.2%。如果把考察样本限制在制造业企业的对外投资项目，上述比例就分别变成 22.2%、31.6%、45.5% 和 0.7%。[③] 市场依赖的不对称、双边贸易失衡和投资结构性失衡是经济利益冲突的具体表现，但又远远超越了市场占有、贸易与投资问题本身。因此，发展对称性相互依存可以降低冲突的可能性。不仅仅是贸易，FDI 同样也是这样。虽然 FDI 可以使投资国和东道国共同获益，是一种互利共赢，但这种共赢效应也可能引发冲突，比如投资活动导致的相对收益不均时同样会引发冲突。同时，投资是不是增加了东道国的就业、考虑了当地的民生和促进了当地经济与社会发展都是投资是否具有效率和可持续性的关键。

四　印－太平洋地区经济整合前景

亚洲崛起首先需要印度洋和太平洋两大地区的融合，这两个地区通过马

① 宋国有：《中国与周边国家经济关系及政策选择》，《国际问题研究》2013 年第 3 期，第 36 页。

② 王存刚：《论中国外交调整——基于经济发展方式转变的视角》，《世界经济与政治》2012 年第 11 期，第 128 页。

③ 黄益平：《对外直接投资的“中国故事”》，《国际经济评论》2013 年第 1 期，第 27 页。

六甲海峡相连。当前，印－太平洋地区成为各国瞩目的焦点，源于地缘政治和地缘经济意义上的考量。但地缘政治战略的主要目标是为地缘经济服务的，是为了进一步拓展资本和商品在这一地区的流通空间。从这个意义上，印度洋地区和太平洋地区已经在战略上紧密联系在了一起。通过以上分析，本文认为，从经济整合角度，西太平洋和东印度洋经济潜力巨大，也是整合的关键。

但是，目前数据显示印度洋地区内部的经济联系还很弱，可以说还不能称之为一个经济体（见图5），这也是需要整合的一个理由。而且近几年印度洋地区经济增长速度很快，未来发展潜力巨大。根据世界银行对这一地区的预测（见表4），以印度为核心的印度洋沿岸国家未来将成为世界经济增长的新引擎。但实现这一目标首先有待于通过与西太平洋国家特别是中国的合作得以实现。从图6看出，包括欧盟、美国、日本在内的世界和地区大国中，2011年中国与印度洋沿岸澳大利亚和东南亚的双边贸易额处于第一位，分别为1165.77亿美元和2855.98亿美元，其他南亚、非洲和西亚中东三大板块双边贸易额，欧盟处于第一位分别为1493.67亿美元、1110.12亿美元和2858.61亿美元；中国处于第二位，分别为959.65亿美元、732.48亿美元和2099.14亿美元。

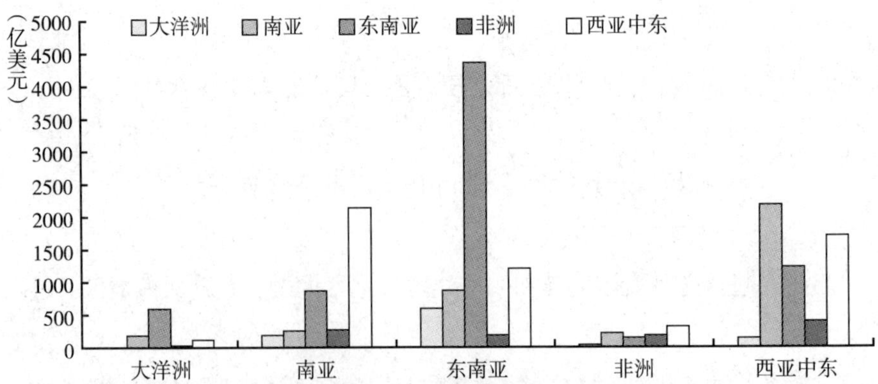

图5　2011年印度洋五大区域贸易总额

表 4　世界银行对印度洋沿岸国家和区域 2013～2015 年经济增长率预测

单位：%

地　区	2013 年	2014 年	2015 年
东亚和太平洋	7.9	7.6	7.5
中国	8.4	8.0	7.9
印度尼西亚	6.3	6.6	6.6
泰国	5.0	4.5	4.5
中东以及北非	3.4	3.9	4.3
埃及	2.6	3.8	4.7
伊朗	0.6	1.6	2.8
南亚	5.7	6.4	6.7
印度	6.1	6.8	7.0
巴基斯坦	3.8	4.0	4.2
孟加拉国	5.8	6.2	6.5
南非	2.7	3.2	3.3

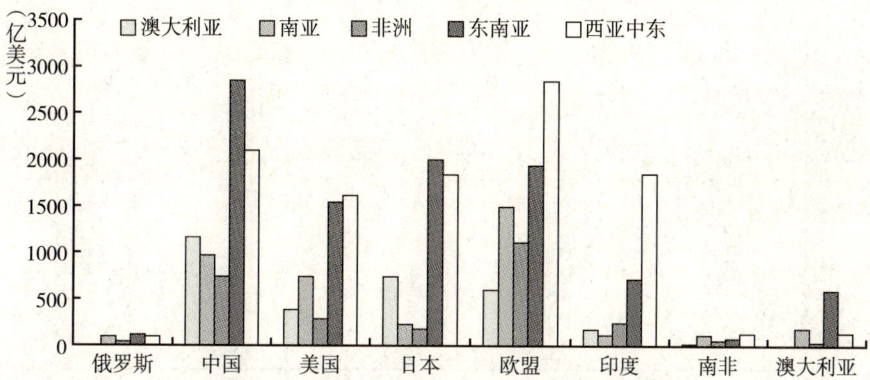

图 6　2011 年大国和地区对印度洋沿岸五大区域贸易额

当然，将印度洋和太平洋看作一个地区，印度的重要性是不言而喻的。但印度能在多大程度上发挥作用，取决于中印关系的发展和未来走向。印度 1991 年市场化改革以来高速经济增长，应该说与加速推进“东向政策”后与东南亚国家和太平洋国家合作密不可分。作为印度洋地区的大国印度和太平洋地区大国的中国，两国贸易总额增长很快，2011 年印度与印度洋沿岸

38 个国家的贸易总额达到 3116 亿美元，中国与印度洋沿岸 38 个国家的贸易总额达到了 7813 亿美元（见图 7）。同时，两国对印度洋沿岸五大区域的贸易额增长很快（见图 8）。

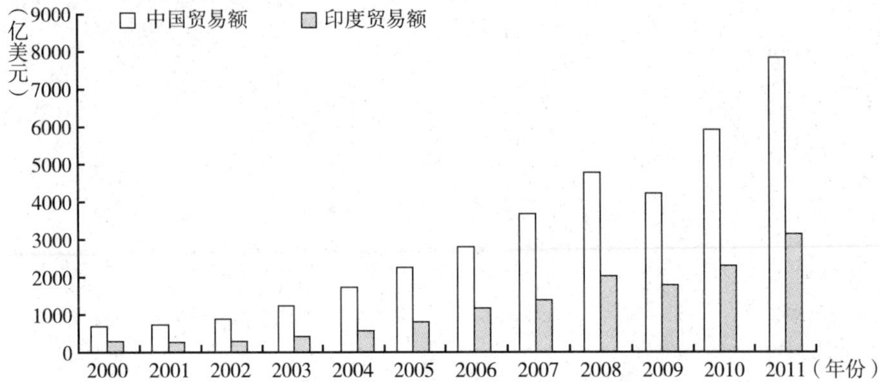

图 7　中印与印度洋沿岸 38 个国家的贸易总额

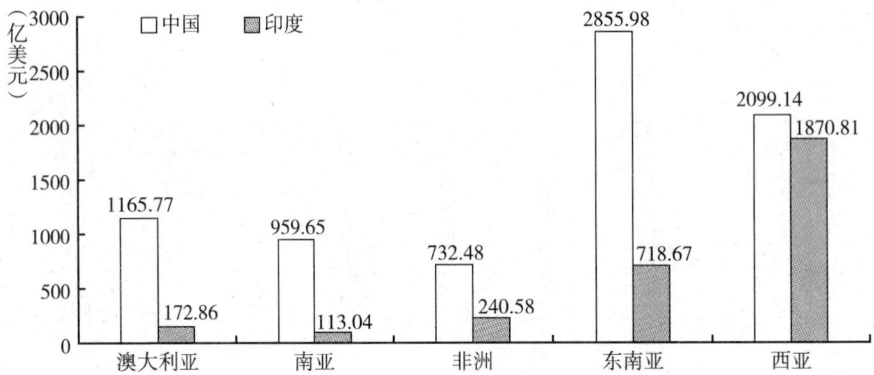

图 8　2011 年中印与印度洋五大区域的贸易总额

印 - 太平洋地区未来将成为世界经济增长的引擎。在国际体系的范畴内，无论一个国家的崛起还是一个地区的繁荣，其根本依赖还是经济实力，而经济实力来源于合作共赢的机制与和平稳定的发展环境。正是为了提高经济实力和地区影响力，目前亚太存在多个区域机制，如 TPP、RCEP、IOR-ARC 以及逐渐出现的 IPP（印 - 太平洋伙伴关系）等。从目前来看，各种多边机制并没有达到预期的效果，缘于机制的局限性以及难以调和的国家间的冲突。未来这些区域机制有并存的可行性，更有冲突的可能性。印 – 太平洋概念的出现，并不意味着印 – 太平洋地区国家的冲突会进一步上升，竞争与合作将是长期并存的结构性因素。无论如何，从目前世界格局的变化来看，世界多极化趋势不可阻挡。在多边机制与对话背景下，通过发挥世界和地区大国的影响力和取得中小国家的支持，通过多边合作机制来实现互利共赢的局面依然是未来发展的主旋律。未来经济一体化必将成为双边和多边关系的主导。特别是印度洋和太平洋地区国家如果能够抓住机遇，相向而行，尽快就地区安全行为规范、合作机制等达成共识，发展对称性相互依存，会进一步加深各国间的合作，密切国家间的贸易联系，强化各国间的利益相关性，最大限度地减少贸易摩擦。基于这样的战略主旋律，求同存异、互利共赢、共谋发展将是区域关系的总体趋势，这不仅有利于提高各自国家的经济实力，还能够造福于各国人民，并将惠及整个亚太地区，进而在稳定全球经济秩序中发挥重要作用。

B.4

缅甸民主化进程中的对外关系

朱 立*

摘 要：

2011 年 3 月 30 日，吴登盛正式宣布就任缅甸总统，预示缅甸国家管理体制开始从军人专制向民主化国家转型。作为转型期的政府，吴登盛总统面临严峻的挑战，在加快推进国内民主化进程的同时，缅甸政府积极寻求改善对外国际关系，特别是加强与西方国家的外交互动，实施多元平衡外交策略，并逐步消除西方国家对缅甸的封锁与制裁。总的来看，缅甸政府的积极外交政策取得了显著的成效，缅甸的民主化改革与对外关系改善形成了良性互动。

关键词：

民主化　对外关系　外交政策

一　缅甸外交政策

（一）缅甸独立以来外交政策的构建

自 1948 年 1 月 4 日宣布独立以来，缅甸建立了议会民主制（parliamentary democracy）国家体制，确立了以“中立”和“不结盟”为准则的外交政策，不依附任何大国和大国利益集团。在缅甸独立时期，国际政

* 朱立，云南财经大学印度洋地区研究中心执行主任、教授、博士。

治体系分为东西方两大阵营（即社会主义与资本主义两大阵营），缅甸作为一个刚刚脱离殖民统治的新兴国家，百废待兴，但在国内仍面临叛乱的威胁，建国伊始就被民族冲突所包围，独立不久，不同的民族集团就开始抵制缅族的统治。缅甸“中立”外交政策的意义就是不受外部因素的影响和干扰，完全独立于外部影响，并以“不结盟”外交政策避免缅甸陷入东西方两大阵营的争端，着力处理好内部的民族传统。从缅甸当时的国内现状和国际形势出发，独立和不结盟的外交政策符合缅甸的国家利益。在地缘关系上，缅甸相邻中国与印度两个世界人口大国，它也希望通过采取不结盟的外交政策以保持与两个大国的正常外交关系，平衡地缘政治关系。[①] 同时，独立伊始，缅甸政府最重要的工作是国家经济与社会的重构，为此在当时缅甸政府宣称也会接受不附带任何条件的来自东西方两大阵营的国际援助。

在吴努执政时期（1948～1962 年），缅甸基本建立了基于国家利益的外交政策，其核心就是以中立和不结盟为原则，确保国家利益不受各种外部力量侵害，为缅甸新兴国家的建构创造良好的外部环境。缅甸总理吴努强调，“缅甸目前的中立政策有三个特征，即不同任何国家结盟；同一切国家友好相处；致力于促进世界和平，努力消除两个集团的隔阂”[②]，吴努在对外关系中全面贯彻独立和不结盟的政策。

缅甸也是“和平共处五项原则”的共同倡导者之一。1954 年，中国总理周恩来访问印度和缅甸，提出“和平共处五项原则”，即“互相尊重主权和领土完整、互不侵犯、互不干涉内政、平等互利、和平共处”。1954 年 6 月 28 日，中国总理周恩来和印度总理尼赫鲁在新德里发表声明，重申了两国坚持和平共处五项原则。1954 年 6 月 29 日，中国与缅甸在仰光签署了“和平共处五项原则”协议，“和平共处五项原则”成为缅甸外交政策的基石。在此原则下，缅甸积极参与联合国的活动，支持裁军，反对军备竞赛，支持民族解放运动，支持去殖民化，反对帝国主义侵

① Foreign Policy of the Union of Myanmar，http：//www. mofa. gov. mm/foreignpolicy.

② Chi-shad Liang，*Burma's Foreign Relations*：*Neutralism in Theory and Practice*，Praeger Publishers，NEWYORK. 1990.

略，反对殖民主义、种族歧视和种族隔离，支持保持世界和平的努力，反对侵略战争。

（二）缅甸外交政策的发展

1962 年奈温执政缅甸，终止了缅甸的代议民主制，建立了缅甸社会主义纲领党（the Burma Socialist Programme Party，BSPP），废除了宪法，并于 1974 年建立了基于“缅甸社会主义道路”的新宪法。由于奈温既担心西方资本主义对缅的渗透，同时又担心共产党国家对缅输出革命，在外交政策中采取了消极的中立主义，闭关自守，并退出了不结盟运动。1971 年，缅甸开始转变“中立和不结盟”的外交政策为“中立和积极”的外交政策，积极参与到国际事务之中。在外交政策中，缅甸继续坚持中立的立场，在国际事务中不与东西方两大阵营开展结盟。同时，缅甸积极参与国际和平进程，反对战争、帝国主义和殖民主义，实施互利的双边与多边合作，与所有国家保持友好关系，特别是与邻国保持友好的外交关系；在区域经济和社会事务中坚持区域磋商和互利合作等。

由于奈温执政缅甸期间（1962～1988 年），在国内实施严厉的政治管制，没有选举和言论自由，缅甸社会经济发展停滞不前，导致食品短缺、通货膨胀，国内经济危机爆发，尔后经济危机演变为政治冲突。1988 年，以缅军总参谋长苏貌为首的军人发动军事政变，执掌缅甸政权，军政府废除 1974 年宪法，对缅甸民主运动进行镇压，因此以美国为首的西方国家对缅甸实施了严厉的经济封锁与制裁。1988 年，缅甸国家法律和秩序恢复委员会发布声明称，缅甸将继续坚持中立和积极的外交政策。面对西方国家的严厉制裁与封锁，缅甸新军人政权在外交上实质上陷入了完全孤立状态，缅甸积极的外交政策也就流于形式。在新军人政权执政缅甸期间（1988～2010 年），缅甸政府亟须打破外交困境，摆脱被孤立的国际政治格局，新军人政权采取了中立和积极灵活的外交政策，努力改善与东西方国家的关系，特别是重点加强了与中国、印度及东南亚国家的外交关系，地缘政治关系成为这一时期的外交重点。1997 年，缅甸加入东南亚国家联盟（ASEAN），开始转变相对封闭的外交政策，积极融入区域一体化发展。

伴随冷战的结束，苏联解体，东方阵营瓦解，世界政治经济格局发生重大改变，以美国为首的西方利益集团成为全球霸主；同时，经济全球化浪潮席卷世界，中国及新兴经济体经济快速发展，次区域合作不断加强，东盟区域一体化发展快速推进，在新的国际政治经济背景下，缅甸国内积极推进政治体制改革。伴随国内国际环境的改变，缅甸面临许多新的问题和挑战。

二　吴登盛新政以来的缅甸多边外交关系

1988 年新军人政权执政后，军政府在国内实施了更加严厉的政治管制，诸多西方国家对缅甸进行了严厉的经济制裁与封锁，虽然后期军政府也实施了一系列经济改革，但收效甚微，缅甸国内经济发展陷入困境，社会的不安引爆了 2007 年的橙色革命（the Saffron Revolution），最终推动了缅甸民主的进步，促成了 2010 年的缅甸政府大选。

（一）吴登盛总统的积极外交政策

缅甸 2010 年大选的民选总统吴登盛，于 2011 年 3 月 30 日就任。吴登盛的上任，或许可以说是临危受命。因为国内长期的政治经济问题已让缅甸军政府处于危险的境地，同时西方国家的长期封锁和制裁让缅甸政府在夹缝中艰难前行。缅甸政府不及时改变内外受困的困境，很难驶上发展的快车道。然而摆在吴登盛总统面前的是内外矛盾错综复杂并相互交织的状况。在国内问题上，吴登盛总统面临政治改革、经济发展和民族冲突三大问题。首先，长期的政治动荡和西方国家的经济制裁，缅甸经济几乎陷入停滞不前和后退的状态，缅甸成为全世界最不发达的国家之一。例如，缅甸官方公布的 1995/1996 财年为其经济增长的最好成绩，GDP 增长率达到 9.8%，但由于对缅甸汇率的质疑，亚行及世行认为缅甸实际的 GDP 增长比官方数据要低得多，因为缅甸出口及 FDI 占 GDP 的比例仅为 1.5% 和

2.4%，远低于孟加拉国的18%和12%、越南的32%和28%；通货膨胀率逐年提升，以1986年为基准，缅甸的CPI到1996年已增长了735.51%，其间CPI的年均增长率超过20%①，缅甸国内财政年年赤字。严峻的国内经济发展形势，成为吴登盛政府稳定政权的严厉挑战，如何加快经济发展、改善民生是稳固新政府的重要任务。其次，民主化浪潮此起彼伏，民主化进程的压力加剧。1988年缅甸军政府对民主运动的镇压，为缅甸的民主化变革埋下了伏笔，长期的经济衰退更成为引发新的民主运动的导火索，而国际社会对缅甸军政府长期压制民主和人权的谴责恶化了缅甸的国际关系；从88学生运动到橙色革命，缅甸民主运动从未停息，推动民主化进程已成为改变缅甸困局的关键。因此，先天带有军政府色彩的吴登盛政府在推进缅甸的民主化进程时就显得尤为困难，既要面临来自巩发党的压力，也要面对国内民众及国际社会的忧虑。再次，化解长期困扰缅甸统一民主国家建构的民族矛盾也困难重重。缅甸是一个多民族国家，拥有135个民族，从建国之初，十多个较大的少数民族就组建了民族武装，民族问题一直是缅甸政府面临的棘手问题。据统计，在1989年缅甸共产党分裂之前，缅甸少数民族地方武装多达30支。② 到2006年，缅甸政府与缅甸民族民主同盟军、掸邦军等17支民族武装达成了和平协议。③ 然而，要实现全面停火和真正的民族和解，吴登盛政府还面临着对2008年宪法进行修改和完善的诸多挑战。

在外部环境方面，吴登盛政府面临由于前军政府压制民主与人权所带来的西方国家的长期经济封锁与制裁以及国际关系的孤立约束。打破长期被孤立、隔绝的国际关系，为缅甸创造良好的外部发展环境，是吴登盛政府外交政策的首要任务。在内外压力的驱动下，吴登盛政府以国内政治体制改革和

---

① Tin Maung Maung Than and Mya Than. MYANMAR: Economic Growth in the Shadow of Political Constraints. Southeast Asian Affairs, 1997, pp. 205 - 230.

② Martin Smith, *Burma: Insurgency and the Politics of Ethnicity*, Bangkok: White Lotus, 1999, Chart 1.

③ 李晨阳、陈茵：《影响缅甸民主化进程的主要政治势力》，《当代亚太》2006年第4期。

民主化进程为核心，通过积极的外交政策，以内部变革促进国内外环境的快速改变。吴登盛政府的外交政策具有以下几方面的特点。

1. 以国内政治体制改革和加快民主化进程促进国际关系改善

吴登盛就任总统后以加快国内政治体制改革和民主化进程为重点，全面推进新的对外政策。首先，加快缅甸国内的民主化进程。包括恢复民盟的政治地位、放松审查制度、建立国家人权委员会、准许昂山素季参加2012年缅甸议会补选等。其次，释放政治犯，推进民主化体制建设。吴登盛上任后很快就释放了200多名政治犯，到2013年底缅甸政府已释放了所有被关押的政治犯。再次，加快民族和解，吴登盛政府先后与主要民族地方武装签署停火协议，并全面推进全国停火协议的签署，加快建设统一民族国家的步伐。然而如果缅甸政府不能与少数民族武装达成一致的政治解决方案，缅甸民族问题的和解仍步履维艰。缅甸国内改革和民主化进程的快速推进得到了以美国为首的西方国家的认同与肯定，2011年11月，美国国务卿希拉里的缅甸破冰之旅揭开了缅甸与西方国家恢复国际交往的序幕，由此缅甸长期被孤立的外交格局得以被打破。2012年11月，美国总统奥巴马历史性地访问了缅甸。随后，缅甸政府与多个西方国家开展了积极的外交互动，西方社会对缅甸的观念转变，缅甸与西方国家的外交关系得到大幅改善，西方国家开始减少对缅经济制裁，部分国家取消了缅甸的债务并给予一定的经济援助。

2. 以平衡外交政策重新调整在缅大国力量结构

1996年，缅甸FDI最大的投资国主要是东盟国家和英国，新加坡（22.7%）、英国（19.2%）和泰国（18.2%）三个国家在缅的投资超过了50%。西方国家对缅甸实施更严厉的经济制裁后，如喜力啤酒、柯达、英美烟草、苹果等大量西方国家企业资本开始撤出缅甸，缅甸产品出口大幅下降，国内经济陷入停滞和后退的状态。迫于经济发展的压力，缅甸政府开始寻求与中国、印度和东盟开展经贸合作以促进国内经济发展。伴随中缅政治关系的日益密切，中缅经贸合作快速发展，到2010年，中缅双边贸易达到44亿美元，中国在缅甸投资更是达到130亿美元左右，中国一跃成为缅甸经贸合作最重要的国家，中国在缅甸的政治、经济影响力显著提升。中国在缅影响力的提升也带来了对中缅关系的多种质疑，特别是外部力量不断放大中国在缅的战略意图。

作为一个长期奉行中立和不结盟外交政策的国家，缅甸及国外势力都不希望中国在缅甸具有超强的政治经济影响力，因此实施平衡外交，建立多元的外交关系，满足多方国际利益的需求是吴登盛外交政策的着眼点。“缅甸周旋于东西方之间，能够获得太多的利益”。[①] 大国平衡外交是缅甸外交政策的延续，也是吴登盛政府对军政府时期孤立外交政策的修正；再平衡大国在缅甸的力量不但扭转了美国在缅影响力的长期真空格局，也让缅甸的国际政治地位和影响力得到大幅提升。美缅关系的改善拉开了缅甸争夺战的帷幕，美国和欧洲都加强了在缅甸的存在。

3. 以地缘战略优势强化缅甸参与国际事务的能力

在国际事务中，一个国家的地缘位置将会对该国产生重要的影响。同样，缅甸特殊的地缘战略位置对缅甸的对外关系产生着重要的影响。在地理环境上，缅甸位于东亚、东南亚和南亚的交汇处和枢纽，地缘位置尤其显著，又是东亚进入印度洋的最便捷门户，随着全球地缘政治和地缘经济格局的转变，缅甸的地缘战略优势快速提升。特别是近 10 年来中国经济快速发展，中国对亚洲及印度洋地区的影响力不断增强，中缅合作成为中国在印度洋地区合作的重要组成部分。在“中国威胁论”的影响下，国外普遍认为，中国在缅有两方面的战略意图，一是增强能源安全（建设中缅油气管道），二是打开中国进入印度洋的新通道，成为一个真正意义上的两洋国家。[②]

在美国重返亚太的战略中，缅甸被认为是最重要的一部分，加快改善和建立新型美缅关系具有两方面的意义，一方面进一步强化美国在东南亚的影响力，另一方面遏制中国进入印度洋。美国著名缅甸问题专家、乔治顿大学

① 〔美〕戴维·皮林：《缅甸将成中国“西海岸”》，http：//www. ftchinese. com。

② Lex Rieffel. “Myanmar on the Move：An Overview of Recent Developments”，*Current Southeast Asian Affairs*. 4/2012：31 -49.

的 David I. Steinberg 教授认为，美缅关系的快速改善是美国重返亚太战略的标志性胜利。[①] 从地缘政治角度看，在缅甸的对外政策中，中印两个大国始终是其地缘政治关系的重点。美国重返缅甸改变了以中印为主导的缅甸地缘政治格局，并逐步形成了以中国、美国和印度为主的新的三角结构。缅甸对外关系中新的三角结构的形成对缅甸是极为有利的，它改变了缅甸在处理大国外交关系上的被动局面，中、美、印三国在缅互为制约，缅甸在处理三国关系上掌握了更多的主动权和博弈筹码。

4. 以积极的攻势外交提升缅甸的国际影响力

在就任总统的短暂时间后，吴登盛就展开了积极的外交攻势，开始了频繁的外交出访，缅甸外交进入空前活跃期。在两年半时间里，吴登盛总统先后出访 18 次，访问了 21 个国家，其中亚洲国家 10 个，欧美国家 11 个（含欧盟）。吴登盛出访的重点，一个是亚洲主要国家，其中访问中国 4 次，还访问了印度、日本及韩国等国；另一个是欧美国家，他访问了以美、英、法、澳等为主的 10 个主要发达国家。从吴登盛的出访频率和国家分布可以看出，缅甸政府积极致力于国际关系的快速改善，寻求获得更加广泛的国际社会的认可和支持。

分析吴登盛的出访情况可以看出，吴登盛出访的目的主要有两方面。一是进一步加强与周边国家的外交关系，融入区域发展组织体系，提高缅甸在区域的政治地位和政治影响力；二是加强与西方国家的外交互动，增强政治互信，消除与欧美国家的政治隔阂，加快取消对缅的经济制裁。其上任后首先关注的是周边国家关系，吴登盛第一个出访的国家是中国，2011 年 5 月 26 日，吴登盛访问中国，并与中国建立了全面战略伙伴关系。随后，吴登盛访问了印度，两国政府发表了《联合声明》。在 2012 年，吴登盛出访了东南亚及东亚的主要国家。到 2013 年，吴登盛的国事访问几乎全部集中在欧美国家（参加东盟峰会和中国博鳌论坛除外），可以看出西方国家已经开始全面接纳缅甸（见表 1）。

---

① 2013 年 10 月 16 日，笔者与 David I. Steinberg 教授在昆明的对话。

表1　缅甸总统吴登盛出访记事

序号	时　间	国家(地区)		记　事
1	2011 年 5 月 4～8 日	18 届东盟峰会		5 月 5 日,参加东盟－欧盟峰会
				5 月 6 日,参加东盟外长会议
2	2011 年 5 月 26～28 日	中国		中国国家主席胡锦涛会见了缅甸总统吴登盛,两国元首一致同意,顺应形势发展需要,把两国关系提升为全面战略合作伙伴关系。国务院总理温家宝和全国政协主席贾庆林分别会见了吴登盛总统
3	2011 年 10 月 12～15 日	印度		印度总统帕蒂尔、总理辛格和外长克里什纳分别与吴登盛进行了会谈。吴登盛与辛格分别代表两国政府发表了包含 44 项内容的《联合声明》
4	2012 年 1 月 29 日～2 月 1 日	新加坡		吴登盛和新加坡总理李显龙进行了会晤,并见证签署了备忘录。根据备忘录内容,新加坡将向缅甸提供法律、银行以及金融等领域的职业训练,同时将与缅甸分享新加坡在贸易、旅游和城市规划等领域的经验。新加坡总统陈庆炎在总统府会见了吴登盛
5	2012 年 3 月 20～22 日	东盟三国	越南	越南总理阮晋勇会见吴登盛
			柬埔寨	柬埔寨首相洪森会见缅甸总统吴登盛
			老挝	吴登盛访问老挝
6	2012 年 4 月 20～24 日	日本		参加日本与湄公河流域国家首脑会议。两国签署共同声明,日本免除缅甸对日共计 3035 亿日元债务,并宣布重启对缅日元贷款项目
7	2012 年 7 月 22～24 日	泰国		与泰国总理英拉会面,双方宣布签署三项旨在加强经济、能源和科技合作的备忘录,并同意共同推动土瓦深海港与工业园区发展计划
8	2012 年 9 月 18～22 日	第九届中国－东盟博览会		吴登盛出席第九届中国－东盟博览会,缅甸是此次博览会的主题国
9	2012 年 10 月 8～10 日	韩国		韩国总统李明博与吴登盛会谈,讨论经济合作和地区事宜。还将与韩国经济团体首脑会面,呼吁韩国加大对缅甸的投资力度
10	2013 年 2 月 25 日～3 月 8 日	欧盟	挪威	吴登盛就任总统以来的第一次欧洲之行。挪威首相斯托尔滕贝格与缅甸总统吴登盛举行会谈。挪威决定年内设立挪威驻缅甸大使馆
			芬兰	吴登盛同芬兰总统尼尼斯托在赫尔辛基签署了协议。芬兰将在未来几年向缅甸提供超过 600 万欧元的援助
			奥、比、意	吴登盛先后访问了奥地利、比利时和意大利
			欧盟总部	分别与欧洲理事会主席范龙佩、欧盟委员会主席巴罗佐、欧盟外交事务与安全政策高级代表阿什顿会面。吴登盛总统要求欧盟尽早解除对缅甸的经济制裁,而欧盟领导人要求缅甸在政治、社会、经济领域推进改革

续表

序号	时 间	国家(地区)	记 事
11	2013年3月14～17日	新西兰	吴登盛与新西兰总理约翰·基举行会谈
12	2013年3月17	澳大利亚	澳总理吉拉德表示,澳大利亚认可吴登盛在缅甸改革中扮演的领导角色,且将在未来2年内向该国提供2070万美元的援助
13	2013年4月5～9日	中国(亚洲博鳌论坛)	4月5日,中国国家主席习近平在海南省会见缅甸总统吴登盛,两国元首就发展中缅关系深入交换意见,一致同意,不断巩固和加强双边关系,共同推动中缅全面战略合作伙伴关系持续健康稳定发展
			4月7日,吴登盛出席亚洲博鳌论坛并在开幕大会上发言
14	2013年4月24～25日	第22届东盟首脑会议	吴登盛出席在文莱首都斯里巴加湾市举行的第22届东盟首脑会议
15	2013年5月17～22日	美国	与美国总统奥巴马会面。白宫发表声明称:吴登盛总统的访问,强调了奥巴马总统对坚决进行改革的政府给予支持与协助的决心
16	2013年7月15～17日	英国	与英国首相卡梅伦会面。卡梅伦表示,英国将为缅甸提供总额近3000万英镑的发展援助,支持缅甸的经济发展和政治过渡
			吴登盛在伦敦一家智库发表演讲时承诺说,缅甸政府设立了一个专门委员会审查涉及政治犯的案件,到2013年底,释放所有政治犯
17	2013年7月17日	法国	法国总统奥朗德和缅甸总统吴登盛在总统府举行会谈,呼吁缅甸继续其政治过渡进程;17日,吴登盛还与法国总理埃罗举行了会谈
18	2013年9月2～4日	第十届中国－东盟博览会	9月2日,中国国务院总理李克强在南宁会见缅甸总统吴登盛
			9月3日上午,吴登盛出席第十届中国－东盟博览会
19	2013年10月9～10日	第23届东盟首脑会议	缅甸担任东盟轮值主席国

吴登盛政府的积极外交政策无疑是非常成功的。一方面，缅甸的国际政治环境彻底改变，缅甸国家形象提升，西方国家的经济制裁逐步取消；另一方面，缅甸对外关系改善与国内民主化进程形成了良性互动，进一步巩固了吴登盛政府的执政地位，为国内政治体制改革、民主化进程和民族和解创造

了良好的外部环境。同时，在一定程度上也释放了昂山素季复出后所带来的巨大国内、国际政治压力。在吴登盛频繁出访的同时，美国总统奥巴马、英国首相卡梅伦、印度总理辛格、日本副首相麻生太郎等国家政要也先后访问缅甸，与缅甸开展多层次的外交互动，由此可以看到缅甸对这些国家的重要性，缅甸成为亚洲的外交新星。西方国家逐步取消了对缅甸的封锁与制裁，并开始不断给予缅甸新的经济援助和加快在缅的企业投资步伐。到目前为止，挪威等“巴黎俱乐部”成员国已免除缅甸到期债务 96.48 亿美元中的 60%；日本先后两次豁免了缅甸全部 5000 亿日元的长期巨额债务，并向缅甸提供了 910 亿日元（约合 9 亿美元）的政府开发援助。缅甸在东盟的政治地位得以确立，开始逐步融入东盟一体化发展进程，2012 年，缅甸成功举办了第 27 届东南亚运动会，并担任 2014 年东盟轮值主席国。然而，缅甸民族武装问题的长期未妥善解决、种族冲突的不断出现，也给吴登盛政府的改革带来了极大的隐患，并受到国际社会的广泛关注。

（二）缅甸对外交往中的昂山素季

在民主浪潮高涨的 1988 年，长期旅居国外的昂山素季一回到缅甸就成为缅甸政治的焦点人物。1988 年 9 月 27 日，昂山素季组建了缅甸全国民主联盟，并出任总书记，民盟很快发展壮大，成为缅甸最大的反对党。1989 年 7 月 20 日，军政府以煽动骚乱为罪名对昂山素季实行软禁，昂山素季拒绝了将她驱逐出境而获自由的条件。在 1990 年缅甸大选中，昂山素季获得了 82% 的选票，赢得了缅甸大选的胜利，但选举结果被军政府宣布作废。其后昂山素季被军政府软禁于家中长达 15 年，在国际社会和各界人士的援助下，昂山素季于 2010 年 11 月 13 日获释。昂山素季解禁后，调整了长期与缅甸政府对立的策略，以开放的心态积极与现政府合作，“昂山素季与缅甸新政府之间的良性互动是 2011 年缅甸民主化进程得以继续推进的关键”。①

---

① 李晨阳：《2010 年以来的缅甸政治转型评析》，《领导者》2012 年 8 月。

昂山素季在竞选演讲中宣布，民盟的三大目标是法治、国内和平和修改宪法。2012 年 4 月，昂山素季领导的民盟在缅甸议会补选中大获全胜，获得了 45 个议席中的 43 个，昂山素季成功当选缅甸国会下议院议员，并于 5 月 2 日宣誓就任，正式登上缅甸政治舞台。虽然这少许的议会席位选举胜利对缅甸现政府架构不会产生太大的影响，但它象征着缅甸民主的胜利。由于昂山素季在缅甸民主运动中的特殊地位，其对缅甸的民主化进程产生着重大的影响，同时也对缅甸的对外关系产生重要影响。

昂山素季在缅甸具有特殊的政治地位和巨大政治影响力，她在缅甸的对外交往中也发挥了特别的作用。昂山素季在一定程度上是缅甸当代民主的化身，在缅甸开展与西方国家的对外交往中具有得天独厚的优势。自 2012 年 5 月以来，昂山素季先后访问了 18 个国家，其中 14 个欧美国家，4 个亚洲国家（见表 2）。昂山素季出访的主要是欧美国家，其重点是寻求国际社会的广泛支持，推进缅甸民主化进程和缅甸宪法的修订，给予吴登盛政府更大的国际压力；呼吁国际社会消除对缅的经济制裁，促进国内发展，并进一步塑造缅甸民主化领袖形象，增强民盟在缅的影响力。在昂山素季的出访中，缅甸民主是一个永恒的话题。虽然昂山素季并不以缅甸官方的身份进行出访，但其特殊的政治身份使她在与西方国家的对外交往中发挥了独特的作用，她的对外交往获得了国际社会对缅甸民主化进程的广泛支持，并给吴登盛政府的国内政治改革带来了更大的压力，对缅甸的改革起到了积极的推动作用，并进一步强化了民盟在缅甸国内的政治影响力。

表 2　缅甸民盟总书记昂山素季出国访问记事

序号	时　间	访问国家	记　　事
1	2012 年 5 月 29 日 ~6 月 2 日	泰　国	参加在泰国曼谷举行的世界经济论坛东亚会议。在曼谷会晤泰国总理英拉，争取泰国政府和民间加强投资缅甸
2	2012 年 6 月 13 ~ 14 日	瑞　士	参加国际劳工组织的年度会议并发表演讲
			与瑞士联邦议会议长举行会面
3	2012 年 6 月 15 ~ 17 日	挪　威	与挪威首相斯托尔滕贝格会面
			16 日，正式领取她在 1991 年获得的诺贝尔和平奖

续表

序号	时　间	访问国家	记　事
4	2012 年 6 月 18 日	爱尔兰	出席“大赦国际”安排的音乐会，接受良心大使奖
5	2012 年 6 月 19 日	英　国	会晤英国外交大臣黑格。在英国议会发表演讲，希望得到英国以及国际社会的帮助以深化缅甸的改革
6	2012 年 6 月 26 ~ 29 日	法　国	同法国总统奥朗德举行了会晤。昂山素季表示，她将致力于国家和解。奥朗德则向昂山素季表示，法国将尽全力与欧盟合作，协助缅甸向民主过渡
7	2012 年 9 月 17 日 ~ 10 月 3 日	美　国	会晤美国国务卿希拉里，接受了美国国会颁发的金质奖章，以及美国智库大西洋理事会颁发的 2012 全球公民奖。 会晤美国总统奥巴马，吁吁美结束对缅制裁。 到访纽约联合国总部，联合国秘书长潘基文会见了昂山素季
8	2012 年 11 月 13 ~ 18 日	印　度	会晤印度正副总理、国会下议院院长与外交部长
9	2013 年 1 月 28 日 ~ 2 月 1 日	韩　国	会晤候任总统朴槿惠和现任总统李明博
10	2013 年 4 月 13 ~ 19 日	日　本	日本首相安倍晋三在首相官邸会见了到访的昂山素季，并向她表示，日本政府将通过经济援助等手段支援缅甸的民主化进程
11	2013 年 9 月 10 ~ 12 日	波　兰	与波兰总统科莫罗斯基和总理图斯克会面
12	2013 年 9 月 13 ~ 14 日	匈牙利	在匈牙利布达佩斯表示，呼吁修改缅甸现行宪法
13	2013 年 9 月 15 ~ 18 日	捷　克	
14	2013 年 9 月 20 ~ 24 日	新加坡	出席新加坡峰会，并作《转型中的缅甸》的主旨演讲
15	2013 年 10 月 20 日	比利时	会面欧盟委员会主席巴罗佐，呼吁欧盟支持缅甸修宪
16	2013 年 10 月 21 日	卢森堡	欧盟 28 国外长与缅甸反对党领导人昂山素季共进午餐，讨论了缅甸民主改革的问题
17	2013 年 10 月 22 日	法　国	昂山素季在欧洲议会领取萨哈罗夫人权奖
18	2013 年 10 月 22 日	英　国	会晤首相卡梅伦、外交大臣黑格和英国王储查尔斯

三　缅甸与主要大国的外交关系

（一）中缅外交关系

缅甸独立后，1950 年 6 月 8 日，中缅两国建立了外交关系，两国总理共同倡导了和平共处五项原则。1960 年 10 月，中缅两国政府签订了中缅边界条约，率先圆满解决了历史遗留下来的边界问题。中缅两国历史源远流长，胞波情谊深厚。即使在缅甸遭受国际制裁的最困难时期，中国政府仍坚持对缅甸友好政策，反对外国势力干涉缅甸内政。吴登盛就任总统后，延续了中缅两国友好合作的传统，加强与中国的政治经济合作。缅甸在南海、人权等问题上给予中国理解和坚定支持。[①] 吴登盛就任总统后第一个出访的国家就是中国，表明吴登盛政府希望通过进一步深化与中国的关系，推动缅甸的改革与发展。2011 年 5 月 26 日，吴登盛总统访问中国，27 日，中国国家主席胡锦涛在北京会见了吴登盛总统，中缅两国为提升双边合作关系，共同发表了中缅“全面战略合作伙伴关系”的《联合声明》，预示中缅合作进入新的发展时期。随后，吴登盛总统还 3 次到访中国，参加中国 - 东盟博览会和中国博鳌论坛。2013 年 6 月，中缅两国签署《落实中缅全面战略合作伙伴关系行动计划》，涉及政治、经济、人文、安全、国际和地区事务等各领域，勾画了中缅双方未来关系发展的路线。

中国与缅甸不只是有密切的地缘政治关系，而且有密切的地缘经济关系。中国对于吴登盛政府的改革与发展给予积极的支持，中国希望看到一个民主和和谐发展的缅甸。从 2002 年以来，中缅经贸合作进入了快速发展时期，2002 ~2012 年的 10 年时间里，中缅双边贸易额从 8.6 亿美元增长到 69.7 亿美元，增长了 7 倍；到 2013 年，中国在缅投资已累计超过 140 亿美元，成为缅甸最大的投资来源国。2013 年，中缅油气管道投入运营。中国以务实、互利的合作推动中缅关系的发展。然而，随着中国经济的快速发展，中国政治经济实力的大幅提升，“中国威胁论”成为部分国外势力恶意攻击中国的重点，中缅关系的发展被曲解为中国意图控制缅甸，中国的对缅政策与正常的双边合作被赋予更多的战略意图色彩。主要的观点是，中国需要获取缅甸的资源和进入印度洋的通道。2011 年 9 月 30 日，吴登盛政府单方叫停了中国公司在缅投资建设的密松大坝项目，密松大坝被叫停事件被外

① 《中国驻缅甸大使杨厚兰在缅甸战略与国际问题研究所的演讲》，http：//www.fmprc.gov.cn/mfa_ chn/dszlsjt_ 602260/t1116348.shtml。

界普遍认为中缅关系出现了转折，反华与仇华情绪开始在缅甸国内蔓延，针对中国投资项目不透明、企业缺乏社会责任、环境破坏以及对缅甸的资源掠夺等的攻击增多，中缅油气管道、莱比塘铜矿等多个中国投资项目受到冲击。吴登盛政府是否真正转变了对华政策呢？

1. 中缅关系的利益契合点

多年来，中缅关系发展已经奠定了坚实的发展基础，中缅两国在发展关系上具有诸多共同利益契合点。首先，中国作为缅甸最重要的邻国，两国在政治与经济上有广泛的合作空间。从缅甸长期奉行的外交政策来看，处理好与中国和印度两个大国的地缘政治关系始终是缅甸外交政策的重要内容，而且伴随中国国际影响力的日增，处理好与中国的关系是缅甸政府积极参与国际事务的必需，对缅甸具有重要的战略意义。昂山素季曾表示："你不能忘记，中国是缅甸的邻国，而美国相当遥远。"① 其次，缅甸的政治与经济改革有利于中国的持续发展。缅甸经济与中国经济有诸多互补性，中缅两国经济可以实现互惠互利发展，中国的经济发展和广阔的市场也将为缅甸经济发展注入新的活力。中国希望作为友好邻邦的缅甸能够享受到中国改革发展的成效，并成为推动缅甸社会经济发展的重要力量。最后，缅甸民主改革的快速推进将为中国的持续发展创造良好的周边环境。周边环境是中国安身立命之所在和发展繁荣之基石，友好、稳定的周边环境是两国发展的共同利益。中国驻缅甸大使杨厚兰认为，中缅关系的特点是相互尊重、相互理解、相互信任和相互支持。

2. 正确理解缅甸民主化进程中的新型中缅关系

密松大坝事件的发生引发了中国国内对中缅关系的情绪化判断，认为中国在缅利益受到了极大损害，中缅关系发生了转变。综合分析吴登盛就任以来所推行的一系列政治经济改革措施带来的国内形势的变化，再结合这一时期全球政治格局的变化来看，密松大坝事件是缅甸特定历史发展时期被政治化的国际投资纠纷，缅甸国内改革、民主化进程、国际利益平衡和中国企业

① 〔美〕戴维·皮林：《缅甸将成中国"西海岸"》，http：//www. ftchinese. com。

投资行为等诸多因素交织其间，让这一事件产生巨大的政治影响。事实上，缅甸的民主化改革不只是促进了缅甸国内政体的变化，也促进了缅甸国际关系的多边化发展，这是缅甸国家利益所需。中国是缅甸最重要的邻国，但不是全部。杨厚兰大使说："缅甸在转型时期的形势会出现复杂的局面，而中缅关系也会面临新的复杂挑战，但同时也会有更多的机遇。"① 在缅甸快速推进民主化改革的进程中，我们需要积极适应缅甸改革所带来的内外环境变化，认真审视巨变中的缅甸，不断调适中缅关系，以相互尊重、相互理解、相互信任和相互支持为原则，秉承"亲诚惠容"的合作共赢理念，全面推进中缅全面战略合作伙伴关系的发展。

（二）美缅外交关系

1. 重新开启美缅关系

1948 年缅甸独立后，美国与缅甸建立了外交关系。1955 年 2 月，美国国务卿杜勒斯访问缅甸，虽然中间经历了缅甸社会主义时期，但美缅一直保持了外交关系。1988 年缅甸政府压制民主后，美国把其驻缅甸使馆降为代办级，美国、欧盟和日本等国对缅甸实行经济制裁，包括禁止金融服务的出口和冻结某些机构的资产；20 世纪 90 年代以后，美国对缅甸的制裁逐渐升级，2003 年开始实行全面制裁。到 2009 年，美国才又重新开始摸索与缅甸对话，美国对缅甸外交政策的调整是基于缅甸调整对外政策的前提下进行的。

美国国务院东亚和太平洋事务署助理部长 Kurt M. Campbell 坦陈，在 2009 ~ 2011 年美国对缅的交往关系是令人沮丧的。② 2011 年 11 月 30 日，美国国务卿希拉里访问缅甸，这是自 1988 年美国制裁缅甸以来的两国外交"破冰之旅"，冻结了 20 多年的美缅外交关系解冻。希拉里在缅甸拜会了吴登盛总统及民盟领袖昂山素季，希拉里说，重要的是缅甸应该释放所有政治

---

① http：//news. ifeng. com/mainland/special/nanhailingtuzhengduan/content - 3/detail.

② Kurt M. Campbell. U. S. Policy， Toward Burma， http：//www. state. gov/p/eap/rls/rm/2012/188446. htm.

犯，今后也不制造一个政治犯。美国还要求缅甸承诺断绝与朝鲜的军事合作关系，尊重联合国防止核扩散机制。希拉里访问缅甸预示美国对缅甸的交往政策的转变，发出了美国支持缅甸政府内外部改革者的强烈信号。为支持缅甸的改革进程，美国制定了“行动对行动”（action for action）的匹配战略，根据缅甸的实质性改革进程进行实时的对应调整。[①] 2012 年 4 月，国务卿希拉里宣布回应缅甸议会补选成功的 5 个行动，即在仰光美国大使馆重建美国国际开发署（USAID）、批准针对缅甸非营利活动的美国私人基金资助、促进经挑选的缅甸官员和议员的美国旅行、开始减缓美国金融服务和新投资的限制等，但仍然禁止美国企业与缅甸军方背景企业进行贸易活动。同时，美国财政部也发放了针对支持缅甸人权、宗教和其他非营利活动资金援助的通用许可证（general license）。美国宣布把两国关系恢复为大使级，并派出新的美国驻缅大使。

2012 年 11 月美国总统奥巴马访问缅甸和 2013 年 5 月缅甸总统吴登盛访问美国，标志着美缅关系得到增强。奥巴马在仰光大学演讲时说：“我满怀信心地站在这里，这个国家正在发生一些不可逆转的事情，人民的意志能够激励这个国家成为世界的典范。美国将是你们漫长旅途中的伙伴。”[②] 缅甸总统吴登盛应美国总统奥巴马邀请，于 2013 年 5 月 17 日对美国进行历史性访问，这是缅甸国家元首自 1966 年以来首次正式访问美国。白宫发表声明说：“吴登盛总统的访问，强调了奥巴马总统对坚决进行改革的政府给予支持与协助的决心。”据缅甸总统发言人吴耶吞介绍，吴登盛总统的访美主要有两大目标：第一，保持两国关系改善的势头；第二，向美方介绍缅甸情况，以争取美国完全解除对缅制裁。实际上，吴登盛访问美国，是美国对其改革的认可，表明缅甸需要继续深化美缅关系，加快解除经济制裁和扩大经贸往来以促进缅甸经济发展。

---

① Kurt M. Campbell. U. S. Policy Toward Burma, http://www. state. gov/p/eap/rls/rm/2012/188446. htm.

② Jayshree Bajoria. Understanding Myanmar, http://www. cfr. org.

2. 美国重返亚太战略与缅甸民主化进程的契合

在奥巴马加快推进“重返亚洲”及“亚太再平衡”战略框架下，美国积极寻求深化美缅关系，缅甸也积极回应美国心意，平衡中国力量和加快推进民主化，美缅关系进一步强化，并向纵深发展。美缅关系的发展无疑是美国重返亚太战略与缅甸民主化进程的高度契合，一方面，美国通过逐步减少对缅甸的制裁，以示对吴登盛政府实施改革的认可；另一方面，缅甸通过国内改革消除美国制裁和促进双边经贸合作。长期以来，美国认为在本质上缅甸是“中国的附属国”，对于美国而言，缅甸是支持民主的机会和投资的机会，也是包围缅甸最大的投资国——中国的途径。[①] 美国对缅的战略意图是十分明确的，抑制中国西进印度洋和进一步增强美国在东南亚的影响力，这一战略的成效也是显著的。美国的认同信号也为缅甸提供了减轻对中国的依赖及多样化经济发展的机会。美缅关系的快速改善被认为是美国重返亚太战略的标志性胜利。

在缅甸问题上，美国高举民主的旗帜推进美缅关系发展，促使吴登盛政府按照美国的逻辑推进国内改革，同时从军事上逐渐拉拢缅甸进入美国的战略体系，构建范围更大的东南亚及印度洋军事实力。由于担心中国军事力量进入印度洋地区，长期延续并不断拓展的中缅军事合作是美国极不愿看到的。美国开始拉拢缅甸参与其在该地区的军事活动，邀请缅甸参加由美、泰、新、日共同进行的“金色眼镜蛇军事演习”（the Cobra Gold military exercise），进一步强化美在这一地域的军事存在。

3. 美国对缅政策的缓释策略：利诱与威胁并存

鉴于缅甸积极推进民主化进程，美国对缅的制裁政策发生了转变，但美国认为减缓制裁需要一步一步地开展，是一个持续的过程，即“保持制裁，开展高层对话”。美国对缅政策并非完全转身，美国需要保持其对缅政策的灵活性和弹性以应对缅甸改革进程的迟缓和反复，根据缅甸民主化的推进程度缓步释放管制政策，促进缅甸政府在关键领域的改革。2012 年 5 月 2 日，

① Jayshree Bajoria. Understanding Myanmar，http：//www. cfr. org.

美国政府宣布取消对缅甸前军官、他们的商业伙伴、亲属的部分签证制裁；同时，美国总统奥巴马又宣布缅甸的“民族紧急情况条例”再次延长一年。根据这一条例，禁止美国企业和人士同参与压制 1990 年民主运动的缅甸著名人士合作经营投资和商业业务。

美国对缅政策不会一步到位，美国政府会根据缅甸政府的表现来给予不同程度的“嘉奖”。奥巴马总统在给国会的函件中说，美国取消一些和保留一些制裁，目的是使缅甸的民主转型不致后退。美国国务院东亚和太平洋事务署助理部长 Kurt M. Campbell 说：“我们将认真和持续地关注（缅甸）人权、民主和防止核武器扩散问题，我们将继续奉行压力和承诺相结合的政策，以促进所有领域的进步”。[①]

总的来看，美国对缅“行动对行动”的外交政策是“等价交换”（Quid Pro Quo Diplomacy）的外交政策[②]，交换的主动权在美国一方，美国的政策变化依据美国所希望的缅甸改革的变化而定。在这一交换过程中，美国的利益包括经济、政治和战略三方面，在政治上美国希望保持全球民主和人权运动的领导者形象，在经济上促进美国在缅投资和扩大贸易往来，在战略上进一步强化与东南亚国家的关系，在缅甸竞争和围堵中国。缅甸的利益重点在经济和政治两方面，在经济上美缅关系正常化不仅可以消除经济制裁，同时可以获得美国的资金支持，促进双边贸易发展；在政治上获取美国对仍被军人掌控的吴登盛政府的认可。

（三）印缅外交关系

印缅关系根植于历史、种族、文化、宗教和利益的基础上，1951 年印度与缅甸签署友好条约后，印度与缅甸一直保持了较为紧密的地缘政治关系。印缅两国有长达 1600 公里的陆地边界，自缅甸独立后，印缅关系受

① Kurt M. Campbell. U. S. Policy Toward Burma, http://www.state.gov/p/eap/rls/rm/2012/188446.htm.

② Nehginpao Kipgen. Quid Pro Quo Diplomacy in U. S. -Myanmar Relations, http://www.huffingtonpost.com/nehginpao-kipgen/quid-pro-quo-diplomacy_b_3312030.html.

边界划分、边界地区叛乱等问题的影响，但在缅甸吴努总理和印度尼赫鲁总理执政时期，两国保持了友好合作的外交关系。在奈温执政时期，印缅两国外交关系处于正常但不密切的状态，1987年，印度总理拉吉夫·甘地访问缅甸，推动了两国关系的发展。1988年，缅甸新军人政权开始执政。1990年缅甸大选后，军政府废除了大选，印度率先谴责缅甸，要求缅甸政府承认昂山素季当选，收留了大批流亡的缅甸民运人士，并允许他们以印度为基地开展反对缅甸政府的活动。缅甸政府强烈抨击印度干涉缅甸内政，支持缅甸反对派的行为。印缅两国断绝了交往，两国关系陷入了历史最低点。1991年后，两国关系开始逐渐恢复，印度在对缅问题上采取了灵活的"双轨政策"，即将缅甸民主问题和政府问题分开，分而治之。2000年缅甸和平发展委员会副主席 Maung Aye 访问印度，之后，印缅关系进入了成熟阶段，印度积极促进缅甸问题的国际和解，并对缅甸政府进行包容。从印度长期奉行的独立自主外交政策看，印度对缅外交出发点还是基于印度国家的自身利益。

长期以来，印度并未形成持续一致的对缅外交政策措施，一方面是印度的外交政策重点以大国为主，另一方面印度在对缅关系上长期在促进缅甸民主和国家能力建设与发展援助之间摇摆。尽管印度是该地区最大的民主国家，但在思想意识上印度并未向美国和英国那样反对缅甸的独裁主义。印度对缅甸政体变化的冷淡和不热情反映了印度希望加强在该地区的影响力和与中国的竞争愿望，基于地缘政治关系和获取缅甸资源的目的，印度通过经济援助和能力发展来加强与缅甸的关系。总的来看，印缅合作并没有达到印度所期望的目标，印度的缅甸外交政策饱受诟病。

印度在20世纪90年代后开始实施"东向政策"，可以说这是印度外交政策的重大转变。在印度的"东向政策"中，缅甸是连接印度和东南亚及东亚的桥梁，是印度"东向政策"的关键，具有十分重要的战略地位。一方面印度需要从缅甸获取能源，以解决国内长期能源短缺问题；另一方面印度希望加强与东南亚国家的合作，特别是增强在缅与中国的竞争力，在缅甸石油和天然气领域中国是印度最大的竞争对手。印度前驻缅甸大使 Rajiv Kumar Bhatia 认为，印缅两国双边关系的主要构成是政治、安全和防务、经济和其他合作，而最重要的是政治合作，政治合作是核心的驱动。[①] 在政治领域，印度与缅甸建立了多种高层对话机制，加强两国沟通和相互支持；积极推进两国军队的合作，把安全与防务合作纳入两国合作的重要部分；在经济上印度通过对缅援助加强投资和贸易，特别是对石油和天然气领域的投资合作，扩大经贸往来，印度是缅甸最大的商品出口国，2010 年印缅双边贸易额为 12 亿美元；同时印度还在教育、文化、旅游和能力建设等领域与缅甸开展多种合作。

2012 年 5 月，印度总理辛格率庞大商务代表团访缅，访问期间印度与缅甸签署了 12 个 MOU 和合作协议，包括延期 5 亿美元的信用额度、支持建立农业研究和教育的发展研究中心、建立稻米生态园、曼德勒信息技术院、航空服务协议、建立贸易与投资合作论坛及边境区域发展等。长期以来，印度企业在缅的发展一直未有大幅的增长，印度企业在多个领域受到了越来越大的竞争冲击，因此保持和加快印度企业的发展不但可以扩大双边经贸往来，同时也将进一步密切印缅合作关系。辛格访问缅甸，不只是为印度企业“抢滩”缅甸铺路，同时还是其加强“东向政策”的重要表现。同时，印度加强了与缅甸的安全和防务合作，2013 年 1 月 21 日，印度国防部长安东尼访问缅甸，商讨双方国防合作事务，包括提升边境管理及加强缅甸军队的能力建设等。2013 年 10 月 30 日，印度陆军参谋长比克拉姆·辛格访问缅甸，与总统吴登盛、国防军总司令敏昂莱进行会面，双方就缅甸军队现代化和缅印边境地区安全等问题进行了讨论。

在对缅外交关系上，印度还通过多种区域合作机制将缅甸融入区域合作体系之中，以此密切印缅两国关系。1997 年，印度与缅甸、孟加拉国、斯里兰卡、泰国、不丹和尼泊尔等国共同成立了“孟加拉湾多部门技术经济

---

① Rajiv Kumar Bhatia. “Myanmar-India Relations: The Way Forward”, *Indian Foreign Affairs Journal*, Vol. 6, No. 3, July-September 2011.

合作计划”（BIMSTEC），旨在加强区域内各国的联系与合作，加快区域自由贸易协定的谈判；各国还决定在食品、能源、海上安全、气候变化、交通、文化等领域加强合作。2000 年 11 月，印度与缅甸、老挝、柬埔寨、泰国和越南等东盟五国在老挝首都万象发起了“湄公河 - 恒河合作机制”（the Mekong Ganga Cooperation，MGC），以进一步推动湄公河和恒河流域国家间的友好合作。MGC 合作的重点在旅游、教育、文化和交通运输领域。印度还吸纳缅甸参与南亚区域合作，缅甸于 2008 年 8 月获得南盟观察员身份。

伴随全球政治、经济格局的改变，新时期印度在参与国际事务上表现出更加积极的姿态，除了不断强化和巩固其在印度洋地区的影响力外，印度多方面推动其“东向政策”的实施，加快进入东南亚及东亚地区的步伐。在快速推进印度的“东向政策”时，印度更加关注缅甸的国内改革和这一地区政治经济形势变化，寻求与缅甸的深度战略合作。

（四）日缅外交关系

缅甸 1948 年独立后，日缅两国关系就错综复杂，缅甸对于日本的侵略没有反感，反而心存感激。“缅甸独立后的教科书，一方面强调了日本对缅甸的侵略，另一方面也肯定了日本对缅甸民族主义运动和独立的贡献和帮助。”[①] 日本前驻缅甸大使铃木孝在其回忆录中曾表示，“日本同缅甸具有一种特殊的历史关系”，“缅甸是日本最值得帮助的国家之一”[②]。自 1948 年缅甸独立到 1988 年，日本是缅甸最重要的经济援助者。截至 1988 年 9 月 18 日缅甸发生军事政变前，日本为缅甸提供了 22 亿美元的援助和赔款。[③] 日本通过各种途径为缅甸提供的援助达到缅甸所接受的所有国外援助的一半，缅甸成为日本最大的经济援助接受国。日本对缅援助的主要原因是，日本希望得到缅甸的自然资源并且在缅甸市场占有一席之地；同时希望通过援助计

① 范宏伟、刘晓民：《日本在缅甸的平衡外交：特点与困境》，《当代亚太》2011 年第 2 期。

② 转引自范宏伟、刘晓民《日本在缅甸的平衡外交：特点与困境》，《当代亚太》2011 年第 2 期，第 130 页。

③ David I. *Steinberg. Japan and Myanmar*：*Relationship Redux*. CSIS. October 15，2013.

划促进日本本国工业的复兴。西方国家开始对缅甸实施经济制裁后，日本也被迫中止了与缅的经济合作和援助，但日本并未完全放弃对缅的援助，而是采取了更加低调的民间合作方式继续支持缅甸社会，继续维系与缅甸的多种联系。

在经济制裁期间，日本并没有倒向欧美国家针对缅甸军人政权的强硬“北风政策”（north-wind policy），而是建立了自身的对缅“阳光政策”（sunshine policy），继续保持与缅甸国家和平与发展委员会（SPDC）和民盟昂山素季（NLD）的友好对话。[①] 民主化和经济发展是日本对缅政策的重点，同时还包括缅甸民族问题。为此，日本确立了对缅外交政策的四个原则，即对话、积极参与、与美国合作和渐进主义。[②] 日本认为缅甸在东南亚具有非常重要的战略地位，日本的利益终将得到回报，因此日本在对缅政策上一直在为缅甸未来可能的民主化改革处心积虑做铺垫。

随着美缅关系解冻，美国逐步减少和取消对缅经济制裁，日本开始加强了对缅的政治外交与经济合作。日本认为在与缅甸的经济合作上已远远落后于中国，中国在缅甸具有绝对的优势，到 2012 年中国在缅投资额已超过 140 亿美元，而日本 1988 ~ 2012 年在缅的投资额仅为 2.57 亿美元。[③] 日本对于中国在缅甸的优势表现出极大的担忧。为加快推进与缅甸的政治经济合作步伐，保证日本在缅甸获得更多的利益，日本以“政经合一”的策略取代了“政经分离”的对缅政策。[④] 事实上，提高日本在缅甸的影响力是日本长期的愿望，同时日本持续地增加对缅甸的支持对美国的亚太战略也发挥着积极的作用。

围绕中日钓鱼岛争端升级，中日关系恶化，日本安倍晋三政府通过全力推广其价值观外交对中国实施围堵，缅甸成为日本亚洲外交的主要国家。2013 年 5 月 24 日，日本首相安倍晋三对缅甸进行了国事访问，这是自 1977

---

① Takeda Isami. Japan's Myanmar Policy: Four Principles. GAIKO FORUM SUMMER. 2001.

② Takeda Isami. Japan's Myanmar Policy: Four Principles. GAIKO FORUM SUMMER. 2001.

③ David I. Steinberg. Japan and Myanmar: Relationship Redux. CSIS. October 15, 2013.

④ 廉德瑰：《日本对缅甸的政策调整及其特点》，《东北亚学刊》2012 年第 5 期。

年前首相福田赳夫之后首位日本首相访缅。缅日双方就双边关系、经贸合作和日本在缅投资等事宜达成共识，双方签署了合作协议，包括日本将对缅甸的国内改革、社会、农村以及少数民族地区的经济发展提供帮助；另外，在体育文化交流、政治安全合作，以及东盟事务方面开展合作。

日本拉拢缅甸，一是获取经济利益，二是围堵中国。日本为了拉拢缅甸，先后两次豁免了缅甸 5000 亿日元的长期巨额债务，并向缅甸提供了 910 亿日元（约合 9 亿美元）的政府开发援助，用于协助完善缅甸的基建项目，以及维持电力设施的运作，这是日本 26 年来首次向缅甸提供日元贷款。在日缅政治关系大幅提升的前提下，日本加快了双方的经济合作，日本企业开始快速进入缅甸市场。2012 年 12 月 28 日，缅甸和日本在内比都签署两项援助备忘录。①日本为缅甸通信网络的发展提供 17.10 亿日元（约 188 亿缅元）援助；日本为贫困农民的粮食供应提供 2.3 亿日元（约 25 亿缅元）援助。②日本提供 8 亿日元（约 88 亿缅元）的援助，为缅甸购买经济社会发展所需的柴油和柴油机配件。2013 年 5 月 25 日，缅甸 9 家股份公司联合体与包括三菱、丸红、住友 3 家公司在内的日本财团在仰光签署合作开发仰光迪洛瓦经济特区的谅解备忘录。26 日，缅日两国在内比都签署新的协议，日本向缅甸提供 510 亿日元贷款，主要用于合作开发仰光迪洛瓦经济特区等发展项目。同时，日本企业还在铁路运输、金融证券、通信及农业等多领域开展与缅甸的合作，成为近期缅甸外资活动的主要力量。另一个开发的目标是土瓦港以及靠近泰国的孟加拉湾工业地带。根据日本官方的说法，土瓦港可以使得日本通过孟加拉湾直接连接印度的马德拉斯。日本正在援建一条起始于泰国的公路，私营企业也积极参与缅甸工业园区建设。

B.5

中巴经贸合作：现状与挑战

王 旭*

摘 要：

中巴两国在既有的良好政治互信基础上，双边经贸合作进展顺利。未来中巴经济走廊贯通后，能把南亚、中亚、中东、北非等地区通过经济、能源领域的合作紧密联系在一起，形成经济共振，同时强化巴基斯坦作为连接欧亚及非洲大陆的桥梁和纽带的战略地位。但是目前两国经贸合作面临巴基斯坦国内安全形势恶化、能源短缺等困难，存在着双边贸易投资不平衡、外汇管制等具体问题，这些不利因素对中巴经贸合作的未来发展构成了严峻的挑战。中巴双方需要共同努力，从战略高度重视双边经贸合作的发展，优先开展能源和基建领域合作，规划建设好中巴经济走廊，提升经贸合作水平，实现共同发展。

关键词：

中国 巴基斯坦 经贸合作 机遇 挑战

李克强总理在2013年5月访问巴基斯坦期间多次引用了巴方的一句欢迎标语"善邻是福"，强调在中国人民心目中，巴基斯坦始终是可以信赖的"铁杆"朋友，网民称为"巴铁"，这是中巴友谊的真实写照。中国与巴基斯坦是山水相连的友好邻邦，两国关系经历了时间和国际风云变幻的考验，

* 王旭，北京大学南亚研究中心。

发展了全天候的友谊和全方位的合作，成为不同社会制度、不同文化背景国家和睦相处、真诚合作的典范。中国和巴基斯坦两国自 1951 年正式建立外交关系以来，在政治、军事、外交、文化、科技等领域开展了广泛的交流与合作，取得了令人瞩目的成就，然而，两国的双边经贸合作仍处于相对较低的水平。为了进一步巩固和深化中巴全天候战略合作伙伴关系，两国应共同努力，从战略高度重视双边经贸关系的发展，及时抓住中巴自贸区和中巴经济走廊建设的历史发展机遇，积极采取有效措施，灵活应对安全形势严峻、能源短缺、贸易不平衡等不利因素的挑战，深化双边经贸合作，从而巩固传统友谊，推动在各领域的务实合作。

一 中巴经贸合作现状

进入 21 世纪以来，随着中巴两国友好关系的不断深化，双方开展了一系列经贸合作，以实现互利共赢的发展目标。中巴经贸发展由此进入了快车道。目前，巴基斯坦已成为中国在南亚地区的第二大贸易伙伴。中国也已成为巴基斯坦第二大贸易伙伴、第二大进口来源国和第二大出口市场。近年来，中巴经贸关系取得了长足发展，双边贸易额稳步增长。两国的经贸合作已从单纯的商品贸易发展到相互投资、承包工程、技术合作等广泛领域。

2012 年，中巴经贸合作受到巴基斯坦国内和国际多重因素的冲击，中国对巴直接投资以及承包工程新签合同额同比双双下降，但中巴双边贸易仍保持稳定增长，同时贸易不平衡状况也有所改善。

（一）双边贸易

2012 年，中巴两国的双边贸易额继续保持较快增长，中国对巴贸易顺差有所下降。根据中国海关统计数据，2012 年 1～12 月，中巴双边贸易总额为 124.17 亿美元，同比增长 17.6%。其中，中国对巴出口 92.76 亿美元，增长 9.9%；中国自巴进口 31.4 亿美元，增长 48.2%；贸易差额 61.36 亿美元，缩减 2.85%。[①]

巴基斯坦联邦统计局（PBS）最新统计数据显示，2012～2013 财政年度[②]，巴基斯坦对华出口额占巴对外出口总额的 10.67%，是巴基斯坦第二大出口国，仅次于美国；巴基斯坦从中国进口商品额占巴进口总额的 14.77%，仅次于阿联酋，也位居第二。[③] 进出口相加，中巴贸易总额占巴基斯坦对外贸易总额的 13.32%，仅次于阿联酋的 15.53%，中国已经成为巴基斯坦第二大贸易伙伴。

纵观表 1 统计数据，2000 年以来中巴双边贸易发展表现出以下特点。

表 1　2000～2012 年中国－巴基斯坦双边贸易统计数据

单位：亿美元

年份	总额	同比增长（%）	中国对巴出口	出口同比增长（%）	中国自巴进口	进口同比增长（%）	中国顺差额
2000	11.6	19.6	6.7	15.5	4.9	25.6	1.8
2001	14.0	20.0	8.2	22.0	5.8	18.0	2.4
2002	18.0	29.0	12.4	52.0	5.6	-4.0	6.8
2003	24.3	35.0	18.5	49.0	5.8	4.0	12.7
2004	30.6	26.0	24.6	33.0	6.0	4.0	18.6
2005	42.6	39.0	34.3	39.0	8.3	40.0	26.0
2006	52.5	23.0	42.4	24.0	10.1	21.0	32.3
2007	65.4	25.0	54.3	28.0	11.1	9.7	43.2
2008	69.8	7.0	59.8	10.0	10.1	-9.0	49.7
2009	67.8	-2.9	55.2	-7.7	12.6	25.3	42.6
2010	86.67	27.7	69.38	25.5	17.29	37.2	52.09
2011	105.64	21.9	84.40	21.7	21.24	22.7	63.16
2012	124.17	17.6	92.76	9.9	31.40	48.2	61.36

资料来源：中国商务部、中国海关。

① 中国驻巴基斯坦使馆经济商务参赞处网站：《2012 年中巴双边经贸合作简况》，http：//pk.mofcom.gov.cn/article/zxhz/hzjj/201304/20130400082535.shtml。

② 巴基斯坦的财政年度为每年 7 月至次年 6 月。

③ Pakistan Bureau of Statistics：External Trade Statistics，http：//www.pbs.gov.pk/trade-tables.

1. 中巴双边贸易总体发展势头良好

双边贸易总额在2011年突破100亿美元大关，2012年继续增长到124.17亿美元。2000～2012年，贸易额增长了10倍以上，年平均增长率为20.76%，其中大多数年份的增幅达两位数以上，2000～2007年的年均增长更是高达27%。

中国对巴出口总体保持较快增长，出口额增幅高于双边贸易总额增幅。除了2009年受到全球金融危机和巴国内安全形势影响，出口额有所下降，其余年份基本保持了两位数以上的增长，2002～2004年更是高达30%以上。

中国自巴进口不断加速，虽然总体增幅低于中国对巴出口，而且年度增幅有波动，但2009年以后，中国自巴进口额增幅上升明显，显示出巴基斯坦商品在中国市场的巨大潜力。

2. 中巴双边贸易受巴基斯坦国内局势和全球经济大环境影响明显

从图1显示的中巴双边贸易额变化曲线可以看出，有的年份出现了波动。2000～2008年巴基斯坦国内政局稳定，经济得到持续发展。据巴基斯坦联邦统计局数据，巴基斯坦2002～2008年连续6年GDP年均增长超过4%，其中2003～2004财年和2004～2005财年更是高达7.48%和8.96%。[①]在这样的背景下，中巴双边贸易也得以大幅增长，2000～2007年，年均增长率为27%。这一增长水平也高于中国同期对外贸易年均增长25%的速度。

2008年，由美国次贷危机引起的国际金融危机爆发，其冲击波逐渐蔓延全球。当年中巴双边贸易额增幅明显缩窄，从2007年的增长25%迅速下降到7%，巴对华出口甚至出现9%的负增长。2009年，全球金融危机引发的世界经济衰退影响日益显现，更为不利的是，巴基斯坦国内安全形势日趋严峻，巴军方不得不先后在斯瓦特地区和南瓦济里斯坦联邦直辖部落地区发动了军事行动，清剿巴基斯坦塔利班武装。巴安全部队针对塔利班的反恐军事行动造成了约300万难民流离失所，构成了对巴

① Pakistan Bureau of Statistics：Macro Economic Indicators，http：//www.pbs.gov.pk/content/table-1-macro-economic-indicators.

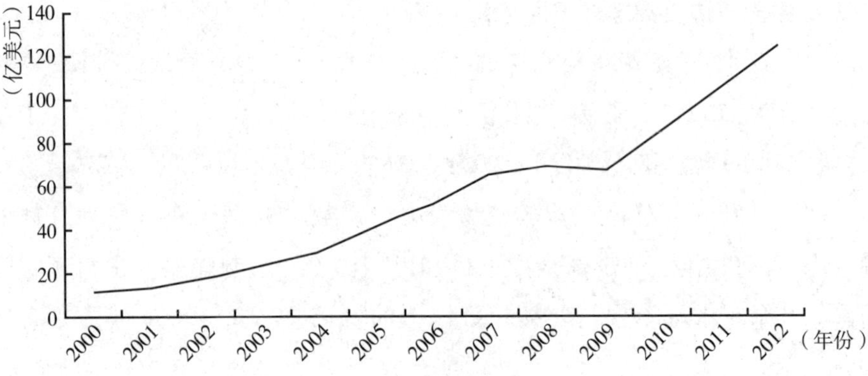

图1　中巴双边贸易总额曲线

社会经济的严峻挑战。2008～2009 财年巴基斯坦 GDP 增长仅为 0.36%。在这样的背景下，2009 年中巴双边贸易额下降明显，出现了 2.9% 的负增长；中国对巴出口更是首次出现下降，降幅达 7.9%。不过，随着中国经济持续稳定发展和全球经济缓慢复苏，2010 年后，中巴双边贸易恢复了增长。

3. 中巴双边贸易存在着明显的贸易不平衡，中国长期保持顺差。随着双边贸易总额的逐年提升，顺差额也不断扩大

进一步分析中巴双边贸易数据，可以看到贸易不平衡状况近年来正逐步得到改善。虽然中国对巴出口额仍高于中国自巴进口额，但从增幅上看，在 2009 年之前，中国对巴出口增幅高于自巴进口增幅；而在 2009 年后，中国自巴进口加速，连续四年增幅均超过了中国对巴出口增幅。与此同时，中国自巴进口贸易额在双边贸易总额中所占的比重也在逐年上升，从 2008 年最低点的 14.5% 逐步回升到 2012 年的 25.3%，而这一数字在 2000～2008 年间是逐年降低的，2000 年中国自巴进口额占双边贸易总额曾高达 42%。以上分析表明，在 2007 年 7 月 1 日中巴自贸协定正式生效以后，关税减让对中巴贸易的拉动作用逐步显现，巴基斯坦对华出口有了明显提升，2012 年巴基斯坦对华出口增幅高达 48.3%；而且当年中国对巴贸易顺差额比 2011 年有所下降，显示中巴贸易不平衡局面正逐步得到改善。

4. 近年来，中巴贸易额占巴基斯坦进出口贸易总额的比重和排名逐年上升

从巴方最新统计数据来看，2012～2013 财年巴基斯坦对华出口额在巴出口总额中所占比例从前一年度的 9.28% 上升到 10.67%，而自中国进口额所占的比重则从前一年度的 14.95% 降至 14.77%①，也显示出巴基斯坦对华贸易逆差有所改善（见表 2）。

表 2　2008～2013 年中巴贸易额占巴基斯坦进出口总额比重和排名

单位：亿美元

财　年	出口				进口			
	向中国出口	巴出口总额	比重（%）	排名	自中国进口	巴进口总额	比重（%）	排名
2008～2009	7.02	176.88	3.97	6	40.87	348.22	11.74	2
2009～2010	11.54	192.9	5.98	4	44.11	347.1	12.71	2
2010～2011	16.34	248.1	6.58	4	57.89	404.14	14.33	1
2011～2012	21.92	236.24	9.28	2	67.14	449.12	14.95	2
2012～2013	26.09	244.6	10.67	2	66.39	449.5	14.77	2

资料来源：巴基斯坦联邦统计局。

表 2 数据显示，2008 财年以来，巴基斯坦对华进出口额占巴出口和进口总额的比重连年上升，显示出中巴贸易在巴基斯坦对外贸易中占有越来越重要的地位，中国已经成为巴基斯坦第二大贸易伙伴。进一步对比可见，巴对华出口占巴基斯坦出口总额的比重上升更为明显，显示出中巴自贸协定的签订对巴基斯坦向中国出口具有明显拉动作用。

5. 中巴双边贸易具有很强的互补性，近年来进出口商品结构保持稳定

以 2010～2011 财年中巴进出口数据（见表 3）为例，从具体的商品类别来看，中国主要向巴基斯坦出口机械产品、化工制品、钢铁产品等，其中机械设备及其配件在对巴出口总额中所占比重最高，达 36.62%；从巴基斯

① Pakistan Bureau of Statistics：External Trade Statistics，http：//www.pbs.gov.pk/trade-tables.

坦进口纺织原料及其制品、矿产品、水产品、皮革和化工原料及制品等，其中包括棉花、棉纱和棉布在内的纺织原料及其制品所占比重近七成，高达69.21%。[①] 巴基斯坦对华纺织品出口近年来继续保持增长态势，根据中国海关2013年1~10月最新统计数据，中国从巴基斯坦进口棉纱数量达51.9万吨，同比增长17.3%，占中国棉纱进口总量的29.6%，按当年价格计算，贸易额约为15.26亿美元。巴基斯坦已经成为我国棉纱进口第一大来源国。[②]

表3　2010~2011财年中巴进出口商品前10位

单位：亿美元，%

排名	中国对巴出口				中国自巴进口			
	商品类别	贸易额	所占比重	同比增长	商品类别	贸易额	所占比重	同比增长
1	机械设备及其配件	57.89	36.62	31.3	棉纱	9.15	55.98	44.3
2	化学元素和化合物	3.85	6.64	19.4	棉布	1.37	8.41	77.3
3	人造纤维纱线	3.76	6.50	49.7	非铁类矿石/砂	1.2	7.36	-24.5
4	钢铁及其制品	2.78	4.81	14.5	棉花	0.79	4.82	141.6
5	化工原料及制品	2.73	4.71	30.3	鱼及其制品	0.67	4.08	19.0
6	植物合成纤维	2.53	4.37	121.7	皮革	0.48	2.93	14.3
7	人造纤维布	1.40	2.41	298.2	化工原料及制品	0.41	2.52	177.3
8	非铁类金属制品	1.30	2.24	5.2	原料矿物(除盐类外)	0.40	2.45	70.5
9	化肥	1.27	2.19	180.6	动物饲料	0.23	1.43	-4.3
10	机动车及其配件	1.20	2.08	32.8	纺织制成品	0.20	1.20	114.3

资料来源：巴基斯坦联邦统计局。

（二）投资合作

中巴两国的投资合作主要包括直接投资、承包工程和劳务合作等领域。

① Pakistan Bureau of Statistics：External Trade Statistics，http：//www. pbs. gov. pk/trade-tables.

② 国际商报网：《棉纱进出口双增长》，http：//www. shangbao. net. cn/epaper/gjsb/249487. html。

在直接投资方面，长期以来，中国政府以无偿援助和优惠贷款等形式向巴基斯坦提供融资。近年来，两国企业在对方国家直接投资也日渐活跃。根据中国商务部的统计，2003～2012年，中国在巴直接投资呈上升趋势，累计投资额从2003年的3067万美元到2012年的21.12亿美元，增长近68倍，显示了中国在巴投资的趋势和前景良好（见表4）。但是，增长势头并不稳定，有的年份发生了波动。其中，2005年、2009年、2012年均有下降，尤其是2009年，同比降幅达到89.6%，投资额仅为前一年的1/10强，显示出中国在巴投资受到各种因素的影响。具体而言，主要是受到2008年全球金融危机和经济衰退以及2009年巴基斯坦国内安全局势动荡等不利因素的影响。中国商务部数据显示，2012年中国对巴非金融类直接投资下降，当年1～12月中方对巴直接投资金额为6016万美元，同比下降30.8%，2012年底存量为21.12亿美元。[①] 巴国内治安和安全形势恶化、能源短缺严重、通货膨胀高企、财政赤字居高不下、公共债务不断攀升等问题已经成为影响中国在巴投资的主要障碍。

表4　2003～2012年中国在巴基斯坦投资（非金融类）统计数据

单位：美元

年份	中在巴投资额	同比增长	累计投资额
2003	930万	—	0.3067亿
2004	—	—	—
2005	367万	—	1.1127亿
2006	—	—	—
2007	—	—	10.2亿
2008	368万	—	10.7亿
2009	38万	-89.6%	—
2010	2609万	6765.8%	13.67亿
2011	8695万	233.3%	18.53亿
2012	6016万	-30.8%	21.12亿

资料来源：中国商务部。2004年、2006年数据暂缺。

① 中国驻巴使馆经济商务参赞处网站：《2012年中巴双边经贸合作简况》，http://pk.mofcom.gov.cn/article/zxhz/hzjj/201304/20130400082535.shtml。

在承包工程方面，2012 年，中国在巴新签合同额出现下降，但营业额实现增长。据中国商务部统计，2012 年 1～12 月，中国企业在巴新签合同额 23.48 亿美元，同比下降 24.2%，营业额 27.78 亿美元，同比增长 17.1%。截至 2012 年 12 月底，我国企业累计在巴签订承包工程合同额 252.63 亿美元，营业额 199.69 亿美元。截至 2012 年 12 月底，我国在巴各类劳务人员 5824 人（见表 5）。[①]

目前，中国在巴基斯坦投资和承包工程主要包括能源和基础设施建设领域，此外，在矿业、电信、金融、制造业、农业等领域也展开了合作。

能源领域是中国在巴投资合作的重点领域，包括常规能源、新能源和民用核能的合作。常规能源领域包括水电和热电站建设，中国公司在巴基斯坦承包了多项水电站建设项目，其中巴基斯坦尼鲁姆－杰卢姆水电站项目（Neelum Jhelum）是中国公司在海外承建的最大的水电工程。工程于 2008 年

表 5　2003～2012 年中国在巴承包劳务统计数据

单位：亿美元

年份	新签承包工程合同额	同比增长(%)	完成营业额	同比增长(%)	累计合同额	累计营业额	在巴劳务人员数量(人)
2003	4.1	—	6.18	—	—	—	—
2004	—	—	—	—	—	—	—
2005	77.56	—	5.83	58.33	—	61.55	—
2006	—	—	—	—	—	—	—
2007	31.53	—	13.56	—	133.2	91.1	—
2008	32.2	—	19.4	—	165.4	110.6	—
2009	19.5	-39.2	17.3	-10.8	184.9	127.9	—
2010	13.77	-29.4	20.63	19.2	198.7	148.6	—
2011	30.96	124.8	23.73	15.0	229.15	171.91	4760
2012	23.48	24.2	27.78	17.1	252.63	199.69	5824

资料来源：中国商务部。2004 年、2006 年数据暂缺。

① 中国驻巴使馆经济参赞处网站，http://pk.mofcom.gov.cn/article/zxhz/。

2月正式动工，由中国葛洲坝集团公司（CGGC）和中国机械进出口总公司（CMEC）共同承建。该项目合同金额达15.06亿美元，总装机容量96.3万千瓦，建设工期为93个月。[①]

新能源合作包括风电、太阳能等项目。由中国长江三峡集团（CTGC）承建的巴基斯坦第一风力发电项目是中国企业在巴基斯坦投资建设的首个风电项目。该项目是按照BOO模式运作的海外投资项目，一期工程于2013年正式开工建设，预期建设工期为18个月，运营期20年，总投资1.316亿美元，由中国国家开发银行提供80%的贷款。工程总装机容量49.5兆瓦，预期2014年实现并网发电。[②]

中国与巴基斯坦还开展了民用核能合作。巴基斯坦恰希玛一期30万千瓦压水堆型核电站项目（CHANUPP）是中国核工业集团（CNNC）在巴基斯坦的第一个投资项目，也是我国自行设计建造的第一座出口商用核电站。该项目于1991年12月签订合同，1993年8月主体工程开工建设，2000年6月建成并网发电，9月交付巴基斯坦投入商业运营。恰希玛核电站工程建设的成功，是中巴两国合作的结晶，被双方誉为"南南合作"的优秀典范。核电站投产运营至今，安全指标和运行业绩良好，得到国际原子能机构（IAEA）好评，为中巴两国在和平利用核能领域的进一步合作奠定了扎实的基础。[③] 恰希玛核电站二期工程也已于2011年提前完工并交付巴方。目前，恰希玛核电站三期、四期正在建设中，预期2017～2018年投入商业运营。

基础设施建设是中国在巴投资合作的另一重要领域，喀喇昆仑公路和瓜达尔港建设项目是这一领域内中巴合作的典范。喀喇昆仑公路（KKH）始建于1966年，经过中巴两国近两万名建设者十余年的努力，于1978年

① 《葛洲坝承建的尼鲁姆－杰卢姆水电工程动工》，http：//www.sasac.gov.cn/n1180/n1226/n2410/n314274/3911895.html。

② 《三峡巴基斯坦风电一期项目顺利开工建设》，http：//www.ctg.com.cn/xwzx/news.php?mnewsid=56159。

③ 《恰希玛核电项目》，http：//www.cnec5.com/Project/C2.aspx。

6 月 18 日全线通车，1986 年 5 月正式对游客开放。这条公路是世界上海拔最高的公路，沿途具有极其复杂的地质条件，修建难度极大，中巴两国建设者付出了巨大的努力甚至生命。半个多世纪以来，喀喇昆仑公路成为中巴友谊的象征。2006 年 2 月，巴基斯坦总统穆沙拉夫访华期间，中巴发表联合声明，原则同意合作改扩建中巴喀喇昆仑公路。2008 年 2 月，由中国路桥工程有限责任公司（CRBC）负责实施的喀喇昆仑公路改扩建项目正式启动，工程造价约为 3.5 亿美元。扩建后的喀喇昆仑公路将由现在的 10 米宽扩为 30 米宽，车辆时速可达 80 公里，运输能力提高 3 倍，同时适合大型载重车辆通行。喀喇昆仑公路改扩建工程是中巴友谊在新时期的延续。

中巴在基础设施建设领域另一合作典范是瓜达尔港建设项目。瓜达尔港位于巴基斯坦俾路支省西南部，东距卡拉奇约 460 公里，西距巴基斯坦 - 伊朗边境约 120 公里，南临阿拉伯海，是巴基斯坦难得的深水港。它位于具有重要战略意义的波斯湾的咽喉附近，紧扼从非洲、欧洲经红海、霍尔木兹海峡、波斯湾通往东亚、太平洋地区数条海上重要航线的咽喉。瓜达尔距离全球石油供应的主要通道——霍尔木兹海峡大约 400 公里。应巴基斯坦政府的请求，中国于 2001 年作出了援建瓜达尔港的决定。当年 8 月，中巴两国政府在北京签署了瓜达尔深水港项目一期工程融资协议。2002 年 3 月，瓜达尔深水港项目一期建设工程开工。项目由中国港湾工程有限责任公司（CHEC）总承包，项目总造价 2.48 亿美元，其中中方提供资金 1.98 亿美元，巴方负责配套资金 0.5 亿美元。工程于 2007 年 3 月正式竣工，这一项目被誉为中巴友谊新的里程碑。

中巴在其他领域也开展了投资和工程合作。在矿产资源开发领域，中国冶金科工集团公司（MCC）参与了山达克铜金矿项目和杜达铅锌矿项目的建设。在电信领域，中国移动通信公司于 2007 年以 4.77 亿美元收购了巴基斯坦第五大电信运营商 Paktel 通信公司，迈出了国际扩张的第一步，这也是中巴双方在电信合作领域的突破。中国移动巴基斯坦公司作为中国移动的海外第一家分公司，在巴基斯坦累计投资已达 20 亿美元，成为巴基斯坦电信市场的第四大运营商。[①] 近年来，中国的一些大型企业，如海尔公司等不断扩大在巴基斯坦的投资。2006 年，海尔公司在巴基斯坦设立了“海尔－鲁巴经济区”。这是中国商务部批准的首个中国境外经济贸易合作区，也是巴基斯坦政府批准建设的“巴基斯坦中国经济特区”。该经济区成立以来，依托海尔在巴基斯坦生产、销售渠道和物流基础，利用中巴两国全天候、多领域的合作关系及双边投资贸易优惠政策，已发展成为中资企业拓展巴基斯坦及周边南亚市场的跨国平台。其主要优惠措施包括投资便利化、金融支持、出境便利、通关便利、进口设备免税、基础设施商务服务等方面。目前海尔－鲁巴经济区已经吸引其他 5 家企业入园，累计投资约 2000 万美元。[②] 这些项目已成为中巴两国在投资合作领域的典范。

进入 21 世纪，中巴两国致力于发展更密切的双边关系，实现互利共赢，共同发展，进一步深化和扩大双边经贸合作。两国于 2006 年 11 月签订了《中国－巴基斯坦经贸合作五年发展规划》，确定了农业、制造业、基础设施和公共工程、矿业、能源、信息产业、服务业等重点合作领域。中巴双方于 2011 年续签了《中巴经贸合作五年发展规划》，将进一步开展在能源、基础设施、电信和金融领域的合作。为了改善中巴贸易中的不平衡状况，两国建立了中国－巴基斯坦联合投资公司（PCJIC）。该合资公司成立于 2007 年 7 月，总部在伊斯兰堡，注册资本为 2 亿美元，中国国家开发银行和巴基斯坦联邦财政部分别注入 1 亿美元资金，双方各持 50% 股份。这是中国政府建立的第一个双边投资基金，其目的是筹集资金，以帮助中巴两国开展在金融、基础设施建设、服务业、矿业、制造业等领域的投资。这将有助于改善巴基斯坦的投资环境，促进两国间现有的经贸合作，并吸引其他国家在巴投资。

---

① 《中移动成为巴基斯坦第四大电信运营商》，http：//news. xinhuanet. com/fortune/2012－03/16/c_ 111666271. htm。

② 《海尔在南亚》，http：//www. haier. net/cn/about_ haier/haier_ global/south_ asia/。

二　中巴经贸合作面临的机遇

（一）中巴自贸区建设

自由贸易区作为中国发展对外经贸合作的一项重要手段，有着十分重要的意义。为顺应全球区域经济一体化迅猛发展的新形势，自2003年以来，我国积极推进自贸区建设进程。十七大报告中就明确提出“实施自由贸易区战略”，十八大再次提出“加快实施自由贸易区战略”，十八届三中全会又进一步提出“加快自由贸易区建设”，“形成面向全球的高标准自由贸易区网络”，凸显中央对推进自贸区建设的坚定决心。《中共中央关于制定国民经济和社会发展第十一个五年规划的建议》指出，中国将积极参与多边贸易谈判，推动区域和双边经济合作，促进全球贸易和投资自由化便利化。中国将本着互利共赢的原则，在更大范围、更广领域和更高层次上参与国际经济技术合作和竞争，充分利用国际国内两个市场，优化资源配置，拓宽发展空间，在“十五”期间取得的成果基础上，以更加积极主动的姿态稳步推进自贸区谈判进程，着力构筑全方位、多层次的自贸区格局，拓展与世界各地区有关国家的经贸关系，为国民经济和对外贸易平稳较快发展营造良好条件。[①] 按照“十二五”规划，我国将“加快实施自由贸易区战略，进一步加强与主要贸易伙伴的经济联系，深化同新兴市场国家和发展中国家的务实合作”。[②]

到目前为止，中国正在建设18个自贸区，涉及31个国家和地区。其中，已签署12个自贸协定，分别是我国与东盟、新加坡、巴基斯坦、新西兰、智利、秘鲁、哥斯达黎加、冰岛和瑞士的自贸协定，我国内地与香港、

① 《“十五”期间我国对外商建自贸区取得良好开局》，http：//www. mofcom. gov. cn/aarticle/bb/200602/20060201465983. html。

② 《中华人民共和国国民经济和社会发展第十二个五年规划纲要》，http：//news. xinhuanet. com/politics/2011 - 03/16/c_ 121193916_ 28. htm。

澳门的更紧密经贸关系安排，以及大陆与台湾的海峡两岸经济合作框架协议。除了与冰岛和瑞士的自贸协定尚未生效外，其余均已实施。[①]

中巴自贸协定于2006年签署，是我国对外签署的第三个自贸协定。在该协定框架下，中巴经贸合作得到积极推进。

1. 发展历程

巴基斯坦是中国的“好邻居、好朋友、好伙伴、好兄弟”，两国人民的友谊源远流长。近年来，中巴自由贸易区建设始终受到两国领导人的关心和支持，从而为两国的自贸区谈判创造了良好的政治环境。自2003年以来，中巴自贸区建设不断推进。2003年11月3日两国签署《中巴优惠贸易安排》，随后于2004年10月正式启动中巴自贸区联合研究。

2005年4月，在温家宝总理访问巴基斯坦期间，两国领导人共同宣布正式启动中巴自由贸易区谈判。数月后，两国于2005年12月9日共同签署了《中国-巴基斯坦自由贸易协定早期收获协议》。经一年半时间，由商务部、外交部、财政部、国家发展改革委、农业部、海关总署、国家质检总局等相关部门组成的中方谈判组与巴方进行了坦诚友好、细致务实的六轮磋商，最终达成令双方满意的协定。2006年11月，在胡锦涛主席和巴基斯坦总统穆沙拉夫的共同见证下，两国在伊斯兰堡正式签署了《中国-巴基斯坦自由贸易协定》，并于2007年7月1日起顺利实施。该协定是继中国-东盟自贸区货物贸易协议和中国-智利自贸协定之后中国对外签署的第三个自贸协定。中巴自贸协定的签署，不仅有利于进一步拓展两国经贸合作领域，提升经贸合作水平，而且有利于进一步巩固和发展中巴全天候友谊，为中巴战略合作伙伴关系增添更加丰富的内涵。[②]

2008年10月，在胡锦涛主席和来访的巴基斯坦总统扎尔达里的共同见证下，两国再次签署了《中国-巴基斯坦自由贸易协定补充议定书》。

① 《中国正在建设18个自贸区涉及31个国家和地区》，http://www.chinanews.com/gn/2013/12-05/5582556.shtml。

② 《商务部新闻发言人崇泉就中国与巴基斯坦签署自由贸易协定答记者问》，http://www.mofcom.gov.cn/aarticle/zhengcejd/bn/200611/20061103848259.html。

该补充议定书将在中巴自贸区框架下，对巴境内“海尔－鲁巴经济区”等中巴投资区生产的货物以及双方有出口兴趣的货物，优先考虑削减或消除关税。此外，巴方专门给予中巴投资区12条优惠政策，作为补充议定书的附件。补充议定书的签署和实施，将有助于加快包括海尔－鲁巴经济区在内的中巴投资区建设，吸引更多企业入区设厂，进一步提升两国经贸合作水平。

2008年12月，中国－巴基斯坦自贸区服务贸易第五轮谈判在北京举行。双方就服务部门开放承诺表和服务贸易协议文本达成一致，圆满结束历时两年的服务贸易协定谈判。2009年9月10日，中国－巴基斯坦自由贸易委员会第一次会议在北京举行。商务部部长助理王超出席开幕式，并与巴基斯坦商务部秘书苏勒曼·甘尼共同宣布《中国－巴基斯坦自贸区服务贸易协定》将于10月10日生效实施，从而标志着中巴两国将建成一个涵盖货物贸易、服务贸易和投资等内容全面的自贸区。根据协定，在两国各自对世贸组织承诺的基础上，在12个主要服务部门中，巴方11个服务部门的102个分部门和中国6个服务部门的28个分部门将相互进一步开放。①

2013年7月，在巴基斯坦新任总理谢里夫访华期间，中巴双方同意，实施好《关于延长中巴经贸合作五年发展规划的补充协议》和《中巴自由贸易协定》，加快推进《中巴经贸合作五年发展规划》中列出的有关项目，尽快推进中巴自贸区第二阶段降税谈判，进一步提升两国贸易自由化水平，推进中巴经济一体化进程。②

中巴自由贸易区建设在两国既有的良好政治互信基础上得到逐步推进并深入开展，它不仅推动了中巴双边经贸合作的发展，也为中国在全球推进自贸区建设积累了宝贵的经验。

---

① 《〈中国－巴基斯坦自贸区服务贸易协定〉将于10月10日生效实施》，http：//www.mofcom.gov.cn/aarticle/ae/ai/200909/20090906509966.html。

② 《中巴发布〈关于新时期深化中巴战略合作伙伴关系的共同展望〉》，http：//www.fmprc.gov.cn/mfa_chn/ziliao_611306/1179_611310/t1056504.shtml。

2. 主要协定内容

（1）《中国－巴基斯坦自由贸易协定》。主要包括货物贸易和投资等内容。协定共分12章83条，包括：初始条款、一般定义、国民待遇与市场准入、原产地规则、贸易救济、卫生与植物卫生措施、技术性贸易壁垒、透明度、投资、争端解决、管理和最终条款。

根据中巴自贸协定，中巴两国于2007年7月1日起分两个阶段对全部产品实施降税。第一阶段在协定生效后5年内，双方对占各自税目总数85%的产品按照5种类别，以不同的降税幅度实施降税。其中，3年内，双方将约占各自税目总数36%的产品关税降为零。中方降税产品主要包括畜产品、水产品、蔬菜、矿产品、纺织品等，巴方降税产品主要包括牛羊肉、化工产品、机电产品等。第二阶段从中巴自贸协定生效第6年开始，双方将在对以往情况进行审评的基础上，对各自产品进一步实施降税。目标是在不太长的时间内，在照顾双方各自关注的基础上，使各自零关税产品占税号和贸易量的比例均达到90%。

在原产地规则方面，协定规定，双方将以完全获得和40%区域价值成分（即增值百分比）作为原产地判定的基本标准。双方将根据需要对一些商品制定特定产品原产地标准；在技术性贸易壁垒（TBT）方面，协定规定，双方将在开展双边强制性合格评定结果互认的可行性研究工作、提高贸易政策透明度等方面开展合作；在卫生与植物卫生措施（SPS）方面，协定规定，双方将加强实施检验检疫、出证程序、控制和加工过程的核查、核查结果等方面的信息交流；在反倾销、反补贴、全球保障措施方面，协定规定，双方将保留在WTO相关协定下的权利与义务。同时，双方参照WTO保障措施协定和国际自贸协定通行做法，设立了双边保障措施条款；除货物贸易自由化外，协定就与投资有关的定义、投资促进与保护、投资待遇、征收、损害补偿和投资争端解决等事项作了规定，这对双向投资将产生积极的推动作用。

（2）《中国－巴基斯坦自贸区服务贸易协定》。包括正文的25个条款和2个附件。正文分为定义和范围、义务和纪律、具体承诺、其他条款等4大部分。两个附件分别为中方和巴方的服务开放具体承诺表。该协定是迄今中巴两国各自对外国开放程度最高、内容最为全面的自贸区服务贸易协定。两国将在各自对WTO承诺的基础上，相互进一步开放服务市场，提供市场准入机会和优惠待遇，为两国服务提供者加强合作和交流创造更好的条件。具体而言：

按照WTO《服务贸易总协定》的服务部门分类，在全部12个主要服务部门中，巴方在11个主要部门的102个分部门对中国服务提供者进一步开放，其中新开放56个服务部门和分部门，具体包括：第一，对建筑、电信、金融、分销、医疗、环境、旅游、运输、研发、计算机教育等众多服务部门和分部门扩大开放，大幅减少对外资的股比限制（从原来的外资股比不得超过40%至51%，提高到允许中资占股60%至99.99%）；第二，在56个服务部门和分部门提供市场准入，包括新开放分销、教育、环境、运输、娱乐文化和体育5个主要服务部门，以及新开放快递、法律、会计和簿记、建筑设计、兽医、助产士和护士护理、计算机及其办公设备维修、印刷出版、农用设备等众多服务分部门；第三，根据具体情况，同意在外资股比方面给予中国服务提供者更加优惠的待遇，特别是在快递、电信、旅游三个服务部门视情允许独资；第四，在人员流动方面提供更加宽松和便利的条件。中方则在对WTO承诺的基础上，在6个主要服务部门的28个分部门对巴方服务提供者进一步开放，具体包括采矿、研发、环保、医院、旅游、体育、交通、翻译、房地产、计算机、市场调研、管理咨询、印刷出版、建筑物清洁、人员提供和安排服务等。

3. 意义

在近十年的时间内，中巴自贸区从无到有，涵盖领域逐步扩展，建设稳步推进，对中巴经贸发展发挥了积极作用。中巴自贸协定正式生效以来，中巴双边贸易额翻番，从2007年的65.4亿美元增长到2012年的124.17亿美元，巴基斯坦对华出口保持稳定增长并不断加速，年均增长率超过双边贸易的增长，这些成果充分显示了中巴自贸协定对两国经贸合作的拉动作用。

中巴建立自贸区，为两国的经贸关系发展提供了制度性保障，从而提升经贸合作水平。其积极作用可以体现在如下方面：扩大出口；实现市场多元化；减少消费开支，降低生产成本；有助于吸引外资，承接国际产业转移；带动相关产业的发展，创造新的就业机会。

中巴双方的产业结构和进出口商品结构具有较强互补性。中巴建立自贸区后，物美价廉的中国机电、化工、轻工产品向巴基斯坦的出口有所增加，巴基斯坦也得以降低进口成本；同时，我国市场上出现更多巴基斯坦生产的纺织品、矿产品、皮革制品、水产品等。

两国建立自贸区也促进了相互投资。中国企业在巴基斯坦可以享受更加宽松的投资环境。此外，两国在服务贸易领域也具有良好的合作关系和广阔的发展前景。中巴建立自贸区给两国带来双赢的结果。

中巴之间存在着贸易不平衡，中方有比较大的顺差。中国政府一直希望帮助巴基斯坦增加对中国的出口，因此积极地推进中巴自由贸易区的建设。在中巴自贸协定的谈判中，中方不仅给巴方一些优势的产品提供了降税安排，而且给巴方的一些潜在出口产品预留了出口空间，如石料、皮革、纺织品、化工产品等。同时，中国商务部还提供一切方便的机会，包括在各种中国的展会上来展示巴基斯坦的产品，使巴基斯坦的产品为更多的中国客户所认可和接受。随着自贸协定逐步落实，这些政策的效果逐渐显现，2009 年以来巴基斯坦对华出口不断提速，其增速明显高于中国对巴出口，即便是在中巴贸易唯一出现负增长的 2009 年，巴基斯坦对华出口同比增长仍高达 25.3%，2009 年至今的年均增幅为 33.35%，远远高于同期中巴双边贸易总额的增速。由此可见，中巴自贸协定对拉动巴基斯坦对华出口、改善中巴贸易不平衡具有明显的促进作用。

与此同时，中国鼓励中方有竞争优势的企业，如建筑、电信和制造业的企业到巴基斯坦投资设厂，这些新建的企业成为巴基斯坦新的税收来源和出口基地。此外，服务业占巴基斯坦 GDP 的一半以上，有较强竞争优势。《中巴自贸区服务贸易协定》的实施，将有助于两国相互进一步开放服务市场，增进服务业优势互补，提升国际竞争力，改善贸易投资环境，从而为两国共同应对全球经济挑战、促进经济共同发展奠定更加坚实的基础。

综上所述，中巴自贸区建设对推动两国全面共赢、互惠互利的经贸合作发挥了积极的促进作用。

（二）中巴经济走廊建设

中巴经济走廊是指连接中国西部与巴基斯坦的公路和铁路主干道，将从新疆的喀什一直通至巴基斯坦的西南港口城市瓜达尔，贯穿巴基斯坦南北。中巴经济走廊的建设旨在进一步加强中巴互联互通，促进两国共同发展。

1. 规划过程

关于中巴经济走廊的构想，早在7年前便进入了中巴两国政府的商讨议题之中。2006年2月，中巴建交55周年之际，巴基斯坦总统穆沙拉夫在访华期间专门提出了将巴打造成中国的“能源通道”和“贸易走廊”、建设中巴铁路和能源管道、为中国运输进口能源的大胆设想。该设想之后被中国列入“十一五”规划中的“西出战略”。2007年，中巴两国的工程技术人员完成了对设想中的铁路沿线的现场勘测工作。2010年7月，巴基斯坦总统扎尔达里在访华期间讨论了与中国建立铁路、公路网络的开放政策，以及建立石油天然气管道的可行性方案。2013年2月18日，巴基斯坦总统扎尔达里宣布，巴政府正式将位于俾路支省的瓜达尔港运营权和配套基础设施开发权从新加坡港务集团（PSA）移交至中国海外港口控股有限公司（COPHC）。[①] 瓜达尔港为巴基斯坦第三大港口，具有重要的战略位置。瓜达尔港经营权的获得，加快了中国建设中巴经济走廊的进程。

2013年5月，李克强总理在对巴基斯坦的正式访问中，再次强调要着手制订中巴经济走廊远景规划，稳步推进中巴经济走廊建设。在李克强总理访巴期间，中巴双方签署了一系列合作协定和谅解备忘录，其中就包括了《关于开展中巴经济走廊远景规划合作的谅解备忘录》。2013年5月23日，两国发表《中华人民共和国和巴基斯坦伊斯兰共和国关于深化两国全面战

① New beginnings：China takes control of Gwadar port，http：//tribune. com. pk/story/509277/new-beginnings-china-takes-control-of-gwadar-port/.

略合作的联合声明》，《声明》指出：“双方同意努力将中国西部大开发战略与巴基斯坦国内经济发展进程更加紧密结合，把两国高水平政治关系优势转化为务实合作成果。……双方认为，中巴互联互通建设有利于挖掘两国经贸、物流、人员往来的潜力，促进两国和地区经济一体化，两国在这一领域业已开展了良好合作。双方将共同努力，不断提升中巴互联互通水平，加速堰塞湖处置，推进喀喇昆仑公路升级改造和巴国道公路网修复项目，加强交通基础设施建设合作。双方同意，在充分论证的基础上，共同研究制订中巴经济走廊远景规划，推动中巴互联互通建设，促进中巴投资经贸合作取得更大发展。双方决定由中国国家发展和改革委员会和巴基斯坦计划委员会成立联合工作组，开展互联互通相关项目的研究。”①

2013 年 7 月 5 日，在巴基斯坦总理谢里夫访华期间，中巴双方在北京签署了 8 项合作协议，其中有关“中巴经济走廊”的合作协议成为重点。两国共同发表了《关于新时期深化中巴战略合作伙伴关系的共同展望》。《展望》中明确提出：“双方认为，提升中巴互联互通水平对扩大两国经贸合作、促进两国经济一体化、推动两国经济发展有重要意义。为推动制订中巴经济走廊远景规划，双方同意成立中国和巴基斯坦经济走廊远景规划联合合作委员会，由中国国家发展和改革委员会与巴基斯坦计划发展部牵头，并在上述两部门设立秘书处。两国部级官员近期在北京举行了会谈，中方将尽快派工作组访巴展开磋商。双方同意，尽快启动中巴经济走廊远景规划相关工作。远景规划涉及的合作领域主要包括互联互通建设、经济技术合作、人文和地方交流。双方同意，在远景规划合作框架下，近期重点推进的合作包括：适时启动中巴跨境光缆项目，加快推进喀喇昆仑公路升级改造工程，探讨推动太阳能、生物质能合作，探讨开展沿线产业园区建设，尽快启动政府间磋商，实现中国地面数字电视国际标准在巴基斯坦落地，协调 TD-LTE 在巴基斯坦的商业运营，加强无线宽带技术领域的合作。双方支持两国企业开

---

① 《中华人民共和国和巴基斯坦伊斯兰共和国关于深化两国全面战略合作的联合声明》，http：//www. fmprc. gov. cn/mfa_ chn/zyxw_ 602251/t1043347. shtml。

展瓜达尔港工业区合作。"① 至此，中巴经济走廊的建设正式启动。

2. 建设目标

在中巴经济走廊远景规划中，两国希望通过"四位一体"的通道建设，即公路、铁路、油气管道、光缆的互联互通，挖掘两国经贸、物流、人员往来的潜力，促进两国和地区经济一体化。

中巴经济走廊规划不仅涵盖通道的建设和贯通，更重要的是以此带动中巴双方在经济走廊沿线开展产业园区建设，努力将中国西部大开发战略与巴基斯坦国内经济发展进程更加紧密结合，把两国高水平政治关系优势转化为务实合作成果。为此，双方将进一步加强在贸易、投资、能源、农业、金融等领域的合作。

3. 意义

中巴经济走廊的建设对促进两国经济发展、深化经贸合作都具有极其重要的现实意义和深远影响。

巴基斯坦新任总理谢里夫对中巴经济走廊寄予高度期望，他表示："中巴经济走廊能够改变本地区命运。如今，瓜达尔港的运营权已经移交给中国公司，希望瓜达尔港以后能成为更为重要的经济中心，成为阿拉伯海最重要的港口之一。"谢里夫认为中巴经济走廊可以更大程度地促进两国经贸的发展。他指出："中巴经济走廊沿线设有经济特区，这为中巴两国各行业的企业提供了一个巨大的机遇。"谢里夫希望中巴企业在能源方面达成更多合作。他指出，中国和巴基斯坦是全天候战略伙伴关系，双方在多个领域展开合作。中巴经济走廊不仅使中国中西部地区受益，而且还将使巴基斯坦乃至整个南亚地区受益。谢里夫说："可以预见，中巴还有很大的合作潜力。此外，中国和巴基斯坦之间的合作还可以延伸至中亚及南亚国家，使 30 亿人民受益。"②

---

① 《中巴发布〈关于新时期深化中巴战略合作伙伴关系的共同展望〉》，http：//www. fmprc. gov. cn/mfa_ chn/ziliao_ 611306/1179_ 611310/t1056504. shtml。

② 《专访巴基斯坦总理：中巴经济走廊将使 30 亿人受益》，http：//news. xinhuanet. com/world/2013 -06/30/c_ 124932825. htm。

中巴经济走廊是具有针对性的“双赢”战略。经济走廊的建设贯通一方面可以扩大中巴两国的经贸合作、人文和地方交流，另一方面可以实现中国能源进口的多元化，在化解“马六甲困局”、确保能源安全方面具有重要的战略意义。根据相关研究数据，中国已成为世界第一大石油净进口国，对原油的对外依存度高达58%，超越美国53.5%的对外依赖比例。[①] 截至目前，中国的这些原油进口大多来自中东以及非洲等传统产油地区，而从这些地区进口原油80%的路径是经过长约1080公里的马六甲海峡。而中巴经济走廊将距离全球石油供应主要通道霍尔木兹海峡仅400公里的瓜达尔港和中国新疆之间直接连接起来，将有助于中国提升能源通道的战略安全。它不仅可以绕过传统咽喉马六甲海峡，缩短中东到中国的能源运输距离，还能降低对中缅油气管道的依赖。更重要的是，中国和巴基斯坦两国长期以来久经考验的全天候、全方位友好外交关系，将为中巴能源通道的建设提供强有力的政治保障。

从更宏观的角度看，中巴经济走廊贯通后，能把南亚、中亚、中东、北非等地区通过经济、能源领域的合作紧密联合在一起，形成经济“共振”，同时强化巴基斯坦作为连接欧亚及非洲大陆的桥梁和纽带的战略地位。

4. 存在困难

中巴经济走廊的建设也面临着许多困难。以连接巴基斯坦和中国的主要陆上“生命线”喀喇昆仑公路为例，由于塌方、落石、泥石流等灾害频发，当地有“地质灾害博物馆”之称。喀喇昆仑公路是中巴两国间唯一的陆路贸易通道。为修复因2005年南亚大地震所造成的部分损毁路段，在中国政府推动下，中国路桥公司承建了长达335公里路段的喀喇昆仑公路改扩建工程。2008年2月16日，喀喇昆仑公路升级改造项目正式启动。正当工程有条不紊地推进之时，2010年1月4日，吉尔吉特-巴尔蒂斯坦地区的阿塔阿巴德发生巨大自然灾害，切断了正在施工中的喀喇昆仑公路，并在罕萨河

① 《中石油报告预计：2013年原油对外依存度逼近60%》，http://news.xinhuanet.com/energy/2013-01/31/c_124303291.htm。

上游形成了一个巨大的堰塞湖。这不仅给当地人民的生产生活带来极大不便，更使喀喇昆仑公路升级改造项目受到巨大影响。目前，喀喇昆仑公路已因大面积塌方而中断数年，对中巴两国陆路贸易造成了巨大影响。2010 年 12 月 18 日，中巴双方在位于伊斯兰堡的巴基斯坦国家公路局签署喀喇昆仑公路堰塞湖改线段项目补充协议，喀喇昆仑公路堰塞湖改线段全长 24 公里，新增 5 条隧道和两座桥，共增加投资 2. 7506 亿美元，工期 24 个月。① 目前，喀喇昆仑公路已经成为中巴经济走廊不可或缺的组成部分，修复和改扩建完成后将对推动双边贸易和战略合作、促进中巴友好关系、加强中国与中南亚地区的经贸合作发挥重要作用。

此外，巴基斯坦国内政局动荡、安全问题突出、能源电力短缺等诸多不利因素也将对中巴经济走廊的建设贯通构成严峻的挑战。2013 年 6 月下旬，南迦帕尔巴特峰营地发生恐怖袭击事件，包括 2 名中国人在内的 10 名外国登山者遇难，而该营地距离喀喇昆仑公路改扩建 A 段工程最近不足 20 公里。②

即便存在以上诸多困难，但中巴两国政府从战略高度重视中巴经济走廊的建设。两国有关部门正共同努力，加强协调，科学谋划，采取有效措施克服种种困难，积极稳妥地推进中巴经济走廊的建设。

三　中巴经贸合作面临的挑战

中国和巴基斯坦两国经贸合作关系在过去十多年间取得了长足的进展，但目前也面临着巴基斯坦国内安全形势恶化、能源短缺危机等困难，存在着双边贸易投资不平衡、外汇管制等具体问题，这些不利因素对中巴经贸合作的未来发展构成了严峻的挑战。

---

① 《喀喇昆仑公路堰塞湖改线段项目在伊斯兰堡签订补充协议》，http：//gb. cri. cn/27824/2010/12/19/3245s3094559. htm。

② 《“中巴友谊路”纪实：22 公里堰塞湖难阻两国建设决心》，http：//gb. cri. cn/42071/2013/07/26/6351s4196031. htm。

（一）安全形势严峻

从近年来中巴经贸合作发展历程可以看出，两国经贸合作受到巴基斯坦国内及周边地区安全形势影响明显。2009 年中巴双边贸易额和中国在巴投资额双双下滑，这其中固然有 2008 年国际金融危机及其引发的全球经济衰退的影响，但巴国内安全局势严峻也是重要因素。当年中国在巴直接投资额从 2008 年的 368 万美元锐减至 38 万美元，降幅高达 89.6%，由此可见，中国在巴投资受安全因素影响更大。

2001 年美国在阿富汗发动反恐战争之后，作为反恐前线的邻国巴基斯坦，其国内安全形势也受到波及，不断恶化。过去的十多年中，巴基斯坦为打击国际恐怖主义付出了沉重的代价，作出了巨大的牺牲。据巴方统计，反恐战争给巴基斯坦造成的直接经济损失超过 1000 亿美元，而人员和基础设施建设方面的间接损失远超该数额。巴基斯坦政府耗费大量的精力和财力用于反恐，并出动了大规模的军队来清剿打击与“基地”组织和塔利班有着千丝万缕联系的部落武装和恐怖势力。这使得巴政府无法专注于经济发展和社会建设，经济发展迟缓加剧了社会不稳定，从而进一步导致巴国内治安和安全形势的动荡；而安全形势的恶化反过来又阻碍了正常的经济发展，国际和国内投资者加速撤离巴基斯坦，形成了经济发展的恶性循环。

中国庆华能源集团在巴撤资就是一个例证。庆华集团是目前中国能源领域最大的民营企业之一，2011 年曾有意在巴基斯坦信德省投资煤电项目。尽管巴基斯坦联邦税收委员会（FBR）做出决定，对于投资信德省火力发电项目的企业提供为期 30 年的税收优惠期，但最终因对巴安全问题的担忧，庆华集团不得不于当年 8 月宣布取消这笔价值 190 亿美元的投资。① 据中国商务部统计，2012 年中国在巴直接投资下降了 30.8%，降至 6016 万美元。据巴基斯坦国家银行的数据，2011 ~ 2012 财年巴接受外国直接投资仅为

① 《庆华因安全问题取消对巴基斯坦 190 亿美元投资》，http://finance.sina.com.cn/chanjing/gsnews/20110930/141610571323.shtml。

8.12 亿美元，同比降幅高达 50.3%。[①] 巴安全局势恶化对巴基斯坦吸引外国投资的负面影响是显而易见的。

2013 年 6 月巴基斯坦新一届政府执政伊始，便明确提出反对无人机空袭，倡导与巴基斯坦塔利班进行和谈，努力采取非暴力的形式处理恐怖主义问题。9 月 9 日，巴基斯坦总理谢里夫主持召开全巴各党派国家安全会议（APC），与会各党派以及军方达成一致意见，支持与塔利班和谈。然而，由于受到此后发生的一系列不利事件的影响，巴政府与巴塔的和谈毫无进展，安全形势前景堪忧。2014 年底前，美国及北约将从阿富汗撤出全部作战部队。伴随着防务移交，未来阿富汗将经历极其困难的政治和经济转型。与此同时，阿国内政治和解进程迟迟难以取得实质性突破，后 2014 年时代的阿富汗安全形势不容乐观，这势必会进一步加剧邻国巴基斯坦国内安全形势的动荡。

未来巴基斯坦的安全形势如果无法得到改善，那么中巴双边贸易与投资合作无疑都将面临严峻的挑战。为此，巴基斯坦政府已承诺采取具体措施，尽全力保护中方在巴机构和人员的安全。

（二）能源短缺严重

近年来，巴基斯坦能源短缺现象日益突出，停电、缺少天然气等问题令大量纺织厂减产或停产。纺织业是巴基斯坦出口的支柱产业，占其出口总额的 55%，并提供了 39% 的工业就业岗位。[②] 严重的电力和天然气短缺对巴基斯坦经济发展造成了巨大的损失。据巴基斯坦联邦财政部统计，电力短缺所带来的年经济损失相当于 GDP 的 2%。在巴基斯坦主要城市，一天停电时间至少是 10 小时，而在农村地区，每天的停电时间可长达 22 小时。电力短缺对巴基斯坦民众的生活造成了严重影响，引发了民众的强烈不满，甚至在

---

① 《巴基斯坦 2011～2012 财年接受外国直接投资下降 50.3%》，http：//finance.sina.com.cn/roll/20120717/131912589032.shtml。

② 《2014 年东南亚十国纺织业发展趋势前瞻》，http：//price.mofcom.gov.cn/article/sczx/201401/117865_1.html。

一些城市已经演变为暴力事件。

造成巴基斯坦能源短缺的主要原因是巴能源匮乏且能耗结构严重失衡。巴对石油和天然气产品依存度高达79%左右，其中石油占能源消耗总量的约30%，主要依赖进口，2012～2013财年巴石油进口额高达152.8亿美元；天然气约占能源消耗总量的50%，基本能够实现自给自足。据统计，2012～2013财年，巴基斯坦日均生产石油7.65万桶，较前一财年的日均6.73万桶提升14%。但天然气日均产出41亿立方英尺，较前一财年的日均43亿立方英尺下降3%。[①] 由于巴能源消耗严重依赖天然气，且未能加以有效利用，因此导致近年来天然气资源并不匮乏的巴基斯坦竟然陷入天然气短缺的尴尬境地。实际上，巴基斯坦还有着丰富的煤炭和水电资源。根据拉合尔市商业协会（LCCI）的研究报告，巴基斯坦煤炭储量约1860亿吨，居世界第七位。报告称，巴煤炭储量足以满足本国的燃料需求，并能更好地用于发电。[②] 巴基斯坦水电发展署（WAPDA）公布的报告显示，巴境内水电蕴藏量约1亿千瓦，已探明并初步确定电站位置的蕴藏量为5677万千瓦。[③] 但截至目前，由于种种原因，巴丰富的煤炭和水电资源远未得到充分开发利用。能源危机已严重影响到巴基斯坦的经济复苏。巴基斯坦新一届政府将发展经济作为工作重心，因此，巴政府的首要任务就是解决能源短缺的问题，消除一切不利于能源投资的障碍。

同时，为尽快恢复正常的工业生产和社会生活秩序，巴政府试图通过举债快速解决电力短缺问题。巴电力短缺现象是诸多因素共同作用的结果，包括：因资金和建设能力问题项目落实率低；体制制约水电、煤炭的开发，基础设施限制油气开发；发电燃料单一，电价结构不合理；电力工业欠发展，发输变电设施不足；缺乏节能措施，发输电损耗过多，各行业浪费严重；公

① 《2012～2013财年巴基斯坦石油生产增长14%》，http：//www.mofcom.gov.cn/article/i/jyjl/j/201307/20130700202474.shtml。

② 《巴基斯坦拥世界第7大煤炭储量》，http：//www.mofcom.gov.cn/article/i/jyjl/j/201311/20131100405686.shtml。

③ 《巴基斯坦水电资源开发现状、合作前景及建议》，http：//template1.mofcom.gov.cn/aarticle/ea/201110/20111007780793.html。

共部门私有化进程缓慢，阻碍能源的高效开发利用。[①] 目前，巴电力企业的“三角债”问题是制约电力发展的主要因素。由于巴政府制定的电力价格低于发电成本，因燃油价格和电价倒挂造成的巨额损失，加之巴偷电和拖欠电费现象严重、输电损耗大，导致发电企业面临财务危机，无力支付高昂的进口燃料费，形成了一个恶性的债务循环。为此，巴政府计划发行国债，用于清偿各能源公司和国有企业欠下的债务，减免省和地方政府的应付款总计50 亿美元。同时，巴基斯坦非常希望能与中国开展能源合作，并欢迎中国企业到巴基斯坦投资能源等产业。

正因如此，对于中巴经贸合作而言，当前巴基斯坦面临的能源危机既是挑战，又是机遇。虽然巴严重的能源短缺阻碍了经济发展，打击了国际资本在巴投资的信心，影响了在巴中资企业的生产经营，但同时也为中巴两国在能源领域进一步开展合作提供了广阔的空间。长期以来，能源合作都是中巴经贸合作的重点。两国能源合作有着 30 多年的历史，在核电、常规电力、可再生能源等领域都取得了丰硕成果。中国公司在巴承建了一批发电厂和水电站，近年来还大力开展风能、太阳能、民用核能等新能源建设的合作。中巴两国政府高度重视在能源领域深化合作。2011 年，中巴两国成立了联合能源工作组，以推动在石油、天然气、煤炭、常规能源、核能和可再生能源领域的合作。可以预见，能源合作未来仍将是中巴投资合作的重点领域。

（三）贸易不平衡

根据中国海关和商务部的统计，近年来，中巴双边贸易稳步增长，但贸易不平衡问题更加严重。2012 年，巴基斯坦对华贸易逆差为 61.36 亿美元，而巴基斯坦 2012 年对外贸易逆差总额为 196.66 亿美元。[②] 也就是说，对华逆差额占巴对外贸易逆差总额的 31.2%。中巴贸易不平衡势必将会影响巴基斯坦的经济复苏，也不利于中巴经贸合作长期健康发展。

---

① 《巴基斯坦能源中期发展战略简述》，http：//www.sdpc.gov.cn/nyjt/gjdt/t20060809_79561.htm。

② Pakistan Bureau of Statistics，http：//www.pbs.gov.pk/trade-summary.

中国政府高度重视与巴基斯坦的贸易不平衡，并采取措施解决这一问题。如在自贸区框架下推动合作和减税，帮助巴基斯坦企业提升出口能力，积极鼓励从巴基斯坦进口，对购买巴基斯坦产品的中国企业给予进口补贴等。近年来，中巴自由贸易协定的效果逐渐显现，巴基斯坦对中国出口额保持快速增长。根据中国海关的统计，2012 年全年巴基斯坦对中国出口额约 31.4 亿美元，同比增长 48.2%。巴基斯坦联邦统计局的最新数据显示，2012～2013 财年巴基斯坦出口的前五大类商品是纺织原料及制品、大米、水果蔬菜、皮革及水产品，其中纺织原料及制品、皮革和水产品同时也是巴基斯坦对中国出口的主要商品。在巴对外出口中，对华出口所占比例不断上升，目前巴基斯坦已经成为中国棉纱进口最大来源国。随着中巴自贸区建设的深入展开，巴基斯坦对中国出口的提升潜力巨大。

此外，巴基斯坦服务贸易潜力巨大，服务业已成为巴经济增长主要驱动之一，对 2013 财年 GDP 贡献率达 57.7%，同比增长 3.7%。据巴基斯坦联邦统计局发布的最新数据，2012～2013 财年巴服务出口额达 66.19 亿美元，同比大幅增长 31.46%，出口增长的行业主要有旅游、建筑、金融、保险、信息和咨询等；服务进口达 77.58 亿美元，同比下降 5.7%，服务贸易赤字为 11.4 亿美元，缩窄 64.31%。[①] 随着《中巴自贸区服务贸易协定》的实施，两国相互进一步开放服务市场，加强服务业优势互补，从而进一步减少中巴双边贸易的不平衡。

（四）外汇管制问题

诸如国际结算、外汇买卖等外汇管制问题也对中巴双边贸易以及中国对巴投资合作造成不利影响。1998 年核试验以后，巴基斯坦为挽救外汇储备曾经采取了境内冻结外汇账户的外汇管制措施，这对巴基斯坦的国际形象和投资环境造成了巨大的负面影响。2001 年，为了提振外界对巴基斯坦的信

---

① Pakistan Bureau of Statistics，http：//www.pbs.gov.pk/trade-summary.

心，巴基斯坦颁布“外汇账户保护法令”，规定在巴基斯坦境内拥有外汇账户的任何人，其拥有和保持外汇账户的权利不受剥夺，对其账户内的外汇资金进行合法的出售、提取、汇兑、转让、用作担保和自由携带进出巴基斯坦国境的权利不受剥夺。[①] 但是1998年颁布的对于部分类别外汇账户转出的外汇管制规定（FE Circular No. 12 of 1998）至今仍未取消。

巴基斯坦的外汇管制问题使得投资者缺乏在巴长期投资的信心。一旦巴金融形势发生动荡，为避免外汇账户再次被冻结，投资者就会纷纷选择撤离巴基斯坦。2008年，巴基斯坦经济受国内和国际多重不利因素的影响面临崩溃的危险。7~9月，贸易逆差猛增至55.49亿美元，经常账户赤字高达25.72亿美元，同时，巴政府还面临严重的债务偿还压力。当时巴基斯坦外汇储备仅为81.35亿美元，其中，巴基斯坦国家银行（央行）外汇储备为46.86亿美元，外汇储备除去相关国际债务外，只剩下不到30亿美元，仅够支付一个月的进口费用。巴基斯坦卢比贬值21%，通货膨胀高达25%。由于国家外汇储备过低，巴基斯坦的各大银行和货币兑换点开始停止卢比兑换美元业务，美元只允许买入不允许卖出。甚至有传言称，巴基斯坦许多银行已经开始冻结大额外汇账户，不允许大笔美元汇出。投资者本已脆弱的心理遭受沉重打击，纷纷从银行取出美元，避免遭受1998年时的损失。这种情况加剧了巴基斯坦的投资下滑，2008~2009财年巴基斯坦外国投资大幅下降31.2%，较前一年度减少了16.88亿美元。[②]

由于面临着外汇流入减少以及对外偿债压力高企的不利局面，巴外汇储备的形势仍然严峻。据巴基斯坦统计局最新数据，2013年7~12月，巴基斯坦出口同比增长5.11%，为126.4亿美元；进口同比下降1.14%，为216.71亿美元；贸易逆差为90.32亿美元，同比降低了8.75%。[③] 巴基斯坦

① 《巴基斯坦颁布外汇账户保护法令》，http：//news. xinhuanet. com/chanjing/2001 - 10/24/content_ 55070. htm。

② 《2008~2009财年巴基斯坦外国直接投资大幅下滑》，http：//finance. sina. com. cn/roll/20090715/14052950873. shtml。

③ Pakistan Bureau of Statistics，http：//www. pbs. gov. pk/trade-summary? page = 1.

央行本财年的目标是在将赤字控制在30亿美元或占GDP1.2%以内。[①] 根据巴央行发布的数据，截至2013年12月6日，巴外汇储备为80.60亿美元，其中，央行持有外汇为29.63亿美元，为12年来的最低点。[②] 为控制外汇流出，巴基斯坦联邦财政部近日出台新规，缩减50%的出境旅客外汇携带限额。此前，巴允许每个成人旅客每次出境携带10000美元现金，现缩减至5000美元，不足12岁儿童的携带量为成人的50%，婴儿的携带量为成人的25%。[③] 巴政府的最新外汇管制措施使得脆弱的投资者信心进一步遭受打击，低迷的投资市场将严重阻碍巴基斯坦经济的复苏。

为了挽救投资者信心，提振低迷的投资市场，巴基斯坦应采取有效措施解决外汇管制问题。高负债和过于依赖侨汇收入是造成外汇储备状况不佳的主要原因。巴基斯坦应通过大力发展经济，扩大出口，减少贸易逆差，降低经常账户赤字，增加外汇储备，提高巴基斯坦的国际结算能力，从而提振投资者信心，改善投资环境，实现经济发展的良性循环。

为此，中巴两国于2007年7月共同成立了中国－巴基斯坦联合投资公司（PCJIC），这将有助于改善巴基斯坦的投资环境，促进两国在金融、基础设施建设、服务业、矿业、制造业等领域的合作，并吸引其他国家在巴投资。此后，2011年12月23日，中国人民银行与巴基斯坦国家银行在伊斯兰堡签署了中巴双边本币互换协议，旨在加强双边金融合作，促进两国贸易和投资，共同维护地区金融稳定。互换规模为100亿元人民币/1400亿卢比，有效期三年，经双方同意可以展期。[④] 上述措施在一定程度上有助于提高中巴双边贸易，促进投资合作，改善巴投资环境，加快巴经济振兴。

综上所述，当前中巴两国经贸合作面临的最大挑战是安全问题。两国的

---

① 《巴基斯坦经常账户赤字增加》，http：//www.mofcom.gov.cn/article/i/jyjl/j/201309/20130900312982.shtml。

② State Bank of Pakistan，http：//www.sbp.org.pk/ecodata/FER/index.asp.

③ 《巴基斯坦缩减出境外汇携带限额》，http：//china.huanqiu.com/News/mofcom/2014－01/4744261.html。

④ 《中巴两国央行签署双边本币互换协议》，http：//www.pbc.gov.cn/publish/goutongjiaoliu/524/2011/20111223233951696640564/20111223233951696640564_.html。

企业，特别是民营企业对于改善双边贸易和投资有着强烈的需求和愿望。相信随着巴基斯坦新一届政府采取有效措施，应对安全形势恶化和能源短缺危机的双重挑战，克服高负债、高通胀、高失业率的困难，中巴经贸合作将迎来更大的发展机遇。

四　对策建议

中国政府高度重视解决中巴贸易不平衡问题，采取了一系列政策措施抑制中国贸易顺差过快增长。经过中巴两国的共同努力，2012 年，巴基斯坦对华贸易逆差下降至 61.36 亿美元，但仍然占巴基斯坦对外贸易逆差的 31.2%。而根据巴基斯坦央行的数据，2013 年 12 月 6 日，巴外汇储备降至 12 年来的最低，仅有 80.60 亿美元。改善中巴贸易不平衡状况对于两国经贸关系的良性发展以及巴外汇储备的增加都具有重要意义。然而，目前中国和巴基斯坦的贸易不平衡主要是由两国经济结构差异造成的。要从根本上解决这一问题，应结合中巴经济走廊远景规划，在沿线设立更多的工业园区和自贸区，鼓励更多的中国企业在巴投资，改变中巴贸易的不合理结构，实现双边贸易的可持续发展。

首先，中国企业应加快推进国际化进程。21 世纪以来，随着经济全球化和区域经济一体化趋势日益明显，国际化道路已是企业经营发展的必然选择。企业国际化包括管理国际化、生产国际化、销售国际化、融资国际化、服务国际化和人才国际化六个方面。对于中国企业的一项调查显示，超过六成企业认为“缺乏合格的国际化人才”是企业国际化进程中的最大困难，而“低成本生产要素优势”仍是企业进入海外市场所依赖的主要优势。[①] 而巴基斯坦在国际化人力资源和低成本生产要素两方面的优势将有助于中国企业的国际化进程。

---

① 中国企业家调查系统：《中国企业战略：现状、问题及建议——2010 中国企业经营者成长与发展专题调查报告》，2010 年 4 月 25 日发布，http：//jjckb. xinhuanet. com/gnyw/2010 - 04/26/content_ 218675. htm。

其次，通过向巴基斯坦的国际产业转移实现中国产业转型升级。目前，巴基斯坦还只是中国的原材料及初级产品主要来源国和产品消费市场。这种不合理的双边贸易结构是造成中巴双边贸易不平衡的重要原因。因此，要从根本上改变这一状况，应通过中巴投资合作，鼓励更多有竞争优势的中国企业在巴投资建厂，使巴基斯坦成为中国企业国际产业链中的一环。

巴基斯坦在承接国际产业转移方面具有诸多优势。第一，巴基斯坦是重要的伊斯兰国家，与市场潜力巨大的海湾国家政治、社会关系密切。目前，有大量的巴基斯坦劳工在海湾国家工作，在巴基斯坦生产的产品更易于推向海湾国家市场。第二，巴基斯坦连接中国与南亚、中亚、中东地区，具有重要的战略地理位置。中巴两国的政治关系优势、地缘毗邻优势、经济互补优势使其成为中国实施向西开放政策过程中重要的纽带和桥梁。第三，巴基斯坦可以为中国企业提供丰富的国际化人力资源。根据巴基斯坦统计局数据，截至2013年1月1日，巴基斯坦人口为1.8172亿，人口结构呈现年轻化。其中15～64岁年龄段人口占总人口比例高达55.95%，劳动力资源丰富；0～14岁人口占40.85%，人口红利优势明显。[①] 同时，巴基斯坦的官方语言是英语，这意味着巴基斯坦可以为中国企业的国际化提供大量熟练掌握英语的国际化人才。第四，目前，有大量的巴基斯坦移民居住在海湾国家、欧洲和美国。海外巴基斯坦人在当地的社会关系有助于在巴投资的中国企业进一步拓展国际市场。总之，巴基斯坦的上述优势将有助于中国企业的国际化进程，通过向巴的国际产业转移推动中国的产业转型升级，实现互利共赢的中巴经贸合作新格局。

在国际产业转移过程中，中国企业在提高自身国际化管理水平的同时，应采取措施加强在巴基斯坦的本地化经营，大量聘用巴当地优秀人才，充分利用巴基斯坦的人力资源优势。与外派人员相比，本地员工的优势在于熟悉当地的法律法规、社会文化、生活习俗，而且拥有一定的当地社会关系，便

① Pakistan Bureau of Statistics：Labour Force Statistics，http：//www.pbs.gov.pk/content/labour-force-statistics.

于企业与外界沟通。实施本地化管理，有利于解决员工之间因文化差异造成管理上的误会和矛盾，更有益于调动员工工作的积极性和创造性。更重要的是，中国企业的本地化经营有助于扩大巴基斯坦当地就业。根据巴基斯坦联邦统计局的数据，2012～2013 财年巴基斯坦的失业率已经上升到 6.2%，其中城市失业率为 8.8%，农村为 5.1%。失业率高企是巴基斯坦经济和社会面临的严峻挑战之一。中国企业在巴基斯坦投资并实现本地化经营将为巴创造更多的就业就会，从而促进巴经济发展，并为促进当地社会稳定做出贡献。

2013 年 10 月，中国首次召开周边外交工作座谈会，在继承睦邻友好方针基础上，习近平主席进一步提出了亲、诚、惠、容的重要理念。“要本着互惠互利的原则同周边国家开展合作，编织更加紧密的共同利益网络，把双方利益融合提升到更高水平，让周边国家得益于我国发展，使我国也从周边国家共同发展中获得裨益和助力。”① 中巴两国应从战略高度重视中巴双边贸易不平衡的问题，通过中巴自贸区建设和中巴经济走廊建设，鼓励更多的中国优势企业，特别是制造业，增加在巴投资，通过向巴的国际产业转移推动中国的产业转型升级，扩大当地就业，振兴巴基斯坦经济，实现中巴两国互利共赢格局。

五　结语

中国和巴基斯坦是全天候战略伙伴。两国自 1951 年正式建立外交关系以来，始终以诚相待，在政治上平等互信，经济上互利共赢，在事关彼此核心利益的问题上相互理解、相互支持。中国始终将发展中巴关系置于中国外交优先方向。2013 年 5 月，李克强总理在访巴期间强调：“无论国际和地区形势如何变化，中国将坚定不移地巩固和发展中国与巴基斯坦的关系，一如既往地坚定支持巴基斯坦维护其主权和领土完整，实现国家稳定和发展的努

① 《习近平在周边外交工作座谈会上发表重要讲话》，http://news.xinhuanet.com/mrdx/2013－10/26/c_132831866.htm。

力。”此访问对进一步增强新时期中巴全天候战略伙伴关系意义重大。

面对中巴经贸合作发展中的上述机遇和挑战，中巴双方需要共同努力，从战略高度重视双边经贸合作的发展，将良好的政治意愿转化为各领域务实合作成果，优先开展能源和基建领域合作，规划建设好中巴经济走廊，进一步提升经贸合作水平，实现共同发展，从而确保地区稳定与繁荣。

B.6

印度与“跨太平洋伙伴关系协定”（TPP）：机遇与挑战

谢来辉　李天国*

摘　要：

在美国的积极推动下，“跨太平洋伙伴关系协定”（TPP）可能将成为亚太地区标准最高、涵盖最广的经贸一体化协议。不过，一直以来很少有人将TPP与印度联系起来，尽管印度一直有强烈的愿望要加强与亚太地区的经贸联系。2013年8月，美国副总统拜登访问印度时向印度总理辛格发出加入TPP的邀请。在此之后，印度似乎明显表现出对TPP的兴趣。印度的角色对于TPP乃至本地区的一体化进程可能意味着什么？而加入TPP对于印度又意味着什么机遇或者挑战？通过政治和经济两方面的定性和定量分析，本文认为，美国拉拢印度加入TPP并不意味着印度对于TPP来说具有重要意义，而更多是出于政治考虑而非经济利益；另外，TPP本身在经济方面虽然对于印度的挑战大于机遇，印度加入RCEP获得实际利益的可能性更大。但是，TPP给予印度更大的战略选择空间，因此也可能成为印度的选择。

关键词：

跨太平洋伙伴关系协定（TPP）　印度　美国重返亚太　“印太”　区域全面经济伙伴关系协议（RCEP）

---

* 谢来辉、李天国，中国社会科学院亚太与全球战略研究院。

一　导论

自2008年9月美国加入由新西兰、新加坡、智利和文莱四国发起的跨太平洋战略经济伙伴关系协定（P4）谈判以来，“跨太平洋伙伴关系协定”（Trans-Pacific Partnership，TPP）作为未来亚太地区的新的高级经济和贸易规则，引起了世界的广泛关注。此后随着加拿大和澳大利亚等大国先后加入谈判，特别是2013年7月日本正式加入谈判，使得TPP成为成员国GDP约占全球GDP的40%、贸易额约占全球份额的30%的重要区域合作机制。TPP谈判目前在美国的积极推动下正持续取得进展。如果其目标顺利实现，将对亚太地区的区域经济一体化产生重要影响，对于亚太地区的经济政治战略格局也将产生重要影响。印度的重要媒体也发表文章，称TPP将是“改变世界的三大协议”之一。①

从另一角度来看，TPP也被广泛看作是美国重返亚太的重要战略维度之一，是在经济方面主导规则制定和平衡中国影响力的重要手段。作为南亚地区首屈一指的大国，印度在整个亚太地区的影响力也不断提升，被美国看作是可以替代中国在本地区影响力的重要战略支点。② 此外，印度也奉行“东向”的区域一体化战略，试图加强与亚太地区的经贸联系。但是，却很少有人将印度与TPP联系在一起。而且，印度一直渴望成为APEC的成员国但是至今没有实现，尽管一直以来有不少人认为美国应该积极帮助印度加入APEC。③

---

① V. S. Seshadri，Three deals that can change the world，http：//www. thehindu. com/opinion/lead/three-deals-that-can-change-the-world/article5207438. ece.

② Jagannath P. Panda，Is India vital in America's Asia-Pacific design?，April 16，2012，http：//indrus. in/articles/2012/04/16/is _ india _ vital _ in _ americas _ asia-pacific _ design _ 15476. html.

③ Walter Lohman and Derek Scissors，U. S. Should Back India's Membership in APEC，Issue Brief No. 3853，The Heritage Foundation，February 15，2013，http：//www. heritage. org/research/reports/2013/02/us-should-back-india-s-membership-in-apec.

2013年8月，美国副总统拜登访问印度时向印度总理辛格发出加入TPP的邀请。[①] 印度似乎明显表现出对TPP的兴趣，辛格在5月访问日本后曾表示印度正在研究加入TPP的政策含义。很多评论认为印度应该加入TPP，尽管印度仍然对TPP中一些规则感到不舒服，比如与环境和劳工法律相关的内容，知识产权问题，这些在当前的发展阶段对印度的贸易有负面影响。但是，印度确实存在加入TPP的选择可能性。印度的角色对于TPP乃至本地区的一体化进程可能意味着什么？而加入TPP对于印度又意味着什么机遇或者挑战？

二　印度的区域一体化战略简析

美国主导的TPP给亚太地区各国的区域经济一体化带来了一种机遇，但是也使它们的FTA战略选择更为复杂化。自20世纪90年代以来，印度希望通过所谓的"东向政策"，与经济快速增长的东亚地区联系起来，建立其作为一个亚洲地区性大国的地位。但是，截至目前，印度所取得的区域一体化成果较为有限，进展较慢。目前，印度与新加坡、韩国、日本签订了CEPA，与东盟、泰国签订了FTA，与马来西亚的谈判也已结束。这意味着在亚太，除了中、日和东盟三个中心外，还出现了以印度为中心的贸易结构安排，不过印度的影响力还较弱。[②] 因此，如果要理解印度在TPP问题上面临的机遇与挑战，我们首先需要回顾和分析印度的区域一体化战略的内容与特点。

（一）印度区域一体化战略的途径及内容

20世纪90年代初期，印度在冷战结束后的国际秩序背景下一度彷徨不

① Ashoke Nag, US keen on India's inclusion in the Trans Pacific Partnership, Aug 20, 2013, http://articles.economictimes.indiatimes.com/2013-08-20/news/41429362_1_indian-ocean-myanmar-asean.

② 杨晓萍、吴兆礼：《印度的亚太战略及其前景》，载《亚太地区发展报告2013》，社会科学文献出版社，2013。

定，对外政策呈多变与不稳定的特征。但从90年代末期开始，印度采取全方位务实的对外政策，并为加强与高速发展的亚洲的经济联系，开始了“东向政策”。印度“东向政策”的核心是为了搭上东亚经济增长的快车，特别是融入东南亚的经济–能源供应网络。在印度的“东向政策”的推动下，印度与亚洲各国乃至澳大利亚、新西兰等泛亚太地区国家之间的经济合作更加活跃起来，而印度的区域经济一体化战略正是从这种背景下诞生的。

在全球与亚洲各国掀起区域经济一体化浪潮的大背景下，印度也开始了与周边国家的区域经济合作。一方面，WTO多边贸易自由化的驱动乏力，谈判进入长期协调与讨论时期，很难在短期内达成共识。印度作为WTO的创建成员国，想要积极参与多边贸易协定，但由于成员国之间的不同利益关系，无法达到其目的。自多哈谈判陷入僵局后，WTO正在受到被双边和区域贸易协定边缘化的风险。另一方面，在区域主义的扩散下，作为区域外国家容易受到贸易转移的“多米诺效应”。印度想要借助区域经济一体化进程打开在国际上受阻的出口市场。欧盟和美国等国家的卫生和植物检疫措施、技术贸易壁垒、程序性壁垒和临时措施等都对印度产生了不小的影响。印度加强了与周边国家的经济联系，首先与经济发展阶段相似的邻国进行贸易自由化合作，如SAFTA、斯里兰卡、BIMSTEC等属于这类。其次与比印度经济发展阶段更领先的国家签订区域合作协议，如泰国、新加坡、韩国、欧盟等。

2000年后，印度政府打造的政策围绕提高技术水平、发展落后的制造业部门、扩大出口问题进行。印度提出为了确保年均8%以上的经济增长，要将制造业的增长率提高至年均12%以上。为了提升制造业竞争力，印度于2002年颁布的竞争法，禁止阻碍个人和企业的生产、供给、分配、保管以及对商品和服务的转让和合并，不允许企业在商品领域或市场中滥用优势地位。

2005年颁布的国家制造业培育战略和2007年的印度经济开发5年计划报告的核心内容也聚焦于培养制造业竞争力上。在这些政策的推动下，印度的移动通信、民航、汽车、家电等产业的国际竞争力大幅提升。印度提升竞争力的政策将促进国内产业竞争，提升消费者满意度，并最终有助于提升国际竞争力。

（二）印度区域经济合作的特点

印度作为南亚地区的大国，同时也作为一个发展中的大国，其区域经济合作存在一些重要特点。我们在分析其区域一体化战略时，必须考虑到这些特点。

第一，印度制定服务与技术为先导的出口战略。印度对外贸易的比较优势在于出口金融、软件等领域的服务，而制造业的出口大都集中在资源型原材料方面。这种局面是根据印度的劳动力二元结构所决定的①。印度在培养为数不少的金融和 IT 领域的高端人才的同时，也拥有大量的低技能非熟练劳动者。在这种要素禀赋下，印度的出口领域中出现高端知识密集型服务的出口与资源型低端制造业出口并存的局面。印度的这种特征迎合了与东亚国家贸易与投资中，垂直型产业内贸易的需求。在货物贸易领域，2005 年印度的市场占有率只有 1%，排名第 29 位，但在服务出口方面，市场占有率达到 2.3%，世界排名第 11 位。虽然印度出口的商品品种趋于多样化，但工程部门仍然占最大比重，占总出口的 23% 左右。在自由贸易协定的谈判过程中，印度将服务部门的自由化纳入重要协商内容。向自由贸易合作伙伴国家出口金融服务、教育服务、IT 服务和远程通信等，通过服务贸易获得利益。

第二，印度正在试图修改原有的贸易政策，鼓励出口高附加值产品，促进合作区域内贸易。印度正在改变直接出口资源的做法，引导企业出口相对高附加值的商品。比如，限制直接出口铁矿石、宝石原料等，使企业更多地出口钢铁制品和宝石加工品。在软件领域，也在鼓励企业出口能够创造品牌价值的软件程序，而不是单纯接受程序外包。印度政府希望通过 FTA 进一步开辟海外市场，到 2014 年为止将出口规模提升至 4500 亿美元。印度与其

① 卢欣：《印度区域经济一体化战略探析》，《东北财经大学学报》2011 年第 4 期。

说希望在货物贸易上取得盈余，不如说更期待服务贸易领域的黑字。

第三，鼓励吸引外国资本投资。除了零售领域以外，印度对绝大部分领域允许外国资本的投资与生产。尤其对制造业，没有限制外国投资者的投资比重。因此2000年以来，制造业部门的外国投资大幅增加，尤其在汽车、电气电子、石油化学等领域的投资增长速度明显。而且采取经济特区（SEZ）政策，鼓励民间及外国资本的投资。2009年，经济特区的出口增长率达到120%。经济特区的出口比重已经从2002年的5%左右上升到2009年的26%。经济特区的出口中，IT、工程、医药以及化学部门的比重较高。就印度全国而言，外商直接投资流入额从2000年以来的年均增长18%，在2012~2013财政年度达到368.6亿美元。2012年，印度为了吸引外国资本，进一步废除或提高外国投资者对主要产业的投资上限规定。例如，对综合品牌零售业和国防制造领域限度提高至74%和49%，在保险与国有银行领域的投资上限从20%左右提高至49%，而在通信领域、单一品牌零售业、茶叶种植业等领域直接废除了外国资本投资上限（见表1）。

表1　印度新修订外国直接投资上限规定

单位：%

部　门	原规定上限	新规定	部　门	原规定上限	新规定
石油、天然气和冶炼业	49	不再需要审批	信用信息业	49	74
单一品牌零售业	49	100	通信业	49	100
综合品牌零售业	51	74	茶叶种植业	49	100
保险业	26	49	国防制造业	26	49

资料来源：Biswajit Chatterjee and Daniel LL. M. Sharma，Foreign direct investment norms in India further relaxed，DLA Piper，18 July 2013.；IBEF homepage，http：//www. ibef. org/artdispview. aspx? art_ id =34655&cat_ id =409。

第四，务实与循序渐进的自由贸易谈判。2000年以来，印度知道过于广泛深入的区域合作缺乏效率，反而会成为负担，因此它把亚洲作为自由贸易谈判的重要区域，同时与多个国家推进贸易自由化进程。作为“东向政策”的一部分，印度已经先后成功地与十多个亚洲国家和区域组织签订贸易协定（见表2）。因此，2000年以后，与签订自由贸易协定的国家之间的贸易有了明显的增长。印度在2009年发表对外贸易政策5年计划，强化了对开发新产品与新市场的奖励措施，并且对工程产品提供免税政策。2011年5月，通过出口战略计划，加强产品战略、市场战略以及技术与研发战略，重点提高机械、制药、化学、电气电子等产品的出口比重。对于无法立即达成全面合作协议的伙伴，印度首先达成部分商品的自由化、“框架协定”或者“优惠贸易协定”，循序渐进地向最终的自由贸易协定或者全面经济伙伴关系发展。印度与泰国的关税自由化、与智利的优惠贸易协定都呈现出这种特点。

表2　印度与主要国家和地区签署的贸易协定一览

	特惠贸易协定与自由贸易协定（PTA与FTA）	其他形式区域合作
已签署的协议	孟加拉国（1980）、缅甸（1995）、斯里兰卡（2000，货物领域生效）、尼泊尔（2002）、阿富汗（2003）、泰国（2004）、智利（2007）、新加坡（2005）、SAFTA（南亚自由贸易区，2006）、不丹（2006）、MERCCOSUR（南方共同市场，2009）、东盟（2010，商品领域生效）、韩国（2010）、马来西亚（2011）以及日本（2011）	曼谷协定（1975）、SAARC（南亚区域合作联盟，1985）、IORARC（环印度洋地区合作联盟，1997）、BOBCOM（孟加拉湾共同体，1999）、IBSA（印度巴西南非对话论坛，2004）
正在谈判或在研究中的协定	伊朗、SACU（南非关税同盟）、欧盟、EFTA（欧洲自由贸易联盟）、GCC（海湾阿拉伯国家合作委员会）、毛里求斯、BIMSTEC（孟加拉湾多部门技术经济合作计划）、斯里兰卡（有待深化原FTA）、美国、中国、新西兰、澳洲、加拿大、智利、印尼、乌拉圭、埃及、IBSA、新西兰、俄罗斯、瑞士和巴基斯坦	

资料来源：Ministry of Commerce and Industry，India。

总体上看，和其他大国一样，印度的对外经贸政策也受到国际政治经济格局和国内制度以及利益集团的综合影响。不过值得注意的是，印度在区域一体化方面相比亚太地区其他大国要较为落后，因此，印度在对外实施开放政策方面也要较为滞后。印度自20世纪90年代以来才开始积极推进自由化经济改革，而且由于改革进行得并不彻底，印度的许可证制度也没有被完全废除，外国和本国投资者目前在印度仍然受到无处不在的官僚制度的阻碍，面临严重的腐败以及低效率的困扰。但是另一方面，印度也面临加快开放的迫切需求。因为印度相对而言更加需要通过国际一体化规则固定其改革成果，防止保守利益集团对改革的阻碍。

三　印度在 TPP 中的潜在角色

美国副总统拜登邀请印度加入 TPP 的做法使我们想到了两个问题：首先，这是否意味着印度对于 TPP 具有重要意义？其次，印度的加入对于美国的重返亚太战略意味着什么？

我们认为，印度的加入对于 TPP 成员国而言贸易利益不大，更可能只是具有边际性的影响，“只会加强 TPP 的转型潜能”（Only enhance the TPP's transformative potential）。但是从美国推动 TPP 的战略目的来看，一个有印度加入的 TPP 有利于加强美国与印度的关系，有利于实现美国重返亚太的战略目标。

美国建立 TPP 的目的可以从两个层面来理解。首先，在经济利益方面，美国希望与快速发展的东亚地区加强经济联系，增加其贸易和投资利益，而不是被排除在东亚一体化进程之外。[①] 2011 年，时任国务卿希拉里·克林顿发表讲话表示：“美国在下一个十年最为重要的国家任务就是要锁定在亚太地区的大幅持续的投资，包括在外交、经济、战略以及其他方面。”[②] 其次，美国要在政治战略上重返亚太。建立开放的贸易协定从来都不是出于简单的经济利益考虑。除了增加美国的经济利益以外，美国希望通过 TPP 建立起在亚太地区由自由市场主导的规则，以此制约由中国的发展模式所带来的竞争。[③] 中国社会科学院裴长洪教授认为，美国新的全球经济治理的理论依据是反“国家资本主义”的“竞争扭曲”，实践版本是这个所谓高水平的区域

① Bernard K. Gordon, “Trading up in Asia: Why he United States Needs the Trans-Pacific Partnership”, *Foreign Affairs*, July/ August, 2012.

② Hilary Clinton, “America's Pacific Century”, *Foreign Policy*, November 2011.

③ Joshua Meltzer, “The Significance of the Trans-Pacific Partnership for the United States”, *Testimony to the House Small Business Committee at a hearing titled*, U. S. Trade Strategy: What's Next for Small Business Exports?, May 16, 2012.

合作计划。这构成了奥巴马下一任期全球经济治理的基本方案和路线图。①从这个意义上说，TPP 是体现美国上述战略的重要载体。②

从经贸方面来看，印度的参与对于 TPP 似乎是无足轻重的。这一点从印度相比于美国的其他 TPP 伙伴国的贸易份额可以发现。印度在美国的对外贸易份额中所占比例较低。2010 年，美国对印度的出口为 192.227 亿美元，仅占其出口总额的 1.71%。2010 年，美国从印度进口 295.31 亿美元，仅占其当年进口总额的 1.56%。2012 年，美国对印度的出口额和从印度的进口额分别为 216.276 亿和 405.18 亿美元。同年，美国对其他 11 个 TPP 伙伴国的出口额为 6890.04 亿美元，进口额为 8435.79 亿美元。③ 因此，相比于现有 11 个 TPP 贸易伙伴国的贸易水平，印度占美国的出口和进口贸易比重只相当于 3.14% 和 4.8%。

美国之所以积极拉拢印度，并向其发出加入 TPP 的邀请，主要原因不是因为印度对于 TPP 具有重要的经贸利益，而是因为希望印度作为其重返亚太的战略支点。美国和印度在亚太事务上有很多的契合点。比如它们都希望有一个稳定和安全的亚洲，都希望制约中国在东南亚地区不断扩大的影响力，从东亚的发展中获益。美国希望给予印度市场开放的机会，建立友好的美印关系，帮助印度成为本地区的崛起大国。此前，美国、澳大利亚和印度都表示，"印太"地区（也就是从印度洋到太平洋）是全世界的新"战略重心"。尽管印度支持"印太"概念，但只加入了 RCEP，而不是 TPP 的成员。另外，"金砖国家"合作是与美国的地区利益和格局设计相冲突的，美国不乐见印度与中国和俄罗斯走到一起。④ 因此，从美国的角度来看，印度加入 TPP 的政治意义大于经济意义。

---

① 裴长洪：《全面提高开放型经济水平的理论探讨》，《中国工业经济》2013 年第 4 期。

② Joshua Meltzer, "The Significance of the Trans-Pacific Partnership for the United States", *Testimony*, May 16, 2012.

③ Williams, B. R., "Trans-Pacific Partnership (TPP) Countries: Comparative Trade and Economic Analysis", *CRS Report for Congress*, No. R42344, June 10, 2013.

④ Jagannath P. Panda, Is India vital in America's Asia-Pacific design?, April 16, 2012, http://indrus.in/articles/2012/04/16/is_india_vital_in_americas_asia-pacific_design_15476.html.

四　TPP对印度的潜在影响：机遇与挑战

前面我们是从TPP和美国的角度来分析印度的角色，在本节我们将从印度的视角来考察TPP存在的机遇和挑战。

首先，不加入TPP对于印度有一定的影响，这主要体现为TPP产生的所谓“贸易转移”效应。虽然贸易损失的具体程度还取决于TPP谈判最终达成的结果，但是可以肯定的是，印度的损失不会太大。因为印度已经和TPP目前的一些成员国签订了FTA，包括日本、马来西亚、新加坡以及东盟整体。其次，印度也正在与澳大利亚、加拿大以及新西兰进行FTA谈判。因此，在谈判过程中，印度会与相关各方进行谈判以降低TPP条款对印度的不利影响。印度在出口市场方面最大的损失可能在于美国。尽管2011年中国已经超过美国成为印度第一大贸易伙伴，但是美国是印度的第一大出口市场。而与印度竞争美国市场的越南和马来西亚已经是TPP成员国，它们将在纺织、服装这些美国关税水平较高的行业挤占印度的市场份额。由于纺织业是印度规模最大的产业之一，所以这对于印度的就业可能会有较明显的冲击。另外，在服务业，印度的优势产业部门比如IT和电信服务可能因为TPP而处于弱势地位。

在投资方面，印度也会受到一些不利影响。跨国公司将更多投资于TPP成员国而非印度，因为它们可以提供更好的供应链基础设施以及更有利于贸易和投资的环境。越南、马来西亚将成为受益国。考虑到印度基础设施建设较为落后和缺乏竞争力，马来西亚等加入TPP后改善投资环境，印度的企业甚至会因此而增加在这些国家的投资。不过考虑到这些TPP成员国会在约束国有企业、放松监管和贸易投资便利化方面改善环境，印度也能有一定的获益。

如果加入TPP，印度可能会在一些产业获得好处。首先，印度具有竞争力的服务业会获得更多海外市场份额。印度的服务业出口在全球处于领先地位，尤其是在软件开发、资本金融服务和旅游等部门。印度已成为仅次于美国的世界第二大软件大国，世界第一大外包服务接包国。[①] 印度外包业主要服务于欧美市场，加入 TPP 后可以更加便利服务出口。其次，印度可以在能源安全方面获得收益。目前，能源产品在印度进口商品结构中所占份额最高，石油和煤炭产品合计占 35% 左右。印度一直希望增加从印尼、越南和缅甸等地的煤炭和天然气进口，从而减少对中东地区的进口能源依赖。如果加入 TPP，印度可望获得从美国、加拿大进口的廉价页岩油气，并从澳大利亚等增加进口煤炭等资源。

但是，印度要加入 TPP 面临更多的还是挑战。TPP 作为一个高标准的贸易协议，在政府采购、劳工标准、环境保护、供应链管理、监管协调或投资者 - 东道国争端解决机制等方面各项条件都是非常严格的。一直以来，印度在 FTA 谈判方面，都存在许多关切，其较为落后的制造业进行关税保护、改革政府监管、投资领域对外开放等问题都进展艰难。更何况 TPP 还涉及环境与劳工条款以及知识产权保护等非贸易问题。加入 TPP 不仅意味着印度必须开展较大幅度的改革措施，而且也严重束缚了国内政策的空间。比如，TPP 关于知识产权的要求，可能对于印度的制药业和卫生部门产生较大的不利影响。印度是非专利药品生产和出口大国。印度的药品占全球药品销售量的 8%，居世界第四位，是世界第五大散装药生产国。印度被誉为“全球穷人的药物天堂”，每年生产价值 100 亿美元不受商标保护的药物，其中特别是治疗癌症和艾滋病的药物。[②] 印度专利法的第三章（第四条）禁止给予现有药物二次专利权，除非药效比原有药品高出许多。制药公司诺华曾试图挑战这项法律，并一直上诉至印度最高法院，这场官司持续了 7 年，近日以败诉告终。一旦各国接受了 TPP 的现有条款，便将被剥夺采取类似保障的能力。[③] 印度学者指出，美国贸易代表

---

① 毛晓晓：《印度：欲靠服务业跻身大国之列》，《经济参考报》2013 年 1 月 16 日，http://jjckb.xinhuanet.com/2013-01/16/content_423963.htm。

② Thomas van der List, Is the Trans-Pacific Partnership Jeopardizing Developing Nations?, August 2013, http://www.borgenmagazine.com/is-trans-pacific-partnership-jeopardizing-developing-nations/.

③ 《无国界医生敦促各国修正 TPP 缺陷，解决药物可及性》，2013 年 5 月 14 日，环球网。

和制药业巨头的战略目标是阻止其他国家采纳印度的公共卫生保障模式，并将印度在亚太地区孤立起来。但是，这些都是初步的认识，随着 TPP 的作用和范围越来越明晰，从印度的角度来看，有可能采取更加鲜明的立场。①

五 印度在 TPP 和 RCEP 之间的权衡

印度已经成为 RCEP 的成员国，但是不能排除加入 TPP 的可能性。因此我们有必要将这两个贸易协定对于印度的意义做一个比较。我们可以通过计算并且比较印度与东盟国家、中国以及美国等 TPP 伙伴国的贸易互补性，进而分析印度在 TPP 和 RCEP 中所涉及的经贸利益。

（一）TPP 与 RCEP 涉及的成员国范围

在协议涵盖的成员国方面，TPP 包括美国、加拿大、新西兰、智利、秘鲁、越南、新加坡、新西兰、马来西亚、文莱、澳大利亚、日本，而 RCEP 包括中国、日本、韩国、澳大利亚、新西兰、印度与东盟 10 国。同时参加两种协议的国家有越南、新加坡、新西兰、马来西亚、文莱、澳大利亚和日本。即除了美国、智利和秘鲁等国家以外，RECP 涵盖了 TPP 的大多数成员国。而且印度已经与韩国、日本、马来西亚、新加坡和东盟等达成了自由贸易协定，并且正在推动与加拿大、新西兰和澳大利亚的自由贸易协定。由于作为 RCEP 的成员国的中国尚未参与 TPP，从目前来看 TPP 与 RCEP 的重要区别在于两种区域协议各自包含美国因素与中国因素。前者并不包括中国在内，但后者把这个世界第二大经济体视为一个重要角色。RCEP 一旦建成，将拥有占世界总人口约一半的地区，生产总值占全球生产总值的 1/3。这对于印度统筹双边、多边、区域、次区域开放合作，提高抵御国际经济风险能力意义重大。

① P. Dasgupta，Inida and East Asia：Towards a Regional Economic Integration.

根据印度商务部的数据，我们可以发现，目前TPP成员国构成了印度出口市场的23.95%，进口来源的16.79%，贸易总量中的19.52%。与之相比，RCEP成员国占印度出口市场的份额更低一些，为22.26%，但是进口份额更高，为26.02%，贸易总量的份额为24.59%。从这些数据来看，成为TPP成员国对于印度的出口更有促进作用，但是从总体贸易地位尤其是进口方面来看，RCEP对于印度的意义更大。

同时，我们对亚太地区尚未成为TPP成员国的印度主要贸易伙伴情况进行了总结。这些成员国占印度出口贸易份额的14.78%，进口份额高达20.82%，贸易总量的份额为18.48%。其中，印度对中国、韩国、印尼都存在较大幅度的贸易逆差。相比之下，印度对TPP成员国都普遍存在顺差（除了日本及马来西亚等部分东盟国家）。再考虑到RCEP成员国主要都是发展中国家，相互之间的贸易壁垒较TPP成员国更高，印度应该会从RCEP中获得更多改善贸易平衡的机会（见表3）。

表3　TPP12国与RCEP成员国在印度贸易中的地位

	出口市场	出口额（亿美元）	份额（%）	进口额（亿美元）	份额（%）	贸易总额（亿美元）	份额（%）
TPP12国家	美国	36155.22	12.04	25204.73	5.14	61359.95	7.76
	澳大利亚	2348.65	0.78	13085.70	2.67	15434.34	1.95
	日本	6100.06	2.03	12412.29	2.53	18512.35	2.34
	文莱	40.02	0.01	814.80	0.17	854.82	0.11
	加拿大	2036.58	0.68	2800.22	0.57	4836.80	0.61
	智利	690.00	0.23	2992.31	0.61	3682.31	0.47
	马来西亚	4444.07	1.48	9951.06	2.03	14395.13	1.82
	墨西哥	1628.24	0.54	4037.62	0.82	5665.86	0.72
	新西兰	302.06	0.10	696.62	0.14	998.68	0.13
	秘鲁	561.32	0.21	637.93	0.11	1199.25	0.15
	新加坡	13619.24	4.53	7486.38	1.53	21105.63	2.67
	越南	3967.37	1.32	2314.78	0.47	6282.15	0.79
TPP12国家小计		71892.83	23.95	82434.44	16.79	154327.27	19.52

续表

	出口市场	出口额（亿美元）	份额（%）	进口额（亿美元）	份额（%）	贸易总额（亿美元）	份额（%）
非 TPP 国家和地区	韩　　国	4202.25	1.40	13105.12	2.67	17307.37	2.19
	印　　尼	5331.30	1.77	14879.49	3.03	20210.79	2.55
	中国香港	12279.20	4.09	7907.17	1.61	20186.37	2.55
	泰　　国	3733.17	1.24	5352.61	1.09	9085.78	1.15
	中国台湾	3043.97	1.01	3963.35	0.81	7007.32	0.89
	中　　国	13534.88	4.51	52248.33	10.65	65783.21	8.32
	俄 罗 斯	2295.68	0.76	4231.56	0.86	6527.25	0.83
	菲 律 宾	1187.19	0.40	504.00	0.10	1691.18	0.21
非 TPP 国家和地区小计			14.78		20.82		18.48
RCEP 伙伴国			22.26	127653.23	26.02	194540.43	24.59

资料来源：印度商务部网站。其中均为货物贸易数据；时间为 2012 ~ 2013 年度。

在亚太区域一体化的这场 TPP 与 RCEP 的较量中，印度的选择很大程度上可以理解为如何在美国和中国之间进行选择。从经济地理学角度来看，作为与印度接壤的国家，显然中国具有的经济合作意义远大于大洋彼岸的美国。中国对于印度经济发展，尤其边境地区发展意义较大。边境贸易一方面通过改善边境地区的基础设施条件以缩短贸易运输距离，从而引发消费者和生产者在边境地区集中，加强商品与要素的自由流动和市场一体化的集聚效益；另一方面，在规模报酬递增的作用下，边境地区的竞争优势以及国家之间的分工与专业化模式也将得到自我强化，形成循环因果积累效应，以吸引更多的消费者和生产者向边境地区集中。① 云南是印度陆上沟通与中国和东南亚国家最便捷的通道②。印度旨在推动发展中印边界的“边境地区发展计划”投入大量资金，其拨付资金数和项目个数大致上呈现出递增趋势。资金投入从 1998 ~ 1999 年的 5000 万卢比发展成 2008 ~ 2009 年的 5.928 亿卢比，占当年印度全部边境总投入的 74.38%；中印边境投入的项目数从1998 ~ 1999 年的

① 李凌、常亚青：《新经济地理学视野下的中印边境贸易研究》，《社会科学》2012 年第 10 期。

② 《良好的开端，光明的未来——中印缅孟经济合作与发展论文集》，云南科技出版社，2000。

150 项增加至 2008 ~2009 年的 666 项，占当年全部边境项目数的 54.65% 。[①]

从中印双边贸易来看，中国是印度第一大进口国，2012 年进口额达到 543 亿美元，比第二位的阿联酋高出 159 亿美元。而印度与中国的进出口总额达到 678.27 亿美元。对印度与中国、韩国、日本、新加坡等亚洲国家与以美国为主的西方国家的贸易与投资相关关系的实证分析结果表明，与亚洲国家的贸易与投资的相关系数远高于西方国家的情形。[②] 5 个“10 +1”自贸区协定及其实施为 RCEP 奠定了有利条件，这也是 RCEP 较之 TPP 更易建成的原因之一。印度加入 RECP 更显得是一件水到渠成的事情。

（二）在涵盖范围与开放标准方面的区别

印度与日本、韩国、东盟等国家已签署的自由贸易协定，每个不同协议的规则都各不相同。如果印度加入 RCEP 可以达到整合和优化的效果，并且建成一个高质量的自贸区。RCEP 成员国间的开放程度虽然在有些方面高于印度与其他国家分别签订的 5 个自贸协定，但是多数国家之间已经有共同研究和谈判的经历，印度不会是一个被动地需要接受规则的国家。各成员国的舒适度和可行性都会尽量考虑到，具有渐进性和过渡性。而 TPP 条件更为苛刻，且带有浓厚的美国利益。印度想要符合 TPP 所要求的以上条款，尚有很多困难。同时，现有的 TPP 成员国也没有向印度发出明确的信号。按照印度官方学者的说法，2011 年 11 月的声明虽然说明 TPP 对亚太地区的国家开放，但是并未就接收的成员国的地区明确说明。印度还不属于亚太地区的 APEC 成员国，因此对加入 TPP 的必要性仍比较模糊。具有鲜明的美国为主的高开放要求的 TPP，需要满足美国的标准。在 TPP 通过的共识文件中规定了建立 RCEP 的 10 项一般性原则，如特殊和差别待遇，此协议即便给予个别成员国提供特殊差别待遇，那也会是东盟国家。而印度在 TPP 中的受重视

① Border Area Development Programme in Arunachal Pradesh，http：//www. arunachalplan. gov. in/html/docs/badp/Status_ of_ BADP09. pdf.

② Choongjae Cho，The causual relationship between trade and FDI：implication for india and east Asian countires，KIEP Working paper 13 -06.

程度远不如东盟国家。另外，RCEP 的潜在优势领域是服务业部门的开放。服务业自由化是多数国家非常敏感的问题，但对于印度来讲，却是其比较优势所在。如果 RCEP 采用更宽泛行业自由化的进程，开发具有巨大潜力的行业，可以产生更快的效果。由于 RCEP 充分认可成员国的国情，认可发展中国家的身份与处境，而且没有涉及劳工和环保标准，印度可以更好地利用 RCEP 这一平台。印度可以通过改善投资和竞争规则，保证印度的出口竞争力。在这一方面，印度与 RCEP 的一些成员国有着相似的利益诉求与课题。①

（三）印度在保护制造业领域方面的考虑

印度在积极推进 FTA 的同时，非常注重保护国内制造业。因此在不断强化原产地规定的同时，增加敏感和例外商品的种类，谨慎对待产品开放领域和范围。印度在与泰国及新加坡的 FTA 中，不愿过早涉及关税自由化，对于敏感商品采用关税配额制度，限制进口量或干脆排除在谅解对象之外。印度的制造业在道路、港口等基础设施与工厂方面属于“软肋”，政府和企业对制造业领域的开放非常消极。正如印度 - 泰国 FTA 案例中，泰国曾是印度的贸易收支顺差国家，但从实行关税自由化的第二年开始，对泰国的贸易顺差变成逆差，2006 年逆差达到 5 亿美元，2011 年更发展成 21.6 亿美元。签订印度 - 新加坡 FTA 之后，印度同样面临较大额度的贸易逆差，达到 40 亿美元。从泰国和新加坡的经验中吸取教训，印度最大限度地保护本国的制造业，尽量扩大例外产品和敏感产品，强化原产地规则，严格控制产品市场的开放。印度与泰国的自由贸易协定谈判陷入僵局的原因在于在泰国提交印度的新增 150 项零关税商品的名单中，印度只认同其中的 60 项。推动 TPP 无助于改变贸易赤字，只能会受到更大阻力。与泰国缔结关税自由化之后，印度深感 FTA 带来的副作用，社会各界反响巨大。印度无法有针对性地对自身脆弱的农业、水果、香辛料、小麦、大米、食用油、葡萄酒、汽车零部件等产业进行保护。

然而技术引进和扩大外国资本投资是印度参与双边与多边协议的重要前

① Seshadri，V. S.，The Trans Pacific Partnership，RIS Discussion Papers # 182，2013.

提之一。印度与发达国家（如日本等国家）的FTA就属于这样一种情形。2005年6月签订的印度－新加坡的FTA中，囊括了金融、投资以及人力资本交流等领域。印度与新加坡之间的CECA中，金融、通信、IT、设计、建筑、生物、宇宙航空、医疗等领域的人才流动全面开放，导致新加坡的FDI大量流向印度金融领域。印度与韩国、日本的FTA中，IT、医疗、会计、工程、法律等领域的开放首当其冲。印度对美国的区域交流与合作正是意在扩大投资与技术的引进。在与美国的经济合作中，印度极力避开货物贸易的自由化，而是强调投资与人力资本的交流。这显然与意在10年内实现区内包括农业、制造业、服务业在内的所有商品的零关税的TPP，存在很大矛盾。

总之，印度作为一个发展中国家，RCEP显然是其更为现实的选择，可以较为顺利地实现其东向战略。虽然TPP的经济规模和雄心更大，但是考虑到RCEP伙伴之间的贸易壁垒更为突出，因此，RCEP一旦建立起来，对贸易自由化的意义更大。印度一直希望获得APEC成员国的地位而未能如愿，RCEP的谈判有利于其实现东向战略的目标，而同时却并不要求其在知识产权和环境方面做出妥协。要加入TPP这种高标准的协议对于印度而言，显然在开放水平方面还面临很大的挑战。印度前驻缅甸大使V. S. Seshadri发表文章指出，对于TPP和TTIP这种规则而言，印度的担忧是如何绕开TRIPs知识产权、劳工以及环境标准方面的强制性承诺，这些方面将对当前发展阶段的印度的政策选择构成严重的限制。他认为，虽然与TPP及TTIP的雄心无法相提并论，甚至不超过WTO的承诺水平，RCEP对发展中国家的利益会有更多考虑；如果RCEP能够达成一种较为平衡的结果，那么它将是更值得印度努力支持推进的路径。当然他也提到，印度在RCEP谈判方面也面临重要挑战。比如印度与中国尚未建立FTA而且对华存在较大贸易逆差，这个因素应该在参与RCEP时予以积极考虑。印度应该推动RCEP接受例如专业服务跨境流动这种有利于印度的承诺。①

① Three deals that can change the world，http：//www. thehindu. com/opinion/lead/three-deals-that-can-change-the-world/article5207438. ece.

六 目前印度对 TPP 的三种态度

是否加入 TPP，对于印度仍是一个很大的利益权衡，其中涉及诸多政治经济方面的战略考虑。目前，印度政府尚未正式表态。从印度国内学者的角度来看，可以总结为三种可能的态度。

（一）TPP 对于印度弊大于利

印度作为一个发展中国家，国内改革较为滞后，开放程度较低，加入 TPP 的代价会比较大。因此，不少印度学者对 TPP 持怀疑和否定态度。这种观点认为，加入 TPP 未必会使印度获得很大利益，相反可能会存在很大代价，国内的反对声音可能很大。印度更倾向于会把“收获实在的经济利益放在更不明确的战略利益之前”。①

印度驻缅甸大使 V. S. Seshadri 博士认为，印度可能会受到 TPP 的负面影响，但是通过在当前就加入 TPP 也会较为不利。通过 RCEP 这种渐进式的 FTA 战略对于印度而言更能够保护其利益，对获得 APEC 的成员资格也有帮助。② 印度国际贸易研究所（Indian Institute of Foreign Trade）副教授达斯古普塔（Pinaki Dasgupta）的观点与此类似。他认为：“TPP 在印度并不太被接受，像其中由美国贸易代表所推崇的知识产权文本需要缔约方对国内法进行重大的调整。美国的立场可被解读为努力将印度的较为松散的专利标准体系孤立出去。”因为从现在来看，泄漏的 TPP 谈判文本更加清晰地表明，印度的专利制度是 TPP 所反对的目标。

① Brig（Retd）Vinod Anand，Geopolitics of RCEP and TPP：Implications for India，Vivekananda International Foundation，VIF，http：//www. vifindia. org/article/2013/september/10/geopolitics-of-rcep-and-tpp-implications-for-india.

② V. S. Seshadri，“The Trans Pacific Partnership（TPP）”，RIS Discussion Paper No. 182，*Research and Information System for Developing Countries*（RIS），July 2013.

（二）TPP 是印度的一个经济妙招

这种观点认为，加入 TPP 对于印度而言是一个重要战略机遇。美国学者认为，让印度加入 TPP 对于美印关系而言具有重要的积极意义，因为加强双方的经贸联系要胜过任何的高层互访。[①] 印度的 Jagannath P. Panda 博士认为，随着印度在亚太地区的影响力日增，美国将把印度视为中国在本地区的主要竞争者，因而需要更大范围的“跨太平洋伙伴计划”的受益者。因此，他们认为，印度加入 TPP 将是一个“经济妙招”（Economic Coup）。即使印度仍以 RCEP 作为主要的一体化途径，但是如今获得了加入 TPP 的邀请，也有了更大的自由度，特别是在 RCEP 中获得了灵活谈判的筹码。[②]

（三）继续观望

这种观点看到了印度短期内加入 TPP 的代价，但是也肯定加入 TPP 和加强与美国关系对于印度的战略意义，认为印度可以考虑在权衡利弊之后选择合适机会加入 TPP。比如印度大使 Kishan S. Rana 认为，对于印度而言，虽然一直对 APEC 的成员国地位非常感兴趣，但是多年以来一直毫无进展。TPP 对于印度来说意义不大，因为它对国内政策的干预太多。印度在世界贸易组织（WTO）中曾经努力将这种类似的新标准从谈判的贸易协定中删除。因此，当前对于印度来说，更为明智的是密切关注 TPP 的进一步发展。[③] 他

① “India's admission to TPP would be an economic coup”, August 2, 2013, http: //www. business-standard. com/article/news-ians/india-s-admission-to-tpp-would-be-an-economic-coup-113080200419_ 1. html.

② “India's admission to TPP would be an economic coup”, August 2, 2013.

③ Ambassador Kishan S. Rana, Trans Pacific Partnership (TPP), 13 December 2011, Gateway House, http: //www. gatewayhouse. in/trans-pacific-partnership-tpp-861/. “As for India – it has been interested in APEC membership, but nothing has moved forward on that front for some years. As it stands, TPP is unlikely to interest India, because of its intrusion in domestic policy. India had fought at the World Trade Organization to keep out some of these same new standards intruding into trade agreements. For the moment, however, it will be wise for India to pay close attention to a further evolution of TPP.”

认为：“由于TPP是一个发展中的协议，印度可以在仔细观察其如何发展之后再决定是否加入。印度将会更可能因为抱团的经济利益而加入TPP，而不是因为任何不可见的战略利益。”

印度防卫研究与分析研究所Jagannath P. Panda博士认为，印度注定要加入RCEP，但是他认为也应该对加入TPP持开放态度，如果印度不加入TPP，将会失去很大的市场份额。[①] 印度国家海洋基金会阿米特·辛格博士认为，如果印尼、菲律宾、老挝和泰国加入TPP，那么TPP将很可能破坏RCEP的前景。作者认为TPP和RCEP将会变为中国和美国在亚太地区争夺贸易主导权斗争的载体。而TPP相对于APEC的胜利，就是意味着美国对中国的战略胜利。辛格认为：“考虑到中国作为一个贸易大国的崛起，而印度通过其东向战略维持其在亚洲乃至全球的经济和战略地位，TPP对于印度来说是一个加强其在整个亚太地区影响力的完美工具，当前的谈判对于印度而言是一个理想的机遇，印度可以根据自己的偏好来修改TPP中的一些有争议性的议题，并且寻求加入到这个俱乐部之中去。”[②]

与亚洲其他国家类似，印度也可能对事态的发展尚未做好准备，对于中国的崛起以及美国的应对措施缺乏明确的立场。印度国内目前关于美国重返亚太存在四种态度：温和民族主义（Soft Nationalists）、大国现实主义（Great power Realists）、强硬民族主义（Hard Nationalists）、依靠强国（Bandwagoners）。[③] 最终印度的战略选择，可能还取决于这四种观点的斗争（见表4）。

---

① Jagannath P. Panda, Factoring RCEP and TPP: China, India and the Politics of Regional Integration and Coexistence, June 21, 2013, Institute of Defense Studies and Analyses (IDSA). http://www. idsa. in/event/ChinasdialogueonASEAN.

② Dr Amit Singh, Trans-Pacific Partnership: An Indian Perspective, 23 October 2013.

③ Deepa M. Ollapally, Yogesh Joshi, Indian Debates on America's Rebalance to Asia, Sigur Center for Asian Studies Policy Brief, July 2013, http://www. risingpowersinitiative. org/wp-content/uploads/PolicyBrief_ Jul2013_ India3. pdf; C. RAJA MOHAN, China's rise, America's pivot and India's Asian ambiguity, http://www. india-seminar. com/2013/641/641_c_raja_mohan. htm.

表4　印度国内关于政策偏向的四种观点

外交政策学派	战略环境	对美国重返亚太的认知	外交政策建议
温和民族主义	美国相对衰落；中国在崛起	战略担忧	维持战略自主
大国现实主义	美国相对衰落；中国在崛起	战略机遇	增加与美国的战略接触
强硬民族主义	美国相对衰落；中国在崛起	战略担忧	与美国保持战略独立
依靠强国	美国衰落并不确定；中国在崛起	战略机遇	与美国建立战略联盟

资料来源：Indian Debates on America's Rebalance to Asia，2012。

为了抗衡中国的影响力，与区域外大国比如美国合作，也许是符合印度的利益的。但是TPP的“法规一致性”的僵化目标不符合印度“在印太地区打造多元、包容性和开放性安全架构”的目标。长期以来，印度拒绝把与贸易无关的条款纳入多边贸易磋商当中。有学者观察认为：“印度赞同遵守国际法、航行自由以及和平解决冲突，但越来越多的迹象表明，印度理想中的‘印太’地区架构的决定因素是该国国内经济重组的需要以及继续遵守战略自主的原则。”① 因此在一些印度学者看来，印度很有可能采取更加谨慎的策略，比如不结盟运动，而不是站在美国一边。② 2012年印度研究中心的学者发表的《不结盟2.0》报告对印度在21世纪的外交战略提出了类似的战略性建议。其中认为：“印度处理与外部关系的最基本准则是要确保为国内经济发展创造最好的环境……印度必须融入亚洲，而中国是其中最重要的一环……印度必须依据变化的地区和国际环境谨慎处理与中国的关系：地区层面主要是西藏问题，全球层面则是中国对于印度可能加入其他联盟的担忧……鉴于贸易上与中国的逆差，印度不应高估自身与中国谈判的能力，对中国的政策应努力在竞争与合作间谋求一种平衡。”③

① 〔澳〕普里娅·查科：《美澳印打造“印太地区”各有所图，非共同构想》，新华网，2012年12月12日。

② 〔印〕思瑞坎：《美国重返亚太新战略与印度的政策选择》，《南亚研究季刊》2013年第1期。

③ Sunil Khilnani et al.，“Nonalignment 2.0：A Foreign and Strategic Policy for India in the twenty-first century”，*Centre for Policy Research*，28 February 2012. 转引自杨晓萍、吴兆礼《印度的亚太战略及其前景》，《亚太地区发展报告2013》，社会科学文献出版社，2013。

七 结论

从经贸利益的角度来看，印度的加入对于 TPP 似乎是无关紧要的。在这场 TPP 与 RCEP 之间关于亚太区域一体化路径的较量中，印度并非一个关键投票者。但是，如果要加强与美国的战略联系，对于印度来说 TPP 确实是一个机会。印度在服务贸易方面的优势可以得到更好的发挥。不过，从目前印度国内的发展现状来看，选择 RCEP 更适合实现印度一直以来实施“东向政策”的目标，而且代价更小。因此，印度更可能选择能够更好保护其国内利益的途径，而不是为了所谓“印太”概念的战略利益而加入美国主导的 TPP。当然，印度在中长期仍会对 TPP 抱有兴趣，存在加入的可能性。

从前面的分析可以看到，印度在亚太区域一体化的最大顾虑在于中国。印度似乎认为中国不大乐意其加入 RCEP，而且因为与中国存在较大额度的贸易逆差，与中国的 FTA 尚未建成，因此较难处理与中国的合作关系。印度希望与中国获得在亚太地区平起平坐的大国地位，特别是在东南亚地区获得更大的影响力。为了平衡中国的影响力，印度国内可能会希望依托美国的作用来实现目标。为此，中国应该加大 RCEP 的谈判力度，推动印度的参与，减少印度的战略担忧。中国已经表现出加强积极合作的姿态，比如 2013 年 5 月，李克强总理已经提出要建立中印缅孟经济带走廊，以推进东亚与南亚两大区域的互联互通。如果类似计划得以顺利实施，印度国内很可能会减少对 TPP 的兴趣。

专题报告：2013 年双边关系与发展

Special Reports：Bilateral Relations and Development in 2013

B.7

印缅关系：积极合作，进展显著

吴兆礼*

摘　要：

在缅甸政治转型、经济改革与对外战略调整的背景下，印度与缅甸关系迎来新的发展机遇。以两国高层互访为契机，双边在经贸、安全与文化等领域的合作日益深化。双边经贸快速增长，边境贸易逐步提升，投资关系有所发展。在安全领域，出于建立互惠型防务合作机制的愿望，两国军事交往日益频繁，军事交流与合作的机制化线路日益清晰，在兼顾传统安全合作领域的基础上，海上安全合作成为两国安全合作的新要素。印度为扩大对缅甸影响力，在硬件设施和软性能力建设上加大

* 吴兆礼，中国社会科学院亚太与全球战略研究院，主要从事南亚国际问题研究。

了对缅甸援助力度，而加强在区域与次区域合作框架内的沟通与合作，也将为两国关系新发展提供又一平台。

关键词：

印缅关系　经贸合作　互联互通　安全合作

自2011年3月威权政府解体和民主政府建立以来，缅甸新政府一方面积极推进国内政治与经济改革，另一方面根据国内、地区和国际形势的新变化，积极调整对外政策。作为地缘上的近邻，缅甸在政治与经济上的改革和外交与军事上的调整，为印度进一步拓展与缅甸关系提供了前所未有的机遇。在过去的两年中，印缅两国领导人的高层互访趋于活跃，缅甸总统和印度总理实现互访。高层互访表明了两国致力于发展双边关系的政治意愿，尤其是印度总理25年来首访缅甸，则更具政治意义，凸显缅甸在印度对外战略棋局中的地位。实际上，印度发展与缅甸关系有三个关键性领域：一是经贸，二是安全，三是影响力。近年来两国在经贸与安全领域合作以及印度扩展对缅甸影响力都取得了显著的进展。

一　经贸合作发展迅速，相互投资规模有限，但增长趋势显著

随着印度与缅甸高层互访的深入发展，两国在巩固并推进双边关系上达成高度共识，尤其是推进经贸领域合作，两国都给予高度重视。随着一系列机制化措施的出台，两国经贸合作呈现快速增长的良好态势。

自1970年签署双边贸易协议（IMTA）以来，随着相关贸易机制与安排不断深入与完善，两国间的贸易迅速发展[①]，尤其是进入20世纪90年代

① 尽管印度和缅甸1970年签署的双边贸易协议为两国贸易发展奠定了基础，但在20世纪80年代，两国贸易发展并不顺畅，双边贸易额相比70年代有所下降。

后，两国间双边贸易进入了稳步提升的新阶段（见表1）。1980～1981年度，印缅双边贸易额只有0.124亿美元，至2005～2006年度双边贸易增长至5.69亿美元，2008～2009年度突破10亿美元关口，达到11.5亿美元，2011～2012年度实现了43.95%的高增长，达到近19.3亿美元。2012～2013年度，印缅贸易增速回落至1.60%，年度贸易额达到19.6亿美元。[①] 在30多年里，两国双边贸易额增长了近160倍。如果考虑经第三国（如新加坡等）的转口贸易，印缅实际贸易额可能更为可观。目前，印度是缅甸仅次于中国、泰国和新加坡的第四大贸易伙伴，成为缅甸第三大出口市场和第五大进口来源国。[②]

在过去相当长时期，缅甸与周边国家之间存在着非正式边贸，而且社会文化与宗教种族等方面具有相似性的跨境族群的存在也促进了缅甸与周边国家之间的边贸活动。作为地缘上的近邻，边境贸易在两国双边贸易中的地位日益受到重视。

表1　印缅双边贸易概况

单位：百万美元，%

年度	2005～2006	2006～2007	2007～2008	2008～2009	2009～2010	2010～2011	2011～2012	2012～2013	2013～2014
印度出口	110.7	140.1	186	222	208	321	545.4	544.7	274.2
占印出口	0.1	0.1	0.1	0.1	0.1	0.1	0.18	0.18	0.18
印度进口	526	782.5	809	929	1290	1018	1381.2	1412.7	675.2
占印进口	0.3	0.4	0.3	0.3	0.4	0.3	0.28	0.29	0.29
贸易总额	636.6	922.6	995	1151	1498	1339	1926.5	1957.4	949.4

注：2013～2014年度数据为2013年4～9月数据。

资料来源：2010～2011年度及以前数据根据印度财政部各年度经济调查数据整理，2011～2012年度及以后数据根据印度商工部进出口数据整理。

① 参见印度商工部商业局进出口数据库，http：//commerce.nic.in/。

② Embassy of India，Yangon，Myanmar，Bilateral & Economic Relations，http：//www.indiaembassyyangon.net/index.php? option = com_ content&view = category&layout = blog&id = 21&Itemid = 122&lang = en.

自1994年签署印缅边境贸易协议（IMBBTA）后，两国边境地区主要采用边境贸易方式开展双边贸易，仅允许12种商品交易；2008年10月，第三次JTC会议就边境贸易方式转向大贸方式达成共识，允许交易的商品增加至40种，并决定就增加第三个边贸口岸达成共识；2012年11月，印度政府决定在对缅甸的边境贸易中增加22类商品①，使两国之间的边境贸易项目清单从以前的40类增加到62类。② 目前，两国间实际运作的边境贸易口岸有2个，分别是莫耶－德穆（Moreh-Tamu）口岸和佐科达－伊（Zokhatar-Rhi）口岸，第三个口岸（Avakhung-Pansat/Somrai）正在筹划中。③ 另外，缅甸商务部官员称，印缅决定设立边贸市场，位于缅甸实皆省（Sagaing）版松（Pan saung）的边贸市场已于2013年7月获得批准。而且，印度与缅甸计划在实皆省和钦邦（Chin State）开设的7个边贸市场也在筹备中。④

然而客观地说，尽管印缅双边贸易近年来保持了较高的增长速度，由于两国边境地区发展水平相对较低，基础设施十分落后，严重制约了边贸发展。从总体上看，印度东北部几个邦与缅甸的边贸水平十分有限，边贸占双边贸易的份额长期徘徊在1%～2%左右。2012～2013年度，两国边贸出现大幅增长，边贸额达到近0.36亿美元（见表2）。目前，印度与缅甸政府已经达成默契，允许边界两侧40公里内同一族群民众进行自由贸易和走亲访友⑤，这对边贸发展有一定的促进作用。但正如学者指出的，印缅贸易额增长是通过传统的海上航线运输的，贸易蓬勃发展似乎已经绕过印

① 增加的22类商品包括农具、自行车、煤炭、服装、食用油、电器、钢铁产品、药品、茶叶、饮料、摩托车及零配件、半成品宝石、缝纫机，以及排量100cc以下的三轮车等。

② “Indo-Myanmar trade: India adds 22 new items”, *REDIFF*, November 20, 2012, http://www.rediff.com/money/report/indo-myanmar-trade-india-adds-22-new-items/20121120.htm.

③ 缅甸对邻国开放的边贸口岸目前有15个。2013年12月，缅甸政府计划新增与中国、泰国和印度相邻的5个边境贸易口岸，新增口岸分别是缅中边境的勐拉，缅泰边境的密赛、普亚东素和缅印边境的坦德朗（Htantalan）。

④ “Indian Ambassador meets Kachin State officials”, *ELEVEN*, December 11, 2013, http://elevenmyanmar.com/national/4390-indian-ambassador-meets-kachin-state-officials.

⑤ C. S. Kuppuswamy, “India-Myanmar Economic Relations”, *FPRC Journal*, 2013 (3), p. 187, http://www.fprc.in/pdf/J-15.pdf.

度的东北地区，缺失互联互通导致边贸水平低下，边境关闭、港口开放以及基础设施发展滞后，印度东北部地区还尚未成为印度贸易扩张战略的一部分。①

表 2 印缅边贸概况

单位：百万美元

年 度	2005 ~ 2006	2006 ~ 2007	2007 ~ 2008	2008 ~ 2009	2009 ~ 2010	2010 ~ 2011	2011 ~ 2012	2012 ~ 2013
印度进口	11.28	11.02	10.91	5.49	7.79	8.3	8.87	25.09
印度出口	4.13	4.75	3.92	4.43	5.95	4.5	6.54	10.57
总额	15.41	15.77	14.83	9.82	13.73	12.8	15.41	35.66
平衡	7.14	6.27	6.99	1.05	1.84	3.8	2.33	14.52

资料来源：Department of Border Trade，Ministry of Commerce，Myanmar。

印缅双边投资关系有所发展。印度与缅甸于 2008 年 6 月 24 日签署了双边投资促进和保护协定，并于 2009 年 2 月 8 日生效。② 2008 年10 月举行的第三次 JTC 会议，两国签署了避免双重征税协定（DTAA）。长期以来，外资对缅甸自然资源领域有很大兴趣，油气等能源型行业受到外资的青睐。而印度企业对外投资的动机大体上可以概括为寻求资源、寻求技术及研发、国外知名品牌与产品、扩展海外市场、降低因过度依赖国内市场和资源以及技术所存在的风险、追求效率最大化③，其中寻求海外资源尤其是油气资源成为印度对缅甸投资的重要领域。随着 2012 年 11 月缅甸联邦议会表

① E. Bijoykumar Singh，“Indo Myanmar Relations：Looking East from the North east”，*FPRC Journal*，2013（3），p. 179，http：//www. fprc. in/pdf/J-15. pdf.

② 据印度财政部资料，截至 2013 年 12 月，印度已经与 85 个国家或地区签署了双边投资促进和保护协定，其中 75 个已经生效。

③ Ramkishen S. Rajan，“Outward Foreign Direct Investment from India：Trends，Determinants and Implications”，*ISAS Working Paper*，No. 66，June 15，2009，pp. 6 – 7. http：//www. isas. nus. edu. sg/Attachments/PublisherAttachment/ISAS _ working% 20paper _ 65 _ 21102009181204. pdf.

决通过外国投资新法案[1]，印度对缅甸的直接投资有可能进入快速增长的新阶段。

据缅甸国家计划与经济发展部统计，截至 2013 年 11 月 30 日，缅甸政府已经批准的外商直接投资累计达到 441.24 亿美元，实际 FDI 流入 340.59 亿美元。在已经获得批准的 FDI 中，电力和油气两个领域吸引的外资最多，分别达到 192.84 亿美元和 143.72 亿美元，这两个领域吸引的外商投资约占缅甸吸引外资的 76% 以上。在缅甸实际 FDI 流入中，中国位居第一，共有 33 家企业投资 141.18 亿美元，约占缅甸 FDI 实际流入量的 41.45%；印度位列第十，有 8 家企业投资近 2.79 亿美元，约占缅甸 FDI 实际流入量的 0.82%。[2]

在双边投资关系中，缅甸对印度的直接投资规模目前还十分有限。据印度商工业政策促进局统计，2000 年 4 月至 2013 年 9 月，缅甸对印度直接投资（FDI）896 万美元，在印度 FDI 流入国家排名中列第 75 位。[3]

二　安全合作各有所需，海上安全合作有所发展

印度与缅甸陆路相连，海路相通，强化与缅甸的安全合作，是印度发展与缅甸关系的重要组成部分。在过去的两年中，两国军事交往日益频繁，军事演习也从依靠多边框架转向双边机制发展。而且更为重要的是，缅印双方都表现出建立互惠型防务合作机制的愿望。

---

① 新法案取代了 1988 年颁布的《缅甸联邦外国投资法》。根据新法案，缅甸允许外资投资电力、石油和天然气、矿业、制造业、饭店和旅游业、房地产、交通运输、通信、建筑和其他服务业。新法案规定：外国企业可在缅甸独资，最低投资额由缅甸投资管理委员会（MIC）确定；取消了在一些限制领域外资比例不得超过 50% 的规定，改为投资比例由投资双方共同确认；对外资企业延长两年免税待遇；外国企业可在缅甸租用土地，租赁期 50 年，可以续租两期，每期 10 年；保证不对外资企业进行国有化。

② 参见缅甸国家计划与经济发展部网站，http://www.dica.gov.mm/dicagraph1.htm。

③ Ministry of Commerce and Industry, Department of Industrial Policy and Promotion, FACT SHEET ON FOREIGN DIRECT INVESTMENT (FDI), From APRIL 2000 to SEPTEMBER 2013. http://dipp.gov.in/English/Publications/FDI_Statistics/2013/india_FDI_September2013.pdf.

军事高官互访频繁，是两国军事安全合作不断深入的风向标。自 2011 年 5 月印度国防部副部长率团访缅以来，印度国防部部长以及三军最高长官相继访缅。2011 年 5 月，印度国防部副部长率团访问缅甸；2011 年 8 月，印度军方参谋长委员会主席和海军司令访问缅甸；2012 年 1 月，印度陆军总参谋长访问缅甸；2012 年 11 ~ 12 月，印度军方参谋长委员会主席兼空军参谋长布朗（N. A. K. Browne）访缅；2013 年 1 月，印度国防部部长安东尼（A K Antony）访缅；2013 年 10 月，印度陆军总参谋长比克拉姆·辛格（Bikram Singh）访问缅甸，双方讨论了缅甸军队现代化和缅印边境地区安全等问题。

自 2012 年以来，缅甸军方高官也频繁访问印度。2012 年 8 月，缅甸国防军总司令敏昂莱（Min Aung Hlaing）访问印度，参观了位于加尔各答的东部军区司令部；2013 年 7 月，缅甸海军参谋长杜拉德瑞中将访印，双方就印度帮助缅甸建造近海巡逻舰达成协议；2013 年 12 月，缅甸陆军总司令梭温（Soe Win）访问印度，与印度陆军东部军区总司令达尔比尔·辛格（Dalbir Singh）就有关安全事务和加强两国军事关系等问题进行了讨论。

海上安全合作成为两国安全合作的新方向。2013 年 3 月 9 日，缅甸海军一艘护卫舰和一艘巡洋舰抵达印度东部港市维萨卡帕特南，与印度东部海军司令部官员进行交流互动。随后，两艘缅甸战舰连同两艘印度战舰在可可群岛附近区域进行联合巡逻，搜查非法渔民、偷猎者、走私贩和叛乱团体。这次联合军演有着特别的意义，因为近 10 年来印缅海军联合演习只是在多边架构内进行，例如参加由印度牵头的“米兰”演习，而此次双方独立举行联合海军演练还是自 2003 年以来的第一次。正如印度总理辛格于 2012 年 5 月 29 日在仰光发表演讲时指出的：“印缅需要拓展双边的安全合作，这不仅对维持边界地区的和平极其重要，同时也对保护加尔各答和实兑之间的贸易航线安全是必不可少的。”①

---

① PM's address to the think-tanks, intellectuals and Business Community in Yangon, May 29, 2012, Yangon, Myanmar, http://pmindia.gov.in/speech-details.php?nodeid=1180.

向缅甸提供军事装备和人员培训，是两国安全合作的另一重要内容。自20世纪90年代对缅甸奉行建设性接触政策以来，印度开始转变对缅甸提供军事装备持有的谨慎立场，开始向缅甸提供必需的军事装备，例如供应105毫米炮、T-55坦克、轻型直升机、运输机、炮弹和海军艇船等。近两年来，为加强对缅甸军事能力建设的支持，印度在提供军事装备和培训军事人员两个方面加大了力度。2013年1月印度国防部长访问缅甸期间，两国就印度对缅甸武装部队进行培训（例如培训缅甸空军驾驶俄制“米格-35”直升机，允许更多的缅甸人员进入印度陆军机构进行训练）、为缅甸提供军事硬件和软件设施（如海上巡逻机、海军炮舰、轻型火炮、迫击炮、榴弹发射器、步枪等武器，以及其他军事电子设备等）达成共识。2013年7月，缅甸海军参谋长杜拉德瑞中将访印时与印军方达成了利用印度军事机构和武器装置对缅甸海军官兵进行培训。而据印度媒体报道，缅甸将考虑引进印度国产潜艇的先进声呐和雷达技术。2013年10月，比克拉姆·辛格访问缅甸时，缅甸总统吴登盛就感谢印度对缅甸在建设现代化军队和为缅官兵提供奖学金用于人力资源发展方面给予的帮助。

印度与缅甸的安全合作在双边关系中占有重要地位。一方面，印度需要缅甸有维持边境地区稳定的军事能力；另一方面，缅甸也急需扩充军备，以应对国内反叛势力的威胁。可以说，提升缅甸军事能力对印度和缅甸来说是各有所需，是双赢的，这也是两国将安全合作定位于双边关系的“自然重点”的直接原因。

三　印度扩展对缅甸影响力，加大经合、培训与援助力度

印度为拓展对缅甸的影响，从三个方面扩展对缅甸的投入：一是从经济维度大力发展与缅甸的经贸合作，希望利用缅甸地缘优势强化与东南亚和东亚的联系，为与缅甸的互联互通等“硬件设施”提供支持与帮助；二是对缅甸的人力资源等“软性能力建设”提供援助，建立诸多培训中心并提供

必要的培训支持；三是加大对缅甸的援助力度，尤其是在经济技术合作的框架下的项目。

在硬件基础设施上，印度参与升级改造缅甸交通基础设施项目。改造160公里长的德穆－葛列瓦－吉灵庙公路（Tamu-Kalewa-Kalemyo），改造缅甸境内的Rhi-Tiddim公路，建设加拉丹联运过境运输项目（Kaladan Multimodal Transport Project）。其中，德穆－葛列瓦－吉灵庙公路是印缅边境地区的重要交通枢纽，连接印度的莫雷至缅甸中部的曼德勒，早期由印度出资10亿卢比，已于2001年2月正式竣工。印度外长辛格称它为“印缅友谊之路”。[①] 加拉丹联运过境运输项目则旨在将印度的东部和缅甸相连，并且印度将这个巨大工程视为其“东向”战略的核心。印度铁路技术和经济服务公司（M/s RITES）参与了缅甸轨道交通系统的发展，包括供应铁路客车、机车及零部件。2010年12月31日，在印度政府的财政援助下，印度塔塔汽车（TATA Motors）在缅甸设立的重型卡车组装和组件生产工厂正式奠基。该项目由印度塔塔集团与缅甸第二工业部共同建造，建设的信贷资金则由印度政府提供。

印度参与缅甸国内通信基础设施的建设。印度国有企业印度电信咨询有限公司（TCIL）已经在缅甸完成了一个非对称数字用户线路（ADSL）项目，此项目将缅甸32个城市通过高速数据链接在一起。

此外，印度还参与了缅甸的油气资源和水力资源的开发。印度石油天然气公司海外投资公司（OVL）、印度国家天然气公用事业公司（GAIL）和印度埃萨石油公司（ESSAR）参与到缅甸能源部门。2008年9月，缅甸电力一部（MOEP－1）和印度国家水电公司（NHPC）签署了关于开发钦敦流域德曼迪（Tamanthi）和瑞色耶（Shwezaye）水力发电项目的协议，根据协议，两个水电项目计划装机2080兆瓦，印度国家水电公司就德曼迪水电项目提交了项目详细报告（DPR）。然而缅甸于2013年以该项目影响环境与社

① 李晨阳、瞿健文：《试论1988年以来印度与缅甸关系的发展》，《南亚研究》2005年第2期，第22页。

会可持续发展为由叫停了这两个水电项目。

在人力资源培训等软性能力建设上，在缅甸设立培训中心是印度参与缅甸经济活动的另一重要方式。目前，印度已经在缅甸设立了工业培训中心、英语培训中心、企业发展中心，以及提高科技水平中心等多个培训项目。

印缅工业培训中心。其中第一个工业培训中心在帕克库（Pakkoku），印度政府共出资300万美元，于2010年3月30日建成并交付缅甸政府。中心于2010年7月开始培训课程，每年大约培训200名人员。第二个工业培训中心在敏建（Myingyan），印度政府出资350万美元。2013年10月15日，中心建成并交付给缅甸。中心可提供一年的工业培训，涉及8个工业科目。[①]

缅甸印度英语中心（MICELT）。该中心成立于2009年11月，海得拉巴英语和外国语大学提供技术支持，印度政府提供财政支持，仰光外国语大学实施日常管理。截至目前，共有400多名学生得到了培训。[②]

缅甸印度企业发展中心（MIEDC）。MIEDC成立于2009年2月，由艾哈迈达巴德的印度创业发展研究所（EDII）提供技术支持，由印度政府提供财政支持，缅甸仰光经济学院提供行政管理。中心提供的主要培训项目是新企业的设立、绩效改进计划、企业发展计划和培训教师的培训等。至2012年12月，共有5115名人员受益于中心提供的各种培训项目，其中有3251人参加了MIEDC的培训项目。[③]

2013年10月31日，缅甸科技部先进技术司司长和印度驻缅大使分别代表缅、印两国政府，就成立缅印提高科技水平中心（IMCEITS）签署谅解备忘录。印度政府为成立IMCEITS提供1789万卢比。该备忘录旨在开展更多的培

① Embassy of india, India Myanmar Industrial Training Centres, Yangon, Myanmar, http://www.indiaembassyyangon.net/index.php?option=com_content&view=article&id=132: india-myanmar-industrial-training-centres&catid=18: hightlights&Itemid=257&lang=en.

② Embassy of India, Training Institutions Set up in MYANMAR with INDIAN Assistance, Yangon, Myanmar, http://www.indiaembassyyangon.net/index.php?option=com_content&view=article&id=66: training-institutions&catid=22: hrd-cooperation&Itemid=195&lang=en.

③ Embassy of India, Training Institutions Set up in MYANMAR with INDIAN Assistance, Yangon, Myanmar, http://www.indiaembassyyangon.net/index.php?option=com_content&view=article&id=66: training-institutions&catid=22: hrd-cooperation&Itemid=195&lang=en.

训课程，使该中心转变为印度政府授权的先进技术发展培训中心，并为受训人员颁发国际认证的联合证书，从而促进缅甸信息通信技术领域的发展。该项目是印度政府致力于支持缅甸信息与通信科技的发展努力的组成部分，目的是为缅甸提供专业技术人才，创造就业机会，以吸引外国投资并带动软件出口。项目的执行机构是隶属于印度通信与信息技术部（MCIT）的先进计算发展中心（CDAC），而 IMCEITS 将是 CDAC 的一个授权培训中心（ATC）。[①]

印度加大对缅甸的援助力度。在过去相当长时期内，印度主要是对外援助的授受者。然而自 2003 年开始，印度开始努力改变受援国形象，开始加大对外援助的力度。2003 年 2 月，时任印度财政部长贾斯万特·辛格（Jaswant Singh）宣称："印度发展的一个阶段已经到来，我们现在应该首先检讨我们对外部捐助者的依赖，其次要扩展对其他发展中国家的国家努力的支持。"[②] 随着经济实力的上升，印度对外援助呈逐年上升态势。

据印度财政部统计，2013 ~2014 财年，印度对外援助预算达到 701.8 亿卢比，较 2003 ~2004 财年增长了 4 倍。在过去的 4 年中，印度对外援助年均增长率达到 32%。印度对外援助的赠款和贷款的 92% 用于援助其南亚邻国，其中对不丹的援助约占其全部对外援助的 50% 以上，对阿富汗、斯里兰卡、孟加拉国、尼泊尔和缅甸的援助约占 40%。

2008 年 5 月，缅甸遭遇特大热带风暴潮（Nargis）袭击。"纳尔吉斯"横扫了缅甸南部的海岸线，引起严重风暴潮，造成极大破坏。"纳尔吉斯"是缅甸历史上最严重的自然灾害，造成重大的生命和财产损失，它在该国至少导致 90000 人死亡，56000 人失踪。[③] 灾害发生后，国际社会对缅甸实施了紧急救援。印度政府也在第一时间作出反应。印度第一时间派出两艘军船

① Embassy of india, MOU Signing Ceremony, Yangon, Myanmar, October 31, 2013, http://www.indiaembassyyangon.net/index.php?option=com_content&view=article&id=133: mou-signing-ceremony-31-oct-2013&catid=9: what-s-new&Itemid=131&lang=en.

② India's foreign aid program catches up with its global ambitions, http://www.respondanet.com/Asia/indias-foreign-aid-program-catches-up-with-its-global-ambitions.html.

③ "Burma death toll jumps to 78000", *BBC NEWS*, http://news.bbc.co.uk/2/hi/asia-pacific/7405260.stm.

和8架空军飞机向缅甸灾区运送粮食、帐篷、毯子、衣物和药品等救灾物资。派出两支包括47名医生和辅助人员的医疗队伍前往受热带风暴影响的地区，进行两个多星期的救护工作。此外，印度还向缅甸提供20万美元援助，以重建仰光大金寺（Shwedagon Pagoda Complex）。在大金寺建筑群修复阶段，印度提供了1020吨波纹钢板屋面、500个太阳能手电筒和提灯、18万瓶静脉注射液，以及供电变压器和缅甸所需的其他必要的项目。①

2011年3月24日，缅甸东北部地区发生7.2级地震，其中掸邦受灾严重。印度向缅甸提供了100万美元人道主义援助，主要用于灾区的恢复重建工作。其中，第一批捐助25万美元，另外75万美元用于重建受灾严重的城镇塔来（Tarlay Township）的1所高中和6所小学。②

此外，农业也是印度援助缅甸的主要领域。2012年3月9日，印度向缅甸提供了1000万美元农业机械与器具援助，包括拖拉机、联合收割机以及插秧机等。除了提供缅甸需要的农业机械与器具外，农业教育与农业培训也成为印度援助缅甸的主要方式。2011年，印度为缅甸提供200万美元，在缅甸热带飓风多发地区建设了10个防灾粮仓。

表3　印度对缅甸援助概况

单位：亿卢比

年度	2005～2006	2006～2007	2007～2008	2008～2009	2009～2010	2010～2011	2011～2012	2012～2013	2013～2014
印度对外援助	172	134.5	176.9	201.6	227.4	233.7	305.0	510.1	696.7
印度对缅援助	1.5	2.5	8.0	5.6	4.5	9.0	19.0	30.2	45.0

资料来源：根据印度财政部相关年度预算报告整理。

① Shri Moinul Hassan, Rajya Sabha Unstarred Question No. 1924 To Be Answered On 18. 12. 2008, December 18, 2008, http://www.mea.gov.in/rajya-sabha.htm? dtl/10440/Q1924 + Deaths + in + cyclone + Nargis.

② "Earth Quaok in Myanmar and India's Sympathies, Condolences and offer of Help", in Avtar Singh Bhasin ed., India's Foreign Relations – 2011: Documents, p. 1118. http://www.mea.gov.in/Images/Pdf/India-foreign-relation – 2011. pdf.

印度开展对外援助的渠道有外交部、财政部和国防部，但主要通过外交部实施。早在2007年，印度政府就宣布要建立一个独立的对外援助管理机构，然而直到2012年1月，印度政府才在外交部下设立了“发展伙伴关系局”（Development Partnership Administration，DPA）。DPA的设立，可以说是印度试图突破对外援助项目“分散而零碎”现状的积极一步。实际上，印度外交部通过“与其他国家的技术与经济合作项目”（TEC），向邻国和其他发展中国家如非洲、中亚、东南亚和拉美国家提供援助，包括技术与经济援助、减灾援助以及人道主义援助。而且，TEC项目对不丹、缅甸和阿富汗给予重点关注。

四　印缅关系未来发展趋势

印度对缅甸政策在20世纪90年代以来经历了从理想主义到现实主义的转变，在出台“东向政策”的背景下从制裁和孤立缅甸转向建设性接触，既希望与缅甸军政府维持良好关系，又坚持对缅甸民主运动的支持。印度对缅甸政策的矛盾性，导致印度对缅政策的战略诉求大打折扣。以缅甸启动政治改革进程并调整对外政策为转折点，曾经相互矛盾的支持缅甸民主进程与推行务实外交政策演变为相互促进，彼此战略地位认知的分析框架开始被置于一个全新的平台。一方面，缅甸在经济发展与外交政策取向上开始摆脱对中国的过度依赖，实践平衡的多元化外交；另一方面，被西方诟病的曾长期困扰印度发展与缅甸军政府关系的人权与道德因素不复存在，而经济与安全在与缅甸关系中的作用却日益上升。

印度和缅甸都有深化与对方关系的现实需求。目前，印度与缅甸关系进入一个新发展阶段并提升到新水平，是两国利益与战略需求契合的必然结果。从总体上看，印度将缅甸定位于印度“东向政策”的关键伙伴，是印度与中国和南亚与东南亚之间的“桥梁”，是打击东北部地区反叛势力可以借助的力量；而缅甸则将印度看成提升自身国家能力建设尤其是军事力量建设的重要伙伴，看成是平衡其他国家尤其是中国对缅甸影响的最优国家。

在过去10年，印度与缅甸双边关系的互动主要集中在以下五个领域：一是双边经贸合作；二是关于交通的基础设施改造升级与建设；三是安全上的合作与协调；四是地区或区域合作；五是印度对缅甸国家能力建设尤其是对边境地区发展的支持。① 在可以预见的未来，两国在以上五个领域的合作仍将是双边关系的基础。然而与以往不同的是，由于制约双边关系发展的政治互信障碍已经不复存在，包括经贸、传统与非传统安全、科技、人文和教育等双边关系的各个方面，都将出现加速发展的良好态势。

在经贸领域，缅甸作为印度"东向政策"的桥梁与通道的作用将日益显现。首先，两国在经贸与投资领域的合作机制将进一步完善。一是边境贸易措施。包括印缅双边边境贸易协议（IMBBTA）、印缅边境贸易委员会机制（IMBTC）等；二是联合贸易委员会机制（JTC）。JTC成立于2003年，是部长级的磋商机制，由两国商务部部长负责，主要任务是审查并制定两国的贸易政策以及设立双边贸易目标，以促进双边贸易发展，截至2013年12月，两国共举行了四次JTC会议；三是联合工作组机制（JTF），JTF成立于2004年，由印度工业联合会（CII）与缅甸工商联合会（UMFCCI）签署协议决定成立。其次，由于发展与缅甸的互联互通可以实现多重地缘经济和政治目标，加之目前以及未来推进互联互通的内外环境趋于有利，印度未来将更加积极地推进互联互通建设。

加强两国在区域与次区域合作框架内的合作，将是两国关系未来发展的又一特点。目前，印度与缅甸在区域和次区域内的合作框架主要包括：一是东盟（ASEAN）。缅甸于1997年7月正式成为东盟成员国。作为唯一与印度有陆地边界的东盟国家成员国，缅甸成为印度与东盟之间的桥梁。东盟于2009年开始实施东盟一体化倡议（IAI）第二阶段工作计划，在此

① Munmun Majumdar, "Positioning Myanmar in India? s Look East Policy", *FPRC Journal*, Vol. 3, 2013, p. 226.

框架下，印度通过缅甸加强与东盟联系的合作建议已经付诸实施，还有些合作建议正在讨论中。二是孟加拉湾多部门技术经济合作计划（BIMSTEC）。缅甸于 1997 年 12 月成为 BIMSTEC 的正式成员。缅甸是 BIMSTEC 自由贸易协定的签约国，并且在能源领域是此合作框架内的最重要国家，在 BIMSTEC 地区，缅甸与泰国和印度的贸易份额最大，第 13 届 BIMSTEC 部长会议于 2011 年 1 月在缅甸召开。三是湄公河恒河合作（MGC）。MGC 开始于 2000 年 11 月，由印度和五个东盟国家倡议发起，其中缅甸是 MGC 倡议发起国。[①] MGC 的合作领域包括旅游、教育、文化、交通和通信等。四是南亚区域合作联盟（SAARC）。2008 年 8 月，缅甸成为 SAARC 观察员。

印缅的安全合作未来仍将表现为：军事人员交流，军事高官的定期互访，海军舰船互访；印度为缅甸提供相关军事培训的人员和设施；向缅甸出口武器装备；诸如代号“米兰”的多边框架内的军演；缅甸协助印度清剿藏匿于边境地区的反叛武装。但随着两国从经济维度推进互联互通建设，安全合作的范围拓展到保护海上航线安全的态势已十分明显。而且，在维护边境地区的和平与安全方面，两国相互保证不允许反叛势力利用本国领域从事反抗对方的活动，这是一个新现象，与以往缅甸的单方面保证不同。在目前印度东北地区安全形势依然十分严峻，在缅甸民族问题十分复杂多变的背景下，两国相互保证的意义是不言而喻的。但是，印度在为缅甸军事能力建设提供支持的同时，也要考虑到这种支持应对缅甸国内政治和平进程起到积极的推动作用，而不是进一步导致缅甸国内民族冲突的升级，因为印度提供的军事装备最终未必会满足印度对缅甸武器出口的战略目标诉求。瑞典武器经印度流入缅甸造成的影响，并不是印度希望看到的。未来，随着缅甸对外交往的发展，两国安全合作的视阈将有所扩展，除两国边境地区安全合作这个传统重点外，两国在孟加拉湾和安达曼海的安全合作需求将上升。

---

① MGC 成员包括印度、柬埔寨、老挝、缅甸、泰国和越南。

总之，缅甸的新变化为印度发展与缅甸关系带来新机遇。随着印度国内战略界对缅甸地缘战略重要性认知的上升，印度政府对缅甸政策的积极转变，以及推动发展与缅甸关系“路线图”的清晰化，加之缅甸2014年成为东盟轮值主席国和东盟定于2015年建成经济共同体的目标，这些都会成为未来3~5年印缅关系发展的积极因素。

B.8

2013年的中缅关系：稳步发展，挑战仍存

刘　务*

摘　要：

2013年的中缅关系克服了缅甸政治转型和缅北武装等问题带来的冲击，以及西方国家对缅甸关系改善带来的影响，正稳步发展。西方国家与缅甸关系的改善对中缅关系的冲击开始趋于弱化，而缅甸国内政治的发展对中缅关系的影响还存在诸多变数。尽管中缅关系总体上保持了稳定发展的态势，但是缅甸国内诸多政治因素，如缅甸主要政治组织目标的变化、舆论情势的变化、缅北主要少数民族武装与政府的矛盾等问题将成为影响中缅关系的重要因素。

关键词：

中缅关系　缅甸政治　缅甸舆情　少数民族地方武装

2013年是中缅关系克服诸多困难和挑战不断前进的一年。中缅双边关系继续了互利共赢、友好合作的发展态势。政治上，两国各层次会晤频繁，在国家核心利益等领域保持了坦诚的对话，相互信任和理解得到加强；经济上，各种形式和各种层次的经济和贸易合作得到提升；军事上，两军高层领导人常来常往，保持了高频率的对话和沟通；在公共外交、民间外交方面展

---

* 刘务，云南财经大学印度洋地区研究中心副教授、博士。本文是国家社科基金项目“中缅关系发展前景及影响因素研究”（项目编号：13BGJ026）的阶段成果。

开了多形式多渠道的交往，并维持了蓬勃发展的势头。不过，稳步发展的中缅关系仍存在诸多挑战，这些挑战主要来自缅甸国内诸多政治因素的变化，如缅甸国内政党及政治组织的发展状况、舆情的变化，以及缅甸北部少数民族武装与政府的矛盾对中缅关系的影响等。因而中缅两国还需要增信释疑加强交往，为提升中缅关系和实现共同发展而加倍努力。

一 稳步发展的中缅关系

（一）高层会晤频繁，政治互信有所增强

中缅两国政府都认识到增强两国政治互信的重要性，特别是在缅甸开启政治转型，以及西方国家对缅关系改善对中缅关系冲击的情况下。2013 年，两国高层交流不断加大，特别是在关切两国核心利益问题上的沟通和交流十分坦诚和及时，并取得了显著的成效。中缅两国领导人在双边和多边场合会晤的局面，确保了两国领导人在各种问题上的交流和沟通，密切了两国高层间的联系。

2013 年 4 月 5 日至 7 日，应习近平主席的邀请，缅甸联邦共和国总统吴登盛对我国进行国事访问并出席博鳌亚洲论坛 2013 年年会。两国领导人在会谈中就推动两国关系及共同关心的地区和国际问题深入交换了意见，对“不断巩固和加强双边关系，共同推动中缅全面战略合作伙伴关系持续健康稳定发展达成了广泛共识”①。在发布的中缅联合新闻公报中，双方认为中缅长期形成的“胞波”关系将继续推动两国关系的发展，推动两国在各个领域的友好合作，并为“维护本地区和平与发展做出积极贡献。同时，双方还相互关切对方的核心利益，中方重申尊重缅甸的独立、主权和领土完整，支持缅甸为维护国家统一、民族团结所做的努力；支持缅甸在保持稳定的前提下，自主推进国内

① 《习近平同缅甸总统吴登盛举行会谈》，中国新闻网，2013 年 4 月 5 日，http://www.chinanews.com/gn/2013/04-05/4704687.shtml。

改革进程，走符合本国国情的发展道路。缅方重申坚定奉行一个中国政策，承认中华人民共和国政府是代表全中国的唯一合法政府，台湾是中国领土不可分割的一部分，支持两岸关系和平发展和中国的和平统一大业”[①]。10 月 9 日，国务院总理李克强在参加文莱斯里巴加湾举行的东亚领导人峰会期间会见了吴登盛总统。双方在会谈中表达了共同维护睦邻友好关系、维护两国边境地区稳定、推进缅中全面战略合作伙伴关系取得更大发展的愿望。[②]

2013 年中缅两国其他高层会晤也非常密集。1 月 19 日，中国政府特使、外交部副部长傅莹在仰光拜会了缅甸总统吴登盛。4 月 1 日，中国驻缅甸大使杨厚兰拜会缅甸副总统赛茂康，就中缅关系及缅甸国内形势发展等问题深入交换了意见。[③] 6 月 23 日，中国国务委员杨洁篪在内比都分别同缅甸副总统吴年吞、缅甸联邦议会人民院议长瑞曼举行了会谈，主要就怎样提升中缅关系、加强睦邻友好、拓展民生和人文领域合作、支持缅甸民族和解、落实两国全面战略合作伙伴关系行动计划等问题进行了深度战略沟通。[④] 7 月 1 日，中国外交部部长王毅在文莱斯里巴加湾会见缅甸外长温纳貌伦。8 月 28 日，中国外交部部长王毅再次会见来华出席中国 – 东盟特别外长会的缅甸外长温纳貌伦，双方就加强中方在缅重大项目、互联互通合作，以及共同维护中缅边境稳定等问题进行了交流。[⑤] 12 月 10 日至 11 日，中国国务院副总理刘延东利用应邀出席缅甸举办的第 27 届东南亚运动会开幕式的机会，与缅甸总统吴登盛、副总统赛茂康、副总统吴年吞等就推进两国全面战略合作、密切人文交流等问题深入交换了意见。

---

① 《中华人民共和国和缅甸联邦共和国联合新闻公报》，新华网，2013 年 4 月 5 日，http：//news. xinhuanet. com/2013 – 04/05/c_ 124543182. htm。

② 《李克强分别会见缅甸总统、美国国务卿等外国政要》，中国新闻网，2013 年 10 月 10 日，http：//www. chinanews. com/gn/2013/10 – 10/5357265. shtml。

③ 《驻缅甸大使杨厚兰拜会缅甸副总统赛茂康》，中国外交部网站，2013 年 4 月 1 日，http：//www. fmprc. gov. cn/mfa_ chn/zwbd_ 602255/t1027421. shtml。

④ 《杨洁篪与缅甸副总统吴年吞会谈》，中国新闻网，2013 年 6 月 23 日，http：//www. chinanews. com/gn/2013/06 – 23/4959347. shtml。

⑤ 《王毅会见缅甸外长温纳貌伦》，新华网，2013 年 8 月 28 日，http：//news. xinhuanet. com/2013 – 08/28/c_ 117132057. htm。

（二）经济合作奋力前行

中缅经济合作尽管过去几年受到缅甸国内外因素变化的不利影响，某些方面出现波折，但在 2013 年中缅双方都积极采取措施创造经济合作机会，尤其抓住了大型项目等重点领域的合作，并取得了丰硕成果。

1. 中缅经贸合作

缅甸 2013 年 1 月至 8 月进出口总额 129.43 亿美元，比上年同期增长 9.4%。其中缅中贸易额为 38.5 亿美元，比上年同期增长 17.3%，占缅甸进出口总额的 29.8%，排名第 1 位。[①] 缅甸 2013 年 1 月至 8 月共计利用外资 21.9 亿美元，比上年同期增长逾 2 倍。其中排名前 4 位的是韩国 6.2 亿美元、泰国 4.1 亿美元、新加坡 4 亿美元、中国（含港澳，下同）2.8 亿美元。缅甸利用外资历年累计协议金额为 436.8 亿美元，其中中国为 208.2 亿美元，占 47.67%，排名仍为第 1 位。[②]

为了提升中缅贸易，促进两国相互投资，2013 年中缅两国还开展了各种形式的商贸会和投资推介会。6 月 7 日，缅甸工商联副会长吴昂伦率团在昆明举办“中缅经贸合作专场推介会”，并解读缅甸新的投资法，邀请中资进驻缅甸投资兴业。11 月 12 日至 14 日，中国对外贸易中心（集团）和中国国际贸易促进委员会山东省委员会联合在缅甸仰光主办了“2013 年中国 - 东盟（缅甸）商品展览会”。10 月 30 日至 11 月 1 日，商务部外贸发展局和云南省商务厅共同在仰光主办 2013 年（缅甸）中国工业产品展览会。

中缅边贸也在排除缅甸中央政府与少数民族武装的矛盾冲突中稳步恢复。据缅甸边贸局数据，2012 财年（2012 年 4 月至 2013 年 3 月）缅甸边贸总额已达到 34 亿美元，比上年同期增加约 1 亿美元。其中，缅中木姐、甘拜地、清水河和拉扎口岸的边贸额约为 29 亿美元，约占缅甸边贸总额的

---

① 《缅甸 1 月至 8 月进出口总额近 130 亿美元》，中华人民共和国驻缅甸联邦共和国大使馆经济商务参赞处，http：//mm. mofcom. gov. cn/article/jmxw/201311/20131100385858. shtml。

② 《缅甸 1 月至 8 月利用外资近 22 亿美元》，中华人民共和国驻缅甸联邦共和国大使馆经济商务参赞处，http：//mm. mofcom. gov. cn/article/jmxw/201311/20131100385859. shtml。

83%。据缅甸《新闻周刊》报道，2013 财年（2013 年 4 月至 2014 年 3 月）4 月至 6 月，缅甸与云南的边贸额达 8.94 亿美元。占缅甸边贸总额的 78.9%。

缅甸逐渐放开商品的进出口限制，减少进出口商品的许可证制度，这些都将有利于中缅贸易的提升，而中国中央政府力促的包括向西开放在内的全方位开放的升级和地方政府积极推动的对外贸易政策也将进一步推动对缅贸易的发展。孟中印缅经济走廊从二轨向一轨的转变，云南西双版纳地方推动的中老缅泰“边境贸易圈”建设也将助推中缅经贸的稳步发展。

2. 基础设施合作

2013 年 7 月 28 日，中缅天然气管道工程在克服了缅甸国内诸多问题的挑战以及经历了国际质疑后开始向中国输气。天然气管道的成功运行既体现了多边互利互惠是合作的首要前提，也体现了中国在缅工程和投资在克服了密松水电站停建事件带来的消极影响后，正稳步前行。

中缅两国领导人及官员都重视在新时期实施和继续推进重大合作项目，提升中缅经济合作水平，增进当地人民民生的重要性。2013 年 4 月，习近平主席和吴登盛总统会谈后发表的两国联合公报中强调了推动中缅重大项目顺利实施对造福两国人民和两国共同发展的重要性。2013 年，中国国务院总理李克强和缅甸总统吴登盛在南宁会谈时都表示，中国加快西南地区的发展和缅甸正在进行经济改革为中缅间开展重大项目的合作提供了巨大的合作空间。①

（三）军队高层交往增多，安全合作逐步推进

2013 年 10 月 16 日，中央军委主席习近平在人民大会堂会见缅甸国防军总司令敏昂莱，双方表示巩固和深化中缅全面战略合作伙伴关系有利于促进国际和地区和平与稳定，有利于中缅边境稳定。敏昂莱还表示，缅甸军方

① 《中缅双方将实施两国重大合作项目》，新华网，2013 年 9 月 2 日，http://news.xinhuanet.com/politics/2013-09/02/c_117196119.htm。

愿意为缅北地区的和平稳定发挥积极作用，愿意与中方深化合作，推动两国、两军关系。这是两军最高领导人自 2011 年以来的第二次会面。[①] 敏昂莱总司令在访华期间与中央军委副主席范长龙上将就中缅关心的互利合作、维护中缅边境稳定交换了看法。10 月 14 日，中央军委委员、总参谋长房峰辉与缅甸国防军总司令敏昂莱就军官培训、联演联训、边防合作等问题进行了会谈。1 月 20 日，中国人民解放军副总参谋长戚建国与缅甸国防军副总司令兼陆军司令梭温在内比都举行首次战略安全磋商，双方就地区安全形势、缅北问题、两国两军关系等问题深入交换了意见。中缅两军主要的高层领导人进行的密集交流表明，中缅两军交流、合作对于维护中缅两国关系的重要性。

（四）公共外交和民间外交蓬勃发展

为了降低乃至消除缅甸社会对中国在缅公民及在缅企业的负面看法，扭转中国在缅形象下滑的局面，2013 年以来中国不断加大对缅公共外交和民间外交的力度，力图助推中缅关系的正常发展。

首先，为了适应缅甸多党制及政治组织的发展形势，我国加强了与缅甸政党及各类组织的联系。2013 年 5 月 15 日，杨厚兰大使在仰光会见缅甸民族团结党主席吞伊，就中缅关系、党际交流等交换意见。5 月 31 日，由缅中友协会长、缅甸前驻华大使盛温昂率领的缅中友协代表团一行访问中国，并得到外交部长王毅的接见。7 月 2 日，中共中央政治局常委、中央书记处书记刘云山在北京人民大会堂会见以缅甸巩发党总书记貌貌登为团长的代表团，双方表示，加强党际交流，巩固和深化两国两党关系，推动传统友谊开创新局面。10 月 27 日至 11 月 2 日，以人民院议员吴叶吞为团长的缅甸议员代表团应中国国际友好联络会邀请访问中国，在访华期间的双方的交流中，共同表达了推动中缅友好交往、扩大人文交流的良好意愿。10 月 30

① 刘华：《习近平会见缅甸国防军总司令敏昂莱》，新华网，2013 年 10 月 16 日，http：//news.xinhuanet.com/politics/2013－10/16/c_117748104.htm。

日，缅甸人民院国际关系委员会主席吴拉敏乌应中国全国人大外事委员会邀请，率团离仰光赴中国进行访问。12 月 8 日，缅甸全国民主联盟（以下简称民盟）中央执委吴年温应中国人民外交学会邀请率团访华。

其次，鉴于缅甸新闻自由放宽后，新闻媒体对舆论越来越大的影响，我国也加大了媒体的交流力度。2013 年 8 月 20 日，杨厚兰大使会见缅甸最大英文报纸《缅甸时报》总编登克利，就缅甸国内局势、媒体行业发展、在缅发行中文报纸等交换意见。中国国际广播电台台长王庚年 15 日会见了到访的缅甸国家广播电视局局长吴丁瑞，双方就进一步加强交流与合作进行了深入探讨。

再次，在宗教人文交流方面。2013 年 2 月 7 日，为满足缅甸信众的信仰需求，共谱中缅“胞波”情谊，中国佛教协会向缅甸捐赠 3 尊按 1∶1 比例复制的鎏金佛牙舍利塔。1 月 4 日，中国海外交流协会、中国驻缅甸大使馆在内比都国际会议中心联合主办了“文化中国·魅力新疆”文艺演出，缅甸副总统吴年吞，缅甸外交部、文化部、内政部十多位部长到场观看。10 月 29 日，为表达中方对缅合作诚意和对缅甸人民的真挚友谊，云南把中国与缅甸合作拍摄的第一部大型电视连续剧《舞乐传奇》的电视剧播映权赠予缅甸影视管理局。2 月 27 日至 3 月 2 日，云南省第一人民医院专家组成的医疗队赴缅甸曼德勒眼耳鼻喉专科医院开展“光明行”活动，为当地 200 名白内障患者免费实施手术治疗。9 月，云南德宏州出现登革热疫情，中方通过外事与缅甸沟通会晤，开展联防联控。8 月 28 日，中国海军和平方舟医院船抵达“和谐使命 -2013”任务第七站——缅甸仰光迪洛瓦港，开始为期 6 天的友好访问和医疗服务。

最后，中缅还在联合执法方面开展了合作。5 月 15 日，中国公安部与缅甸警察部队在南伞 - 老街口岸举行第三个中缅打击拐卖人口犯罪联络官办公室挂牌仪式。9 月，中国与缅北警方联手成功抓获中老缅泰四国“平安航道”扫毒行动的 A 级目标刘均。10 月 11 日至 12 日，中缅两国在陕西举行第十一届中缅禁毒合作双边会议，中缅双方表示将继续巩固和加强两国在禁毒领域的全面合作，联手打击跨国毒品犯罪活动，携手解决“金三角”毒品问题。中缅第四次执法安全合作部长级会议 11 月 13 日在北京召开，国务委员、公安部部长郭声琨与缅甸内政部部长哥哥主持会议。2013 年，中缅两国还与泰国、老挝开展了 9 次湄公河联合巡逻执法。

二 缅甸国内政治发展对中缅关系的挑战

尽管中缅关系 2013 年在两国的共同努力下稳步发展，但诸多因素如缅甸政治转型的不确定性、西方国家与缅甸关系改善等仍对中缅关系带来冲击和挑战。不过，就目前的发展态势而言，西方国家与缅甸关系的改善对中缅关系的冲击趋于弱化，而缅甸国内政治的发展对中缅关系的挑战将更加复杂，特别是缅甸国内诸多政治因素，如缅甸主要政治组织目标的变化、舆论情势的变化、缅北主要少数民族武装与政府的矛盾与冲突等问题将成为影响中缅关系的重要因素。

（一）主要政党及政治组织目标的变化可能对中缅关系的影响

一国国内各种政治力量的对冲组合，各种政党、阶层、利益集团对国家权力的竞争，它们的对外政策取向及态度是影响国家对外政策的重要方面。缅甸各个政党、政治组织的对华态度将是影响未来中缅关系的重要因素。

缅甸独立以来，政党发展经历了独立初期的西方式议会多党制（1948 ~ 1962 年）、以军人和退伍军人为主体的纲领党一党制（1962 ~ 1988 年）、新军人政府统治下的多党制（1988 ~ 2010 年）[①] 以及 2010 年至今的新民选政府时期的多党制四个阶段。

受殖民宗主国英国政治体制的影响，缅甸在独立后便实行了“多党议会民主”制，不过此种民主体制很快就面临诸多问题，作为具有统一战线性质的执政联盟——反法西斯人民自由同盟（以下简称同盟）出现了分裂，缅甸共产党退出同盟，以克伦为首的部分少数民族也以民族自治为旗帜加入

① 参见贺圣达、李晨阳《缅甸》，中国社会科学出版社，2009，第 226 页。

反政府行列。同盟内部各派的权力争夺引起的分裂为 1962 年奈温发动政变创造了条件。奈温上台后，推行社会主义纲领党的一党统治，并延续到 1988 年。1988 年 9 月，新军人集团①发动政变接管国家政权后，迫于国内的民主压力，宣布废除一党制，实行多党制。党禁的开放，催生了一大批民主政党的出现。在 1990 年的大选中，就有 93 个政党参加了竞选，27 个政党获得了至少一席以上的席位。② 昂山素季领导的民盟出乎意料地获得了 485 个议席中的 392 席，赢得了 1990 年大选，而新军人政权支持的民族团结党仅获 10 个席位。不过，新军人政权随后拒绝向民盟交权，并对各民主政党及反对派领导人进行打压。到 2010 年大选前，受到军政府的长期打压的缅甸合法政党仅存十余个。2010 年 5 月，根据新的《政党注册法》等相关竞选法律法规，总共有符合选举法令法规的 37 个政党参加了大选，受军人支持的巩发党取得了本次大选的胜利（见表 1）。2012 年 4 月，曾抵制 2010 年大选的民盟参加了议会补选，并获得 43 个席位。

目前活跃在缅甸政治舞台的政党大致可分为三类：第一类是具有军人背景的政党，如巩发党、民族团结党等；第二类是少数民族政党，这些民族政党的名称大多有邦或民族的名称，如掸邦民族民主党、若开民族发展党、全孟地区民主党、钦族党、钦族进步党等；第三类为以缅族为主体的民主党派，如民盟、88 代和平和开放协会（88 世代学生组织）、国家民主力量党等。

1. 有军人背景的政党

巩发党目前是缅甸最大的政党，其前身为 1993 年成立的联邦巩固发展协会，该社团成员最多时曾达到 2400 万人。巩发党是受军方支持的政党，在 2010 年 11 月的大选中成为执政党。该党的宗旨是实现国家永固，主权独立，民族团结，和平稳定，繁荣发展，保护百姓的安全，改善民生，维护人

① 迄今，现代缅甸出现过两次军人政变并建立过两个军人政权，一个是 1962 ~ 1988 年的以奈温为首的军人政权，另一个是 1988 ~ 2010 年的前期是苏貌、后期是丹瑞为首的军人政权。一般把后一个军人政权称为新军人政权或新军人政府。

② 贺圣达、李晨阳：《缅甸》，中国社会科学出版社，2009，第 228 页。

表 1　缅甸 2010 年大选政党选举得票结果*

序号	政　党	上院	下院	省/地区	总计	百分比(%)
1	联邦巩固与发展党	129	169	496	884	76.6
2	民族团结党	5	12	45	62	5.4
3	掸邦民族民主党	3	18	36	57	4.9
4	若开民族发展党	7	9	19	35	3.0
5	全孟地区民主党	4	3	9	16	1.4
6	国家民主力量党	4	8	4	16	1.4
7	钦族进步党	4	2	6	12	1.0
8	勃欧民族组织	1	3	6	10	0.9
9	钦族党	2	2	5	9	0.8
10	帕隆-萨沃民主党	3	2	4	9	0.8
11	克伦人民党	1	1	4	6	0.5
12	德昂(崩龙)民族党	1	1	4	6	0.5
13	佤民主党	1	2	3	6	0.5
14	茵民族发展党	0	1	3	4	0.3
15	克钦团结与民主党	1	1	2	4	0.3
16	民主党(缅甸)	0	0	3	3	0.3
17	克耶民族党	0	0	2	2	0.2
18	克伦邦民主发展党	1	0	1	2	0.2
19	民族发展民主党	0	0	2	2	0.2
20	88 世代学生组织	0	0	1	1	0.1
21	少数民族发展党	0	0	1	1	0.1
22	拉祜族发展党	0	0	1	1	0.1
23	独立候选人	1	1	4	6	0.5
	共　计	168	325	661	1154	

注：另有 14 个参选政党无一议席。

* Transnational Institute, A Changing Ethnic Landscape: Analysis of Burma's 2010 Polls, Burma Policy Briefing, No. 4, December 2010, p. 3.

权，实现民主。奉行多党民主制度、市场经济制度和独立、积极的外交政策。①

① 《缅甸国家概况》，人民网，http：//politics. people. com. cn/GB/8198/243322/17856569. html。

民族团结党由原执政的缅甸社会主义纲领党于1988年9月改组而成，系缅甸第二大政党。曾在1990年5月大选中获得10个席位，在2010年大选中获得62个国家及地方议席。缅甸民族团结党制定的新的政治纲领包括两项目标和四项基本原则。两项目标是：团结全国各民族人民；实现国家的和平、稳定和现代化。四项基本原则是：加强国家统一；保证全国各族人民的基本权利；调动企业积极性，发展生产；借鉴外国的经验和制度，为人民造福。

巩发党和民族团结党都是具有军人背景的政党。尤其是巩发党，它是缅甸军政府为了保护其既得利益、保证军队在未来政治中的地位和作用而成立的一个军人能控制并能与民盟抗衡，类似印尼专业集团的政党。因此两党的政治纲领和外交政策无多大差别，基本体现了新军人集团及目前民选政府的施政纲领和外交政策。即始终坚定不移地固守和维护联邦不分裂、民族团结不破裂、主权稳固的目标；宣扬以公平、自由、平等为内涵的社会思想，巩固和维护全国各族人民和平富足的生活；始终努力维护以世界和平、各国之间的友好合作与交流为目标的和平共处原则。① 对外政策上奉行独立、积极的不结盟外交政策，致力于维护世界和平与各国之间的友好交往与合作，遵守国家之间的和平共处的各项原则。②

2. 少数民族政党及民族组织

缅甸少数民族政党和民族组织大多希望获得平等的民族政治权利，在联邦国家的框架内实现较高程度的民族自治，因而它们大多无全国性的宏大政治目标，在对外政策上也鲜有明确的宏伟目标。从2010年大选中获得较多议席的少数民族政党的宗旨或政治纲领，就可以大致了解已参与到现行竞选体制中的少数民族政党的政治目标还是维护本民族的民族权利，而非全局性的宏大政治目标以及在对外政策上有所建树。如掸邦民族民主党宗旨是维护民族团结，实现掸邦的经济、交通、教育、农业等领域发展。全孟地区民主党的政治纲领为争取民主权利、实行民族团结、消除腐败和贿赂、促进社会

① 〔缅〕缅甸宣传部印刷与书籍发行公司：《缅甸联邦共和国宪法》序言，李晨阳、古龙驹译，载《南洋资料译丛》2009年第1期，第60页。

② 〔缅〕缅甸宣传部印刷与书籍发行公司：《缅甸联邦共和国宪法》第四十一条，第64页。

发展、主张自由贸易。[①] 若开民族发展党的宗旨是团结全国人民，实现民主，促进国家政治、经济和社会发展，保护若开民族宗教信仰和风俗文化，维护若开民族利益和联邦利益。[②]

而那些目前仍握有较大武装力量的少数民族武装组织，它们的目标或是要求按《彬龙协议》精神，在民族平等的基础上建立联邦制，或者要求保存本民族的武装力量，辖区自管。这些少数民族武装组织目前的目标主要还是获取更多的民族自治权，对于国家的对外政策也无清晰目标和意图。佤邦联合军（以下简称“佤联军”）的民族政治目标是争取“大佤邦民族区域自治”。[③] 掸邦东部同盟军的民族政治要求是“实现国内和平，在缅甸建立一个真正民主的多党制联合政府”[④]。克钦独立组织的民族政治目标已从过去的“反对大缅族主义，建立主权独立的克钦共和国”转变为实现“克钦族真正的自治”。[⑤] 克伦民族联盟的民族政治要求已从独立初期的独立建国转变为高度的民族自治。大多数少数民族武装组织主要集中在缅甸的边境附近，它们的存在会影响缅甸政府与邻国的关系，但它们总体上不会对邻国采取敌视态度和敌对行为，对于中缅边境附近缅甸一侧的少数民族武装组织尤为如此。

3. 以缅族为主体的民主反对派

在缅甸的政党及政治组织中，对中缅关系可能形成较大影响和挑战的或许是以缅族为主体的民主反对派，它们包括民盟、国家民主力量党、88 世代学生组织等。

民盟成立于 1988 年 9 月 29 日，是缅甸最大和最有影响的反对党，并在

① All Mon Regions Democracy Party rolls out platform，2010 年 7 月 1 日，www. mizzima. com/.../4075 – all-mon-regions-democracy-party-rolls-out-platform. html.

② 中华人民共和国驻缅甸联邦共和国大使馆网站：缅甸政治，http：//www. fmprc. gov. cn/ce/cemm/chn/ljmd/zzjj/t924656. htm。

③ 钟志翔、李晨阳：《缅甸武装力量研究》，军事译文出版社，2004，第 211 页。

④ 钟志翔、李晨阳：《缅甸武装力量研究》，军事译文出版社，2004，第 250 页。

⑤ Zaw Oo，Win Min，*Assessing Burma's Ceasefire Accords*，Singapore，Institute of Southeast Asian Studies，2007，p. 8.

1990年的大选中获得压倒性胜利，只不过因当时的新军人政权以各种借口拒绝交权而未能问鼎国家政权。该党领导人昂山素季已成为缅甸民主的旗帜，在国内外具有较高的威望和广泛的影响力。该党的政治纲领是：主张按联合国宪章的民主程序治理国家，一切权力属于人民，以立宪方式保障人权，坚决反对独裁统治；国家实行立法、行政和司法三权分立制度，依法治国，法律面前人人平等。由于该党目前尚无对外政策的权威表述，因此该党领导人的言行就成为考察该党今后对外政策的重要信息源。到目前为止，昂山素季在民盟内拥有无人出其右者的威信和影响力，所以通过研判她对中缅关系的表述和姿态，可以从某些方面管窥该党的对华政策及态度，以及在中缅关系上的立场。过去许多人都认为，该党上台后将奉行亲西方的外交政策。但她在释放后的一系列言论都表明，尽管中缅关系存在诸多问题，但保持与中国正常和稳定的国家关系对缅甸经济社会发展、国家安全、民族和解，乃至民主进程的推进都具有重要意义。正如香港大学缅甸问题专家伊恩·贺利德所分析的那样，昂山素季若想参与缅甸政治，就需要在某种程度上得到中国的支持，因此，“对她来说，这是个需要明智处理的地缘政治问题，她不想与北京为敌”①。她在2010年11月13日被解除软禁的第二天就声称：“中国是我们国家非常重要的邻居。不要把中国当成敌人。”② 2011年12月2日，昂山素季和希拉里在与记者会谈时称：“中国是缅甸的重要邻国，也是对缅最有影响力的巨大邻国，希望缅甸与中国保持良好关系，希望在中国和美国及其他国家的帮助下，缅甸发展人民安康。”③

缅甸的另一个民主政党国家民主力量党在2010年的大选中获得16个议席，现为缅族第四大党。该党主席吴图崴，党的三位重量级的女性副主席丹丹努、秋秋觉纽和内耶巴瑞，分别是前国家领导人吴努总理、觉纽副总理和

---

① Kyaw San Wai, “Myanmar's Strategic ‘Realignment’”, *RSIS Commentaries*, No. 170/2011, November, 2011, p. 1.

② Ben Blanchard,《昂山素季获释给中国带来难题》, http://cn.reuters.com/article/wtNews/idCNCHINA-3345320101116。

③ 李志强、葛元芬：《希拉里访缅甸称未将此行视为与中国竞争》,《环球时报》2011年12月3日, http://world.huanqiu.com/roll/2011-12/2229885.html。

巴瑞总理的女儿。该党在政治上追求永恒的自由、公正和平等权利之实现；为全体公民充分享有基本的人权和政治自由、经济自由、司法自由、思考和表达的自由而奋斗；发挥军队的爱国、保卫国家和人民的优良传统。经济上，鼓励市场经济，私人企业、外资企业、合资企业以及国有企业共同发展。在对外政策中遵循的原则：相互尊重国家的稳定和主权，反对以武力侵犯他国，反对干涉别国内部事务，各国应相互友好平等、和平共处。

另一个以缅族为主体的较为松散的政治组织是 88 代和平和开放协会。该组织创建于 2005 年，当时称“88 世代学生组织”。至今还算不上是一个真正意义上的政党，其成员大多是被判过刑入过狱的政治犯，在 2007 年的“藏红花”革命中扮演了重要的角色。该组织在 2010 年大选中虽然仅获 1 个席位，但因其较为激进的政治立场一直备受关注。该组织虽然一直要求政治改革、民主化、民族和平与和解，但它是发展方向最不确定的一支政治力量。其领导人主要是曾参与过 1988 年民主运动的学生领袖，著名的领导人有敏哥奈、科科基等。敏哥奈是昂山素季之外最有影响力的反对派领袖。尽管是否把该组织组建为一个政党，其内部还存在争议，但其成为政党参加 2015 年大选的可能性越来越大。

88 代和平和开放协会是抗议莱比塘铜矿的主要政治力量之一，该组织还拒绝参与由吴登盛总统任命并由昂山素季牵头的莱比塘调查委员会。该委员会撰写的较为中立的调查报告曾一度平息了当地民众的抗议，但 88 代和平和开放协会为了提高政治影响捞取政治资本，鼓动和策划当地民众反对该报告，反对和抵制莱比塘铜矿的复工。该组织还一再要求重新审核过去军政府与中国签署的一系列工程合同，以确认这些合同是否与密松水电站、莱比塘铜矿一样存在环境污染及腐败问题。

在上述政党和政治组织中，有军人背景的巩发党和民族团结党，由于是执政党或是执政党的盟友，在握有执政的先发优势以及拥有众多可利用资源的情况下，即使面临 2015 年大选中来自少数民族政党及其他民主反对党越来越大的压力，总体上也会延续目前的内政外交政策，倾向于温和路线，以稳为主，一般不会提出激进路线，在对华政策上也不大可能出现大的政策变动。少数民族政党在较长时期内的政治目标仍然是民族地方事务，其影响也大都是地方性和民族性的，在短期内对外政策也很难发挥大的影响力。民盟在与军政府长期斗争中积聚的广泛支持，对未来权力斗争中的信心优势，也决定了民盟在2015年大选前不大可能提出激进的政治路线和反华口号。对中缅关系能够产生较大负面影响的政治力量有可能来自像88代和平和开放协会这样的政党或政治组织。它们在新军人政权时期是被政府打压的反对派，在吴登盛政府的民主改革时期又是被边缘化的政治群体。正常情况下，它们无论从组织影响力还是个人名望都难以超越民盟及昂山素季，因此，要在未来的国家权力中分一杯羹，要对未来的国家和社会发挥大的影响，温和的路线是很难达到政治目的的。那么激进的政治口号或活动就可能成为吸引选民和国际社会注意力的手段和方法，这些方法包括提出一些激进的缅族民族主义口号以吸引占缅甸绝大多数的缅族人的关注，也可能在民族情绪本就强烈的民众中挑动反华情绪来吸引国内外的眼球，获取政治得分。因而，对中缅关系能造成重大的负面影响的政党和政治组织，可能不是具有军人背景的目前的执政党及其同盟党，不是少数民族政党，也不是主要的民主反对党，而是那些处于边缘化的像88代和平和开放协会一类的民主政党或政治组织。尽管这些边缘化的政党很难上升为国家执政党，但它们对缅甸国内反华情绪的推波助澜，对中缅关系的负面影响是必须引起高度注意和加以防备的。

（二）缅甸舆情变化对中缅关系的影响

1. 政府的舆论导向对中缅关系的影响

政府总是力图劝服公众支持自己的决策，甚至操纵和控制舆论以服务于政策。[①] 吴登盛总统上台后快速推进民主改革和调整对外政策。在此过程中，新民选政府一方面受制于国家和社会转型时期来自民众的民意压力，另

① 严怡宁：《国家利益与国际舆论：美国涉华舆论实证研究》，中国传媒大学出版社，2009，第29页。

一方面也不排除存在操纵和控制舆论导向来取悦选民、巩固新政权合法性的意图。在过去军人掌权时期，政府通过政权的力量，采取压制性手段，使国内主流舆论对内能为其军人政权的合法性服务，对外可以帮助军人政权实现外交政策的目标。如通过宣传丑化西方对缅甸的制裁和孤立政策，对其执政地位形成挑战的昂山素季及其领导的民盟进行妖魔化。对缅甸提供经济援助和外交保护，对缅甸事务持不干涉内政态度的中国，新军人政权则通过各种形式表示要加强两国的传统友谊和不断提升“胞波”情谊。如通过高层不断互访强化两国友谊，借此引导舆论风向。1989 年缅甸国家恢复法律与秩序委员会（以下简称恢委会）秘书长钦纽将军访华；1991 年恢委会主席苏貌大将访华；1992 年恢委会主席丹瑞大将访华；1994 年钦纽中将再次访华。1996 年丹瑞大将受江泽民的正式邀请对华访问，访问的结果就是双方发表了一个旨在加强中缅合作和增进两国传统“胞波”情谊的联合公报。[①] 因而，在新军人执政时期，即使在某些地区如曼德勒等城市开始出现排华的民族主义情绪，以及缅甸社会开始出现中国对缅甸存在某些掠夺性资源开采的言论，由于政府对社会的控制和舆论方面的引导，此种不利于中缅关系的舆论还未形成较大的气候和政治压力。不过，吴登盛政府上台后，由于民主空间的开放，政府受到民意的压力越来越大，同时新政府为了加强政府的合法性，不得不考虑甚至在内外政策上顺应民意，取悦选民。

实际上，吴登盛总统一直未放弃推进中缅关系的努力。吴登盛总统虽然宣布搁置密松水电站并快速改善了对美国等西方国家的关系，但政府也不时释放出继续推进中缅关系的愿望。2011 年 5 月 26 日至 28 日吴登盛访问中国，与中国签署了《中缅两国关于建立全面战略合作伙伴关系的联合声明》，双方还签署了多项协议，涉及经济技术合作、优惠贷款、基础设施建设等领域。[②] 2011 年 9 月 30 日密松水电站的搁置对中缅关系造成了巨大的

① Hnin Yi, “Myanmar's Policy toward the Rising China since 1989,” *RCAPS Working Paper Series* July 19, 2013, “Dojo”, p. 9.

② 郝亚琳、孙奕：《中缅宣布建立全面战略合作伙伴关系》，新华网，2011 年 5 月 27 日，http://news.xinhuanet.com/world/2011-05/27/c_121467618.htm。

冲击，民间反华情绪也愈发亢奋，但是吴登盛政府此后并未进一步激发民众的反华舆论，而是在宣布暂停密松水电站后，采取措施进行补救，以免进一步伤害中缅关系。吴登盛总统在宣布暂停密松水电站建设的同时也表示，缅甸政府将与中国政府协商，以避免损伤中缅两国的双边关系和友谊。① 为了向国内外证明该事件并非中缅友好关系的拐点，也为了引导国内对华关系的舆论，缅甸官媒《缅甸新光报》连续发表4篇文章，向国内外表明正常稳固的中缅关系对缅甸政治、经济和社会发展的重要性。

为了正确引导舆论风向，缅甸政府除了继续推行中缅两国的经济合作外，还大力推进对华高层互访，增信释疑，不断向外界释放中缅友好的信号，增强中缅友好的舆论氛围。缅甸政府于2011年11月28日安排缅甸国防军总司令敏昂莱上将访问中国，与中方就两国关心的地区形势、两国两军关系及其他共同关心的问题交换了意见。② 为了安抚中国在内的外国投资者，也向国内外表明中缅经济合作不会因密松水电站的搁置出现倒退，2011年12月19日，副总统吴丁昂敏乌与访问内比都并参加大湄公河次区域经济合作第4次领导人会议的中国国务委员戴秉国进行了会谈，副总统吴丁昂敏乌表示缅方坚定致力于缅中全面战略合作伙伴关系发展，愿与中方一道努力，保持高层交往，积极推进经贸、大项目合作，造福两国人民。③ 2012年11月，缅甸总统首席政治顾问吴哥哥莱在访问中国时表示缅甸珍惜与中国自古以来结成的“胞波”情谊，而历经时间见证的两国关系将在缅甸当下改革进程中进一步得到加强和深化。④ 2013年4月6日，吴登盛总统到三亚参加2013年博鳌亚洲论坛与习近平主席会谈时表示，“他相信两国关系将通过‘胞波’关系达到全面战略合作伙伴关系的地位”，“感谢中方20多年来

---

① 李晨阳：《2011年的缅甸：在改革中前进》，《世界知识》2011年第21期，第25页。

② 李晓伟：《陈炳德与缅甸国防军总司令敏昂莱会谈》，中华人民共和国国防部网站，2011年11月28日，http://news.mod.gov.cn/headlines/2011-11/28/content_4320071.htm。

③ 《戴秉国与缅甸副总统吴丁昂敏乌举行会谈》，新华网，2011年12月20日，http://news.xinhuanet.com/2011-12/20/c_122448493.htm。

④ 秦仲维：《缅甸总统首席政治顾问称中缅关系将进一步深化》，《人民日报》2012年11月19日，http://www.022net.com/2012/11-19/483961293266282.html。

对缅甸的坚定支持，坚信两国关系将进一步推动双边合作”，他也希望中国负责任的公司和投资者应努力赢得缅甸人的信任。[①] 两国在2013 年4 月5 日的联合新闻公报中称：“新形势下，中缅两国加强战略互信，坚持合作共赢，携手共同发展，是维护两国人民根本利益、实现各自稳定繁荣的重要保障，也有利于本地区的和平、稳定与繁荣；双方还决定，开展多种形式的人文交流，扩大民间往来，增进两国人民的相互了解和友谊。加强媒体、非政府组织和教育、卫生等领域友好交流合作。”[②]

因此，中缅关系虽然在缅甸向民主社会转型的过程中，受到了不利于两国关系正常发展的舆论压力，但由于吴登盛政府努力引导舆论方向，才使缅甸社会中出现的不利于中缅关系的舆论未能严重影响两国间正常关系。不过由于正处于社会转型期的缅甸，各种社会矛盾尖锐，不能排除在未来一段时间缅甸政府面临各种巨大压力的情况下在舆论方面作出一些不利于中缅关系的动作，因此中缅两国领导人保持定期互访，加强沟通，增进互信就必不可少了。为了促进中缅关系的正常稳定发展，中缅两国要尽最大努力共同采取措施，尽可能避免出现20 世纪60 年代中期那样的因缅甸政府舆论导向出现的偏差导致的大规模排华反华事件等破坏中缅关系的局面。

2. 媒体的舆论倾向对中缅关系的影响

作为政府与公众间互动平台的媒体，其倾向性既可能影响政府的对外决策制定，也能通过影响选民、公众形成舆论压力影响政府的决策制定。在军人执政时期，由于新闻媒体所报道的内容及各种新闻采编活动受到政府的严格控制和操纵，它们大多时候只是扮演了政府传声筒的角色。奈温军人政权为防止新闻传播媒介宣传不利于军人统治的思想和言论，还专门制定了所有新闻传播媒介都必须遵守的“五项原则”，并禁止出版发行非官方报纸。[③]

① “China has committed to sharing its development with regional countries”, *New Light of Myanmar*, 7, April, 2013, http://www.myanmar.cm/newspapers/newspaper-archives.html。

② 《中华人民共和国和缅甸联邦共和国联合新闻公报》，中华人民共和国中央人民政府网站，2013 年4 月5 日，http://www.gov.cn/jrzg/2013-04/06/content_2370914.htm。

③ 曹云华：《从缅甸的实例看“民族社会主义”》，《东南亚研究》1989 年第4 期，第33 页。

新军人政权执政时期，尽管允许成立私营周报，但实施严厉的报刊审查制度，所有报刊经过审查部门的审批后方能合法出版。[①] 随着互联网、移动电话等新媒体技术向缅甸的延伸，政府日益面临来自新媒体的压力。2007 年的“藏红花”革命和 2008 年的纳吉斯风灾，政府虽然能对国内传统媒体进行严格管控，但某些记者，甚至普通公民能利用新媒体技术记录事件发生的情况，向世界报道真相，引起国际社会关注。2010 年大选，缅甸不允许国际媒体报道即将举行的大选，也不允许国际选举监察团监视大选活动，更不允许在投票现场拍照或者是录像[②]，但因为新媒体技术，国际社会还是获取了关于缅甸大选的许多信息。

在军人政权时期，政府能对媒体的舆论倾向进行全面的引导和控制，但是民选政府上台对新闻媒体放开，取消新闻媒体的审查后，媒体的自主性增强，在竞争性、盈利性的市场竞争环境中，媒体既可能“一言兴邦”，也可能“一言丧邦”。利用新闻媒体制造舆论，特别是通过制造与现实严重不符的信息，尤其是通过大量有倾向性的信息去引导民众接受媒介的鼓吹而形成与事实不符的舆论，在 2011 年的密松水电站的停建中表现得较为明显。尽管密松水电站在规划和建设的初期就有反对的声音，但是该事件的发酵并形成全国性的影响是在吴登盛政府上台后放宽言论自由和媒体审查后才出现的。在对密松水电站的全国性讨论中，由于政府官员的措辞不当，一些具有国际背景的非政府组织的推波助澜，以及该工程本身在设计和运行中的缺陷，特别是某些媒体的推动，导致对密松水电站的讨论从环境、民生问题逐渐转向安全问题和政治问题，并拨动了缅甸民族主义的脆弱神经，夸大了人们对于中国“掠夺”缅甸资源的恐惧以及反中国的情绪。该事件演变到最后的结果就是总统于 2011 年 9 月 30 日宣布搁置密松水电站。因此在整个密松水电站的停建事件中，媒体在其中就起了重要的作用。

---

① 伍庆祥：《缅甸官方媒体眼里的中国形象——以〈缅甸之光〉报为例》，《对外传播》2012 年第 8 期，第 19 页。

② 张建中：《抗争的动力：新媒体与缅甸的民主化》，《东南亚研究》2012 年第 3 期，第 18 页。

随着吴登盛政府不断放松对新闻媒体的审查，扩大言论自由，缩小出版物的审查范围，开放 Skype、雅虎和 YouTube 等曾被禁止的网站，新闻媒体的独立性和自由越来越大，它们的舆论倾向对中缅关系的影响也将越来越大。因此加大中缅两国媒体交流，提高缅甸媒体人士对中国的了解和认识就变得日益重要。

3. 大众的舆论变化对中缅关系的影响

缅甸政府在 2011 年 11 月暂停密松水电站的建设，除了密松水电站本身在设计和环保等方面的缺陷外，在大众中出现的汹汹舆论情势也是造成工程停建的一个重要原因。吴登盛总统在宣布密松水电站停建时就称是遵从缅甸人民的民意。民间反对密松水电站的舆论在停建之前早就兴起。2011 年 8 月 11 日，昂山素季发表《伊洛瓦底江请愿书》，公开反对修建密松水电站，并列举了一大堆理由。随后在她的倡导下，由“88 世代学生组织”发起了一个保护“伊洛瓦底江”的请愿活动，得到包括政治家、记者、作家、艺术家等 1600 多名有影响力的人士支持，有他们签名的请愿书递交给了吴登盛总统。缅甸第一电力部 2011 年 9 月 17 日在内比都召开了关于伊洛瓦底江电力开发与环境保护的学术研讨会，并邀请克钦邦的一些民间机构参加了会议。[①] 参会的人员中绝大部分反对修建密松水电站。2011 年 9 月 26 日，昂山素季领导的民盟在仰光聚会，要求停止建设密松水电站。[②] 因此国内舆论反对密松水电站的呼声也是缅甸政府所声称的一个理由。

在选票政治国家，执政党及国家最高领导人的政治生命往往决定在选民的选票中，如果不尊重民意，不重视大众舆论，就可能面临在下一届选举中失败的风险，因此国家领导人在重大问题上要么努力引导大众舆论风向，要么被大众舆论淹没，直至顺从大众舆论，取悦选民。正在向民主社会转型的缅甸，任何政党及领导人为了确保民众的支持要么提出一些正确的并能吸引选民的口号引导舆论，要么只能俯首于大众舆论。

① 李晨阳：《2011 年的缅甸：在改革中前进》，《世界知识》2011 年第 21 期，第 25 页。

② 孔志坚：《缅甸大选后政党政治发展趋向》，《东南亚南亚研究》2012 年第 2 期，第30 页。

应该说，2010 年以来，缅甸的大众舆论对于中缅关系的影响是负面的，大众舆论中关于中国在缅甸的投资及经济活动是进行掠夺性开发的印象并非完全与现实相符，大众舆论中对于中国要把缅甸变为卫星国的想象也是不真实的。缅甸大众舆论中出现对中国的负面看法和不利于中缅关系的情况，是多种原因造成的，如中国个别企业在缅甸不注意环境保护和缅甸民生；中国个别公民不注意尊重缅甸的社会文化风俗和不文明言行，乃至做出一些违背缅甸法纪的事情；也有小国对于邻近大国的畏惧心理，特别是所谓的“中国威胁论”在中国周边国家仍有市场等。

大众舆论一旦形成，将很难在短时间内消除，但为了中缅两国关系的稳定和正常发展，必须切实采取措施尽力消除不利于中缅关系的舆论氛围，把有害于中缅关系的不实舆论造成的影响最小化。具有积极意义的是，中缅两国的领导人、中资企业，以及中国公民个体开始积极行动起来，大力改变我国在缅舆论的不利局面。密松水电站的停工促使中国方面就缅甸事务进行了深刻反思，并开始更广泛地接触缅甸国内的非政府机构以壮大未来影响缅甸公众舆论的能力。[①] 缅甸社会各界对华印象的改变将是影响未来中缅关系发展的关键变量，将来中国对缅政策必须以争取缅甸民众的理解，重塑中国在缅甸的正面形象为主要目标。[②]

（三）缅北主要少数民族武装对中缅关系的影响

在 20 世纪 60 年代中后期至 70 年代末，主要由少数民族构成的缅共在缅北地区的存在和发展得到了中国的支持[③]，这也成为影响当时中缅关系的一大因素。这段时期，缅甸国家领导人访问中国常提及的一个问题是希望中国不再支持缅北的缅共和反政府力量。1989 年缅共解体，缅共人民军一分

---

① 国际危机组织：《缅甸：和平新倡议》，《亚洲报告》第 214 号，2011 年 11 月，第 15 页。

② 李晨阳：《2010 年大选之后的中缅关系：挑战与前景》，载李晨阳主编《缅甸国情研究报告 2011 ~ 2012》，社会科学文献出版社，2013，第 58 页。

③ Trevor Wilson, eds, *Myanmar's Long Road to National Reconciliation*, Singapore: Institute of Southeast Asian Studies, 2006, p. 44.

为四，这四股力量构成了果敢同盟军、佤联军、掸邦东部同盟军和克钦新民主军少数民族武装的主体。鉴于中国在冷战时期对缅共及中缅边境附近克钦独立军直接或间接的支持，以及缅北少数民族武装和中国边境地区千丝万缕的联系，缅甸中央政府在缅北少数民族武装问题上一直对中国抱有疑虑，担心中国政府利用缅北少数民族武装来牵制、抗衡缅甸中央政府，甚至担心中国政府利用它们来影响缅甸的国家统一。

中国实行改革开放之后，逐渐改变了“党与党的关系不妨碍政府间关系”的双轨政策，并于 1985 年完全断绝了对缅共的物质援助。由于两国领导人的努力，到 20 世纪 80 年代中期，缅共在两国关系中的消极影响已大大减弱。[①] 1989 年 3 月开始的缅共分裂，为中国在道义上最终停止对缅共的援助提供了机会。中国还根据缅北局势的变化出台了一系列的政策来指导对缅北少数民族武装的政策。[②] 1989 年 7 月，国务院、中央军委发布《关于中缅边境地区边防工作问题的规定》，强调要“根据和平共处五项原则及党与党关系的原则的精神，处理好与缅甸地方政府及缅其他武装力量的关系，以保证边境地区的和平、稳定”。1990 年 8 月，在上一年出台的《关于缅甸和脱离缅共部队涉我问题的指示》的基础上，中国外交部、中联部、公安部、总参谋部和外经贸部又下发了《关于对缅甸少数民族武装组织若干具体政策问题的规定》。明确规定对与缅甸政府达成政治和解[③]的少数民族武装，“我应坚持政治上不承认、军事上不支持、经济上不援助的做法，并根据实际情况，可暂将其视为缅地方当局，进行一般事务性的接触；对其头面人物，可根据不同情况，相机多做友好工作，但要防止过热”[④]。至此，中国

① 范宏伟：《愈合的中缅关系：1972～1988 年》，《南洋问题研究》2009 年第 3 期，第32 页。

② 刘务：《缅甸 1988 年以来的民族国家构建研究》，云南大学博士学位论文，2013。

③ 对于缅甸政府与少数民族武装的停火及相应的安排，西方学者大都用“ceasefire”，国内学者既有使用“停火”的，也有使用“政治和解”的。本文除了引用其他原文文献外，拟用“政治和解”或“和解”来对此过程进行表述，因用“停火”一词来描述此过程则不能涵盖双方达成的协议的其他内容。

④ 余江、王朝佐：《对中缅边境管理中与缅甸地方民族武装势力开展警务合作的思考》，《云南公安高等专科学校学报》2001 年第 1 期，第 67～68 页。

对缅甸的政策由支持缅北的缅共革命转变为视缅北的少数民族武装问题是缅甸的内政而不应干涉。但是鉴于缅北的诸多民族与我国境内的许多民族是跨境民族，他们在血缘和地缘上的联系，以及为了维护中缅边境的稳定和安全，中国对缅甸政府解决少数民族武装问题，对缅甸政府推进统一的多民族国家构建的努力总体上认为是其内政不予干涉，有时在有利于各方和解的基础上进行推动。①

由于要应对缅甸本部来自以昂山素季为首的民盟的挑战，新军人政权上台后不久就对缅甸少数民族武装推行和解政策。在民族和解的 20 年里，新军人政权对缅甸少数民族武装特别是和解组织的压力减小。缅北的少数民族武装大都是第一波与政府达成了和解协议的武装组织，从中央政府获得了较多的经济与政治权利。这些民族武装得以利用中央政府给予的资源开发和出口权与中国的边境地区开展边贸。不过，兴旺的滇缅边境贸易由于有助于少数民族武装力量的维持和增强，因此缅甸政府对少数民族武装开展的边贸进行管控，开始加大了对少数民族武装组织出口资源型产品的限制，并对中国云南边境地方政府发展与少数民族武装的关系也颇有不满。但是鉴于这些少数民族武装是与政府达成和解并进入国家法律框架内的民族武装组织，因而，缅甸中央政府也难提出有力的理由来反对此种状况。何况中国政府为了推动中缅关系向前发展，维护西南边境地区的稳定，在敦促缅北少数民族武装与缅甸政府签署政治和解协议的过程中发挥了一定作用。

缅北少数民族武装对中缅关系的影响在 2009 年和平发展委员会根据 2008 年宪法推出“边防军改编计划”后又凸显出来。该改编计划的目的就是把少数民族地方武装整合为由缅军统一控制的军事力量，以实现独立以来历届政府都未能完成的“一国一军”的状况。② 但少数民族武装，特别是那些拥有较强武装力量的少数民族武装如克钦独立组织、佤联军等拒绝改编计划。2009 年缅甸中央政府与缅甸少数民族武装围绕“边防军改编计划”的

① 刘务：《缅甸 1988 年以来的民族国家构建研究》，云南大学博士学位论文，2013。

② Ardeth Maung Thawnghmung, *Beyond Armed Resistance Ethnonational Politics in Burma* (*Myanmar*) Singapore: East-West Center, 2011, p. 10.

矛盾和冲突增加了中国对双方陷入战争的担忧。2009 年 8 月果敢同盟军与政府军发生的“果敢事件”，激烈的武装冲突于 8 月 27 日发生，并造成 200 名军民死伤。果敢事件的结果为：白所成率领的果敢同盟军分裂部在同年 12 月 4 日被改编为缅甸国防军统一管理的边防军；[①] 彭家声所率部队及其在果敢建立的果敢同盟军地方军政权基本瓦解，果敢地区也正式改名为“果敢自治特区政府”，正式接受中央政府的管理。[②] 该事件直接对云南边境地区的安全和稳定造成了巨大的威胁，导致我国公民 2 人死亡，15 人受伤，3700 多缅甸边民进入我国境内，以及我国在缅公民的财产严重受损的后果。

缅北民地武对中缅关系的影响再次从缅甸政府军与克钦独立军的武装冲突中体现出来。克钦独立军也是一支曾与政府达成和解的少数民族武装组织，但该组织与政府签署的和解协议并未能从政治上解决克钦独立组织的去向问题，克钦独立组织希望通过参与缅甸新军人政权实施民主路线图计划来参与缅甸主流的政治生活的想法也未能实现。在 2010 年的大选中，没有一名来自克钦独立组织的代表。之所以出现此种结果是因为新军人政权要求必须先对克钦独立军进行改编，使其成为接受缅甸国防军领导的边防军，接受政府主导的转型。克钦独立军拒绝在政治解决其地位之前进行改编。双方的对抗性做法最终导致政府军和克钦独立军的冲突变得不可避免。冲突在 2011 年 6 月初爆发，2012 年 12 月底 2013 年初达到顶点。政府军的数发炮弹越过边境落在中国境内，所幸无人员伤亡。2013 年 1 月 5 日，中国外交部发言人在答记者问时声明：“要求缅甸立即采取有效措施，避免类似事件再次发生。”[③] 针对 2013 年 1 月 15 日缅甸政府军 1 枚炮弹再次落入中国境内一事，外交部发言人洪磊在主持的例行记者会上表示：“中方已就此向缅方提出紧急交涉，对上述事件表示严重关切和不满，要求缅方对此进行认真调

---

① 《缅甸果敢同盟军被改编为政府边防军》，新华网，2009 年 12 月 5 日，http：//news. xinhuanet. com/world/2009 - 12/05/content_ 12591854. htm。

② 刘务：《缅甸 1988 年以来的民族国家构建研究》，云南大学博士学位论文，2013。

③ 《中方就缅甸炮弹落入云南提交涉：避免类似事件》，新华网，2013 年 1 月 5 日，http：// news. xinhuanet. com/mil/2013 - 01/05/c_ 124186326. htm。

查，并采取一切必要措施，防止类似事件再次发生。”① 这些措辞尖锐的声明在以往是非常少见的，这表明缅北民地武再次成为影响中缅关系的重要因素。为了避免缅北民地武与政府军的冲突继续扩大，中方派外交部副部长傅莹率团访问内比都。随团的解放军副总参谋长戚建国会见了缅甸国防军总司令敏昂莱，目的是要求缅甸政府停止战争，寻求和平解决的途径。同时中国也致力于利用其影响力敦促克钦独立组织做出同样的努力。②

果敢同盟军、克钦独立军与政府军围绕边防军改编计划发生的武装冲突恶化中缅边境形势的事件，以及缅北其他少数民族武装反对该计划，不惜以武力抗拒改编的姿态，使中国认识到缅甸少数民族武装已成为中缅关系的不利因素而非战略杠杆。“国中之国”的缅甸少数民族武装，尽管不能决定中缅关系的大局，但它们与缅甸政府军的矛盾和冲突始终威胁着中缅边境的稳定，威胁到中缅关系的稳定发展。在“果敢事件”后，中国就开始投入了更多的外交资源以降低缅甸政府与少数民族武装的冲突对中缅边境稳定的影响，对中缅关系造成的影响。2009 年 12 月，时任中国国家副主席习近平访问缅甸与和发委主席丹瑞会面时，提出“以和平方式解决好有关问题，以维护中缅边境地区稳定”。丹瑞主席表示：“缅中拥有漫长的共同边界，缅方深刻理解和认识维护边境和平稳定对两国都非常重要。”③ 2010 年 9 月，丹瑞主席访华时，两国领导人再次强调了合作“维护边境地区和平与稳定”的重要性。④

鉴于中国一贯秉持的不干涉内政的原则，中国在和解问题上主要是希望各方通过政治渠道以和谈的方式，而不是以军事对抗的方式来解决问题。⑤

---

① 《中方要求缅甸认真调查炮弹落入中国境内事件》，新华网，2013 年 1 月 17 日，http：//news. xinhuanet. com/world/2013 －01/17/c_ 114409007. htm。

② 国际危机组织：《缅甸克钦冲突的暂时和平》，《亚洲简报》第 140 号，仰光/雅加达/布鲁塞尔，2013 年 6 月 12 日，第 10 页。

③ 李诗佳、张云飞：《习近平会见缅甸国家和平与发展委员会主席丹瑞》，新浪网，2009 年 12 月 20 日，http：//news. xinhuanet. com/world/2009 －12/20/content_ 12674700. htm。

④ 胡玲、周庆元，《缅甸最高领导人丹瑞访华　引见新一代军方领导人》，凤凰网，2010 年 9 月 8 日，http：//news. ifeng. com/mainland/detail_ 2010_ 09/08/2465297_ 0. shtml。

⑤ 刘务：《缅甸 1988 年以来的民族国家构建研究》，云南大学博士学位论文，2013。

中国对于缅甸政府推动的在民族国家框架下进行的政治和解、边防军改编计划等措施，总体上认为是其内政，因而并不持任何政治立场。有时从有利于中缅友好关系的角度和民族地区发展的角度予以支持和推动。中国鼓励缅甸政府和少数民族武装达成民族和解，因为缅甸的民族和解有利于稳定中国的边界。① 在 2009 年 10 月的东盟中国峰会上，温家宝总理告诉吴登盛总统："中国希望缅甸政府实现稳定、民族和解和发展。"② 2013 年 4 月 5 日，习近平与到三亚参加博鳌亚洲论坛的吴登盛总统会谈时表示："中方支持缅方推进缅北和谈进程，将继续发挥建设性作用。"③ 同一天，中缅两国发表联合新闻公报，在公报中，"中方重申尊重缅甸的独立、主权和领土完整，支持缅甸为维护国家统一、民族团结所做的努力。双方将继续加强边境管理合作，努力维护边境地区的安宁和稳定。"④ 自"果敢事件"以来，中国已数次低调斡旋，既同政府当局也同武装组织接触，敦促双方以谈判寻求解决方案，并鼓励各方避免采用军事行动来解决问题。据称，紧张局势之所以没有失去控制，与中国对冲突双方所施加的压力和为调解进行的努力分不开。⑤ 中国还为缅甸政府与少数民族武装的谈判进行斡旋，并提供谈判场所。2013 年 3 月 12 日，缅甸政府与克钦独立组织经过近三年的武装斗争和谈判，最终达成和解意向的谈判地点是在中国瑞丽。

不过，中国在处理缅甸中央政府和缅北少数民族武装问题上的立场，推动双方通过谈判实现和解的努力并未获得缅甸政府及少数民族武装的赞同，它们都希望中国在此过程中能够发挥更积极的作用。⑥ 缅甸政府已经多次对

---

① 国际危机组织：《中国的缅甸战略：选举、民族政治与经济问题》，《亚洲报告》第 112 号，2010 年 9 月，第 4 页。

② Donald M. Seekins, Myanmar in 2009: A New Political Era, *Asian Survy*, Vol. 50, Number 1, p. 202.

③ 张朔：《习近平同缅甸总统吴登盛举行会谈》，中国新闻网，2013 年 4 月 5 日，http://www.chinanews.com/gn/2013/04-05/4704687.shtml。

④ 《中华人民共和国和缅甸联邦共和国联合新闻公报》，中华人民共和国中央人民政府网站，2013 年 4 月 5 日，http://www.gov.cn/jrzg/2013-04/06/content_2370914.htm。

⑤ 国际危机组织：《中国的缅甸战略：选举、民族政治和经济问题》，第 15 页。

⑥ 刘务：《缅甸 1988 年以来的民族国家构建研究》，云南大学博士学位论文，2013。

中国与这些少数民族武装组织之间的紧密关系表示不满。例如，2008 年瑞曼将军访问中国时就曾要求中国政府帮助缅甸政府劝说民地武交出武器。据报道，中国政府对缅方的要求采取了不置可否或回避的态度。中国外长杨洁篪 2008 年访问缅甸并与丹瑞大将会面时，丹瑞大将向杨洁篪表达了自己的不满。据报道，为了激怒中国，丹瑞大将随后就向俄罗斯的核能专家发出了访缅邀请。① 尽管许多少数民族武装对于中国向缅政府施压，防止其发动军事打击表示感谢，而一些少数民族组织却认为中国的支持是临时的，是在其本国经济和安全利益驱使下采取的行动。②

尽管缅甸主要的少数民族武装与政府达成了新的和解、和平协议，或者停火的意向，但是这些协议和意向仍没有解决少数民族武装“占地自管，辖区自治”的问题，没有从根本上政治解决少数民族武装的去向、领导人的地位问题，没有解决缅甸中央政府既定的实现多民族国家统一的问题，也未能解决中央政府长期以来所要求的对少数民族武装辖区实现“军令政令统一”的目标的问题。因此不能排除中央政府在继续推动民族和解的同时，对某些阻止中央政府构建统一的多民族国家的少数民族武装进行武力解决。一旦出现此种情况，必将再次危及中缅边界的稳定，再次影响中缅关系的大局。

---

① 国际危机组织：《中国在缅甸的困境》，《亚洲报告》第 177 号，2009 年 9 月 14 日，第 9 页。

② 国际危机组织：《中国的缅甸战略：选举、民族政治与经济问题》，《亚洲报告》第 112 号，北京/雅加达/布鲁塞尔，2010 年 9 月 21 日，第 1 页。

B.9

中印关系：回顾与展望

杨怡爽*

摘　要：

中印关系是印度洋地区最重要和最复杂的双边关系。随着印度洋在全球战略地位的上升和两个国家的“双崛起”，中国与印度之间的共同利益在增加，但双方竞争态势也在同步上升。一方面，中印两国的经贸往来在增强，两国总理互访和边防协议的签署见证了双方关系的日趋成熟；但另一方面，除了边界和领土争议外，贸易不平衡和印度洋地区的地缘政治竞争等问题也逐渐成为导致中印分歧扩大的新因素。归根结底，双方政治互信和沟通不足的情况并没有出现根本性的转变。这种趋势可能是两个战略空间邻近的大国同时崛起时难以避免的，但中印两国应当突破传统零和博弈的思维定势，避免对抗和促进对话合作，这符合中印双方的共同利益。

关键词：

中印关系　共同崛起　中印竞争　中印合作

2013年10月22日，印度总理辛格抵达北京访华。这是5月份中国总理李克强访问印度5个月后中印两国总理的再次会面，也是1954年周恩来和尼赫鲁总理的互访后两国总理首次实现年内互访。继5月份中印提出了联合声明共同倡议建设孟中印缅经济走廊后，10月份中印双方又签署了双边交

---

* 杨怡爽，云南财经大学印度洋地区研究中心讲师、博士。

通、能源、文化、教育、地方交往等9项合作文件。就在辛格总理访问期间，中国外交部发言人指出，中国和印度之间的共识远大于分歧，共同利益大于彼此间存在的问题。①

在新的国际环境和区域发展态势下，中印双方目前都必须正视对方的重要性和战略地位。长久以来，印度一直将中国视为全球体系中的参照系和竞争对手，而随着印度推进“东向战略”，更多地开始考虑亚洲和“印－太”战略平衡的时候，印度也必须用不同的眼光看待中国。2012年印度出台的重要报告《不结盟2.0：印度21世纪外交与战略政策》中指出：“印度必须融入亚洲，而中国是其中最重要的一环。”而对于中国而言，以往，印度并不是中国对外战略中首要考虑的对象，因为印度并不是中国的亲密邻邦，不是“全面互信、具有共同战略利益的伙伴”，但同时，也不是矛盾不可调和、全面对立的敌人。② 然而，随着印度在全球和地区事务中的地位变得越来越重要，中印双方利益重叠，地缘政治上的纠葛与竞争变得愈加复杂，无论从经济、政治还是地区事务上，中国都必须重新塑造印度在外交战略中的地位。中国官方媒体的评论也指出，李克强总理2013年5月选择印度作为就任总理后正式出访的首站，本身就说明印度在中国外交决策中的重要性。③

但是，这并不意味着2013年的中印双边关系是一帆风顺的。年初，中印边界陷入“帐篷对峙”的持续紧张状态，为双边关系蒙上了恶化的阴影；印方屡屡指责中国的市场准入是造成巨大贸易逆差的罪魁祸首，双边贸易额持续下滑；尽管两国总理实现了年内互访，同时在多边机制中加强了全球治理与区域事务的合作，但双方在印度洋和亚洲的竞争也在加剧。

这些波折正折射出中印双边关系的现状：中印双方都不得不承认对方在全球和地区事务中的地位与重要性；同时，也不得不正视双边关系中的矛盾

---

① 外交部：《中印之间共识远大于分歧》，http://news.xinhuanet.com/world/2013－10/22/c_117827052.htm。

② 赵干城：《印度：大国地位与大国外交》，上海人民出版社，2009，第224页。

③ 新华社：《为中印关系再添正能量》，新华网，2013年10月20日，http://news.xinhuanet.com/world/2013－10/20/c_117791262.htm。

现象，即一方面共同利益和相互依存度在增加，另一方面，两国竞争和分歧也在加剧。正如中国学者所指出的那样，中印之间目前的关系是“4C并存的复合型国家关系”（即合作Cooperation、竞争Competition、冲突Conflict、协调Coordination）①。中印不会陷入对抗，但短期内也难以克服互信缺失和利益目标冲突的障碍，建立更加亲密的伙伴关系。在印度洋时代，如何处理好中印关系，是考验中印两国高层领导人的外交智慧和战略智慧的重要议题。

一 区域竞争与合作

几十年来，中国和印度一直是相互竞争的地区大国，而近几年来，这种竞争随着两国的崛起而加剧了。如高龙江（John Garver）所言，近几年来中印双边关系的形态就是深入而持久的地缘政治竞争，因为双方都“有战略野心，要在亚洲的新政治、经济和安全架构中扮演关键的角色”②。邻近的两个发展中大国同时崛起，战略空间发生重叠而导致地缘政治上的竞争，是必然会发生的现象。这种战略空间的重叠，近些年来集中体现在印度洋地区，因为“这个区域乃是中国和印度利益交叉所在”③。这是“双崛起”不可避免的后果。然而，从另一方面来看，在区域合作上，中印两国也从来没有像今天这样有着巨大的共同利益，需要互助互利以合作方式来达成双赢的局面。

（一）印度“东向”和中国的“西进”

在中印崛起的过程中，双方战略格局的调整、对资源的强烈需求和对地区事务的领导权的争夺，注定了双方必然会产生竞争。进入21世纪以来，印度实行“东向战略”，和东盟及中国周边的国家加深了政治和军事合作。

① 叶海林：《中国龙印度象竞争与合作并存》，《京华时报》2013年7月15日。

② Baladas Ghoshal, China's Perception of "Look East Policy" and Its Implications, IDSA Monograph Series, No. 26, October 2013, p. 11.

③ Mohan Malik, "Asia's Great Naval Rivalry", *Wall Street Journal*, September 06, 2011.

而中国为避免直接和美国发生冲突，寻求新的战略突破口，近年来也把注意力更多地转向了南亚和印度洋地区，这种进入过去彼此影响力范围内的趋势，加深了双方战略空间的重叠。

印度拉奥政府所制定的“东向政策”（LEP）是印度在冷战后重新塑造自身外交地位的重要战略，其第一阶段目标是与东南亚国家及亚太国家加强经贸联系。多年来，印度与东盟和亚太地区的次区域合作确实加大了印度与东南亚国家经济整合的力度，印度从中获益良多。但自2003年开始，印度“东向政策”已经进入第二阶段，范围已远远超出了东盟和经济领域，进入了政治、安全和军事合作的范畴，其根本目的已经成为印度扩展战略利益空间。而在印度的“东向政策”中，中国无疑是一个重要的因素。一方面，印度将“东向政策”作为平衡中国在亚洲迅速提升影响力的应对手段，对中国进行“软制衡”①；另一方面，出于对中国实力快速提升的疑虑和过分依赖中国的担忧，部分中国周边国家纷纷转向印度，奉行“大国均衡”策略，这是近两年来印度“东向政策”得以不断推进的原因之一。

2011年中越南海之争后，印度不顾中国的抗议和反对，在油气领域和军事安全方面加大了与越南合作的力度。2012年12月5日，印度海军参谋长乔希甚至声称，印度准备向南海派出战舰保护自身利益，直接介入了中国维护南沙群岛主权的冲突。2013年11月，越南共产党中央总书记阮富仲前往印度访问期间，双方签署了8项协议，涵盖教育、国防和能源领域。其中，在越南国家石油公司和印度石油天然气公司负责海外开发的子公司之间的协议中，越南向印度提供南海7个石油区块用于勘探。尽管具体的区块（17、41、43、10、11-1、102和106/10区块）不在越中争议海域内，但已经有一些印度媒体宣称，“这是对中国的反击”。而在中日钓鱼岛事件升级后，印度与日本之间全面政治军事合作也在升温。2013年5月28日，印度总理辛格在访日时表示，在不断扩大的海洋安全合作和促进地区稳定

① 孙现朴：《印度崛起视角下的东向政策：意图与实践——兼论印度东向政策中的中国因素》，《南亚研究》2012年第2期。

方面，印度和日本共享战略利益，双方是“天然伙伴”。11 月 30 日，日本天皇夫妇对印度进行了为期一周的历史性访问。在 2012 年日印海军在东京附近的相模湾举行了首次共同演习后，2013 年 12 月，双方再次进行了共同演习。韩国和印度的高级军事官员也在 2013 年 12 月 23 日举行了两国间首次战略防务对话，讨论了如何推动双边军事关系以及扩大国防工业合作。2013 年 6 月，印度国防部部长安东尼（A. K. Antony）接连访问了新加坡、澳大利亚和泰国。在印澳的联合声明中，双边表示要在 2015 年举行海军联合军演，以提高双方防务合作关系的级别，同时加强两国的战略合作伙伴关系。

印媒体声称，这些频繁的政治与军事合作是因为“亚太地区有越来越多的声音期待印度扮演‘平衡者’角色来应对中国”。这加深了这样一种印象，即印度一方面在加强与中国在该地区的能源竞争，另一方面通过与周边国家的合作，共同遏制中国。因此，中国国内也有担忧的声音，认为随着印度民族主义思潮的高涨，印度可能最终抛弃不结盟的外交传统。[①]

同时，印度也对中国越来越多地参与到印度洋地区和南亚地区的事务中感到紧张。2012 年中国学者王缉思提出了“西进”战略，即通过建立可控的陆上海上能源通道来保障中国未来的能源安全，同时建立面向印度洋周边国家的全方位开放格局，通过中国资金和技术对欠发达的南亚中亚地区的输出，加速区域经济融合。对中国而言，“从朝鲜半岛到印度这一陆海相接的地带是中国面临的最重要的地缘环境，关乎崛起成败。从这个意义而言，周边外交无小事，周边大小邻国的友谊就显得弥足珍贵”[②]。然而，依据印度外交的“同心圆”理论，印度一向将南亚和印度洋视为自家后院，因此对中国在南亚日益增长的影响力一向十分警惕和担忧。其中，中国与巴基斯坦长期以来的“全天候”伙伴关系一直是让印度感到不安的主要因素，正如

---

① 李益波：《印度与亚太安全：历史、现实和中国因素》，《世界经济与政治论坛》2008 年第 1 期，第 92 ~ 98 页。

② 孙兴杰：《帐篷对峙背后的中印“大国崛起”》，搜狐，2013 年 5 月 11 日，http：//star. news. sohu. com/s2013/chindia/。

布热津斯基所说："中国与巴基斯坦密切的军事合作……限制印度在南亚建立地区霸权从而成为中国的地缘政治对手的能力。"[①] 2013 年，谢里夫访华之际和中国签署了向中国购买两座大型核反应堆的合同，对此印度十分不满，除了通过核供应国集团向中国提出抗议外，印度外交部长库尔希德在接见中国新闻代表团时也曾对中国扩大其同巴基斯坦的核关系表示"严重忧虑"；印度前外长甚至把中国向巴基斯坦出售核电反应堆称作是中印两国战略互信减少的主要原因[②]。中国支持巴方对印度提出查谟和克什米尔地区的主权要求，放宽对克什米尔地区居民的签证发放，也让印度非常恼火。除此之外，斯里兰卡自 2009 年内战结束以来同中国越走越近，这同样令印度感到警惕。中国援助斯里兰卡建造了多个港口、高速公路和发电站等基础设施，其中包括 2013 年 10 月 5 日正式开港的斯里兰卡科伦坡南港。科伦坡南港是由中国招商局主导融资及建设的南亚地区迄今为止最大的深水港，而印度一直怀疑此港口会被用于军事用途。

很显然，无论是印度东进战略的推进，还是中国在南亚地区扩展影响力，都已经给对方带来了一定的压力和影响。中印都认为对方的地缘政治战略和安全军事合作隐含着针对自身的意图。在可预见的未来，中印在该地区的竞争还会更加激烈。但是，中印双方都应当意识到，在当前形势下，刻意地把对方排斥在自身所谓传统势力范围和区域合作机制之外，既不现实，也无助于解决问题。印度不希望自己被降格为"与巴基斯坦争高低"的地区国家，而中国也不希望在崛起过程中周边态势和外交环境持续恶化。解决问题的方式不能是彼此封堵对方的战略空间，而是承认战略空间重叠的客观事实和趋势，采取理性而积极的手段加以应对。中印都不希望出现对抗，而是保持竞争，因此，双方更需要通过加强双边对话机制和共同的区域合作，避免战略竞争上升为不必要的地缘冲突。

---

① 〔美〕兹比格纽·布热津斯基：《大棋局：美国的首要地位及其地缘战略》，上海人民出版社，1998，第 217 页。

② Baladas Ghoshal, India and China: emerging strategic partnership in the twenty-first century, Centre of Asian Studies, the University of Hong Kong, 2005.

（二）中印在印度洋的竞争

印度洋是中印双边关系中至关重要的一环。作为中印两国利益的交错点，近年来印度洋地缘战略地位凸显，同时也放大了中印双方对彼此在战略上的信任缺失和利益分歧。但是，鉴于目前的情况，中印并不太可能会因为印度洋发生直接冲突。

“中国进入印度洋”是中国海洋发展战略的重要组成部分，也是一个既成事实，尽管单纯从地理意义上来说，中国并非印度洋国家。进入 21 世纪以来，国际形势的变化和印度洋对于中国日益凸显的重要性，已经让中国走向成为太平洋和印度洋的“两洋国家”的道路。印度洋沿岸是中国主要的贸易路线和贸易通道，也是中国能源生命线之一，为了确保自己的正当利益，维护和平崛起的战略通道，中国必然需要加强在印度洋的活动。

中国在印度洋的行动和海军力量的提升使得印度深感担忧。印度一直是传统的印度洋霸主，将印度洋视为“印度的海洋”和核心国家利益所在之处。因此，印度将中国进入印度洋视为中国对印度海洋战略的挑战。除了担心中国海军在印度洋区域的行动会削弱印度在印度洋上的霸权外，中国和其他国家在印度洋上的合作也让印度感到不安。2013 年，巴基斯坦海军提议与中国举行联合海军演习，此事立即受到印度军方的密切追踪。印度也将中国近来与越南、菲律宾和日本等国家在海洋问题上的冲突升级视为中国可能会在印度洋地区寻求权力和影响力的“证据”。印度还将中国参与孟加拉国（吉大港）、缅甸（石兑港和可可岛）、斯里兰卡（汉班托塔）、巴基斯坦（瓜达尔港）和坦桑尼亚（巴加莫约港）等国家港口的建设解读为对印度的包围，2013 年 2 月，中资企业接手巴基斯坦西南部瓜达尔港的运营权，更是让印度媒体再度开始在“珍珠链战略”上大做文章。

因此，印度一方面加快步伐升级海军力量，加强与美、日等国的海上防务合作；另一方面，则通过加强与印度洋沿岸地区机制化的联系来达到制衡和牵制中国的目的。在 2013 年 11 月 1 日举行的环印度洋联盟会议上，印度和印尼、澳大利亚邀请美国作为对话国参与会议，此举显然有希望创造美国和印度洋地区国家对话的机制并通过各方形成的协议遏制中国行动的意图。

然而，印度洋之所以成为中印双边关系中继边界问题和贸易争端问题外的又一潜在热点问题，并不全然是因为两国的海洋战略目标有所冲突、双方试图争夺战略优势。与之相反，如今，尽管中印双方的海军力量都有了长足的长进，但客观地说，双方目前都没有足够的海上力量去达到战略目标，也没有哪一方能够在印度洋上建立真正的战略优势。实际上，中印双边关系中的印度洋关键词，与其说是“战略优势”，还不如说是“不确定性”和“担忧”。中国的主要担忧在于印度洋贸易和能源通道的安全，同时也担忧马六甲海峡、霍尔木兹海峡和曼德海峡等重要咽喉遭到封堵；而印度的主要担忧，正如前文所述，是其他国家（包括中国）在印度洋扩张其影响和追求大国权力，以及所谓的“珍珠链战略”对印度形成包围之势。此外，域外大国特别是美国在印度洋的介入，让这个地区的地缘政治形势变得更加错综复杂。尽管美国和印度在印度洋近年来强化合作打得火热，但美国也不希望看到印度的力量成长最终达到削弱美国影响而单独控制印度洋的局面，两国其实同样在印度洋存在矛盾、分歧和竞争。这就使得印度一方面想要借助美国来牵制中国，另一方面又不愿意单纯成为美国制衡的棋子。这些因素使得印度洋的地缘政治格局变得更加复杂，也让中印难以捉摸对方的底牌和战略底线。而中国尽管一直采取谨慎、合作的态度，但实际上还没有一个非常成型的印度洋战略，核心利益界定并不清晰。因此，尽管中国一再保证在印度洋的首要目标是确保物流网络和贸易的安全，而不是追求影响力和境外军事基地，却不能让印度感到信服。这些不确定性，才导致中印关系在印度洋问题上备受无谓的臆测、战略误判和“想象中的”海上军备竞赛的困扰。

但是，这种不确定性和担忧并不足以构成中印冲突和对抗的态势。在维持印度洋贸易通道和整个地区的和平与秩序上，中印两国其实有着共同的利益。环绕印度洋地区的国家具有“破碎地带”的属性，即印度洋沿岸的东南亚、中东和东非的国家大多是小国，并且缺乏统一为一个地缘政治实体即国家集团的力量。[①] 目前，印度洋唯一的泛地区多边组织仅有环印度洋联盟这一个，并且自 1997 年成立以来，实际发挥的作用有限。同时，印度洋地区沿岸国家又集中了大量“失败国家”，同时饱受武装冲突、恐怖主义、海盗、政治风险、海上领土纠纷、非法枪支走私、贩卖毒品和拐卖人口的困扰。[②] 此外，印度洋利益关系错综复杂，除了中、印、美、日等国家，俄罗斯和法国等其他国家同样也对印度洋虎视眈眈。因此，尽管印度力图控制印度洋，尽量试图排除其他国家插手该地区，但仅仅依靠印度是难以做到维持这个地区的力量均衡与和平稳定的。正如印度学者辛格所指出的那样，在印度洋上开始一场新的对抗既不符合中国利益，也不符合印度利益。目前，中国超过 85% 的石油进口要通过靠近印度海军部署的海上交通线。同样，印度 50% 以上的贸易需要通过马六甲海峡。这一事实应该成为两国维持海上安定的基础，而不是冲突的根源。在当今经济相互依存的情况下，“印度洋 - 太平洋”海域的管理需要该地区所有国家的参与，不能将任何一个国家排除在外。[③] 中国和印度在维持印度洋贸易通道安全的议题上并不乏合作的可能，双边合作能够平衡印度洋地区各方力量，而环印度洋联盟也同样需要中国这样的大国发挥力量，促进区域合作。近些年来，中印实际上都采取了较为谨慎的措施，避免放大敌意和造成误解。例如，2013 年 5 月印度宣布退出美日印三边海上军演，就是为了避免进一步刺激中国。在 2013 年 10 月的访华中，印度总理辛格在双方总理会谈后的声明里说：“作为遵循独立外交政策的相邻大国，印度和中国与其他国家的关系不能让对方感到担忧。这是我们的战略保证。”

中印势必还会在印度洋有长期的利益磨合过程，而在这个过程中，双方应当努力寻找共同利益和合作的途径与平台，因为一个和平的印度洋符合中

---

① 刘新华：《论中印关系中的印度洋问题》，《太平洋学报》2010 年 1 月。

② Amit A Pandya，Rupert Herbert-Burns and Junko Kobayashi，Maritime Commerce and Security：The Indian Ocean，The Henry L. StimsonCenter，Feb. 2011，p. 99.

③ ZORAWAR DAULET SINGH，China deterrence cannot come from Navy，《印度教徒报》2013 年 8 月 7 日，http：//www. thehindu. com/opinion/op-ed/china-deterrence-cannot-come-from-navy/article499 636ece。

印双方的利益。尽管分歧是不可避免的，但加强对话和交流可以减少无端的误读和臆测。此外，中国也可能需要在印度洋有更加明确的战略意图和目标，不应当过于被动，沿袭过去“采纳行动－遭到误读－澄清－遭到进一步误读”的过程，而应当更加积极地参与到区域的交流和对话中去，更加明晰地界定和主张自己在印度洋地区的正当权益。

（三）区域合作与“中印缅孟经济走廊”

在中印双边关系中，区域合作是具有潜力的领域。在这一领域，中印虽然有竞争，但也有着更多的共同利益。竞争主要是指东盟，中国有“10 + 1”、“10 + 3”和东盟自贸区；印度有“10 + 6”，也有正在谈判过程中的印度－东盟自贸区。正如前文所述，一方面，这是中印战略调整后利益空间重叠的一种体现，也是双方在多边机制中相互竞争影响力的一种体现；但另一方面，如今中国和印度都需要在区域和多边合作上寻找新的突破口。

近年来，中国在东亚地区推进多边合作的进程明显遭受阻碍，正在谈判或酝酿中的中日韩自贸区和 RCEP 区域经济合作一时都难以取得实质性进展。[①] 而对于印度而言，南亚区域合作联盟成立后南亚国家在经济合作领域和南亚地区停滞不前，也令印度感到失望。而在双方都很关注的东南亚地区，则出现了多个区域和多边组织“拥堵”的现象：该地区也是美国“亚太再平衡”、日本价值观外交、印度东向战略以及中国睦邻友好周边外交战略的标的。多重机制、多种力量竞相进入导致次区域合作出现机制拥堵，甚至是相互竞争、相互冲突。因此，中印一直试图在建立新的区域合作机制上有所突破。

在这种情况下，2013 年 5 月中国总理李克强访印期间，由两国领导人共同倡议建设的“孟中印缅经济走廊”为中印牵头的次区域合作注入了强大推动力，这也是 1999 年后一直发展缓慢、停留在学术层面的中印

① 高程：《中国需重估“以经促政”的周边外交》，《金融时报》2013 年 8 月 7 日，http://www.ftchinese.com/story/001051850? page = 1。

缅孟地区经济合作的重要突破。2013 年 12 月，孟中印缅四国在经济走廊四方联合工作组第一次会议上共同签署了孟中印缅经济走廊概念文件和会议纪要，正式建立了四国政府机构推进合作、共促经济走廊建设的工作机制。预计 2014 年年底在印度召开的第三次工作会议上，合作框架将会最终成型。

中印缅孟经济走廊直接相关地区除中国云南省外，还包括孟加拉国、缅甸两国以及印度西孟加拉邦、比哈尔邦等东北部各邦，总覆盖面积约 165 万平方公里，覆盖人口达 4.4 亿人。这一地区基础设施建设薄弱，严重制约了当地经济的发展和人民生活水平的提高，进而也滋生了一些社会问题。相关投资的引入，将对该地区基础设施建设有很大的提升，而中国的西南地区和印度东北部地区也将从中获益良多。此外，中印两国在该地区的非传统安全领域的合作很多，诸如反恐、能源、水资源、打击跨国犯罪、环境问题等。因此，中印缅孟经济走廊对于中印关系的真正意义，是在双方政策的调整过程中寻找区域合作的共同利益，同时也是中印新型经济合作的起点。

二　双边政治互信与边界争端

2013 年是中印高层交流非常频繁的一年。中国人民解放军副总参谋长戚建国于 3 月下旬访问印度，印度外长库尔西德则于 5 月 9 日至 10 日对中国进行正式访问。7 月初，印度国防部部长安东尼来华访问，落实中断了 5 年的第三次陆军联合演习等军事交流计划。但是，本年度最重大的中印双边关系进展，莫过于中国和印度的总理实现了年内互访，这是 1954 年周恩来和尼赫鲁总理的互访后两国总理首次实现年内互访。自从 2003 年瓦杰帕伊访华中印双方发表《中印关系原则和全面合作的宣言》将中印双边关系定义为“长期建设性合作伙伴关系”以来，这是中印双边关系的又一重大标志性事件，也见证了中印双边高层增进政治互信的努力。然而，2013 年初发生的“帐篷对峙”事件，再次证明中印关系的最大发展阻碍和最大的分歧依然莫过于边界和领土争端。10 月中印双方签署的《边界防务合作协议》

(Agreement on Border Defence Cooperation)，尽管并不能称为巨大突破，但依然是中印双方决心通过政治手段解决边界问题的一个有力证明。

（一）中印双方增进政治互信的努力

2013年5月，中国总理李克强访问印度。在和印度总理辛格会谈后发表的联合声明中，中印双方特别强调，中印“视对方为互利伙伴，而非竞争对手”，双方签署了八项双边协议，包括污水处理、水资源管理、图书翻译，以及两国城市互结友好城市等。联合声明还说，双方讨论涉及的领域包括扩大民用核能项目、加强海上安全合作、举行联合军事演习以及简化签证手续等。访问期间，李克强总理在印度主要报纸《印度教徒报》（The Hindu）发表署名文章《越过喜马拉雅山的握手》，指出中国和印度应“同心戮力”，推动亚洲成为“世界和平之锚”①。

10月23日，中国总理李克强与印度总理辛格会谈后，签署了9项合作文件，内容涵盖了防务合作、道路运输、跨境河流、电力设备、文化交流、那兰陀大学以及建立友好城市等方面。辛格在北京的会谈后发表声明说：“我们一致同意，印中两国25亿民众的繁荣与发展将是亚洲复兴和全球繁荣稳定的重要因素。作为重新崛起的大国的领导人，要在快速变化、动荡不安的全球环境中寻求社会经济发展，我们决心实现两国合作的全面承诺，保持最友好的关系。这是我们的战略愿景。”

中印双方为了增加彼此之间政治互信而做的努力，是基于两者国家利益的现实诉求。作为发展中大国，目前，中印双方首要目标都是发展经济、壮大自身实力与和平崛起，因此谋求稳定的国际环境和周边环境是双方的共同诉求。两个国家的崛起也面临着相似的制约因素，即在进入国际体系、谋求与自身实力相匹配的国际地位的过程中，一方面要转变角色，成为全球事务的积极参与者，承担更多的国际责任；另一方面则还需要面对西方大国的警

① 李克强：“A handshake across the Himalayas”，《印度教徒报》2013年5月20日，http://www.thehindu.com/opinion/lead/a-handshake-across-the-himalayas/article4730374.ece?ref=relatedNews。

惕和施压。两国都希望建立有利于贸易和发展的公平的国际体系。为了达到这个目的，中印彼此之间的合作是必不可少的。

1. 国际秩序

中印同为金砖国家和新兴发展中大国，一方面得益于现有的国际秩序，希望维持总体周边环境的安全和稳定；但另一方面，中印双方也都希望建立更加公平的国际秩序，减少崛起过程中遭遇的外部阻力。以往，在国际秩序和全球事务中，印度更倾向于参与多边机制，而中国则倾向于通过双边的形式。如今，中印双方开始通过建设新的多边机制来寻求新型国际秩序。例如，2013 年第五届金砖国家首脑峰会决定建立金砖国家开发银行、应急储备库等多边合作机制，这是新兴市场国家构建国际秩序的一次尝试，中印之间的共识与信任是推进这一机制发展的重要基础。

2. 全球治理

在能源安全、贸易规则、非传统安全等全球治理问题上，中印两国有着相似的立场，即同样希望和平地争取发言权，谋求发展中国家利益。这是中印双方在国际事务上展开合作的基础，而双方的共同利益使得这种合作成为多层次和全方位的。典型的例子就是中印在当前的《联合国气候变化框架公约》和《京都议定书》框架下发达国家与发展中国家分担责任的议题上有着相似的立场和共同的利益。自 2009 年哥本哈根气候变化大会开始，由于发达国家在未来温室气体减排目标的议题上极力推卸历史责任，对于切实兑现承诺减排并向发展中国家提供资金和技术支持缺乏政治意愿，以中印为首的“基础四国”便共同合作，保护发展中经济体免于贸易壁垒和碳减排目标的冲击。2009 年西班牙巴塞罗那联合国年度第五轮气候变化谈判时，印度代表普罗迪托·宫什（Prodipto Ghosh）甚至说：“在气候变化谈判中，如果不看代表的脸，你根本分不清是中国代表还是印度代表在说话。我们就是这么一致。”[①] 在 2013 年的华沙会议上，欧美国家试图将“共同但有区别

① 《印度支持中国气候立场》，网易财经，2009 年 10 月 30 日，http://money.163.com/09/1030/18/5MT3RJ4S00252G50.html。

的责任”原则从新协议中“踢出”，此举也遭到以印度和中国为首的发展中国家的强烈抵制，中印坚持发达国家和发展中国家应承担不同减排责任的立场，最终迎来了妥协解决的决议。

3. 地区安全事务、反恐及非传统安全议题

在地区事务方面，中印关系的持续发展可以在东亚制衡美日联盟产生的影响。同样，在反对恐怖主义和非传统安全问题上，中印有很大的合作空间。2013 年 4 月 18 日，中国和印度首次就阿富汗问题进行了磋商。由于西方国家将从阿富汗撤离，在阿富汗拥有最多的经济投资的中国和印度势必在阿富汗问题上体现出大国负责任地管理区域秩序的能力。事实上，在这次对话之前，中印就阿富汗问题已经举行了一系列双边和多边对话。在 11 月新德里举行的第 12 届中印俄外交部长会议上，三国外长都肯定了阿富汗问题上三国是彼此不可或缺的合作伙伴，将齐心协力应对（“jointly crack down”）地区恐怖主义问题。[①] 2013 年 11 月，中印双方举行反恐联合训练，凸显两国政府增进相互理解的共同愿望。

（二）边界和领土争端依然是双边关系的主要问题

自从 2003 年中印建立边界问题特别代表会谈机制以来，中印政府一直都为了建立互信和确保关系正常发展，设法淡化边界争端，避免任何对抗事态升级。然而，2013 年初发生的“帐篷对峙”事件，再次证明中印关系的最大发展阻碍和最大的分歧依然莫过于边界和领土争端。

1. 帐篷对峙事件

2013 年 4 月 15 日，印度有关部门和媒体声称约 50 名中国军人在喜马拉雅地区拉达克地区印度一方距边界约 10 公里处设立了一个哨站，并打出中英文横幅，上面写着“这是中印领土实际控制线，你们现在已经进入了中国领土”。此事在印度国内引起一片哗然，参谋总长前往边界地区视察，国

① “After RIC meeting, China backs Pak on terror”，《印度教徒报》2013 年 11 月 23 日，http：//www. thehindu. com/news/international/after-ric-meeting-china-backs-pak-on-terror/article5342608. ece。

防部长声言保护领土与主权完整，还有印度媒体报道印度山地作战的部队向对峙地区移动。中印两方的多次“国旗会谈”也未收到成效，双方军队持续僵持。这场“帐篷对峙”持续了20多天，直到5月5日两国军队向后撤退到对峙前的原点才暂时告一段落。

这次“帐篷对峙”发生的具体地点位于中国阿克赛钦地区与拉达克地区交界的缓冲区，中印双方对实际控制线理解存在分歧，因此该地区也是中印双方边防部队摩擦多发地。在“帐篷对峙”事件之前的2009年，印度也曾声称印方在拉达克地区修建公路的行动因“中国军队的阻挠和反对而停工”。

尽管有印度媒体认为“帐篷对峙”是1987年中印发生小规模边界冲突以来中印最严重的对峙事件之一，但应当说，此事本身并没有达到“接近战争爆发状态”那样耸人听闻的地步。相比媒体和民间的激烈态度，中印两国政府在发生对峙事件之后，都保持了克制和冷静。中国明确传达了两个信息：中方尊重和遵守中印边界地区的实际控制线；中国边防部队没有越过实控线。而印方政府也一再表态，认为事件可以和平解决。因此，虽然边界剑拔弩张，但官方的接触却从未中断，中印双方通过有关机制、外交以及边防会晤等渠道保持了密切的沟通与磋商，并最终达成了事件的和平解决，为印度外长访华和李克强总理访问印度铺平了道路。随后，2013年6月，中印边界问题特别代表第16轮会晤在北京举行，这是中国新一届政府成立以来中印边界问题的第一次正式谈判。

应该特别强调的是，无论外界如何渲染中印边界事态的严重性，中印领土争端与中日钓鱼岛争端的性质完全不同。总体而言，现有的争端和分歧是可以通过政治手段和互谅互让解决的。那么，为什么“帐篷对峙”事态会被渲染得如此严重呢?

首先，“帐篷对峙”反映了中印边界问题的复杂性。自2005年温家宝总理访问印度时，中印已经达成了《关于解决中印边界问题政治指导原则的协定》，划定了解决边界问题的基本框架和行动方针，确定了边界问题“政治解决”的基础，确保了实际控制线两侧的基本和平。除通常外交渠道以外，两国还开通了多个特别对话机制，包括中印边界问题副部级官员会谈、中印边界问题联合工作小组会谈等。2012年初，在中印边界问题特别代表第15次会晤时，双方还正式签署了《中华人民共和国政府和印度共和国政府关于建立中印边界事务磋商和协调工作机制的协定》，由两国外交部门司局级官员牵头，双方外交和军事官员组成。然而，中印边界的划定涉及的问题，远非确定政治指导原则和基本方向就能解决，这只标志着中印边界谈判完成了第一阶段的工作。第二阶段是划定解决边界问题的框架，第三阶段是实际标界画线，这两个阶段涉及更多对双方核心利益的界定、对历史问题的争议，谈判也会受到更多复杂因素的影响。虽然正如辛格在会谈声明中表示的那样，中印双方在维持边界地区和平安宁问题上是有共识的，双方都同意边界问题不应影响中印关系整体发展，真正解决边界问题是中印两国建立政治互信的重要基础，但中印边界问题涉及近13万平方公里的领土，事关两国核心利益，牵扯太多复杂的历史、政治因素，至今未能取得突破性进展。实际上，中印双方谈判已经进行了16轮，但自2006年以来，双方都采取了比以往更加强硬的态度和立场，这固然有外界因素的影响，但同样证明了其艰巨程度比起第一阶段来说不遑多让，甚至有过之而无不及。

其次，中印边界问题的解决，也受到两国国内政治压力的影响。但是，相对而言，印方面临的国内压力要大于中国。一方面，边界问题涉及1962年的中印边界战争这一印度人绕不开的“心结”。1962年印度耻辱性的惨败，至今依然极大地影响着印度人心目中的中国形象；对中国的不信任感深深扎根在印度人心中，印度国内上至政治家下至普通百姓中不少人都认为中国必然是对抗主义和好战的，会为了达成目标不惜动用武力。[①] 另一方面，中国近年来国力与军事实力与日俱增，在地区和全球事务中的影响力也随之不断上升，这使得印度的政治决策者和公众都开始感到焦虑，对中国可能构成的对印度自身利益的挑战，抱有强烈的甚至过度的敏感，甚至认为中国从能源供给、联合国席位到巴基斯坦问题上都是故意在给印度造成麻烦[②]，中国的和

① Baladas Ghoshal, “China's Perception of ‘Look East Policy’ and Its Implications”, *IDSA Monograph Series*, No. 26, October 2013, p. 12.

② Brahma Chellany, “Is China itching to wage a war on India”, *Far Eastern Economic Review*, Hong Kong, September 06, 2009.

平崛起也被解读为战略“威胁”①；这使得印方容易错误夸大中方的威胁程度。除此之外，印度近两年来经济萎靡不振，2013～2014 财年第一季度（4～6 月）经济增速仅为4.4%，为2008 年以来的最低，同时通货膨胀持续上升，民众生活水平受到严重影响。在国内环境不尽如人意的情况下，民众的不满极其容易转而寻找民族主义的发泄渠道，而印度国内的反对党与媒体也抓住了这一机会，大肆炒作，把“帐篷对峙”事件当作向执政党施压、获得政治利益的工具，如古吉拉特邦首席部长莫迪等人，便公开痛斥政府在事件过程中保持克制和冷静的政策是对华“软弱”②。媒体和反对党的煽风点火，导致 2013 年4 月 27 日印度总理辛格就边界问题发表谈话时不得不再三警告印度媒体不要恶意炒作和挑拨中印关系。这种国内的政治与舆论环境，使得印度的外交屡屡受制于内政。迫于国内压力，印度当局在边界问题上缺少解决问题所必需的互谅互让精神，作为既得利益方，却不能松动立场，使得中印双方至今无法在达成一揽子方案上达成统一。

最后，这一事件也反映出中印政治互信的基础并不坚实。一方面，中印签署了边防合作协议；另一方面，双方在边界上的军事能力却在增强。中国发展了争议边界附近的基础设施，而自 2006 年以来，印度也在逐渐加强边界防务，企图弥补基础设施的不足。2013 年 7 月，印度政府在拉达克区域组建一支约 5 万兵力的作战部队，并且计划建立新空军基地。这显示出印度和中国对彼此依然持有高度的戒备心态，印度未来依然会加强对中国的军事防范。11 月，印度总统访问所谓“阿鲁纳恰尔邦”，这是 5 年内印度第二位总统到访“阿鲁纳恰尔邦”，上任总统帕蒂尔曾在 2009 年前往该地区。而印度现任总理辛格曾于 2008 年 1 月视察“阿鲁纳恰尔邦”。2009 年 11 月，印方甚至不顾中国的强烈抗议，同意达赖喇嘛访问达旺。这些事件都一再动摇着中印互信的基础。

---

① Ashok Kumar Mehta，China's Peaceful Coercion，The Economic Times，Oct19，2011.

② Sreenivas Janyala，“Citing Pak，China，Narendra Modi attacks ‘soft’ UPA，woos TDP”，《印度快报》2013 年 8 月 3 日，http：//www.indianexpress.com/news/citing-pak-china-narendra-modi-attacks-soft-upa-woos-tdp/1154224/。

总体而言，尽管中印关系呈现的是平稳发展的势头，但边界争端依然会是中印关系中最大的不确定性因素。历史遗留问题和现实地缘政治的动向都会持续影响边界争端的解决，而只要边界问题未能最终解决，依然有可能发生“帐篷对峙”这样的事件，影响和阻碍中印关系的发展。

2.《边界防务合作协议》的签署

2013 年 10 月，中印双边会谈签署了《边界防务合作协议》（Agreement on Border Defence Cooperation）。这是继 1993 年《关于在中印边界实际控制线地区保持和平与安宁的协定》、1996 年《关于在中印边界实控线地区军事领域建立信任措施的协定》、2005 年《解决中印边界问题政治指导原则的协定》后，中印双方签订的又一份关于边界问题的重要协议。

这份协议的动议是由中国在中印双边防务对话中首次正式提出的，起初印方对此态度较为消极。而在“帐篷对峙”事件后，从内阁安全委员会到国防部、外交部等相关机构，印方对协议展开了广泛审议与密集研讨，并在经过四次的往返磋商后，和中方最终达成了一致。这份协议重申了两国先前的承诺，旨在确保双方在界限不清的边界的巡逻不会升级为军事对抗。其重点内容包括：

（1）双方军队应当及时交换军事训练等各方面信息，并采取相应手段以确保实际控制线的和平、稳定与透明。

（2）双方军队应当通过相关军区人员和双方负责军事作战部门之间定期会晤确保边界防务合作的实施。

（3）为便利双方的接触与会谈，加强边防代表团互访和增加边防人员会谈会晤频度，应商讨确定新增的会谈会晤点，并在双方实际控制线两侧设立电话和电报联系，在两军总部建立热线。

（4）如果两国军队在中印边界实际控制线理解不一致的地区形成对峙局面，双方应保持最大限度的克制，不动用武力。

（5）两国军队应避免互相跟踪，以尽量减少对抗。

从内容上可以看出，这份边防合作协议的内容基本上是对 1993 年、1996 年协议的补充和落实，更加偏重危机管控的色彩。尽管许多分析家对边界防务合作协议评价不高，认为这只是老调重弹，但这份协议说明中印关系的确已经趋于成熟：除了传统的外交渠道，双方决定更加重视两军间的信任建设，强调军队的自我控制；同时，协议也显示出中印愿意通过对话、沟通、商议和权衡来解决边界与领土争端的原则。但另一方面，这份协议之所以产生和存在，也从侧面证明之前中印双边的边界协议在具体落实方面其实做得不够充分。正如印度中国问题专家谢刚（Srikanth Kondapalli）所说，这份协议能否起到作用实际上依然取决于双边关系的状态。①

同样，边界问题也还在持续影响着中印双方关系在其他领域的正常发展。印度总理辛格 2013 年 10 月访华时，本拟签署放宽对中国公民赴印签证限制的谅解备忘录，把对商务签证的限定由“半年有效、90 天停留”改为“一年有效、半年停留”，同时，对“项目签证”的审理（由印度内政部负责）在一个月内完成。然而，在辛格出行前，印方单方面取消了这份谅解备忘录的签署，并将此归咎于中国，理由是中国之前向阿鲁纳恰尔邦的两名射击运动员发放“另纸签证”，导致他们赴华比赛受阻。鉴于这种“存在争议的现状”（disputed status），签证的便利化也被推迟。② 中国的印度专家认为，如果总体上是商务、文化关系的签证问题无法与边界领土问题脱钩，那么“印方所谓欢迎中方投资，愿意在印设立中国工业园区等，势必流于空谈”③。然而，在可预见的未来，只要双方的国内环境没有大的改变，边界问题必然会与中印关系中其他领域的交流挂钩，并且持续影响双边正常的经贸往来与文化交流。

① 《中国和印度签署边防合作协议》，《华尔街日报》2013 年 10 月 24 日，cn. wsj. com/gb/20131024/bch101030. asp。

② “Arunachal stapling：India calls off signing visa deal with China”，http：//www. indianexpress. com/news/arunachal-stapling-india-calls-off-signing-visa-deal-with-china/1184468/.

③ 毛四维：《中国与印度的签证故事》，http：//www. glocal. org. hk/articles/32568。

三 中印经贸关系的现状和前景

中印双边整体经贸关系加强是2005年以来的大趋势。贸易壁垒的减少和双方的经济增长，使得贸易、投资和经济技术上的双边往来有极大发展。2013年8月8日，中印之间最大的电站工程，也是目前世界上一次投资建设的最大的电力工程项目，合同金额27亿美元的印度KMPCL6×600兆瓦机组并网发电一次成功。这见证了一个重要的事实：相比20世纪90年代前两国每年只有数亿美元贸易额、相互依存度极低的情况，如今的中国和印度在相当程度上支持着彼此的经济崛起。与20年前相比，如今即使受到领土争端、安全战略分歧以及防务竞争等多重因素的干扰，中印两国间的经贸关系仍然是双边关系保持基本稳定的最关键因素。

但是，随着经贸往来的不断升温，新的问题也随之出现。中印之间贸易额剧增的10年，同样也是印度对中国贸易逆差急剧增长和双方贸易争端不断增加的10年，双方经贸关系中的不对称性日益凸显，已经成为一个政治和外交上的议题。而2012年以来，由于世界经济整体不景气和印度经济增长放缓的影响，中印双方的经贸下跌幅度较大，连续多个月呈同比下滑态势，被认为进入了“瓶颈”阶段。而尽管中印双方都希望通过加强合作、减少贸易不平衡来增强互信，但双方还需要付出更多的努力来实现这一美好愿景。

（一）商品贸易下滑趋势明显

随着2000年以来中印两国经济的快速增长，中印两国经济关系也有着长足发展。2002年，中印双边贸易总额仅有50亿美元左右，2011年已升至730亿美元的历史纪录，同比上升19.71%（此前一年更同比增长42.66%，创历史最大增幅）。在不到10年的时间里，中国已经超过了美国、加拿大和日本，成为印度第二大贸易伙伴，而印度则是中国在南亚地区第一大贸易伙伴。

2013年5月，李克强总理访问印度时，两国同意努力实现2010年时任国家主席胡锦涛访问印度期间为两国设定的2015年的双边贸易1000亿美元的目标。然而，与美好的愿景相对应的是，2012 年，中印双边贸易总额却出现大幅回落。据印度商业信息统计署与印度商务部统计，2012 年，印度对中国双边货物贸易额为 687.9 亿美元，相比 2011 年下降了 7.6%。其中，印度对中国出口 148.5 亿美元，下降 22.3%；印度自中国进口 539.4 亿美元，下降 2.5%。[①] 这在中国近年来对世界主要经济体的双边贸易走势中极为罕见。2013 年，双边贸易额下降的趋势依然在继续，1～9 月，印度与中国双边货物贸易额为 478.8 亿美元，下降 8.6%。其中，印度对中国出口 94.8 亿美元，下降 18.5%；印度自中国进口 384.0 亿美元，下降 3.2%。[②] 中国在印度对外贸易中所占的整体比重也有所下降（见图 1）。不过，尽管下滑趋势明显，2013 年 1～9 月，中国依然是印度第一大进口来源地。

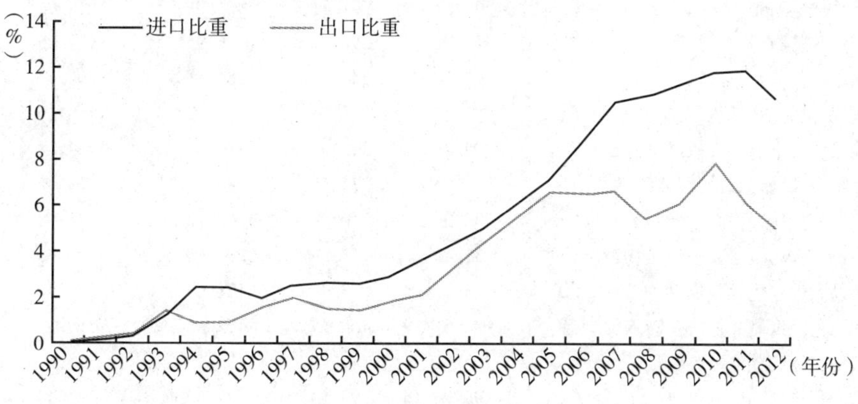

图 1　中国在印度对外贸易中所占比重（占总量的百分比）

资料来源：IMF。

就贸易结构而言，印度对中国出口的产品依然以原材料和矿产品为主，其中棉花、矿产品、铜及其制品、有机化学品是印度对中国出口的主要产品。2012 年，这几项产品分别占印度对中国出口总额的 18.0%、14.8%、

① 中国商务部：《2012 年印度货物贸易及中印双边贸易概况》，http：//countryreport. mofcom. gov. cn/record/view110209. asp？ news_ id = 32986。

② 中国商务部：《2013 年 1～9 月印度货物贸易及中印双边贸易概况》，http：//countryreport. mofcom. gov. cn/record/qikan110209. asp？ id = 5802。

6.9%和4.1%。[①] 然而，矿产品及铜制品这两项主要出口产品从2010年开始大幅度下滑，2012年同比出口额分别下降41.7%和32.6%，截至2013年，同比出口额又下降了54.0%和43.4%，这也同样是中印双边贸易额下滑的主要原因之一（见表1）。

表1　印度出口中国的主要产品及贸易额

单位：百万美元

商品类别	2010年	2011年	2012年	2013年(1~8月)
矿砂、矿渣及矿灰	5570.04	4767.11	4614.72	1897.67
棉花	1265.67	1891.02	4020.71	3410.51
铜及其制品	544.67	2679.53	2019.93	2010.97
矿物燃料、矿物油及其产品;沥青等	101.96	825.14	1173.19	326.08
有机化学品	509.62	701.81	901.95	1019.64
塑料及其制品	312.22	399.72	616.95	629.05
钢铁	307.14	748.61	581.28	300.43
盐;硫黄;土及石料;石灰及水泥等	276.80	371.74	481.92	608.15
核反应堆、锅炉、机械器具及零件	305.48	312.62	381.64	434.85
动植物油、脂、蜡;精制食用油脂	175.04	234.57	344.54	378.32
电机、电气、音像设备及其零附件	232.09	272.07	303.28	244.58
虫胶;树胶、树脂及其他植物液、汁	31.40	53.36	204.03	275.35
鱼及其他水生无脊椎动物	213.26	273.72	176.08	170.52
加工羽毛及制品;人造花;人发制品	87.67	100.67	173.91	159.87
食品工业的残渣及废料	101.62	244.40	127.75	5.57
杂项化学产品	96.23	93.51	121.17	123.12
光学、照相、医疗等设备及零附件	104.60	85.53	118.48	140.27
珠宝、贵金属及制品;仿首饰;硬币	434.80	83.18	118.20	87.69
无机化学品	109.99	169.35	107.82	41.79
车辆及其零附件,但铁道车辆除外	29.34	50.62	106.90	91.47

资料来源：Ministry of Statistics and Programme Implementation of India。

与此相对，印度自中国进口的商品则主要是制成品。2012年，印度从中国进口的机电产品、机械设备、有机化学品、文物制品和肥料五大类商品

① 中国商务部：《2012年印度货物贸易及中印双边贸易概况》，http：//countryreport. mofcom. gov. cn/record/view110209. asp？news_ id =32986。

合计349.2亿美元，占自中国进口总额的64.8%。其中，最重要的是印度从中国进口的电力设备。自中国电气厂商2004年大规模进驻印度市场以来，2012~2017年已开工建设的7.6万兆瓦装机容量中，超过60%的设备由中国制造商提供。目前，包括上海电气、东方电气和哈尔滨电气等中国主要火电设备供应商都已进入印度市场，成为信实集团（Reliance）、阿达尼电力（Adani）和金达莱（Jindal）等印度私有电力集团的重要供应商。除上述产品外，印度自中国进口的主要商品还有珠宝及贵金属制品、钢材、船舶、光学仪器制品、塑料制品、家具和纺织品等（见表2）。

从以往的数据来看，自2005年以来，中印双边的这一贸易结构并没有太大改变。印度出口原材料到中国，而中国出口电子和机械产品等制造品到印度。相较印度出口到中国的商品而言，中国出口到印度的商品有更高的附加值。事实上，中印双方贸易额的增长，也正是来自中国对铁矿石等原材料的巨大需求和印度国内消费市场与工业部门对制成品的需求，这正好体现了两个国家在快速增长时期不同的特点与经济结构。

表2　印度自中国进口的主要产品及贸易额（2010年至2013年8月）

单位：百万美元

商品类别	2010年	2011年	2012年	2013年(1~8月)
电机、电气、音像设备及其零附件	9667.06	11857.72	14183.07	13984.34
核反应堆、锅炉、机械器具及零件	6173.98	7699.90	10143.52	10007.00
特殊商品	2107.46	3181.56	5062.51	3708.82
有机化学品	3009.97	3853.42	4384.81	4946.74
肥料	401.17	1517.44	2596.01	2999.70
钢铁	814.44	1986.38	1855.49	1495.32
钢铁制品	858.19	1178.18	1543.59	1476.78
船舶及浮动结构体	407.96	1213.39	1380.07	682.81
塑料及其制品	517.88	855.71	1057.69	1133.91
车辆及其零附件，但铁道车辆除外	473.58	733.65	993.32	969.19
光学、照相、医疗等设备及零附件	443.90	655.40	941.53	999.66
珠宝、贵金属及制品；仿首饰；硬币	279.56	685.02	935.42	197.53
矿物燃料、矿物油及其产品；沥青等	382.36	654.30	791.87	295.45
无机化学品	452.64	533.45	776.64	687.17
家具	258.45	401.30	560.89	589.22

资料来源：Ministry of Statistics and Programme Implementation of India。

中印贸易额下滑，是多种原因造成的。

首先，这受外部宏观经济大趋势的影响。双边贸易发展空间受到了萧条的经济环境、印度国内通胀和改革停滞导致的经济增速放缓等因素拖累。

其次，印度开始逐步加强对本国原材料产品出口的限制，对中印双边贸易额的增长造成了较大的负面影响。这是由于印度国内对原材料的需求增加，加上民族主义情绪的影响（印度国内有舆论认为，中国从印度进口原材料，出口制成品给印度，是“新殖民主义”①）。铁矿石、铜和棉花这三类产品的出口都遭到了来自印度国内的限制，尤其是铁矿石受到的影响非常严重。自2010年以来，印度已经采取至少三种方式变相限制铁矿石出口到中国，并一再提高铁矿石的出口关税，其主要理由是，由于印度国内铁矿石的产量下降，要首先满足国内钢铁业需求。2013年12月，印度工商业联合会（ASSOCHAM）还呼吁政府对铁矿石球团矿征收30%的出口关税，以确保国内钢厂得到充足的原料供给②。同时，印度还在“严查出口中国的非法开采矿石”③。印度年均消费约60万吨铜，因此生产的铜多数出口至中国，而在2013年3月，印度关闭了国内最大的铜冶炼厂 Sterlite Industries。2012年10月，印度实施的棉花出口登记证制度也让棉花出口出现下降。尽管铜和棉花受到限制而出口下降的幅度没有铁矿石那么大，但总体而言也影响了中印贸易额的增长。

（二）贸易逆差成为“政治议题”

正如前文所述，过去10年间，与中印双边贸易额一同增长的还有印度

---

① 司乐如：《印度的安全保护主义与中国》，《南亚研究》2013年第2期。

② ASSOCHAM：Impose 30% export duty on iron ore pellets & ensure its availability to domestic steel industry，ASSOCHAM，2013年12月20日，http：//www.assocham.org/prels/shownews.php?id=4306。

③ TNN：CBI files criminal case against 3 top mining officers，2013年12月17日，http：//articles.timesofindia.indiatimes.com/2013-11-09/bhopal/43853706_1_illegal-mining-mining-company-mining-baron。

对华贸易逆差。据中方统计，2012 年，印度对华贸易逆差达 288.7 亿美元，比上年增加了 17.9 亿美元。[①] 而印方则宣称，2012 年，印度对中国的贸易逆差为 390.9 亿美元，增长 8.0%。截至 2013 年 9 月，印度对中国的贸易逆差为 289.2 亿美元，下降 1.1%，但依然是 10 年前水平的 30 多倍（见图 2）。[②]

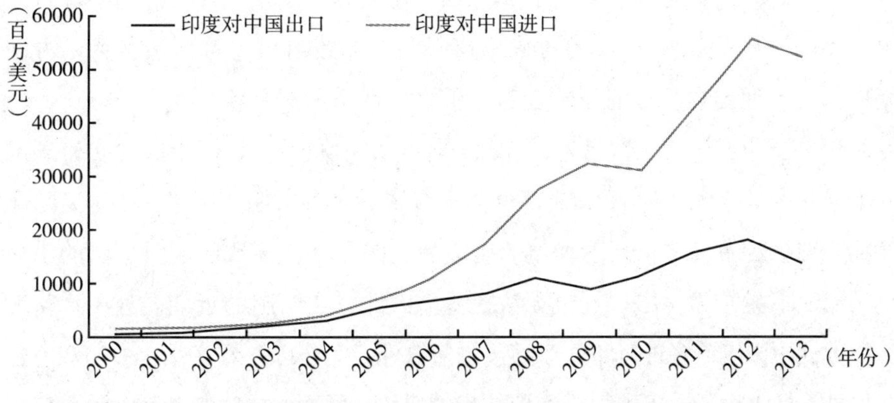

图 2　2000 ~ 2013 年中印贸易增长与贸易逆差

资料来源：CEIC。

应当看到，印度并非只是对中国存在贸易逆差扩大的问题。印度 2012 ~ 2013 财年贸易出口总额为 3003 亿美元，进口总额为 4919 亿美元，贸易逆差总额为 1916 亿美元。对包括中国、澳大利亚、伊拉克在内的 80 个国家存在贸易逆差。其中前 10 位的国家占印贸易逆差总额的 76.5%，包括中国、瑞士、沙特、伊拉克、科威特、卡塔尔、委内瑞拉、尼日利亚、澳大利亚和印度尼西亚。然而，贸易逆差目前是印度经常项目赤字不断扩大的主要原因。据印度政府估计，上一财年该国经常项目赤字占国内生产总值（GDP）的比重约为 5%，直接导致卢比对美元贬值一再创下新低，在吸引投资方面给印度带来了巨大压力。印方认为，“如此不平衡的贸易长期来看是难以持

① 中国商务部，http：//data. mofcom. gov. cn/channel/trade/trade. shtml。

② Ministry of Statistics and Programme Implementation of India.

续下去的"①。由于中印经贸往来事关两国建立互信的基础，逆差的持续拉大已经成为一个"政治问题"，也是2013年中印双边会谈的一个被多次谈及的重要议题。李克强总理对印度展开正式访问时也曾经表态，中国从来无意追求贸易顺差，唯有动态贸易平衡对两国而言才是可持续的做法。

中印之间贸易逆差扩大的直接原因，主要是印度加大了对原材料和资源类产品（特别是铁矿石）的对华出口限制，导致出口总额下滑；另一方面是中国对印度出口尽管有下滑趋势，但总体而言相对平稳。

但是，印方认为，贸易逆差无法缩小的根本原因，是因为中方在市场准入上对印度具有优势的IT和制药产品等设置的过多限制；同时，中国又从印度购买初级产品，再将高附加值的制成品返销印度，导致印度对中国的出口结构迟迟不能升级，出口规模无法提升。因此，在两国的近期会谈中，印方屡屡敦促中国应更多进口印度产品，包括软件、医药以及农产品，中印双方也在信息等行业签订了多项促进经贸往来的协议。然而，中国制造品大量出口到印度市场上的原因，正如前世行高级经济学家高路易（Louis Kuijs）所言，归根结底依然是"中国的制造业部门太过于强大，印度难以与之竞争"（China has this overpowering manufacturing sector and it is hard for India to compete）②。

就目前而言，要改变中印贸易失衡的现状，无非几种办法。一种是印度加大对华出口。如果印度放松对资源产品出口的限制，增加产能，那么出口额显然可以迅速提升。然而，在目前印度严格限制对华出口的政策环境下，这一点已经很难实现。在其他领域，中印制成品结构相似，不具备太高的互补性；而印度纺织品等传统行业缺乏竞争力，生产不出相对中国产品在价格或质量上有优势的产品，中国市场对印度产品也缺乏兴趣和认知。而印度看好的药品和信息外包等领域，短期内快速增长的空间有限。即便塔塔咨询服

① SUJAY MEHDUDIA, Widening trade deficit with China not sustainable,《印度教徒报》2013年8月23日，http://www.thehindu.com/business/Economy/widening-trade-deficit-with-china-not-sustainable/article5160816.ece。

② AMOL SHARMA: Trade Gap Strains India-China Ties，《华尔街日报》2012年8月3日，http://online.wsj.com/news/articles/SB10000872396390443687504577563542149677000。

务公司（Tata Consultancy Services）这类大型信息技术外包公司能够很快在中国打开市场，但仅靠药品进口和软件外包等提升印度对中国的出口，恢复贸易平衡，显然并不现实。

另外一种办法是通过政策手段减少中国对印出口，强行恢复贸易平衡。这实际上是印度正在采取的方法之一。最近几年，印度对中国发起的贸易救济案件波及钢铁、化工、纺织服装、机械、汽车零配件、光伏产品等多个领域且手段趋向多样化。继 2010 年以安全审查为由禁止本国运营商购买中国电信设备后，2012 年 8 月印度电信部在起草的战略合作报告中，又建议与中国的合作仅限于电信制造业，同时把基础设施和宽带网络等关键业务保留给美国、日本、韩国等“无争议国家”，并且加大对中国电信设备制造商的审查。[①] 此外，由于大量进口中国电力设备，对其本土电力设备企业造成巨大压力，2013 年初，印度又对来自中国的电力设备征收 20% 的关税，这沉重打击了中国电力设备的对印出口。

目前，中印双方正在努力倡导并推动的第三种方式，是加强双边投资平衡贸易，特别是通过加大中国对印度的直接投资，即就地生产，就地销售，减少逆差和带动印度本国制造业升级；印度也可通过“特区”方式吸引中国的投资。这是工业国家平衡贸易经常采用的手段，通常也受到贸易逆差国的欢迎。然而，中方想打开印度投资市场局面，目前同样存在许多政策和投资环境方面的多重障碍。

由此可见，要改变中印贸易失衡的现状，并不能停留在相互指责和通过政策手段制造贸易壁垒上。贸易失衡源自两国的产品结构、工业发展水平和比较优势，并不只是一个市场准入问题。相对于受困基础设施不足和投资不足的印度本国制造业，中国的工业产品在质量和价格上都有优势，这种状况在印度制造业得到更充分发展前难以得到根本性扭转。要改变现状，印度不应该增加进口的障碍，而是首先努力减少增加本国出口的障碍，例如通过放

① 《印度电信部报告明文限制中国企业　欢迎美日韩》，《环球时报》2012 年 8 月 29 日，http：//world. huanqiu. com/exclusive/2012 -08/3078280. html。

低投资门槛引入外资和改革劳动法规以提高制造业的竞争力，提高自己产品的附加值，丰富出口的产品结构。

（三）直接投资短期内难以改变失衡现状

相比中印双边贸易，尽管中国对印度的直接投资增长很快，但总体规模并不大。2012 年，中国对印度的非金融直接投资额存量为 7.25 亿美元，增量仅仅约为 1.54 亿美元，还不到 2012 年日本对印投资的 1/16（见图 3）。印来华设立非金融类投资项目 800 个，实际投资存量 4.86 亿美元。2012 年，印度在华投资新设企业 77 家，同比下降 40.8%，实际使用外资金额 4406 万美元，与上年同期相比增长 4.5%。①

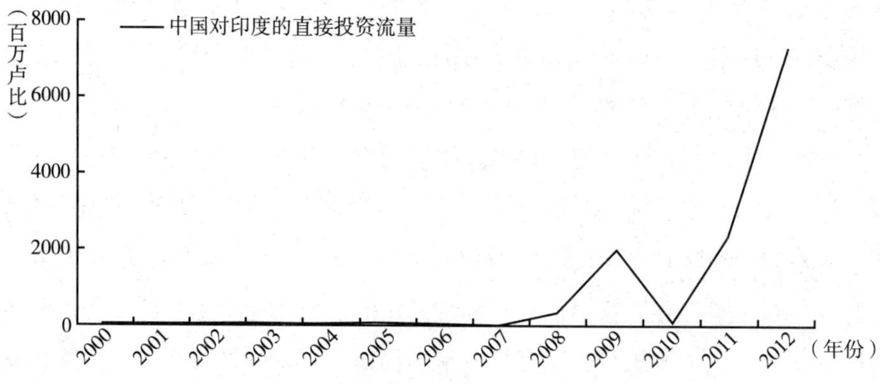

图 3　中国对印度的直接投资增长

资料来源：CEIC。

与中印之间贸易结构的现状相比，中国与印度在直接投资领域似乎更大有可为，更能通过两国资源禀赋和产业结构的互补性实现高速发展。近年来，中国对外直接投资的发展提速惊人，中国已经逐渐从昔日的外资引进大国转型为资本输出大国。在劳动力成本上升、贸易保护抬头的趋势下，中国

① 中国商务部：《中印（度）经贸合作简况》，http：//yzs.mofcom.gov.cn/article/t/201302/20130200029082.shtml。

的国有企业和民营企业也希望到海外寻求资源、技术和新的市场。印度有着年轻化的庞大人口和丰富的劳动力储备，是中国实现制造业转移和海外市场的理想目的地；通过在印度建设生产基地，中国企业也可以避开贸易壁垒，这对于饱受印度打击的电信、电力设备等行业的企业非常有吸引力。

与此相比，目前印度仍处于需要大力吸引外资以改善经济结构、促进经济发展的阶段，由于增长步伐放缓和改革停滞不前，这两年印度饱受经济环境恶化的痛苦，亟须海外投资的投入。同时，印度基础设施建设也面临资金和技术不足的困扰，未来5年内印度计划在基础建设部门投入1万亿美元，包括道路、电力设施以及高速公路的建设，而这正是中国企业有着丰厚经验的领域。此外，目前印度政府正在推进一项“国家制造业政策”，力图将制造业占国内生产总值（GDP）比重从目前的16%提高至2025年的25%，并创造1亿个就业岗位。印度驻华大使苏杰生在2013年2月的中印投资座谈会上表示，中国企业可以好好利用这个目标。[①]

仅从纸面上的分析来看，中国和印度在开展直接投资合作上具备良好前景。而随着印度对中国贸易逆差的扩大，吸引更多中国企业前往印度投资也被中印双方都认为是解决贸易赤字的重要措施之一。李克强总理在5月访问印度时，就曾建议在印度设立一个中国工业园用于吸引中方投资，而印度也同时表态，希望通过引进中国投资提高印度的制造业生产能力，减少对中国商品的依赖，减少对华贸易逆差。

目前，已经有部分中国企业在印度投资设厂，包括在印度西部城市普纳的三一重工和古吉拉特邦的电力设备制造商特变电工等。2012年，中国国家发改委官员曾率200位中国政府官员和企业界代表在印度首都新德里主持了一个中印战略经济对话，重点就是要增加对印投资。乐观的观点认为，随着这一浪潮，中国企业向印度大规模进军只是时间问题；因为华为、中兴、海尔等中国领先企业几年前在印度进行了重大投资，也在印度积累了宝贵的

① PTI：India invites Chinese Foreign Direct Investment，《印度经济时报》2013年2月13日，http：//economictimes. indiatimes. com/news/economy/finance/india-invites-chinese-foreign-direct-investment/articleshow/18718308. cms。

经验教训。随着印度投资环境的改善，印度政府对基础设施部门直接投资的鼓励，“中国对印度直接投资的增长速率有可能会很快超过中印双边贸易额的增长速率”①。

然而，对中国的企业而言，尽管有到印度投资的需求和愿望，但印度的投资政策环境却并不尽如人意。虽然安永近日发布的报告称，随着卢比大幅贬值和对外国直接投资在各个行业的对外开放，印度已成为最吸引外国投资者的目的地，超过了美国和中国②，然而这并不是许多中国企业的感想。

首先，尽管部分行业的 FDI 政策已经放开，但由于受到国内政治压力和利益集团干扰，进一步的改革依然处于举步维艰的状态。不久之前，印度城市发展部请求放开外资 50% 的上限，以促进房屋建设，但这个提议也被印度政府搁置。③ 而在吸引外资的具体政策落实方面，由于地方政府执行力低下、政府部门多头管理、监管不确定等原因，印度一直进展缓慢。

其次，在许多领域，印度对来自中国的投资有很高的戒备心理，人为设置的障碍干扰了投资的正常进行。例如，华为、中兴等中国通信企业屡屡遭遇印度安全部门调查。出于“安全因素”，中印很多合作与投资计划无法执行，印方的推动者往往会被批评为对华软弱，甚至被指对中国“出卖印度利益”；而在中印因为边界领土争端或贸易逆差问题产生分歧、双边关系较为紧张时，中资企业面临的舆论和投资氛围更为不利，使得中印双方在做出投资选择时都不得不踌躇思虑再三。

再次，对于中方企业来说，印度基础设施的欠缺、严格的劳动法规限制和官僚体制的低效率同样降低了印度作为投资目的地的吸引力。除了古吉拉特邦、西孟加拉邦和泰米尔纳德邦等基础设施与政府效率较为出色的邦之

① Santosh Pai& Nusrat Hassan：《印度：中国对外直接投资新热点》，《商法》2013 年 3 月。

② EY：India emerges most attractive investment destination，《印度经济时报》，http：//articles. economictimes. indiatimes. com/2013 – 11 – 25/news/44450116_ 1_ attractive-investment-destination-investor-outlook-ey。

③ ARUN KUMAR，“Curbs on realty foreign direct investment below 50% may stay”，《印度经济时报》2013 年 10 月 9 日，http：//economictimes. indiatimes. com/markets/real-estate/policy/curbs-on-realty-foreign-direct-investment-below-50-may-stay/articleshow/23764187. cms。

外，印度许多地区实际上并未在硬件和软件方面做好迎接外国直接投资的准备。按照 OLI 理论，企业在这种环境下难以确保所有权、内部化和区位三种优势，并没有选择直接投资的动机，因此才会出现“很多中国人表面说想来投资，到印度考察了一圈，但是其实只是希望做贸易”的现象①。

最后，为吸引中国投资而建立特区或工业园区，目前只是图纸上的设想。开展合作的具体地点、用地、劳动力、对接部门、产业、吸引企业的具体政策优惠等，都需要双方展开细致的落实工作。如果细节上的问题难以解决，那么实现中印优势互补最终只能是镜花水月的空谈。

因此，在短期内，指望中印双方通过促进双边投资来平衡贸易并不现实，但这是一个值得努力的方向。中方需要增加对印度市场的了解，政府也应当通过政策手段和建立合作平台的方式鼓励更多企业到印度投资设厂，而印度也应当改善投资环境，减少政治因素对投资的干扰。中印双方都应当做出更多努力，增加互信，减少分歧，落实合作的细节，而不是停留在承诺和愿景上。只有这样，中国企业才会在印度的就业创造、基础设施项目和制造业升级中发挥更大作用。

四　结论和展望

2013 年是中印关系波澜起伏的一年。作为印度洋地区最重要的双边关系，中印的共同利益在增强，如作为发展中国家要求国际体系的接纳、寻求国际规则的改变、维持地区的和平与稳定、促进区域合作等，过去较为薄弱的经贸上的相互依存度也在增强，这使得双边关系中出现了新的良好发展势头。但另一方面，随着印度洋在全球战略地位的上升，中国与印度在该地区的战略利益竞争日益激烈；除边界问题等历史遗留问题外，贸易逆差、新的地缘政治利益角力、争夺区域合作等事务的主导权等问题也逐渐成为影响中

① 《时代周报》：《印度驻广州总领事高志远：中国投资者去哪里?》，腾讯财经，2013 年 10 月 31 日，http：//finance. qq. com/a/20131031/001269. htm。

印双边关系的重要因素。尽管双方高层一年内实现了互访这一重大外交突破，但归根结底，双方政治互信和沟通不足的情况并没有出现根本性的转变。这种共同利益和战略竞争因素同步上升的趋势，是两个战略空间邻近重合的大国同时崛起时难以避免的。

除此之外，两国在国际体系中地位的不均衡、2014 年即将举行的印度大选和域外大国的影响也成为中印关系中不确定性的因素。

中印两国在国际体系中地位的不均衡是指，虽然印度在被国际社会接纳和参与多边机制方面比中国受到了更多的优待，但中国比印度更早一步成为全球大国，同时经济实力和影响力也远超印度。这造成了两个结果。第一，由于中国一直是印度比照的对象，因此，印度在全球性事务中显露出更加急迫地与中国竞争的心态；第二，中国成为全球大国，在所担负的责任和义务实际上已经超出了发展中国家的范畴，因此对待国际事务的态度和立场也有所转变，不一定会再与印度保持相同的行动。一个典型例子就是，直到 2009 年中国和印度在世贸组织谈判上行动和立场都协调一致，观点类似；而到了 2013 年的巴厘岛会谈上，印度在粮食和农业补贴问题上表现强硬，不肯让步，中国却已经转变立场，在贸易便利化议题上率先表示放弃援助要求，并积极促成谈判成功。[①] 这种不均衡在近 10 年间实际上有扩大的趋势，但因此也造成印度对中国的“威胁”更加警惕，同时还怀疑中国试图阻止印度崛起。例如，印度媒体频频指责中国拒绝让印度加入上海合作组织、不支持印度加入安理会等。这在印度民众和官员中形成中国傲慢、背信的形象，削弱了两国互信的基础。

2014 年即将举行的印度大选也可能会成为中印关系的一个变数。被许多人看好的人民党参选人莫迪曾经发出过“我们决不能允许中国主宰印度外交事务”（We cannot allow China to dominate India in foreign policy matters）的言论[②]。但

① Sidhartha，“WTO meeting：China，India differ on food subsidy”，《印度时报》2013 年 12 月 4 日，http：//timesofindia. indiatimes. com/business/india-business/WTO-meeting-China-India-differ-on-food-subsidy/articleshow/26814991. cms。

② Ankit Panda：“Narendra Modi's Foreign Policy”，the Diplomat. 2013 年 11 月，http：//thediplomat. com/2013/11/narendra-modis-foreign-policy/。

无论是谁最终在选举中获胜，依照印度的选举传统和目前印度国内民族主义情绪高涨的情况，中国都极有可能成为大选中被热炒的因素，更多鼓吹对华强硬的言论和观点也将出现。尽管笔者相信最终获胜的当政者出于现实考虑，最终都会采取务实的态度来处理中印关系，但这依然可能会在短期内对中印关系发展造成阻碍，例如一些双方的合作计划无法如期完成和进一步推动等。

其他大国一直是中印关系中的重要影响因素，尤其是美国。美国一直试图通过发展美印关系来制衡中国，在印度洋、地区合作和军事防务领域加强和印度的合作，并且支持印度“东向”政策在亚太地区发挥更大的作用，这也让印度媒体一直津津乐道和美国的“战略同盟”关系。但是，印度的外交传统一贯强烈追求战略自主性和独立性，也有自身的战略目标，并不愿意仅仅成为美国构筑再平衡体系的一环，更不想因为美国而直接与中国对抗。美国对印度施压参与对伊朗的制裁导致印度的燃料、监控丑闻曝光和最近的印度女外交官受辱事件，都可能令印度与美国拉开距离，重新审视与美国的分歧，考量与美国保持密切关系所需付出的代价，再度对中美印三角的互动进行思考。

无论如何，在讨论中印关系时，有一个事实是十分关键的，那就是中国和印度两个有如此大的人口规模又如此邻近的发展中大国几乎同时崛起，这在世界历史上是从未有过的现象，这对两国双边关系和国际政治体系都势必形成巨大影响。而理解“史无前例”这一事实，是解读中印关系的关键，因为这意味着无论是印度洋地区的域外大国，还是中国和印度自身，都需要为这种前所未见的双边关系进行探索；对中国和印度两国来说，正确处理彼此之间的双边关系都是一个挑战。在印度洋时代，中印两国应当突破传统国际政治中零和博弈的思维定势，共同合作，消除双方的认知和互信障碍，因为中印的共同崛起符合双方的共同利益。

B.10

美缅关系：“常量”与“变量”影响

刘 鹏*

摘 要：

美缅关系分别受到“常量”和“变量”的影响。“常量”因素对美缅关系的影响具有相对稳定性，而“变量”因素对美缅关系的影响则是不确定的。“常量”和“变量”共同构成影响美缅关系的“函数”。美缅关系中的“常量”包括美国对缅政策的利益诉求和缅甸对美政策的利益诉求。具体而言，美国对缅政策的利益诉求包括：防止缅甸发展核武器；昂山素季获释并参加政治进程，缅甸实现美国式民主；保障美国在缅经济利益；避免中国在缅独大和拉拢东盟。缅甸对美政策的利益诉求则包括：维护缅甸的主权与独立；维护缅甸的民族团结和国家统一；追求国际承认，寻求美国支持，促进国内发展；缅甸对美政策中的中国因素。美缅关系中的“变量”因素包括：昂山素季的态度与缅甸民主改革进程；民族地方武装问题的解决与国内和平。

关键词：

美缅关系 “常量” “变量”

2009年以来，美国与缅甸关系由敌对迅速实现了正常化，其速度之快出乎很多人的“意料”。我们认为，美缅关系的转变需要从更长的时间段进

* 刘鹏，云南财经大学印度洋地区研究中心讲师，暨南大学国际关系学院/华侨华人研究院博士研究生。

行考察，只有这样才能更全面地了解美缅关系转变的背景；此外，尝试建构影响美缅关系的理论框架对于我们认识当前的美缅关系并对今后的美缅关系发展趋势作出展望是非常必要的。本文试图以美缅关系中双方各自的利益诉求作为影响美缅关系的"常量"，以影响美缅关系的不确定性因素作为"变量"，构建对美缅关系的初步分析框架。

一　"二战"后美缅关系回顾

"二战"后的美国与缅甸关系大致经历了三个不同的发展阶段，分别是1947～1988年、1988～2009年、2009年至今。

（一）1947～1988年：美缅关系正常化下的波动

1947～1988年期间，缅甸处于两个不同的阶段：1962年以前，缅甸基本上处于吴努政府的议会民主制时期；1962～1988年，则主要处于奈温军人政权时期。在此期间的41年中，美国则经历了8届政府，分别是民主党的杜鲁门时期（1945～1953年）、共和党的艾森豪威尔时期（1953～1961年）、民主党的肯尼迪时期（1961～1963年）、民主党的约翰逊时期（1963～1969年）、共和党的尼克松时期（1969～1974年）、共和党的福特时期（1974～1977年）、民主党的卡特时期（1977～1981年）、共和党的里根时期（1981～1989年）。在此期间，美缅关系都基本处于正常化状态下。

1947年1月《昂山－艾德礼协定》签署，英国同意缅甸完全独立，1948年1月缅甸正式独立。1947年9月，美国在缅甸正式独立之前就与缅甸建立了外交关系，并在缅甸仰光设立大使馆。两国建立外交关系之后，美国一直为缅甸提供三个方面的援助：经济援助、军事援助和禁毒援助。鉴于缅甸国内存在的左派共产主义力量较为强大，这一时期美国对缅甸政策的主要目标是防止缅甸成为社会主义国家；同时防止中国对缅甸的共产主义渗透。美国经济援助的最初目标就是防止中国向缅甸进行政治和意识形态的扩张。美国远东司令部的一份文件就明确提出"如果外界不对缅甸进行有效的援助，缅甸作为东南亚地区反共的薄弱环节就可能成为共产主义的势力范围”①。1950 年，美国经济代表团首次访问缅甸，随后它们建议给予缅甸 1200 万美元的经济援助。随着新中国的成立及其与缅甸建交，美国方面认为援助更为迫切。1948～1952 年，美国共向缅甸提供了 1.19 亿美元的经济援助，2410 万美元的军事援助。②

1948～1953 年即杜鲁门政府期间，美国除了对缅甸提供援助外，还秘密支持缅甸境内的国民党军队。国民党军队试图以缅甸北部为基地，反攻大陆。由于担心中国人民解放军进入缅甸清剿国民党军队，缅甸对在其境内的国民党军队的存在一直持反对态度。为了应对这一形势，在国内，缅甸对国民党军队所在的掸邦的部分地区实行了军管；在外交上缅甸在 1953 年 3 月要求美国停止在缅甸的援助项目并将在缅甸境内的国民党军队问题提交联合国安理会。缅甸的强烈反对使美国调整了对缅政策，1953 年后大部分国民党军队撤回台湾。随后，1954 年美国恢复了对缅甸的援助，1953～1964 年间，美国加大了对缅甸的援助力度，在此期间美国共为缅甸提供了 4.627 亿美元的经济援助和贷款，对外经济援助数量占美国同期对外援助的 2.98‰，是美国对缅援助占比最高的时期；此外，美国还为缅甸提供了 2.505 亿美元的军事援助，对外军事援助数量占美国同期对外军事援助的 1.99‰，也是美国对缅军事援助占比最高的时期，在此期间，每年在美国接受训练的缅甸军官数量都超过 1000 人（见表 1）。

1962 年缅甸发生军事政变成功后，缅甸实行所谓的社会主义制度，并成立了社会主义纲领党。在外交方面，军人政权继续保持了吴努政府时期的中立政策。为了消除国际社会两大阵营对缅甸可能倒向任何一方的疑虑，在 1962 年 3 月 2 日政变的当天，军人集团就重申将坚持中立主义的外交政策，

① US Army Far Eastern Command，Intelligence Digest，No. 13，17 Dec. 1951.

② USAID Economic Analysis and Data Services，*US Overseas Loans and Grants*：*standard Country Report*（*Greenbook*），Washington DC：US Government Printing Office，2012. http：//gbk. eads. usaidallnet. gov/.

表 1　美国对缅甸的经济援助与军事援助

单位：百万美元

	援助项目	1946～1948 年	1949～1952 年	1953～1961 年	1962～2007 年
经济援助	对外经济援助总量	109368.30	141721.60	155422.30	903226.00
	对缅甸经济援助数量	43.6	75.7	462.7	578.8
	占比（%）	0.040	0.053	0.298	0.064
军事援助	对外军事援助总量	3955.20	73944.30	125825.10	458723.30
	对缅甸军事援助数量	—	24.1	250.5	266.2
	占比（%）		0.033	0.199	0.058

	援助项目	2008 年	2009 年	2010 年	2011 年	1946～2011 年
经济援助	对外经济援助总量	34323.80	35728.70	38143.00	31725.60	1449659.30
	对缅甸经济援助数量	86.5	29.1	31.7	29.6	1337.80
	占比（%）	0.252	0.081	0.083	0.093	0.092
军事援助	对外军事援助总量	16844.80	14877.60	14832.50	17867.50	726870.40
	对缅甸军事援助数量	—	—	—	—	540.8
	占比（%）					0.074

注：上述数据以 2011 年不变美元计价（Constant US Dollars of 2011）。

资料来源：翻译整理自 USAID Economic Analysis and Data Services，*US Overseas Loans and Grants：standard Country Report*（*Greenbook*），Washington DC：US Government Printing Office，2011. http：//gbk. eads. usaidallnet. gov/。

坚持忠实地追求缅甸和世界双赢的积极中立主义政策。① 缅甸军事政变发生后，美国曾暂停对缅甸的援助，进行观察，发现缅甸奈温军政府试图真正保持中立立场后，随着就恢复了对缅甸的援助。但缅甸军方 1964 年主动要求美国政府停止经济援助，美国被迫停止了对缅甸的经济和军事援助。同期，缅甸政府对中国和苏联提供的经济援助也未完全接受。

1964 年影响越战进程的"北部湾事件"（"东京湾事件"）② 发生，美国

① 李晨阳：《军人政权与缅甸现代化进程研究（1962～2006）》，香港社会科学出版社有限公司，2009，第 236 页。

② 1964 年 8 月 1 日，美国驱逐舰"马多克斯"号宣称在北部湾公海巡逻期间遭到北越鱼雷艇的攻击，8 月 4 日，美国军舰宣称再次遭到北越鱼雷艇的袭击，这就是所谓的"北部湾事件"。"北部湾事件"发生前，美国在越南的战争处于"特种战争"阶段，即美国为南越政权提供资金、物资和顾问，帮助南越政权与北越进行对抗，美国不直接参与战争；"北部湾事件"发生后，1964 年 8 月 7 日，美国国会通过《东京湾决议》，授权总统对北越采取必要的措施；美国开始直接参与越南战争，战争规模不断扩大，美国对北越的轰炸和地面部队的人数不断增加，战争升级为"局部战争"。

约翰逊政府将在越南的战争由"特种战争"升级为"局部战争"，美国开始直接参与越战。美国在东南亚的注意力也主要集中在越南战场上，无暇顾及缅甸形势。因此，1964～1974年间，美缅之间仅仅维持着正常的外交关系，缅甸奈温军政府也在中美苏之间保持着"消极的中立主义"[①] 政策，只有在外界对缅甸事务进行干预时才有所反应，美国也表示尊重缅甸的不结盟政策。

随着越战的结束[②]，1974年，美国开始恢复对缅甸的援助，但援助的主要方式是人道主义援助、军事人员训练和禁毒合作。1974年，美国与缅甸签署了禁毒援助协议，1974～1983年间，美国共向缅甸提供了约4700万美元的禁毒援助，包括24架直升机和帮助训练飞行员。1979年，在缅甸政府的要求下，美国开始评估重新为缅甸提供经济援助。1979年4月，美国驻缅大使在东京援缅协商组织会议上表示美国愿恢复对缅甸的援助。[③] 1980年，美国先后为缅甸提供了950万美元的赠款，两国经济援助恢复。此时，在美国执政的是有"民主先生"之称的民主党总统卡特，此时的缅甸尽管处于军政府执政的独裁时期，但美国并没有因为民主和人权而对缅甸政策有所调整。此外美国中央情报局还与缅甸政府合作，为缅甸军方提供训练和帮助。[④]

整体而言，1947～1988年间，尽管美缅关系存在着一定的波动，但整体上美国与缅甸保持了正常的外交关系，美国对缅甸提供了一定数量的经济与军事援助，缅甸也保持了在中美苏之间中立的立场。

---

① 这一时期奈温政府的中立主义被认为是一种消极的中立主义，完全拒绝介入外部事务，只有在外界对缅甸进行干涉时才做出反应。关于该问题的详细说明可参见 Jalal Alamgir, "Against the Current: The Survival of Authoritarianism in Burma", *Pacific Affairs*, Vol. 70, No. 3, 1997, pp. 333－350。

② 1973年越南停战协定签署，美国开始撤出越南，1975年南越全境被北越占领，越南战争结束。

③ 朱雄兵：《美国对缅制裁政策及其调整（1988～2010）》，中国社会科学院研究生院硕士学位论文，2010，第13页。

④ David I. Steinberg, "the United States and Myanmar: A Boutique Issue?", *International Affairs*, Vol. 86, No. 1, 2010, pp. 175－176.

（二）1988~2009年：美缅关系不断恶化

1988~2009年间，美缅关系可以说在美国不断加码对缅制裁中和缅甸对民主派的不断镇压中走向恶化。在此期间，缅甸经历了苏貌执政府时期（1988~1992年）、丹瑞执政时期（1992~2007年）、吴登盛时期[①]（2007~2009年）。而同期，美国则先后经历了4届政府，分别是共和党里根执政时期（1981~1988年）、共和党老布什执政时期（1989~1992年）、民主党克林顿执政时期（1993~2000年）、共和党小布什执政时期（2001~2009年）。

1988年，缅甸国内爆发了多次大规模的抗议活动，"8月风暴"[②]爆发后局势几乎失控，9月18日，缅甸国防军总司令苏貌发动政变，宣布成立国家恢复法律与秩序委员会（简称恢委会），缅甸进入军人政权"第二季"。1988年的另一个影响深远的事件是昂山素季的回归，1988年3月因回国照顾病重的母亲，昂山素季返回缅甸，从此昂山素季成为影响缅甸政局及美缅关系一个新增的重要变量。1989年，缅甸国家恢委会改国名为Myanmar，软禁昂山素季，军方承诺将举行大选并交权。1990年5月27日，缅甸举行了自1960年以来的第一次大选，昂山素季领导的全国民主联盟（简称民盟）取胜，军方拒绝交权并延长对昂山素季的软禁。美国随即停止了对缅甸的经济与军事援助，关闭了负责对外援助的美国国际开发署驻当地的办事处并降低外交关系级别。缅甸对民主运动的镇压和"二次政变"首先引起

① 关于吴登盛和缅甸军方大佬丹瑞的关系有人认为吴登盛是丹瑞的"傀儡"和"传话筒"，也有人认为吴登盛并不完全受制于丹瑞。不管吴登盛与丹瑞的关系如何，吴登盛于2007年就任总理标志着其作为缅甸政府首脑地位形式上的"确立"，因此本文将2007~2009年作为吴登盛执政时期单独列出。2003年丹瑞辞掉缅甸总理一职由台前转为幕后；吴登盛于2004年任缅甸国家和平与发展委员会（和发委）第一秘书长，2007年5月任缅甸联邦代总理，10月被和发委任命为政府总理。2010年任缅甸联邦巩固与发展党（简称巩发党）主席，2011年代表巩发党参选并当选缅甸总统。

② 1988年3月，因警察在处理斗殴事件中打死2名学生引发大规模抗议，奈温政府镇压了抗议，6月缅甸爆发了遍及全国的示威游行，7月奈温辞职，1988年8月，缅甸的民主抗议从仰光扩展到全国，军政府开始残酷镇压民主运动，死亡人数高达千人。这一事件被称为"八月风暴"。

了美国国会的不满，美国政府停止了对缅甸的经济援助，暂停了对缅的军事援助和禁毒合作。这是美国对缅甸的第一轮制裁。

1993 年缅甸制宪会议暂停后，美国国会将美国驻缅大使馆降为代办级。在美国国会和公众舆论的压力之下，1997 年 5 月克林顿签署了 13047 号行政法案，制定了进一步制裁缅甸的措施，这些措施包括禁止美国公民和企业在缅甸新增投资，拒绝为部分缅甸高管及其家属发放签证。1997 年 11 月，缅甸恢委会改名为国家和平与发展委员会（简称和发委），并加入东盟，这使缅甸军政府的外部环境得到了缓解。

2003 年 5 月 30 日，民盟总部遇袭（准确地说是昂山素季在国内开展政治活动时，有军方背景的支持者袭击昂氏车队造成死伤），昂山素季被再次软禁。这一事件引起西方国家的强烈不满。缅甸军政府随着对内阁进行了调整，军方“大佬”丹瑞辞去总理职务，由台前转为幕后，任缅甸和发委主席；原和发委第一秘书钦纽出任缅甸总理，随后缅甸军方公布了分 7 个阶段实施的民主路线图。① 尽管缅甸官方做出了调整的姿态，但美国还是加大了对缅甸的制裁力度，美国总统布什签署《缅甸自由与民主法案》（BFDA）和行政命令 13310 号，禁止进口缅甸产品，包括纺织品的进口，对缅甸进行金融制裁。双方尽管维持着外交关系，但外交关系降低为代办级，双方长期都没有互派大使或者是即使派出大使也得不到对方的认可。

2007 年 9 月，缅甸发生僧侣抗议和“藏红花革命”②，10 月，美国总统

---

① 第一步，重新召开 1996 年以来处于休会状态的国民大会；第二步，在顺利召开国民大会的基础上，逐步建立一套真正的、有章可循的民主制度；第三步，按照国民大会制定的基本原则和详细原则起草新宪法草案；第四步，举行全民公投，通过宪法草案；第五步，按照新宪法举行公平的大选以组成议会；第六步，按照新宪法召开由议会议员参加的立法会议；第七步，由议会选举产生的国家领导人和议会产生的政府及其他中央机关，领导国家建设一个现代、发达和民主的国家。

② 2007 年 8 月中旬，缅甸政府宣布汽油价格上涨 2/3，柴油上涨一倍。物价涨幅过大，影响人民生活，仰光、瓦城等多个城市都出现抗议示威活动。9 月，抗议规模逐渐扩大。9 月 23 日，在上千名和尚和尼姑的带领下，缅甸首都仰光 10 万民众走上街头。游行群众将象征僧袍的深红色带子别在衣服上表达对僧侣的支持。由于声势浩大，外国人权组织开始称其为“藏红花革命”（Saffron Revolution）。

布什签署行政命令 13348 号，将制裁的范围进一步扩大，原产于缅甸的翡翠和红宝石即使是在第三国加工后也禁止进口。2007 年缅甸国内政治也发生重大变化，当年 5 月时任缅甸总理梭温因白血病辞去总理一职，随后，吴登盛继任为代总理，并在"藏红花革命"后的 2007 年 10 月被任命为总理。2008 年 4 月，美国总统布什签署行政命令 13464 号，进一步扩大制裁的范围，约有 110 位个人和团体资产被冻结；同时制裁范围扩展到多边国际组织，美国反对任何多边国际组织为缅甸提供援助。① 2008 年 5 月，美国总统布什签署命令授予昂山素季国会金质奖章。2008 年 5 月 2 日，缅甸国内受"纳尔吉斯飓风"袭击，近 3 万人丧生，缅甸急需国际社会援助。5 月 12 日，美国财政部因人道主义原因允许为缅甸汇款。

1988～2009 年的美缅关系的变化既有冷战结束的国际大背景，也有美国国内政治变化和昂山素季个人的影响，整体而言，这一时期美国对缅甸政策的基本特点是以制裁促改革，希望制裁的不断加码来促使缅甸内部发生政治变化，而缅甸政府的对美政策则是由以前的中立政策被迫转变为依靠中国、依托周边、加入东盟来化解美国的压力。在缅甸国内政治上，自 2003 年以来，缅甸按照七步民主路线图逐步推进，2008 年 5 月 12 日缅甸举行了宪法全民公决，已经完成了七步路线图的前四步。

（三）2009 年至今：急剧转暖的美缅关系

2009 年至今的美缅关系可以用日新月异来形容，美缅关系转变之快出乎很多人的意料。这一时期缅甸是处于吴登盛时期（2007～2011 年任总理，2011 年至今任总统），美国则处于民主党奥巴马执政时期（2009 年至今）。我们可以从两条线来粗略梳理这一时期的美缅关系，即美国的缅甸"攻势"和缅甸自身的转变与调整。

2009 年以来的美国缅甸攻势始于奥巴马就任美国总统并调整美国的外

① "Timeline：US-Burma/Myanmar Relations", *Contemporary Southeast Asia*, Vol. 32, No. 3 (2010), pp. 434－436.

交政策。[①] 2009 年 1 月，奥巴马宣示就任美国总统。8 月，美国参议院外交关系委员会东亚和太平洋事务小组委员会主席韦布访问缅甸并与丹瑞大将、吴登盛总理举行了会谈，并例外地与正处于软禁的昂山素季见面而且还带回了被缅甸判刑 7 年的美国公民耶托。当年 9 月美国提出将重新审视对缅政策，力求在“经济制裁”与“务实接触”[②] 之间维持平衡。2009 年 11 月，美国缅甸问题特使助理国务卿访问缅甸。此后，2010 年美国多名国务院高管、参议员先后访问缅甸。2011 年 4 月，美国任命德里克·米切尔为缅甸特使和政策协调员。[③] 当年 11 月美国时任国务卿希拉里访问缅甸。一年后，2012 年 11 月 7 日，奥巴马竞选连任后，11 月 19 日就访问了缅甸，成为第一位访问缅甸的美国总统。除了高层交往，美国还解除了部分对缅制裁，恢复了部分对缅甸援助。至此，美国的缅甸攻势达到了高潮，美缅关系在不到 3 年的时间里从敌对转为基本正常化。

与美国的缅甸攻势相对应的是缅甸国内的巨大变化。2009 年 8 月，缅甸军方在美国特使韦布访缅前一周的 8 月 8 日发起“果敢事件”[④]，缅甸军方以强大的攻势控制了果敢地区。2010 年 11 月 7 日，将民盟排除在外后，缅甸举行国会大选，代表缅甸军方的缅甸联邦巩固与发展党（简称巩发党）获胜，吴登盛出任缅甸总统。确保了总统选举顺利进行后，11 月 13 日，昂山素季获释，并开始重组民盟。2011 年 9 月，在美国国务卿希拉里访问缅甸两个月前，

① 针对美国的缅甸政策及美国对缅甸制裁的效果，美国国内学术界和智库一直存在着不同看法，建议调整美国的对缅政策，但美国官方对缅政策直到奥巴马上台前一直未做调整。类似的文献可参看 Ian Holliday, “Rethinking the United State's Myanmar Policy”, *Asian Survey*, Vol. 45, No. 4, 2005, pp. 603 – 621; Ardeth Maung Thawnghmung & Paul Sarno, “Myanmar Impasses: Alternatives to Isolation and Engagement?”, *Asian Journal of Political Science*, Vol. 14, No. 1, 2006, pp. 40 – 63。

② 关于美国对缅甸的“务实接触”政策的详细论述，国内部分学者已经进行了专门的论述，详细可参见施爱国《美国对缅甸的“务实接触”政策析评》，《国际论坛》2012 年第 1 期。

③ 2012 年 5 月，德里克·米切尔被任命为美国驻缅甸大使。

④ 2009 年 8 月在缅甸果敢发生的一场军事冲突，交战一方为忠于果敢彭氏政权的缅甸民族民主同盟军，另一方为缅甸联邦政府。8 月 8 日开始的军事对峙引发难民潮，史称“八八事件”。两周后战争爆发，最终在缅甸军政府的优势军力之下，瓦解了果敢特区的反抗军队。缅甸军政府控制了果敢地区。

缅甸政府叫停密松水电站。随后，缅甸政府开始大规模释放政治犯，开放媒体，修改各类法律，民盟注册成为合法政党，并于2012年初参加议会补选，赢得43个席位，昂山素季也当选为缅甸人民院议员。

（四）2013年的美缅关系

2013年的美缅关系在继续改善，美缅关系逐步"正常化"。2月，美国助理国务卿何塞·费尔南德斯率领50多人组成的商贸代表团访问缅甸，探讨美国对缅的投资机会；同期美国财政部解除了对缅甸四家银行的制裁。5月，缅甸总统吴登盛访问美国，是自1966年以来，缅甸总统时隔47年的首度访美。美国官方对此也给予积极回应，在对缅称呼问题上，使用了"Myanmar"而不是"Burma"。吴登盛访美后，缅甸对美的出口有小幅上涨。2013年12月，因缅甸与朝鲜的军火交易，美国又将缅甸三家公司和军方的一名将军列为新增制裁对象。2013年12月31日，吴登盛总统兑现其承诺，宣布释放所有政治犯。[①] 2013年的美缅关系继续了2009年以来的发展趋势，双边关系在逐步正常化。

从上文的叙述我们可以发现，美缅关系从2009年开始快速互动，美国以对缅甸现政府的有限支持和解除制裁换取了缅甸现政府的政治改变、民主化进程和中立外交的回归。目前双方都坚持了所谓的"行动对行动"的原则，虽然从2009年开始，美缅关系快速转变，但美国对缅甸的制裁到2013年都尚未完全解除，而且美国在2009～2011年也未给予缅甸任何的经济和军事援助（见表1）。

二 美国的缅甸政策的利益诉求

要理解美国对缅政策的利益诉求，必须首先了解美国对自身国家利益的

① 《缅甸释放所有在押政治犯　联合国人权高专办欢迎》，人民网，http://world.people.com.cn/n/2014/0101/c157278-23996563.html。

界定。美国的国家利益是美国对缅政策的出发点。

美国总的国家战略是要在世界建立美国的领导体制，这一点无论是在官方的文件还是在智库的各类报告中都有清晰的说明。2010 年，美国政府发布的《国家安全战略》（National Security Strategy），清晰地阐明安全（Security）、繁荣（Prosperity）、价值观（Values）和国际秩序（International Order）是美国的长期国家利益。具体而言，安全是指美国、美国公民、美国盟友和美国合作伙伴的安全；繁荣是指美国经济保持强劲的增长，国际经济体系保持开放状态，能够促进机遇分享和繁荣；价值观是指普世价值观在国内和全球得到尊重；国际秩序是指建立美国领导下的国际秩序，它通过合作来应对全球挑战并能够促进和平、安全和机遇共享。① 在该报告中，美国还详细列出了美国在上述四个方面的国家利益。美国在安全领域的国家利益包括 6 个方面：强化国内安全，提高国内应对安全问题的能力；瓦解、取缔并击败基地组织及其在阿富汗、巴基斯坦和世界其他地区的分支机构；避免核武器、生化武器的扩散，保证核材料安全；在大中东地区维持和平与安全；为美国合作伙伴国家实力和治理能力的提高提供帮助；保证网络安全。美国在繁荣领域的国家利益包括 5 个方面：提高教育和人力资本水平；促进科学、技术和创新；实现均衡和可持续的增长；加快可持续发展；合理使用税收收入。美国在价值观领域的国家利益包括 3 个方面：增强美国作为榜样的力量；在国外推广民主和人权；满足人类提供生存的基本需求，体现人的尊严。美国在国际秩序领域的国家利益也包括 3 个方面：建立紧密的联盟体系；与 21 世纪有重要影响的国家建立合作关系，强化合作机制；在主要的全球性问题领域维持广泛的合作。2010 年美国政府发布的美国《国家安全战略》中明确指出："美国的长期目标是维持美国在全球的领导地位；而美国政府的近期最为紧迫的目标是防止大规模杀伤性

---

① United States of America, "National Security Strategy", The White House, Washington D. C, 2010, p. 17, http://www.whitehouse.gov/sites/default/files/rss_viewer/national_security_strategy.pdf.

武器的扩散，特别是要防止流氓国家和极端分子获得大规模杀伤性武器。"[①]

美国总统奥巴马的竞选团队在2009年竞选中称缅甸问题对于美国而言是个"精品店议题"（Boutique Issue）[②]，"精品店"的特点是小、专、流行。从这个角度来看，说缅甸问题对于美国来说是个"精品店议题"似乎也是合适的。这是因为从美国的全球视野来看，缅甸问题并不是一个非常重要的议题；在人权领域和流亡海外的人中间，缅甸问题是一个非常流行的议题；而且一般也只有关注国外善政的人才会对缅甸议题给予较大关注。[③] 从对外援助的数量上也可以看出缅甸问题对于美国来说并不是一个重要的议题，1946～2011年间，美国对缅甸的经济与军事援助的数量在美国的对外经济与军事援助中的占比从来没超过3‰（见图1）；在此期间，美国对缅甸的经济援助仅占美国对外经济援助总量的0.74‰（见表1）；在美国对缅甸的经济援助相对数量最多的1953～1961年间，美国对缅甸经济援助在美国经济援助总量中所占的份额也仅为2.98‰。

从美国《国家安全战略》对美国国家利益的理论阐述和美国对缅甸的经济与军事援助的实际数据来看，缅甸问题并不是美国全球战略的重点。缅甸问题在国内的高度关注主要是由于缅甸议题在中国全球战略中具有重要地位，缅甸转型对中国的利益有重大影响。笔者认为，从美缅纷繁复杂的外交交往出发来研究美国的缅甸政策容易受到短期事件的影响而出现误判，"美国奥巴马政府和小布什政府在缅甸问题上采取了完全不同的方法，但两者要实现的政策目标却是相同的"[④]；而从美国对缅政策的国家利益诉求出发研究美国的缅甸政策则可以较为准确地把握美国对缅政策的基本走向。

---

① United States of America, "National Security Strategy", The White House, Washington D. C, 2010, p. 4, http://www.whitehouse.gov/sites/default/files/rss_viewer/national_security_strategy.pdf.

② David I. Steinberg, "the United States and Myanmar: A Boutique Issue?", *International Affairs*, Vol. 86, No. 1, 2010, pp. 175 – 176.

③ David I. Steinberg, "the United States and Myanmar: A Boutique Issue?", *International Affairs*, Vol. 86, No. 1, 2010, pp. 175 – 176.

④ Nehginpao Kipgen, "US-Burma Relations: Change of Politics under the Bush and Obama Administrations", *Strategic Analysis*, Vol. 37, No. 2, 2013, pp. 203 – 216.

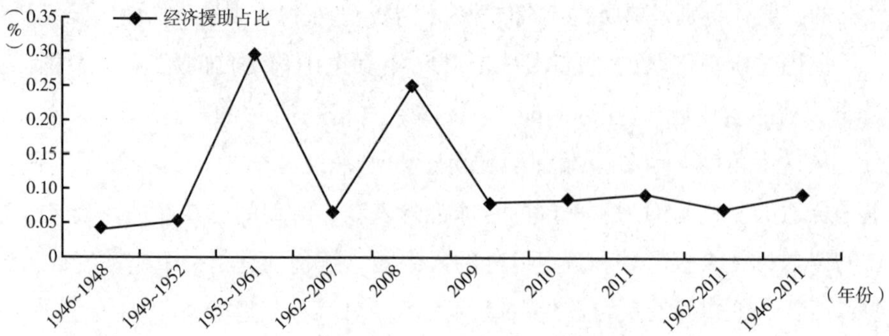

图 1 美国对缅经济援助占美国对外经济援助的比重

注：1988 年之后，随着美国对缅甸的经济制裁不但加大，美国对缅甸的经济援助也逐步停止，到 20 世纪 90 年代中后期，美国对缅甸军政府的援助已经完全停止，这一时期援助主要限于人道主义援助和对泰缅边境缅甸难民的援助。

资料来源：翻译整理自 USAID Economic Analysis and Data Services，*US Overseas Loans and Grants*：*standard Country Report*（*Green book*），Washington DC：US Government Printing Office，2011，http：//gbk. eads. usaidallnet. gov/。

从美国自身对国家利益的界定和美国对缅政策的实践来看，美国对缅政策的利益诉求主要包括以下几个方面。

（一）防止缅甸发展核武器

美国首要的国家利益是国家安全，大规模杀伤性武器是美国国家和美国国民安全的重大威胁之一。2010 年美国政府发布的《国家安全战略》中明确指出：“而美国政府近期最为紧迫的目标是防止大规模杀伤性武器的扩散，特别是要防止流氓国家和极端分子获得大规模杀伤性武器。”① 该报告中所罗列的美国国家安全利益的第三项也是防止大规模杀伤性武器扩散。美国一直怀疑缅甸有发展核武器的计划并与朝鲜保持着核武器方面的合作。2009 年 7 月，时任美国国务卿希拉里出席东盟论坛期间表示，美国严重关切缅甸与

① United States of America，“National Security Strategy”，The White House，Washington D. C，2010，p. 4，http：//www. whitehouse. gov/sites/default/files/rss _ viewer/national _ security _ strategy. pdf.

朝鲜的军事合作，尤其担心朝鲜向缅甸转让核技术。[①] 美国总统奥巴马在2012年11月访问缅甸期间呼吁缅甸断绝与朝鲜的军事关系。美国国际开发署恢复对缅甸经济援助的前提条件之一也是缅甸断绝与朝鲜的军事关系，并要求缅甸接受国际原子能机构的核查。[②] 缅甸最终在2013年9月16日与国际原子能机构签署一份附加协议，允许联合国核查人员在未经通知的情况下对缅甸核设施进行检查。[③] 缅甸的无核化为美国调整对缅政策进一步创造了条件。

（二）缅甸实现美国式民主

1. 昂山素季获释

昂山素季出生于缅甸，其父缅甸国父昂山将军在她2岁时遇刺，随后在英国接受教育并先后在印度、日本、美国和英国工作或生活多年，1988年返回缅甸后，先后被软禁多次，时间长达15年。昂山素季本身不幸的遭遇、广泛的西方背景和长期因坚持民主而被软禁使其在西方世界享有盛誉，特别是在西方民主派和人权人士中有着广泛的影响。可以说，昂山素季本身就代表了西方普世价值在缅甸的遭遇。因此，昂山素季先后被授予诺贝尔和平奖、萨哈罗夫人权奖，美国还授予昂山素季国会金质奖章，这是美国授予平民的最高奖项。美国国家利益的第三个方面就是普世价值观并在国外推广民主和人权。因此美国对缅政策的利益诉求之一就是要求缅甸当局释放昂山素季，并允许昂山素季参与缅甸的政治进程。[④] 梳理美国对缅甸的制裁政策后，我们可以发现，每次缅甸当局对昂山素季的软禁都引起美国的强烈反对，并随之而对缅甸实行更为严厉的制裁。1997年之后，除了美国联邦政府对缅甸实施

① 周国祥、李晨阳：《西方炒作缅甸核问题是别有用心》，《世界知识》2009年第17期，第65页。

② 《奥巴马呼吁缅甸断绝与朝鲜军事关系》，《环球时报》2012年12月20日，http://news.163.com/12/1120/09/8GOAT2NG00014JB6.html。

③ 孙广勇：《缅甸同意接受国际核查　媒体称此为对外开放信号》，《环球时报》2013年9月18日，http://world.huanqiu.com/exclusive/2013-09/4369554。

④ 美国2003年以前一直要求缅甸当局承认1990年缅甸选举结果，即要求缅甸当局把权力移交以昂山素季为代表的全国民主联盟，2003年以后对这一目标进行了修正，调整为要求缅甸当局允许昂山素季参与缅甸政治进程。

制裁外，美国一些地方政府、大学和学术团体也通过了各自制裁缅甸的措施[①]，这样的情况只出现在20世纪80年代反对南非种族隔离时期。不管美国推广普世价值的真正原因是什么，但普世价值确实是美国外交追求的目标之一。小布什时期，美国将缅甸和朝鲜、伊朗、利比亚等国家并列称为无赖国家或暴政前哨。2006年，美国国务院的一份文件中明确提出“美国对缅政策的目标包括在缅甸建立宪政和民主、尊重人权和宗教自由、立即无条件释放所有政治犯包括昂山素季”[②]。2009年以来，即使是在昂山素季软禁期间，美国国务院官员和参议员访问缅甸都必然包含着一个确定的程序，那就是与昂山素季会面。可以说，昂山素季不释放，美国的对外政策不仅无法自圆其说，也无法面对国内和国会的巨大压力。

2. 昂山素季参与缅甸政治民主化进程

昂山素季被释放并参与缅甸政治进程实际上是与缅甸政治民主化紧密关联的同一进程。昂山素季本身强大的影响力再加上西方对她的全力支持和配合，使昂山素季只要参政就必然会对缅甸政治产生巨大的影响。即使昂山素季领导的民盟暂时无法上台执政，其作为一个强大的反对党合法参与缅甸政治进程本身就是缅甸民主化的重大进展。这也正是美国普世价值和民主的新胜利。

为了实现这一目的，即使是2009年美缅关系开始改善，美国政府的政策是除了保持与现政府的接触外，美国还要与其他民主团体、社会组织、少数民族组织、非政府组织保持接触，并将继续支持泰缅边境地区的缅甸难民组织。[③] 当前美国与军政府的交往只是调整了其对缅策略，在缅甸实现美国式民主的这一目标并未改变。

---

① 详细内容请参见朱雄兵《美国对缅制裁政策及其调整（1988～2010）》，中国社会科学院研究生院硕士学位论文，2010。

② Bureau for East Asian and Pacific Affairs，“Conditions in Burma and US policy toward Burma for the period September 28，2005 – March 27，2006”，Washington DC，17 April 2006.

③ Asia Society，“Current Realities and Future Possibilities in Burma/Myanmar：Options For U. S. Policy”，Asia Society Task Force Report，2010，pp. 9 – 10，http：//asiasociety. org/files/pdf/ASBurmaMyanmar_ TaskForceReport. pdf.

（三）美国对缅政策的经济考量

美国国家利益的总目标是重塑美国在全球的领导地位，而要实现这一目标，美国当前工作的中心就是重振美国经济①。美国白宫发布的《国家安全战略》的第二个方面的国家利益是实现繁荣，其中就包括实现均衡和可持续的增长这一国家利益。在这方面该文件中具体列出5项与此相关的具体利益，其中就包括"增加储蓄、扩大出口、扩大国外需求、国外市场对美国的产品和服务开放"②。显然美国已经意识到经济的不振将严重威胁到美国的全球领导地位。缅甸是东南亚第二人口大国，目前处于世界最不发达国家的水平，但缅甸大量的人口、广阔的国土和较为优越的自然地理和资源条件使缅甸的发展具有较大的潜力。2000～2009年间，美国对缅甸的商品出口额从1700万美元下降到690万美元，即使是1998年间，美国对缅商品出口额也仅为3000万美元左右（见图2）。受制于美国对缅甸的制裁，美国对缅

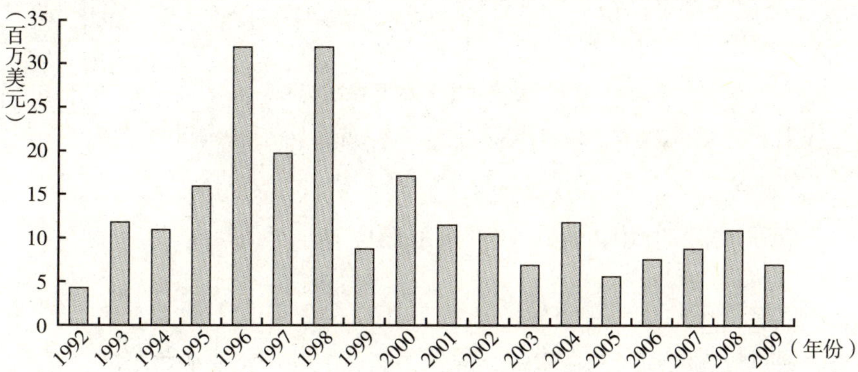

图2　美国对缅甸商品出口额

资料来源：整理自美国人口统计局外贸司，http：//www.census.gov/foreign-trade/balance/。

---

① United States of America，"National Security Strategy"，The White House，Washington D.C，2010，p.2，http：//www.whitehouse.gov/sites/default/files/rss_ viewer/national_ security_ strategy.pdf.

② United States of America，"National Security Strategy"，The White House，Washington D.C，2010，pp.31 – 33，http：//www.whitehouse.gov/sites/default/files/rss _ viewer/national _ security _ strategy.pdf.

甸的直接投资也非常少，根据美国商务部经济分析局的统计，1982～2012年的30年间，除了其中4年外，大部分年份美国对缅甸的直接投资都只有约100万美元，投资额最高的是1996年，投资额为9000万美元（见图3），但也仅占当年美国在亚太地区直接投资总额的0.64‰。① 因此，从振兴美国经济，重塑美国经济在全球的领导地位来看，缅甸是一个美国待为开发的市场，发展美缅经济关系也是美国对缅政策的利益诉求之一。

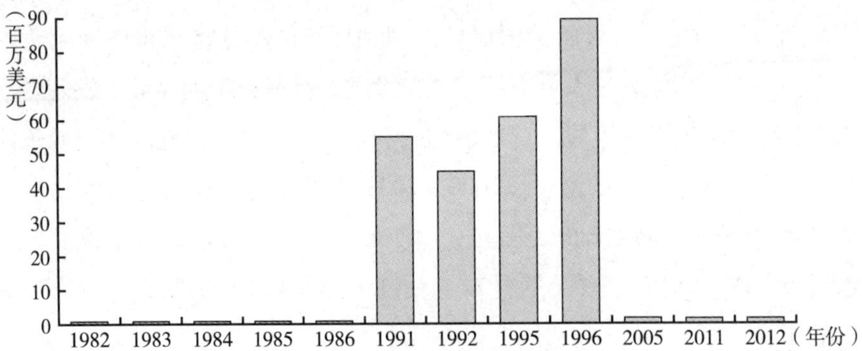

图3　美国对缅甸的直接投资额

资料来源：美国商务部经济分析局，http：//www.bea.gov/itable/index.cfm。

（四）美国对缅政策的中国和东盟因素

国内学者在论述美国对缅政策时，往往都会提及美国“亚太再平衡”战略下通过拉拢缅甸来制衡中国，并认为这是美国调整对缅政策的重要原因之一。② 美国国家利益是维持美国在全球的领导地位；如果中国作为挑战者/革命者试图挑战美国领导下的现有国际体系，美国对中国的打压应是可以预

---

① 1996年美国在亚太地区的直接投资总额为1395.48亿美元，数据源于美国商务部经济分析局，http：//www.bea.gov/itable/index.cfm。

② 持类似论点的论文有：刘阿明：《美国对缅甸政策的调整及其前景》，《现代国际关系》2010年第2期；施爱国：《美国对缅甸的“务实接触”政策析评》，《国际论坛》2012年第1期；杜兰：《美国调整对缅甸政策及其制约因素》，《国际问题研究》2012年第2期。

料的。但在美国的《国家安全战略》一文中，美国并没有将中国作为挑战者来对待，而是认为中国是21世纪的地区力量中心之一，美国将与中国发展保持积极的、建设性的和全面的关系（a positive，constructive and comprehensive relationship）[①]。从"二战"后中缅关系和美缅关系的时间谱系来看，两者之间似乎也不存在明显的关联性（见表2）。美国对缅政策的利益诉求中是否包含着制衡中国的因素，我们可以从2009年以来的美缅关系互动中寻找线索。2009年8月8日，缅甸军方发起"果敢事件"，缅甸军方以强大的攻势控制了以汉人为主的果敢地区，约3万多难民涌入中国云南境内。一周后，即8月14日，美国特使、参议院外交关系委员会东亚和太平洋事务小组委员会主席韦布访问缅甸，开启美缅高层交往的大门。2011年9月，吴登盛在当选缅甸总统8个月后叫停密松水电站，2个月后，时任美国国务卿希拉里访问缅甸。美国改善与缅甸关系后，客观上也确实使缅甸再次回归了中立的立场。因此，尽管没有美国官方的宣示，但美国对缅政策中应该包含着中国因素。

表2　美缅、中缅关系时间谱系

<table>
<tr><th>缅甸政局</th><th>中缅关系时间谱系</th><th>美缅关系时间谱系</th></tr>
<tr><td rowspan="2">1947～1962年吴努政府时期</td><td>1950年中缅建交</td><td>1947年美缅建交</td></tr>
<tr><td>1948～1961年，和平共处</td><td rowspan="3">保持正常外交关系</td></tr>
<tr><td rowspan="2">1962～1988年奈温军人政权时期</td><td>1962～1970年，关系恶化</td></tr>
<tr><td>1971～1988年，关系改善</td></tr>
<tr><td>1988～2009年苏貌－丹瑞军人政权时期</td><td>1988年到20世纪90年代后期，对华"一边倒"</td><td>1988～2009年，美国不断加大对缅制裁</td></tr>
<tr><td>2009年至今吴登盛时期</td><td>20世纪90年代后期至今，对华友好的同时，加快发展同印度、东盟等国的关系</td><td>2009年后美缅关系逐步正常化</td></tr>
</table>

美国的对缅政策中还有东盟因素的考虑。东盟在美国利益的重要性体现在几个层次上：第一，东盟内有美国的盟国菲律宾、泰国和准盟国新加坡。

① United States of America，"National Security Strategy"，The White House，Washington D. C，2010，p. 44，http：//www. whitehouse. gov/sites/default/files/rss_ viewer/national_ security_ strategy. pdf.

美国国家安全、地区安全和全球安全的基础是美国与盟国的关系，美国对盟国的安全义务是不可动摇的。[①] 泰国与缅甸接壤，是受缅甸问题影响最大的美国盟国。第二，东盟内的印尼是美国认定的全球新兴国家之一，印尼是世界第四人口大国，20 国集团成员之一，也是世界上人口最多的实现了世俗民主的伊斯兰国家，印尼是美国力求争取的国家之一。第三，东盟本身是东亚地区最有效的多边组织，与东盟建立更密切的关系也是美国亚洲外交的重点之一。1997 年缅甸加入东盟之后，美国与东盟的对缅政策一直存在差异，这也是导致两者产生矛盾的原因之一。解决美国东盟关系中的缅甸问题不仅能够使美国与东盟建立更紧密的关系，而且能够减少美国盟国泰国的担忧，并为与印尼建立更密切的关系创造条件。

上述四个方面可以说是美国对缅政策的利益诉求，这些诉求是由美国的国家利益所决定的，在一定时期内是相对稳定的。这些因素可以说是美国缅甸政策中的“常量”。这些常量并不能完全解释为何美国在该时该地出台这样的对缅政策，因为美国调整对缅政策的具体措施、时机选择、议题领域等问题既与这些“常量”有关，也与地区形势、缅甸内政、突发事件等“变量”有关。2009 年以来美国开始对缅甸执行“务实接触”（pragmatic engagement）政策可以说就是上述“常量”和“变量”叠加的结果。

三　缅甸对美政策的利益诉求

研究缅甸对美国政策的利益诉求与研究美国对缅甸政策的利益诉求相比难度更大。美国从不忌谈自己的国家利益，而且会定期公开以政府文件的形式界定自身的国家利益。研究缅甸对美政策的利益诉求首先要知道缅甸的国家利益是什么？其自身是如何界定的？但缅甸官方并没有类似的文件公开。各国的宪法一般都集中反映了本国的利益诉求和本国的基本制度，因此本文

① United States of America, “National Security Strategy”, The White House, Washington D. C, 2010, p. 41, http: //www. whitehouse. gov/sites/default/files/rss_ viewer/national_ security_ strategy. pdf.

拟从缅甸宪法[①]（2008 年版）和缅甸的对美外交实践出发尝试归纳缅甸对美国政策的利益诉求。2008 年版的宪法虽然是军政府主导下制定的宪法，但也可以说部分反映了当前执政的缅甸当局对缅甸国家利益的界定。2008 年版的缅甸宪法共 15 章，457 条，5 个附表，翻译成中文后有 100 多页。从缅甸宪法和对美外交的实践来看，缅甸的对美外交的利益诉求应该包括以下几点。

（一）维护缅甸的主权与独立

维护主权和独立不仅是缅甸对美政策的利益诉求，也是缅甸对其他国家外交政策的利益诉求。作为一个小国和曾遭受殖民侵略的国家，缅甸在与大国的外交中对主权和独立问题特别敏感。缅甸宪法在序言中就写明："1885 年，由于帝国主义殖民者的侵略，国家主权完全丧失。各族人民齐心协力，用鲜血和生命开展了反对帝国主义和正确民族解放的斗争，于 1948 年 1 月 4 日重新建立了主权国家。"[②] 缅甸宪法第一条就规定："缅甸是一个主权独立的国家。"[③]

1947 ~ 1988 年间，缅甸与美国维持了正常的外交关系。这一时期正处于美苏冷战时期，按照意识形态"选边站"是很多中小国家的做法，但缅甸在这一时期的外交中却保持了对中美苏三个大国都中立的外交政策。缅甸独立后初期执政的吴努政府虽然保持了与社会主义中国的良好关系，但其出发点并不是意识形态，而是缅甸的主权与独立。吴努虽然接触马克思主义较早，并曾翻译了包括《资本论》在内的马列主义著作的片段[④]，写过"我是

① 缅甸独立后，先后出台过三部宪法，一部是 1948 年制定的《缅甸联邦宪法》，一部是 1974 年制定的《缅甸社会主义宪法》，现行宪法即 2008 年制定的宪法是第三部宪法，即《缅甸联邦共和国宪法》。

② 《缅甸联邦共和国宪法》（2008），李晨阳、古龙驹译，《南洋资料译丛》2009 年第 1 期，第 60 页。

③ 《缅甸联邦共和国宪法》（2008），李晨阳、古龙驹译，《南洋资料译丛》2009 年第 1 期，第 61 页。

④ 李晨阳：《军人政权与缅甸现代化进程研究（1962 ~ 2006）》，香港社会科学出版社有限公司，2009，第 119 页。

一个马克思主义者"[①] 的文章，但吴努一贯反对共产主义，认为"共产主义是违背神灵旨意的"[②]。1947～1962 年间，吴努政府虽然宣称是资本主义国家，但却与社会主义国家中国、苏联保持了友好关系，并与中国共同倡导提出"和平共处五项基本原则"；在 1953 年因为国民党在缅部队问题主动要求停止资本主义国家美国对缅经济援助并将该问题提交联合国安理会。1962 年政变上台的奈温军政权虽然宣称建立社会主义国家，并颁布了社会主义宪法，但 1962～1970 年间却与同为社会主义的中国交恶，而与资本主义的美国保持了正常的外交关系（见表 2）。1948～1988 年间，缅甸为了维护自己的独立和主权，避免介入中美苏之争，先后几次主动要求美国停止对缅援助。1988 年后，美国虽然对缅甸的制裁不断加大，但缅甸也没有因为美国的制裁而改变自身的政策。可以说缅甸认为不结盟和中立的外交政策是维护自身独立和主权的最佳方法，因此，缅甸不仅在对美外交中坚持了这一点，在对其他国家的外交中也是如此。缅甸宪法也对这一点进行了明确的规定："国家奉行独立、积极的不结盟外交政策，致力于维护世界和平与各国之间的友好交往与合作，奉行国家间和平共处的各项原则。"[③]

（二）维护缅甸的民族团结和国家统一

缅甸官方认定的民族就有 135 个，缅甸的民族问题是困扰缅甸和平与发展的根本问题之一。缅甸宪法基本原则的第一条就是"国家将维护联邦不分裂、保持民族团结不破裂"[④]。不管是在吴努时期，还是在军政

---

① 贺圣达：《缅甸史》，人民出版社，1992，第 392 页，转引自李晨阳《军人政权与缅甸现代化进程研究（1962～2006）》，香港社会科学出版社有限公司，2009，第119 页。

② 赵维扬：《吴努简介》，《东南亚资料》1982 年第 3 期，第 95 页，转引自李晨阳《军人政权与缅甸现代化进程研究（1962～2006）》，香港社会科学出版社有限公司，2009，第 119 页。

③ 《缅甸联邦共和国宪法》（2008），李晨阳、古龙驹译，《南洋资料译丛》2009 年第 1 期，第 64 页。

④ 《缅甸联邦共和国宪法》（2008），李晨阳、古龙驹译，《南洋资料译丛》2009 年第 1 期，第 61 页。

府时期，缅甸都力图解决境内的少数民族问题。即使是在2009年之后，缅甸也还是不顾美国的反对，先后通过武力解决了果敢问题，沉重打击了以基督教为主要信仰的"顽固派"克钦独立组织（KIA）。虽然实行所谓的"联邦制"，但缅甸宪法明确规定"缅甸联邦共和国所辖省、邦、联邦直辖区、民族自治地方等所有的国家领土组成部分在任何时候都不允许从国家分裂出去"。[①] 缅甸对美政策的重要目标是实现美国不支持缅甸境内的民族地方武装的分裂活动。民族团结也是缅甸对美政策的目标之一。2011年以来，缅甸若开邦的佛教徒和穆斯林之间多次发生暴力冲突[②]，造成数百人伤亡。尽管有人权人士要求美国对缅甸施压，要求缅甸保护境内穆斯林，但美国政府并没有做过多表示。即便是昂山素季在接受英国广播公司采访时，也否认佛教徒对穆斯林施暴，认为这不利于民族团结。

（三）追求缅甸的国际承认

国际关系中承认的对象是一种国家行为或对外政策行为、国际组织中的代表权/资格、国家发展道路和国家政治认同。[③] 美国对缅甸的制裁虽然从实际效果来看并没有达到美国所追求的制裁目标，即迫使军政府垮台、以昂山素季为代表的民主派上台，但美国对缅甸的制裁却使缅甸面临国际承认的危机。如果说在冷战期间这一问题还可以通过在中美苏之间维持中立、左右逢源而缓解的话，那么冷战后美国成为唯一超级大国，美国对缅甸的拒绝承认就不仅仅是代表了美国的态度，而且还代表了整个西方绝大多数国家和绝大多数世界主要国际组织的态度。国际关系中的承认包括三个方面：主权

① 《缅甸联邦宪法》第十条，参见《缅甸联邦共和国宪法》（2008），李晨阳、古龙驹译，《南洋资料译丛》2009年第1期，第62页。

② 孙广勇：《缅甸奸杀案引爆佛教、穆斯林教派暴力冲突》，《环球时报》2012年6月6日，http：//world. huanqiu. com/roll/2012－06/2790897. html。

③ 赵俊：《国际关系中的承认：合法性与观众成本》，《世界经济与政治》2011年第4期，第86页。

（空间）承认、制度承认、身份承认。[①] 美国与缅甸在缅甸建国后的1947年就建立了外交关系，实现了美国对缅甸的主权承认，但随着1988年美国政策的转变，制度承认和身份承认都是缅甸希望得到但美国却不愿给予的。国家追求承认的根本原因是承认关涉国家和政权的合法性。国际不承认对缅甸政府的重要性在于它会逐步销蚀缅甸政府的国内合法性。缅甸军政府通过政变上台本身就无法解决合法性危机，国际不承认会进一步瓦解其在国内的执政合法性。因此不管是民选的吴努政府还是缅甸军政府都需要得到国际承认，而在冷战后的单极世界中，没有美国的国际承认，在国际上的处境将是非常艰难的。

（四）寻求美国支持，促进国内发展

现代国家的基本职能之一是为本国的经济发展和人民生活的改善提供必要的公共产品，这些公共产品除了国内良好的基础设施、完善的公共服务外，还包括开放的国际商品、资本和技术市场。缅甸宪法也规定“国家的经济制度为市场经济制度，国家致力于提高人民生活水平和各方面投资的增长，国家将全力提供技术、资金、设备、原料等条件，推进工业的繁荣”[②]。缅甸多年来的发展没有太多的起色，1987年缅甸成为世界最不发达国家。“二战”结束后，缅甸的发展水平大致与泰国相当，但到2012年，缅甸和泰国已经处于两个不同的世界。2012年，泰国的GDP是缅甸的6.9倍，人均GDP是缅甸的7.4倍，人均寿命比缅甸长8.45年，人均受教育年限比缅甸长3年；而缅甸的贫困人口数量占比却是泰国的4.2倍，全国32.7%的人口生活在贫困线以下（见表3）。因此，发展国内经济改善民生

① 空间/主权承认尤其表现在国家间的外交承认，外交承认是国家进入国际社会的基本条件；制度承认主要体现为国家对国际制度和他国制度的态度，涉及国家对制度公正性的认知；身份承认即国家自我认同塑造手段的承认。关于该问题的详细论述，请参见赵俊《国际关系中的承认：合法性与观众成本》，《世界经济与政治》2011年第4期，第79～89页。

② 《缅甸联邦宪法》第30条、第35条、第36条，参见《缅甸联邦共和国宪法》（2008），李晨阳、古龙驹译，《南洋资料译丛》2009年第1期，第63～64页。

是缅甸紧迫的任务。美国作为世界上最大的经济体是缅甸发展必不可少的外部条件，缅甸发展所需的资金、技术、市场、援助都受美国很大的影响，因此缅甸对美政策的利益诉求还包括寻求美国的支持以发展国内经济。美国也确实曾经为缅甸提供了大量的援助。以 2011 年不变美元（Constant US Dollars）计价，1947～2011 年间，美国共向缅甸提供了 13.38 亿美元的经济援助和贷款，其中包括禁毒和难民救助的款项；同时还向缅甸提供了 5.41 亿美元的军事援助（见表 1）。2009 年美缅关系转暖后，缅甸除了得到美国重新提供援助、解除市场封锁的承诺外，在美国的默许下欧洲国家、日本、韩国还先后免除了缅甸大量的债务并为缅甸提供了新的援助和贷款；世界银行、亚洲开发银行等国际组织也重新恢复了对缅甸的援助和贷款。2009 年以来，大量资本、技术和跨国公司开始向缅甸汇聚，缅甸的经济发展也随之好转。

表 3　2012 年缅甸与泰国部分指标对比

国家	GDP(亿美元)	人均 GDP(美元)	贫困人口数量占比(%)	人均寿命(年)	人均受教育年限(年)
缅甸	531.4	1400	32.7	65.6	9
泰国	3656	10300	7.8	74.05	12

资料来源：整理自 CIA The World Factbook，https：//www.cia.gov/library/publications/the-world-factbook/geos/bm.html。

（五）缅甸对美政策中的中国因素

虽然中国因素在缅甸对美政策中的影响尚无官方的文件说明，但缅甸宪法和缅甸"二战"后的外交实践却表明缅甸"奉行独立、积极的不结盟外交政策"①。从上文对缅甸"二战"后的外交政策梳理中我们也可以发现缅甸在绝大多数时期是执行中立的、大国平衡的外交。1988 年之后因美

① 《缅甸联邦宪法》第 41 条，参见《缅甸联邦共和国宪法》（2008），李晨阳、古龙驹译，《南洋资料译丛》2009 年第 1 期，第 64 页。

国和西方的制裁而发展的对华战略合作只是一种策略性的选择，事实上在1997年缅甸加入东盟之后，缅甸就开始积极发展同印度等其他国家的关系。冷战期间，缅甸一直试图维持在中美苏之间的平衡；当前维持在中美之间的等距离外交不仅符合缅甸的外交传统，也是符合缅甸的国家利益的。因此，美缅双方不管是谁先伸出了橄榄枝，对方的积极回应也在情理之中。

四　美缅关系的“变量”

前文所述的美缅双方对各自的利益诉求都是由各自的国家利益决定的，构成了影响美缅关系的“常量”，而当前影响美缅关系的还有一些重要“变量”。这些“常量”和“变量”共同构成了影响美缅关系的“函数”。

（一）昂山素季与缅甸民主改革

虽然缅甸名义上从2010年就结束了军政府统治，成为民选政府，但是现任领导人和军人集团的终极目标是什么仍然无法得知；此外到底是谁在协调该国的政治经济改革也不得而知。军政府最高领导人丹瑞大将名义上已不再掌权，但很难让人相信他已离开了权力中心并不再发挥影响力。缅甸当局2008年通过全民公决通过了新宪法，2010年又举行了议会选举，很多人都认为这不过是军政府意图建立一种民主和文官政府的假象。释放昂山素季、给予民盟更大的政治空间等最近的举动使一部分人认为缅甸可能会逐步成为民主国家。但这种判断是并不成熟的判断，缅甸军政府的真正目的可能是建立对缅甸和外部世界都能接受的状态——结束孤立制裁的缅甸和没有真正民主化的缅甸。

昂山素季的态度也是影响美缅关系的重要变量。昂山素季对缅甸现政府态度的变化及其对缅甸政治进程的判断都将影响美国的对缅政策。这是因为除了昂山素季外，从来没有一个外国人对美国的外交决策有着如此大的影响。[①] 1988～2009年，昂山素季在缅甸的遭遇总是能招致美国的强烈反应，1988年以来美国对缅甸制裁的加码都是与昂山素季在缅甸的遭遇相对应的（见表4）。昂山素季本身在美国公众和国会有着广泛的支持者，她的形象在西方媒体和民众心中已经被神化，1995年以她的经历为背景拍成的电影《远东之旅》（Beyond Rangoon）在西方大受欢迎；2011年由法国著名导演吕克·贝松执导，英法联合拍摄的投资近2亿元人民币的传记电影《昂山素季》（The Lady）开拍，并于2012年在全球公映。此外，昂山素季在美国国会内也有着广泛的影响。根据David I. Steinberg的统计，1989～2010年，美国国会中关于缅甸和昂山素季的国会记录档案有130多份，同期，在美国参众两院的国会记录中，昂山素季的名字被提及了1598次；44位参议员、64位众议员都提到过昂山素季的名字。1992～2005年，美国国会下属的研究机构（Congressional Research Service）先后提交了34份关于缅甸和昂山素季的研究报告；1989～2010年，美国参众两院先后提出或通过了48项决议或法案。[②]

表4　昂山素季在缅甸的状况与美国的对缅政策

时　间	状　况	美国的缅甸政策的变化
1988年以前	在英国生活	美国与缅甸保持正常外交关系
1988年8月～1989年7月	组建缅甸全国民主联盟	停止了对缅甸的援助;国会先后通过了一些制裁缅甸的议案,但并没有全部得到执行
1989年1月～1995年7月	被软禁	
1995年7月～1996年11月	被释放,要求军政府承认1990年选举结果	
1996年11月～2000年9月	曾遭短期软禁,获释后有各种限制条件,包括不得离开仰光	1997年5月,克林顿签署了13047号行政法案,美国启动新的对缅甸制裁措施

① David I. Steinberg, “Aung San Suu Kyi and U. S. Policy toward Burma/Myanmar”, *Journal of Current Southeast Asian Affairs*, No. 3, 2010, p. 35.

② David I. Steinberg, “Aung San Suu Kyi and U. S. Policy toward Burma/Myanmar”, *Journal of Current Southeast Asian Affairs*, No. 3, 2010, p. 45.

续表

时 间	状 况	美国的缅甸政策的变化
2000 年 9 月 ~ 2002 年 5 月	被软禁	
2002 年 5 月 ~ 2003 年 5 月	与军政府谈判	
2003 年 5 月 ~ 2007 年 5 月	被软禁	2003 年 5 月,美国总统布什签署《缅甸自由与民主法案》和行政命令 13310 号,进一步加大制裁,2005 年缅甸被列为无赖国家和暴政前哨
2007 年 5 月 ~ 2010 年 11 月	被软禁	2007 年,美国总统布什签署行政命令 13348 号行政命令;2008 年,美国总统布什签署行政命令 13464 号,加大制裁;2009 年,美国总统奥巴马重新评估对缅政策
2010 年 11 月至今	参与民主进程,2012 年 5 月当选为缅甸人民院议员	美国缅甸关系逐步正常化

昂山素季对美国的巨大影响会使美缅关系和美国的缅甸政策面临新的变数，在下面两种情况下将使问题更为复杂化：一是昂山素季对缅甸现政府的判断和美国政府对缅甸现政府的判断出现差异，或者是昂山素季的诉求与美国政府的诉求出现差异；二是美国政府对缅甸现政府和昂山素季的政策与美国国会的要求不一致。

（二）民族地方武装与国内和平

缅甸的民族地方武装和国内和解自 1947 年缅甸独立以来就一直存在，到现在也没有各方都能接受的解决方案。少数民族及其民族地方武装要求按照“彬龙协议”① 实施民族和解。但缅甸政府与少数民族对彬龙协议本身的理解就存在不同，少数民族主张的分离权、高度自治权很难实现。2008 年通过的缅甸宪法已经对联邦政府和各邦省的行政、立法、司法权力做了明确

① 1947 年 2 月签署，是以昂山为代表的自由同盟和克钦、钦族和掸族等少数民族代表经过两个阶段谈判签署的，决定联合建立缅甸过渡政府，并尽快争取独立。详细内容请参见祝湘辉《山区少数民族与现代缅甸联邦的建立》，广东世界图书出版公司，2010，第 131 ~132 页。

的划分，要实现少数民族的要求就要修改宪法，按照2008年宪法对宪法修改程序的规定，要修改宪法几乎是不可能的。① 缅甸平原地区的民族和山区的少数民族奉行的是两种不同的民族主义，分别是官方的民族主义和次民族主义，两者之间有着显著的差异。② 因此要实现两者的和解也面临很大的难度。

缅甸现政府为了解决这一问题似乎采取了"两手都要硬"的方法，一方面对于"顽固派"进行武力清剿，另一方面与其他派别进行谈判。缅甸自2009年缅甸政府武力解决果敢问题后，2011年6月，在克钦邦重开战局，政府军与控制着克钦邦部分地盘的克钦独立军（KIA）结束了18年的停火重新开战。缅甸政府计划强迫民族地方武装归入政府军控制的边防部队，而包括克钦独立军在内的民族地方武装都反对这一计划，这导致紧张局势进一步升级。2012年初，缅甸政府与缅甸最大的民族地方武装之一克伦民族联盟（KNU）达成停火协议，此前政府军与克伦族联盟从未达成过停火协议。缅甸政府与克伦民族联盟达成的协议包括停火和设立联络处，是一个突破性进展。这次停火也为其他与政府军冲突的民族地方武装树立了一个先例。缅甸政府试图与各个民族地方武装分别签署不同的停火协议，这将是一个漫长而反复的过程。很多民族地方武装的领导人仍然怀疑政府和政府的停火动机。他们指出现任政府的很多高官都是过去军政府的军官，之前正是这些军官在指挥政府军与民族地方武装的战事，造成了数以万计的人沦为难民。很多现任政府高官过去作为军区司令指挥了针对民族地方武装的战斗，包括总统吴登盛。

---

① 2008年的缅甸宪法中专门有一章是关于宪法修改的，即第十二章，按照该章的规定，宪法修改的提案必须由20%的联邦议会代表以法律草案形式提交，修改草案须由75%的联邦议会代表同意；对宪法核心条款的修改还要经联邦议会同意后交全民公投，而且公投结果必须是50%以上投票者都支持后宪法才可以修改。要符合上述要求，在缅甸现有框架下显然是不可能修改宪法的。详情请参见《缅甸联邦宪法》第433～436条，见《缅甸联邦共和国宪法》（2008），李晨阳、古龙驹译，《南洋资料译丛》2010年第1期，第42～43页。

② 关于该问题的详细说明可参见祝湘辉《山区少数民族与现代缅甸联邦的建立》，广东世界图书出版公司，2010，第179～190页。

缅甸的民族地方武装和民族和解问题很大程度上将影响缅甸国内的政局，而缅甸国内政局的变化必然会影响美缅关系。

昂山素季的态度、缅甸民主化进程和缅甸民族地方武装问题的解决是当前和今后一段时间内不确定性因素，前两者主要对美国的对缅政策产生较大的影响，而后者则对缅甸国内局势及其对美政策产生较大的影响。

五 “变量”与“常量”影响下的美缅关系走势

通过上文分析，我们可以归纳认为美缅关系分别受到“常量”和“变量”的影响，“常量”因素对美缅关系的影响具有相对稳定性，而“变量”因素则会对美缅关系的突变产生影响。美缅关系中的“常量”包括美国对缅政策的利益诉求和缅甸对美政策的利益诉求。具体而言美国对缅政策的利益诉求包括：防止缅甸发展核武器；昂山素季获释并参与缅甸政治进程，缅甸实现美国式民主；美国在缅的经济利益；避免中国在缅独大和拉拢东盟。缅甸对美政策的利益诉求则包括：维护缅甸的主权与独立；维护缅甸的民族团结和国家统一；追求国际承认，寻求美国支持，促进国内发展；缅甸对美政策中的中国因素。美缅关系中的“变量”因素则包括：昂山素季的态度与缅甸民主改革进程；民族地方武装问题的解决与国内和平。

从2009年以来美缅关系的发展来看，缅甸已经承诺不发展核武器并签署协议接受国际原子能机构的检查；昂山素季以及其他大量政治犯已被释放，同时昂山素季也当选为人民院议员参与到缅甸的政治进程中；随着缅甸的各项改革措施，美国的产品、技术和投资也逐步在返回缅甸；中国在缅甸一家独大的局面也已经不复存在；因此可以说除了实现美式民主这一目标没有达到外，美国对缅政策的利益诉求大部分已经实现或正在实现。从缅甸方面来看，美国将原来的对缅政策从“经济制裁”调整为“务实接触”后，缅甸的国际承认和国际环境明显好转；缅甸经济发展所需要的资金、技术、援助大量涌入，经济发展的条件不断得到优化；缅甸过度依赖中国的局面也得到缓解；至于缅甸的主权、独立、民族和解与国内和平等问题由于牵涉军政府的利益和缅甸国家利益的差别，是否实现是较为难以界定的。因此可以说，2009 年以来的美缅关系互动基本满足了两国各自的利益诉求；这也就解释了为什么美缅关系能够较快地改善。从基本面来看，美缅关系正常化符合双方的利益诉求。

就美缅关系的"变量"因素来看，民族地方武装问题的前景面临很多不确定性因素，难以作出判断。昂山素季和缅甸政治民主化进程则可以根据当前的情况作出初步的判断。当前昂山素季是以较为务实的态度介入缅甸军政府控制下的政治进程，改变了以前要求军政府交权的激进态度。军政府也调整了以前的强硬政策，开始实施政治民主化，而且在释放政治犯、开放媒体、吸引外资等方面已经取得了进展。在现有改革空间释放完成后，军人集团和昂山素季集团之间在核心问题上的博弈将真正开始，而 2015 年大选就是一个关键的时间节点，与 2015 年大选紧密关联的是缅甸修宪问题。不修改宪法第 59 条关于总统候选人资格的条款，昂山素季就不具备总统候选人资格。而要修改宪法第 59 条，就要首先由 20% 的联邦议会代表以法律草案形式提交提案，提案须由 75% 的联邦议会代表同意；联邦议会同意后交全民公投，公投结果必须是 50% 以上的投票人都支持宪法修改。①

美国对缅政策的最优目标是缅甸实现了美式民主；次优目标是美缅关系正常化、缅甸开始渐进式民主改革。缅甸现政府对美政策的最优目标是在能保持军政府特权的情况下融入国际社会；次优目标是牺牲部分特权保留部分特权避免被溯及既往。以昂山素季为代表的民盟的最优目标是在 2015 年实现国家大权从军政府到民盟的和平过渡；次优目标是在缅甸开始渐进式民主改革的同时，民盟的生存空间进一步扩大。同时，在现有格局下昂山素季和缅甸军人集团面临以下三个选项：不修改宪法，昂山素季作出妥协，继续以某种方式参与缅甸政治进程；军政府作出妥协，修改宪法，军政府逐步退出缅甸政治；或者是昂山素季集团和军人集团达成妥协，选取双方都能接受的

① 《缅甸联邦宪法》第 59 条，见《缅甸联邦共和国宪法》（2008），李晨阳、古龙驹译，《南洋资料译丛》2010 年第 1 期，第 42～43 页。

人选为国家总统，昂山素季集团对军人集团的利益保护作出某种承诺，而军人集团就扩大昂山素季和民盟的生存空间、加快民主化进程作出承诺。如果选择第三个选项，那么美国、缅甸军人集团和民盟三者的次优目标有同时实现的可能性，因此第三个选项在未来执行的可能性相对较大。如果第三个选项成为现实，那么美国会按照“行动对行动”的原则继续改善美缅关系。

基于美缅关系的“常量”来看，美缅关系正常化符合双方的利益诉求；基于美缅关系的“变量”来看，除了民族地方武装这一不确定性因素外，昂山素季和缅甸民主改革这一因素继续推动美缅关系改善的可能性较大。因此，从整体来看，美缅关系的继续改善趋势正在逐步形成。在此背景下，未来的中国的对缅政策将必然面临三个新的问题：美缅关系正常化、缅甸在中美之间的中立化和缅甸政府民主化。如何更好应对这三大挑战将决定中国对缅外交的成败。

B.11

缅甸政治转型以来日本对缅政策的调整

李艳芳*

摘　要：

随着2011年缅甸民主化进程实现了里程碑式的转变，以美国为首的西方国家纷纷与缅甸缓和关系，而曾在缅甸拥有巨大政治、经济利益的日本自然不甘落后。2011年底以来，日本迅速调整对缅政策，从政治、经济、外交等方面展开系列行动，开始了旨在收复"失地"、拓展利益、增强影响力，以及"摆脱中国"和"遏制中国"并举的政策实施进程。本文将首先综述和梳理日本对缅关系的阶段性变化，期望通过历史考察，总结"二战"以来日本对缅政策的几次变化并深究其原因。在此基础上，将重点对2011年缅甸民主改革以来的日本对缅政策调整及其原因、日本对缅政策实施及其影响几个方面展开深入探讨。

关键词：

缅甸　民主改革　日本　政策调整　实施

2011年3月，缅甸军政府还权于民选政府，缅甸的民主化进程实现了一个里程碑式的转变。随着美国宣布放松对缅制裁，美缅关系开始逐渐升温，其他西方国家也纷纷与缅甸重修旧好，曾在缅甸拥有巨大利益的日本自

* 李艳芳，云南财经大学印度洋地区研究中心讲师、博士。

然也不甘落后。自2011年底以来，日本迅速调整对缅政策，从政治、经济、外交等各方面展开系列行动，开始了旨在收复“失地”、拓展利益、增强影响力，以及“摆脱对华经济依赖”和“遏制中国”并举的政策实施进程。

日本的对外政策制定及调整具有一定的历史延续性，并有一定的内在规律可循，因此，分析目前日本对缅政策的调整及实施，就离不开对两国关系的历史考察和现实分析。本文将首先综述和梳理日本对缅关系的阶段性变化，力图通过历史考察，总结“二战”以来日本对缅政策的几次变化并深究其原因。在此基础上，将重点对2011年缅甸政治转型以来的日本对缅政策调整及其原因、日本对缅政策实施及其影响几个方面展开深入探讨。

一　日本对缅政策变化的历史与现实考察

对于20世纪以来的东亚、东南亚地区而言，日本绝对是个重要而且矛盾的存在。在这一段历史时期，日本的角色从侵略者到援助者再转为主要的投资者，对区域内各国的发展进程产生了深远而复杂的影响。其中，日本对缅甸的影响层面最多，日缅关系也因此最为特殊。根据对现有文献与史料的分析，可将日本对缅政策变化分为以下四个时期进行考察。

（一）20世纪40年代初中期，从支持缅甸独立转为对缅进行殖民统治

1941~1945年，是日缅特殊关系形成的重要阶段，也是日本对缅政策的第一个变化期。1941年，为了实现亚洲战场上的战略利益，在所谓的“大东亚共荣共存”旗号下，日本扮演了支持缅甸独立的角色，不仅帮助该国训练反英殖民起义领导人（史称“三十志士”），还辅佐其组建了“缅甸独立义勇军”，这也是缅甸近代史上第一支正规军队。1942年初，日军联合缅甸独立军击败英军，日本的情报机构“南机关”也开始帮助缅甸人在各地建立了地方政府。但是，占领缅甸后的日本并不打算践行还缅独立的承诺，而是将自己的民族解放者身份就地转换为新的殖民统治者，并

扶植以巴莫为首的傀儡政府，就此开始了对缅甸长达3年的军事管制和殖民统治。①

虽然对缅政策有所转变，但是日本对缅甸的侵略却与对东亚国家不同，因此日缅关系的历史遗产也较为特殊。首先，除了日本政府，还有许多日本国民，特别是"二战"时期的日本老兵及其家属都有着难以割舍的缅甸情结，都对往昔缅甸提供给帝国的丰饶资源恋恋不舍；其次，日本对缅甸的军事管制虽然严厉，但并没有采取残酷的武力征服措施，因此缅甸民众的仇日情绪不浓，甚至一定程度上还对日本的反英援助心存感激；最后，日军占领缅甸后不断扶植该国的政治精英分子，为其中许多人提供了赴日留学奖学金②，与"三十志士"一样，这些人日后也成为缅甸政治、军事的核心人物，并深受日本政治教育的影响。虽然1945年缅甸联合盟军击败了日本，但以昂山将军为首的缅甸军政领袖却与日本政客群保持了良好的关系，这种关系一直延续到1988年奈温下台前，甚而时至今日，仍然有不少缅甸政治精英深受日本影响。不同的历史际遇，令缅甸对日本的感情与区域内其他国家不同，该国独立后的教科书中甚至还专门强调了日本为缅甸独立做出的贡献和帮助。正是日缅双方在政治关系与历史情感上的双重羁绊，为冷战期间两国建立"特殊关系"和"历史友好关系"奠定了坚实的基础。

（二）"二战"后到冷战期间，采取亲缅援缅政策

"二战"后的东亚、东南亚地区，大多数域内国家普遍存在着反日情绪，只有缅甸与日本保持了友好。在日本战后最艰难的时期，正是缅甸用低于国际价格的大米缓解了日本国内的粮食危机，而在日本对亚洲各国的战争赔款谈判陷入僵局时，也是缅甸怀揣同情带头与日本达成了赔偿共识。从20世纪60年代起，日本实现了经济起飞，但是贫乏的资源和不利

① 范宏伟、刘晓民：《日本在缅甸的平衡外交：特点与困境》，《当代亚太》2011年第2期，第127～146页。

② Saito Teruko, "Japan's Inconsistent Approach to Burma", *Japan Quarterly*, Vol. 39, 1992, p. 24.

的地缘战略地位很难支撑其野心勃勃的发展诉求，于是，获得亚洲资源与市场的意愿重新变得急迫起来。为了在东南亚扩张势力并重拾影响力，日本非常倚重缅甸在其中发挥的作用，因此从战后到冷战期间都坚持采取了亲缅、援缅的政策，这也促成了日缅间联系最为紧密、联系时间最长的一段“蜜月期”。

在该阶段，日本主要是通过政治外交手段和战争赔款、政府开发援助（ODA）、贸易、投资等经济手段，积极与缅甸建立和巩固双边关系。在政治外交方面，1954 年，日本与缅甸签署了和平条约并宣布正式建交，实现了两国邦交正常化；在战争赔款方面，1954 年 9 月，缅甸带头与日本签署了《战争赔偿和经济技术合作协定》，帮助日本在东南亚地区打破战争赔偿谈判僵局的同时，也为日企重新进入该区域市场打开了大门，1955 ~ 1968 年，日本一共向缅甸交付了 2 亿美金的战争赔款和 473.36 亿日元的“准赔偿”，后又为其提供了 5000 万美元投资贷款作为变相增补赔偿；[①] 在政府开发援助方面，自 1968 年首次为缅提供援助贷款直至 1975 年，日本平均每年都向缅甸贷出 50 亿 ~ 100 亿日元不等的款项，1985 ~ 1987 年，该款项增加到年均 300 亿日元以上，并于 1984 年创下了 460 亿日元的最高纪录。[②] 事实上，1968 ~ 1988 年，日本已经将对外援助中的一半都提供给缅甸，日本对缅援助在缅甸外国援助总额中的份额上升到 71.5%[③]，日本也因此成为冷战期间缅甸最大的援助者和投资者，缅甸也一度位列日本经济援助接受国的前五位。该阶段，日本对缅经济援助手段非常多样化，除了政府援助贷款，还有 1975 年的综合财政补贴、1976 年的文化补贴、1977 年的食品增产补贴和 1979 年的债务免除等。客观地说，日本的这些援助在缅甸战后

---

① Kei Nemoto, “Between Democracy and Economic Development: Japan's Policy toward Burma/Myanmar Then and Now”, in Ganesan N. and Kyaw Yin Hlaing, Myanmar: State, Society and Ethnicity, Institute of Southeast Asian Studies Publishing, 2007, pp. 98 – 99.

② 《世界新闻报》：《鲜为人知的日本缅甸亲密岁月》，中华网，2013 年 1 月 9 日，http://military. china. com/history4/62/20130109/17623253_ 2. html。

③ 大卫·斯坦伯格：《美国及其盟国在对缅政策上的难题》，《东南亚之窗》2009 年第 1 期，第 50 页。

重建中发挥了重要的作用，并帮助缅甸渡过了20世纪70～80年代的数次经济危机。

（三）1988～2010年，对缅实施制裁与接触并举的中间路线政策

1988年9月缅甸军政府上台，成立了国家法律和秩序恢复委员会（SLORC），从此国际社会对缅立场出现了明显分化。以美国为首的西方国家主张对其进行制裁，而中国和东盟等周边国家和国家集团则提出应与之接触和合作。在国家利益与对美同盟关系的权衡中，日本对缅政策出现了许多反复，特别是2003年开始的政策调整，更使得日缅关系渐行渐远以至于不复当年。在美国和西方国家宣布对缅制裁后，1989年1月，日本政府决定暂时搁置对缅甸的援助计划；在国内企业和对缅友好团体游说下，1989年2月，日本又恢复了部分对缅经济援助，并成为西方世界第一个承认缅甸军政府的国家；从1997年开始，日本决策者认为制裁政策对缅政治发展适得其反，因此决定实施提升双边经济关系的政策，这也推动了日缅关系再次走近；2003年“5·30”事件后，缅甸局势再度恶化，美国等西方国家加强了对缅制裁力度，迫于国内外舆论的压力，日本宣布停止了对缅甸的日元贷款；2007年缅甸爆发了“袈裟革命”，日本也随即取消了对缅赠款，日缅关系由此跌落到历史低谷；2008～2010年，虽然依然对缅甸人权表示关注，但日本并未追随欧美对缅进行制裁，也从未停止对缅提供援助。

总体看来，该阶段日本基本服从了美国对缅制裁的要求，但另一方面，日本还是希望与缅甸军政府保持“建设性接触”。在制裁和接触中间，日本似乎寻找到了一条中间路线政策——“建设性干预”政策，即承认缅甸军政府，并希望通过对话建立一个包括全国所有政治派别在内的国民和解的民选政府。对于本国的对缅立场与政策，日本外务省1997年的解释很有代表性：“日本对缅政策就是要与军政府进行接触性对话，而不是通过孤立缅甸来改变其民主化进程和人权状况。日本认为目前国际社会的孤立政策并不是

改善缅甸局势的最好办法，相反，日本认为帮助缅甸回归国际社会，鼓励其遵循国际行为规范才是重要的。”①

在推行中间路线政策的过程中，日本为了不得罪美国盟友及国际社会，采取了迂回的方式。一是以军政府推进民主进程为由，不断给予缅甸鼓励式援助。每当军政府做出实现民族和解、推进民主进程的安排，日本就会立刻给予援助和投资方面的回应。最常态的例子就是，1990～2010年，军政府几次软禁和释放“民盟”领导人昂山素季，日本也相应几次展开了停止或继续援助缅甸的行动。二是日本借人道主义援助的理由逐步恢复了对缅的援助和投资。特别是在民间企业对缅投资方面，日本政府采取了既不鼓励也不反对的态度，实质上保证了双边经贸关系的持续性开展。三是日本通过借助东盟等平台及东盟全面经济伙伴关系协定（AJCEP）对缅实施援助。在东盟顶住了来自欧美的压力决定接纳缅甸后，日本立刻表态提出不应把东盟接纳缅甸和接受军政府进行等同考虑，从而保证日本在东盟、AJCEP等区域合作框架下继续与缅甸保持经济联系。四是在剥离政治的原则下继续维持与缅甸的贸易关系，以保证日本能在缅甸边境地区获得资源。

在日缅关系的冷淡期，日本暂停了对缅甸的贷款和主要援助项目，直接导致日本对缅经济影响力和在缅竞争力的急剧下滑。但是，与西方国家不同，日本没有采取贸易禁运等制裁手段，甚至还在缅甸保留了大型日本企业的分支机构，并维持着最低程度的运营。据统计，1988～2010年，日本保留了23个对缅投资项目，投资金额约为2.13亿美元，仅占缅甸外资总额的0.67%；日本对缅年均出口1.44亿美元，进口1.36亿美元。② 虽然投资和贸易量都很小，但是一直保留的商业存在和贸易行为，证明了日本从未打算放弃缅甸，并一直在为他日的卷土重来预留伏笔和回旋余地。

---

① Ministry of Foreign Affairs of Japan, “Japan's Position Regarding the Situation in Myanmar”, March 1997, http://www.mofa.go.jp/region/asia-paci/myanmar/myanmar.html#A.

② 范宏伟、刘晓民：《日本在缅甸的平衡外交：特点与困境》，《当代亚太》2011年第2期，第127～146页。

（四）2011 年以来，积极恢复和推动日缅政治、经济关系快速发展

2011 年 3 月 30 日，随着缅甸军政府将立法、司法和行政权力全面移交民选政府，缅甸的民主化进程实现了里程碑式的转变。吴登盛总统上台后即开始推行政治经济改革，重要措施有放松媒体管制、推行私有化、放宽对政党的限制、释放政治犯、欢迎被驱逐者回国、与昂山素季展开直接对话、与多数民地武签署停火协议、建立国家人权委员会、颁布赋予劳工组建工会及罢工等权利的劳动法等。这些改革被认为是自 2010 年实施大选以来当局所承诺的使缅甸逐步迈向民主化和重新融入国际社会的结果与象征。缅甸的系列改革举措逐渐赢得了美国等西方国家的认可，美国也因此对缅开展了旨在恢复双边关系的系列外交行动：2011 年 12 月，时任美国国务卿希拉里·克林顿访问缅甸；2012 年 2 月 6 日，希拉里签署豁免令，不再反对国际金融机构赴缅评估和提供有限技术援助；2012 年 7 月 11 日，美国第一位驻缅大使向缅甸递交国书；2012 年 11 月 19 日，美国总统奥巴马对缅展开历史性访问，成为首位访问缅甸的美国在任总统。美缅关系迅速解冻后，英国、法国、瑞士等欧盟国家及澳大利亚等其他西方发达国家也迅速调整对缅政策，陆续宣布将增加对缅甸的援助或者减轻对其制裁。

缅甸国内政治转变改善了缅甸与西方常年紧张的关系，在逐渐放松对缅制裁后，西方国家普遍开始对这个劳动力低廉且资源丰富的国家产生了浓厚的兴趣。其中，一直明里暗里支持缅甸的日本态度最为积极，外交反应也非常迅速。实际上，早在 2011 年 2 月，日本外务省已经在着手准备恢复对缅援助，提出了要及时搭乘缅甸经济发展这趟“公共汽车”，意图是要继续利用援助手段恢复与缅甸的亲密关系。2011 年 5 月美国助理国务卿访缅后，嗅出解冻气息的日本便先于其他西方国家展开了系列对缅的外交、经济行动，推动了日缅关系的快速恢复与发展。2011 年 6 月，日本政府派出时任外务政务官菊田真纪子出访缅甸，分别会见了缅甸外长吴年温和民盟领袖昂山素季，这也是 3 年来日本首次派出高官访缅；2011 年 12 月 26 日，日本外

务大臣玄叶光一郎出访缅甸，协商双边投资协定并宣布将恢复对缅政府开发援助；2012 年 4 月，日本时任首相野田佳彦参加日本与湄公河流域国家首脑会议并会晤缅甸总统吴登盛，宣布日本政府将分批免除缅甸债务，继续承诺将恢复对缅的发展援助；2012 年 11 月，野田佳彦在参加东亚峰会时，宣布将恢复对缅的日元贷款；2013 年 1 月 2 日，日本副首相麻生太郎访问缅甸，在宣布免除缅甸所有债务的同时，还承诺 3 月底前兑现对缅 500 亿日元的贷款，以此为日企进入缅甸市场铺路；① 2013 年 5 月 24 日，日本首相安倍晋三访问缅甸，成为 36 年来首位访问缅甸的日本首相，使得双边政治、外交互动达到了高潮。在官方经济外交推动下，日本在推动发展与缅甸经济关系方面采取了积极行动，并已经取得了一定的成效。根据日本贸易振兴会统计，截至 2012 年 10 月，日本商工会议所已经有 60 家成员企业进驻仰光；另据美联社报道，日本现阶段在缅甸至少有 35 个在建投资项目，其中占地 2400 公顷的迪洛瓦经济特区规模最大；② 2012 年和 2013 年，日缅双边贸易额分别达到了 14.14 亿美元和 15 亿美元，与 2010 年相比都有了较大增长；截至 2011 年 12 月，日本对缅投资额累计约为 2.1 亿美元，到了 2012 年 7 月，该投资累计额增加到 2.23 亿美元③，到 2013 年 2 月，该数据达到 2.7 亿美元，在缅甸的外方投资者中排名从第 13 位上升到第 11 位。④

二　缅甸政治转型以来日本对缅政策调整的主要原因

2011 年以来，日本对缅政策调整的原因除了传统的美日同盟及西方舆

---

① 日媒：《日本副首相麻生访问缅甸为日企进军铺路》，中国新闻网，2013 年 1 月 5 日，http://news.xinhuanet.com/world/2013-01/05/c_124184673.htm。

② 《日本首相 36 年来首访缅甸》，新华网，2013 年 5 月 26 日，http://news.xinhuanet.com/world/2013-05/26/c_124763448.htm。

③ Japan-Myanmar Relations (Basic Data), Ministry of Foreign Affairs of Japan, http://www.mofa.go.jp/region/asia-paci/myanmar/data.html.

④ 《缅甸总统会见日本副首相》，新华网，2013 年 1 月 3 日，http://news.xinhuanet.com/world/2013-01/03/c_114231883.htm。

论影响外，还有其维护国家利益、推行日式价值观及摆脱对华经济依赖、遏制中国在东南亚的影响力等考虑。

（一）欧美对缅关系改善：日本对缅政策调整的契机

1. 美缅关系改善

从上述历史、现实的分析来看，日本对缅政策调整一直都符合其国家整体外交政策的变化走向，而这些变化大多和日美关系发展和美国的全球战略有着密切联系。“二战”前，日本一直推行“大陆经略政策”，即利用军事和经济侵略攫取在周边国家的政治经济利益，因此日本对缅甸采取军事管制和殖民统治就是一个必然选择；“二战”后，日本奉行的是以日美同盟为基轴的外交路线，实质上就是“美国主导，日本追随”的外交模式，该阶段美缅之间总体保持了良好的合作关系，同时美国还给予缅方经济、军事及禁毒方面的帮助，所以日本在该阶段与缅甸保持亲密关系的最大前提就是美国并不反对，最大的动力则是为了确保日本发展能有足够的资源；朝鲜战争后，日本经济实现了起飞，日益强大的经济实力促进了日本的多边自主外交，特别是在布雷登森林体系解体、中美建交、广场协定日元升值及新中东政策较量等系列事件后，日本对美国的离心力不断增强，而随着美国在亚太的战略性收缩，日本对外战略选择中的自主性也迅速增强。这一阶段，日本的外交政策虽然以日美同盟为核心，但也在积极寻求其在亚太的主导地位，因此冷战后美国和西方都力主制裁缅甸，日本却转而承认缅甸军政府，并选择了一定程度上不完全听命于美国安排的对缅中间政策——即制裁与接触相结合的政策。但是，尽管日本已经增强了对外独立性，美国仍是其外交道路上绕不过去的坎，这样的外交格局同样反映在日本对缅政策选择上。因此，即使日本在缅甸有着巨大的利益，但在美国的要求下，日本还是选择站在美国一方，1988～2010年，在没有获得华盛顿与缅甸和解的信号之前，即使在缅甸蒙受了巨大的政治、经济利益损失，日本都不敢做出实质上有损美日关系的动作，可见美国对其外交影响力仍然是巨大的。

由于日本外交很大程度上是基于对美日同盟的维护，因此美缅关系紧张，日本就只能与缅甸保持着最低经济联系，无法自主开展进取型的对缅政策。在等待多年后，2011 年的缅甸政治转型与改革，终于给了一直在中间路线徘徊的日本一个契机。2011 年以来，美缅高层实现历史性互访，美方在关注缅甸改革进程中不断放松对其制裁，美国的对缅投资与商业存在也在迅速发展，一切迹象都表明美缅关系已然解冻并且明显升温。美缅关系的改善，使得日本不用再踌躇于国家利益和美日关系存在的矛盾之上，从而可以放开手脚采取积极进取的对缅政策，一则是因为美国认可缅甸民主化进程即是对日缅关系的解禁，二则是因为日本重返缅甸客观上能够配合美国重返亚洲的战略，从而可以将日缅关系纳入美日同盟利益框架内实施。

2. 西方国际舆论转向

日本历来都非常重视国际政治经济秩序的变动，并且不断地通过自我调整去适应国际环境。19 世纪迄今，日本已经经历了“脱亚入欧”“脱亚入美”“脱美返亚”及“挟美制亚”等多个战略转型阶段，可见，日本很容易受到国际大环境的影响，其对外战略选择方面具有很强的敏感性，不仅反应迅速而且适应能力非常强。①

“二战”后，作为战败国的日本选择了站在西方世界一方的立场，除了需要美国为其提供安全保障外，还有对西方普世价值的认同，以及希望融入西方民主世界以改变其国际形象的诉求。因此，在对缅政策制定和实施中，除了美日同盟因素外，日本也非常重视西方国家主导的国际舆论和所谓的主流价值取向，在很多外交政策选择中都表现得小心翼翼，尽量避免与国际社会意愿发生冲突。缅甸军政府上台后，在美国及西方舆论一致倾向于对缅实施制裁和贸易禁运时，日本没有公开反对，而是尽量使用掩盖其真实意图的迂回方式与缅甸建立联系，这也是日本决策机构没有旗帜鲜明地选择对缅接触的另一个重要原因。2011 年缅甸改革后，众多西方国

① 金熙德：《21 世纪日本外交的选择》，《国际政治研究》2008 年第 1 期，第 1 ~ 16 页。

家开始寻求与缅甸缓和关系。无论是作为整体的欧盟，还是其主要成员国德国、法国等，都对缅甸民主化进程表示了欢迎，其中荷兰、挪威等国的对缅投资更是迅速增加，甚至超过了日本与美国。随着改革的不断深入，西方国家对缅甸的制裁不断减少，而政治、经济接触则在不断扩大，国际舆论也开始转向了对缅甸有利的方面。在这样的国际大环境下，日本不再担忧西方舆论会对自己进行负面评价，相反，在获得了与西方阵营一致的前提下，日本终于能名正言顺地实施其重夺“亚洲后院”中最薄弱环节——缅甸的计划了。

（二）日本的国家利益及国内利益团体的需要

1. 维护和实现日本国家利益的需要

日本外务省曾将日本的对外政策目标描述为“确保国家和人民生活的安全与繁荣”[①]，实质上，这也是日本对其国家利益的一种诠释。对于日本而言，美日同盟关系和日缅关系都是确保其国家利益实现的重要保证。首先，安全是日本的首要国家利益，但是日本的安全在很长一个历史时期内只能托付给美国，因此美日同盟也就成为日本对外战略的基轴；其次，日本在缅甸有着巨大的地缘政治和经济利益，缅甸丰富的资源不仅曾为日本维持军队和挟持亚洲提供了重要帮助，还让日本实现了经济起飞和遏制该区域共产主义发展的双重目的；除此之外，缅甸还是日本平衡中国在东南亚影响力的重要据点。从“二战”后到冷战期间，当美日关系和日缅关系不发生冲突时，日本在安全方面得到了美国的照拂，资源、劳动力及市场方面，则大大得益于缅甸的支撑，正是在这一阶段，全力发展经济的日本成为仅次于美国的世界第二大经济体。但是，随着1988年缅甸军政府的上台，日本在美国与缅甸之间陷入了两难境地。虽然为了保证更为重要的那部分国家利益，日本的天平最终倒向了美国一边，但这并不意味着它就

① “Challenge 2001, Japan's Foreign Policy toward the 21st Century”, *Ministry of Foreign Affairs*, January 4, 1999, http: //www. mofa. go. jp/policy/other/challenge21. html.

此放弃了缅甸。为了最大限度地实现国家利益，在不牺牲美日同盟核心的前提下，日本选择了制裁与接触相结合的对缅政策，并通过采取经济手段和人道主义立场援助保持了对缅经济联系。这样的选择也践行了日本对外政策中的特别声明："我们的首要任务是发展与亚太国家的关系，促进区域合作，同时与我们重要的合作伙伴、有着共同价值观的美国保持合作关系。这是我们外交政策的基石。"①

20世纪90年代以来，日本经济陷入了长期衰退，为了重振经济实现繁荣，日本急需一个新兴的能从中获得更多战略资源的市场，而无论从历史还是从现实来看，缅甸一直都是日本政府的首选。缅甸丰富的矿产、森林资源和能源，以及拥有6200万人的尚未开发出来的巨大市场，都是日本所觊觎和渴望的。首先，日本希望通过调整对缅政策能够解决日本面临的能源危机。尤其是2011年3月福岛核灾难发生后，日本几乎关闭了所有的核电厂，这也使化石燃料占日本能源需求的比重猛增至90%，该危机已经使得日本连续15个月出现了贸易逆差，刷新了其历史最长纪录。② 其次，日本希望重返缅甸的举措能够帮助其摆脱经济上对中国的依赖。中国已经是日本的第一大贸易伙伴、第一大出口目的地及进口来源地，日本对华贸易依存度已经达到了20%。2012年以来，钓鱼岛问题导致中日关系陷入僵局，2013年11月23日中国宣布划定东海防空识别区、12月26日安倍晋三参拜靖国神社等事件，更使得两国关系跌落到邦交正常化以来的最低谷，忧虑中日"政冷经寒"的日本企业希望找到新市场以分散大量投资中国带来的经济风险，而亚洲最后一块未被开发的市场——缅甸，立即成为日企追逐的目标。再次，日本希望将缅甸变成其制造业的主要转移地之一。随着中国劳动力成本不断上升，日本的制造业转移逐渐转向东南亚，由于缅甸是该地区劳动力成本最低、经济发展最具潜力的国家，因此也成为日企进军的重点市场。据日

① "Challenge 2001, Japan's Foreign Policy toward the 21st Century", *Ministry of Foreign Affairs*, January 4, 1999, http://www.mofa.go.jp/policy/other/challenge21.html.

② 《能源危机致日连续15个月出现贸易逆差，创历史最长纪录》，环球网，2013年10月25日，http://finance.huanqiu.com/world/2013-10/4475992.html。

本贸易振兴机构的调查，2011 年缅甸月均工资仅为 95 美元，只相当于中国的 1/5。最后，除了地缘、能源和廉价劳动力等因素外，缅甸的市场化改革及经济发展前景也是日本转变对缅态度的重要原因。根据美国环球通视有限公司的预测，2020 年之前，缅甸国内生产总值的增长速度平均每年可达 6%左右，国内生产总值到 2020 年将增长一倍，达到 1240 亿美元。从市场发展预期来看，缅甸无疑对经济增长乏力的日本具有强烈的吸引力。同时，缅甸新实施的外国投资法、经济特区法和外汇改革等，也大大增强了对日本外资的吸引力。[①] 此外，目前的缅甸正处于改革转型期，虽然发展预期被普遍看好，但其水、电及公路等基础设施建设滞后，急需来自日本等西方国家的投资，而这种互补和相互需求，也增加了日本对缅政策调整的动力。

总而言之，出于对国家利益的孜孜以求，以及能够重新回到安全、经济利益和地缘政治利益多重保障的黄金时代，是日本苦等了近 30 年的愿景，这也是为什么一旦美缅关系出现缓和，日本便要立即调整对缅政策，而冷战后保留下来的对缅经济联系等日缅关系历史遗产，则是日本能迅速调整对缅政策并获得进展的重要原因。

2. 日本国内政治、经济利益团体的推动

首先，对缅关系调整是安倍内阁稳固政权的需要。回看 2012 年以来，安倍内阁高层频繁出访缅甸并积极调整对缅政策，除了经济因素外，还有通过外交安排巩固内政的企图。2006 年迄今，日本政坛一共换了六任首相，堪称全球政坛奇景。从前几届日本首相走马灯式轮换的教训来看，当权者未能控制参议院是最主要的原因。安倍上台后，为了在 2013 年 7 月参议院选举中胜出，避免成为“短命内阁”并改变“扭曲国会”的现状，他选择了在经济、在外交方面做出突破。为此，安倍极力鼓吹其振兴经济的“安倍经济学”并有意将之推广到东盟地区，在外交方面则以大手笔免除了缅甸所有对日债务，并在停止 26 年之后重新恢复了对缅日元贷款，从而迅速推

① 邱杨：《缅甸，日本重返东南亚的经济外交牌》，三联生活周刊网站，2013 年 6 月 9 日，http：//www. lifeweek. com. cn/2013/0609/41082. shtml。

进了日缅关系的正常化。其次，对缅关系调整是日本“东盟外交”路线的延续。安倍上台后十分重视发展与东盟的关系，但日缅关系却是日本－东盟关系链条中最为薄弱的一环，仅就考虑对东盟完整、深入的影响力，日本也会有与缅甸改善关系的需求。最后，缅甸位于印度和中国之间，仅从地区安全保障角度考虑，其战略位置也是十分重要的。日本政府调整对缅政策，也是为了推动日缅在安保等领域的广泛合作，从而扩大日本对缅甸及印度洋的影响力。

除了国内政治因素推动外，日本还有许多团体在游说推动日本对缅调整政策，比如经济产业省、对缅实施政府开发援助的企业，以及其他一些亲缅团体，这些机构和团体在缅甸被制裁期间都一直主张日本政府与缅交好。此外，还有一些在缅甸有着既得利益，或觊觎缅甸市场的日本企业组织，它们一直在关注着国际舆论和美国的态度，一旦缅甸与西方关系有所缓解，这些企业团体便加入到亲缅行列持续给政府施压，要求日本调整对缅政策从而为其进入缅甸市场扫清障碍。

（三）推行日本式“价值观外交”的需要

“自由、民主、人权、法治”等“普世价值”的理论与实践，向来都是美国等西方国家所倡导的核心价值观。由于“普世价值”可以占领道德制高点，有利于掌握国际话语权和推行意识形态，因此在全球推广价值观维护国家利益，成为美国全球战略的逻辑起点。[①] 同样基于这个原因，“二战”后亟须在国际社会重塑形象、为自己的政治野心创造更大战略空间的日本，在“脱亚入欧美”进程中大量汲取西方价值文化。从 20 世纪 50 年代起，日本开始通过落实“普世价值”重返国际社会，一则是想改善形象，借力进入新兴市场，二来宣扬相同价值观也符合其作为美国盟友的身份。日本的这些企图落实到行动上，就是积极对发展中国家和地区施予援助，并希望借此举从政治上摆脱美国从而成为“正常国家”。

① 冯峰：《“普世价值”与美国全球战略》，《现代国际关系》2013 年第 7 期，第 30 ~ 34 页。

冷战后，美国开始在全球推行“普世价值”，在非战争状态下选择以经济制裁作为促进美式民主扩张的手段，并且带有明显的选择性和双重标准。对此，日本也是有样学样，其追求“对外实施经济援助时必须收到相应的回报”，这一点尤其体现在对缅甸的“援助换民主”计划上，只是日本推行的“普世价值”经济色彩更浓厚，因此政策实施上显得更为务实和灵活。在这样的历史沿袭下，到2006年安倍内阁执政时期，时任外相麻生太郎抛出了所谓“价值观外交”的论调，即主张“重视民主、自由、人权、市场经济等普世价值”的外交，从欧亚大陆外围呈带状相连的，包括东南亚、南亚、中东、中东欧到波罗的海各国，形成所谓与日本拥有相同价值观的富裕而稳定的“自由与繁荣之弧”。①

2012年安倍内阁重新上台后，围绕“价值观外交”又开始老调重弹，目的依然是希望通过经济援助等方式，去改变与日本经济社会体制完全不同的国家的价值观。因而此番对缅政策调整，除了经济、国内政治因素外，还希望通过对缅甸进行巨额经济援助，推进其社会实现所谓的民主化进程。无论从历史溯源，还是从现实情况来看，日本都一直以政府开发援助为手段鼓励缅甸的民主化进程，目的是希望其能够成为认可并推行日本价值观的国家，因此日本对缅甸的“价值观外交”，实质是与其历史上推行的“普世价值”外交一脉相承的。

（四）构筑对华包围圈，遏制中国影响力的需要

日本历来都将东南亚视为其后院，该区域的资源、市场一直是日本经济起飞、发展的保障，同时，日本也是许多东南亚国家最大的贸易伙伴和最大的外资来源地。此外，东南亚的战略性海上通道安全对于日本经济至关重要，因为日本进口石油的80%和贸易船运的70%都要经过该区域。正因如此，日本一直非常看重自己在东南亚的战略空间。虽然“二战”后失去了政治大国地位，但是经济上的雁行转移模式及援助外交，依然帮助日本在该

① 日本华媒：《日本推价值观外交暴露什么意图?》，中国新闻网，2011年10月14日，http://www.chinanews.com/hb/2011/10-14/3388423.shtml。

区域保持着重要的影响力。随着近十几年来日本经济的持续衰退，其在东南亚的政治、外交、经济影响力都明显下滑，而此时中国的国力及区域影响力却在迅速提升，两国经济实力及区域影响力的此消彼长之势，令日本的冷战思维日盛。出于对“零和”的焦虑，以及对中国发展的恐惧和紧张，日本近年来开始大力拉拢东盟国家，从2006年的“价值观外交”与构建“自由与繁荣之弧”，到“东亚共同体”，再回到强化版的“价值观外交”，其意图就是为了构建对华包围圈，并遏制中国在该区域日益增强的影响力。

对日本而言，要遏制和平衡中国在东南亚的影响力，构建“CLVM”（即柬埔寨、老挝、越南和缅甸）民主之弧围困中国，缅甸是不可或缺的一个重要环节，因为日本舆论普遍认为：“越来越强大的中国影响力透过缅甸向印度洋延伸，将直接威胁到日本经济商品及能源海运生命线，所以日本必须在争夺东南亚地区影响力的竞争中超过中国。”希望固然美好，但现实情况却不利于日本人的算计。无论从历史还是从现实来看，中缅关系一直保持了友好，尤其是在日缅关系进入冰冻期后，中缅关系得到了迅速发展。冷战后，中国成为缅甸最重要的支持者，两国高层往来频繁，经济联系日益加深，截至2013年底，中国已经成为缅甸的第一大贸易伙伴国和最大的外资来源国（包括中国内地和香港），而日本截至目前在缅甸的总投资只有中国的1/60。[①] 中缅、日缅经济联系及外交上的非均势对比如此强烈，如果日本延续2011年之前的对缅政策，那么利用缅甸围堵和遏制中国终究将只是一句空话。因此，日本必然要寻找契机调整政策，拉拢并说服缅甸参与“对华包围”，遏制中国在缅甸以及东南亚地区日益扩大的政治、经济影响力，从而扩大日本在东南亚地区的战略发展空间。

除此之外，未来的缅甸将成为中国、美国、日本等大国的博弈之地，为了获得丰厚的经济利益，缅甸的大国平衡外交牌一定会坚持不懈地打下去。然而目前，日本对缅甸的投资只排名第11位，远远落后于中国、泰国、新加

① 《日本加快缅甸步伐》，日经中文网，2012年3月16日，http：//cn. nikkei. com/politicsaeconomy/economic-policy/1576 -20120316. html。

坡等东盟国家，也少于某些西方国家。无论从现实还是从预期来看，在缅甸的政治经济利益方面，除了中国因素，日本还要面对来自东盟、印度及西方国家的竞争。因此，日本积极调整政策，迅速推进日缅关系发展，除了遏制中国外，还有其不甘人后，为今后在缅甸的大国竞争中占据有利地位的考虑。

三　缅甸政治转型以来日本对缅政策的实施

随着缅甸民主化进程进入实质性改革阶段，日本对缅政策从“胡萝卜加大棒”路线迅速转向了积极推动双边政治和解及经济合作发展的道路。根据现实观察可以发现，从美国和国际舆论的对缅制裁约束中解脱后，日本缅甸政策的实施主体、实施范围和实施手段都发生了许多值得关注的新变化，这也是近两年日本能够成功推进日缅关系正常化以及获得其他相关成果的主要原因。

（一）日本对缅政策实施的主体和领域

1. 影响政策制定、实施的国内外因素转变

2011 年以前，在美国因素前提下，日本国内对缅甸问题分成了两派意见。一派是主张与缅甸友好，并且希望扩大对缅政府开发援助的规模；另一派则主张紧跟西方同盟者的步伐，对缅采取强硬措施。日本的亲缅派主要有两类：一类是日本的“缅甸游说组织”和团体，如“日本－缅甸协会”“日缅文化协会”及“日本经济团体联合会”；[①] 还有一类是从事政府开发援助项目及其他对缅有投资的大企业集团，如丸红株式会社、大成建设株式会社等大型企业。同时，日本国内也有一些支持政府对缅制裁的组织和团体，如 20 世纪 90 年代日本人及在日缅裔成立的“8888 协会”“缅甸青年志愿者协会”（两者合并为“缅甸日本事务所”），并得到了日本最大的工会——“日本工会总联合会”的经济支持。这些组织与西方人权卫士及非官方组织

① 李涛：《1988 年以来日缅关系新发展初探》，《南洋问题研究》2011 年第 2 期，第 44～53 页。

(NGO) 彼此支持互动，以人权及民主化名义举行了许多请愿、抗议活动，在日本国内媒体及民众中引起了广泛关注。在这些压力集团的请愿下，日本首先承认了缅甸军政府并部分恢复了对缅援助，但后续又开始跟随美国停止了对缅日元贷款及相关援助。可以说，日本对缅甸政策的中间化和模糊化，除了来自美国的影响，也是政府为了平衡国内各界分歧的一个结果。缅甸实现政治转型后，美缅关系开始修好，西方舆论转向，为日本重新制定对缅积极政策提供了契机。虽然日本各利益集团、压力集团及民众所持目标不尽一致，但整体对缅态度开始趋于统一，基本上是一致地希望修缮并发展两国关系，因此，日本对缅政策制定及实施中的效率耗散情况大大减少。

2. 不断增加政策实施的参与主体

缅甸政治转型之前，日本对缅政策实施主要是通过在缅有巨大利益的从事政府开发援助项目及其他投资的政府机构及企业组织来实现的。此外，日本非官方组织（NGO）和非营利机构（NPO）也在其中发挥了巨大的作用。由于这些团体及 NGO/NPO 背后的支持者——日本政府官僚机构间意见不一，造成了政策实施效率的耗损。如三个主要对缅政策官僚机构中，外务省虽愿与缅甸交好，却因要回应美国批评从而主张停止对缅援助；财务省则因缅甸对日债务积累一直不愿意继续援助；经济产业省代表日本在缅利益，所以非常支持继续投入援助和投资。此外，政府对企业投资缅甸不持鼓励态度，导致更多的企业只能观望美国对缅政策而非积极采取行动。①

2011 年之后，在影响政策制定的团体间取得了一致意见后，日本对缅政策实施的参与主体也开始不断扩大，出现了全民动员推动政策实施的局面。政府、NGO/NPO 等各团体组织、企业及民众都纷纷参与进来，而且这些实施主体的内部凝聚力及相互配合力度也大为增强。一是由日本政府重新

① 范宏伟、刘晓民：《日本在缅甸的平衡外交——特点与困境》，《当代亚太》2011 年第 2 期，第 127 ~146 页。

进行政策的顶层设计并牵头实施。2011 年迄今，日本内阁高层频繁访问缅甸，通过增强两国互信和关系正常化为其政策实施扫清了障碍。二是日本政府各部门积极配合，经济省、外务省和财务省各司其职，促进了日缅的政治、经济、外交联系，并于 2012 年完成了免除缅甸债务、重启对缅官方援助和日元贷款等系列措施。三是民间 NGO 及具有官方背景的 NGO 持续深入缅甸各区域各社会阶层，这些 NGO 大多与外务省有密切联系，而外务省也常年为它们提供无偿资金支援。四是各团体组织纷纷跟进，主要有：成立于 1933 年的“日本 - 缅甸协会”，其成员不仅有日本众多大公司的总裁和董事会主席，还包括上议院议员、自民党议员以及前驻缅甸大使等高官；成立于 1970 年的“日缅文化协会”，主要成员包括了“二战”老兵后裔、商人、知识分子和普罗大众；成立于 1946 年，对日本决策具有强大影响力的“日本经济团体联合会”①，该组织包括 1300 家日本代表性企业、121 个行业组织和 47 个地区经济组织（2013 年数据）②，这些团体组织要么权倾朝野，要么经济实力雄厚，或者拥有较大的社会影响力，历来都在对缅政策实施中发挥着重要的作用。五是日本各企业集团迅速行动，为实施重返缅甸市场的计划，迄今已经有 600 多家日本企业对缅甸进行了调研考察，其中伊藤忠商事、丸红株式会社等大型企业已经开始积极投资缅甸市场。

3. 不断拓展政策实施的领域

1988 年以来，日本对缅政策实施的大多数活动都集中在政府开发援助及 NGO/NPO 组织的社会公益活动方面，其余领域及空间则都被大幅压缩。从政治方面来看，缅甸一直都是日本东南亚外交中非常重要的环节，因历史原因两国还曾经有过非常亲密的“特殊关系”时期。缅甸军政府上台后，日缅关系恶化，两国的高层互访、外交互动等日益减少，日本对缅甸的政治影响力也急剧下降。从经贸关系来看，日缅经贸往来不断下降，日本对缅投资也日趋减少。据统计，1962 ~ 1988 年，日本对缅年均出口为 479 亿日元，

① Suppakarn Pongyelar, The Implications of Japanese Engagement Policy towards Myanmar: 1988 - present, http: //www. gsid. nagoya-u. ac. jp/bpub/research/public/paper/article/159. pdf.

② 日本经济团体联合会：“経団連の概要”，http: //www. keidanren. or. jp/profile/pro001. html。

进口为536亿日元，但是到了1989～2010年，日本对缅年均出口只有165亿日元，进口也下降到153亿日元。[①] 从援助来看，1988年以后，日本对缅政府开发援助迅速减少而且时断时续，日元贷款则进入完全停滞的状态。投资方面，截至2010年底，日本对缅投资项目只保留了23个，投资金额只有约2亿美元，在缅甸外资总额中的比重已经不足1%，在缅甸外资来源国中仅排名第13位。总体而言，1988～2010年的22年间，日本对缅甸的政治、经济影响力已经大大落后于中国及东盟国家。

近两年来，随着缅甸民主化与改革进程日渐深入，日本开始积极恢复与缅甸在各领域的更具深度的合作，意欲为重建日缅亲密关系打下良好的基础。如2013年1月，日本副相麻生太郎访问缅甸期间，就表示要加强两国在工业、司法、文化、体育、电力、教育、医疗及仰光市交通基础设施等方面的合作事宜。在现实运作中，除了延续和提升冷战后一直保留下来的政府开发援助、企业基建项目及NGO/NPO等领域的活动外，日本还加强了对缅农业、制造业、基础设施及经贸方面的合作和金融支持，并开始涉入缅甸民主化进程及地区军事安全合作领域，以及在文化教育、禁毒及社会发展等领域继续扩大影响。总体来看，日缅两国已经基本形成了双边政治、经济技术、社会和民族问题以及地区安全防务等领域的全方位合作。

（二）日本对缅政策实施的举措

冷战后，日本对缅政策实施最主要的工具就是政府开发援助。随着日本重返缅甸计划及政策的开展，日本对缅政策落实的措施越来越灵活多样。

1. 恢复并加大政府开发援助的力度

截至2011年，日本已经为缅甸提供了合计63.87亿美元的政府开发援助，其中无偿资金援助为19.25亿美元，技术援助达到4.32亿美元，贷款

① 范宏伟、刘晓民：《日本在缅甸的平衡外交——特点与困境》，《当代亚太》2011年第2期，第127～146页。

总额为40.3亿美元。从发展来看，2003年后，由于响应西方的制裁，日本对缅的政府开发援助金额开始下降，而且停止了对缅日元贷款，但是从表1可以看出，日本对缅政府开发援助的资金、技术一直没有断过，原因是日本为了鼓励缅甸民主化进程采取了基于人道主义理由的援助。

表1　日本对缅甸的政府开发援助（ODA）

单位：百万美元

年　份	2002	2003	2004	2005	2006	2007
政府贷款	-15.84	—	—	-0.19	—	—
无偿资金援助	30.03	18.52	8.41	6.65	13.35	11.68
技术援助	35.21	24.56	18.41	19.03	17.48	18.84
合　计	49.39	43.08	26.82	25.48	30.83	30.52
年　份	2008	2009	2010	2011	2012	2013
政府贷款	—	—	—	—	—	510
无偿资金援助	23.77	24.5	21.56	19.7	262.7	23.56
技术援助	18.71	23.77	25.27	22.8	—	—
合　计	42.48	48.28	46.83	42.5	—	—

资料来源：日本外务省，ODA统计数据，http：//www.mofa.go.jp/policy/oda/data/index.html。

近两年来，日本恢复并加大了对缅政府开发援助，其主要的进程及援助内容包括：2011年11月28日，日本政府开发援助政策咨询会议在缅甸内比都进行，经双方磋商后，日本同意视缅甸民主化进程展开对缅援助及经济合作；2012年4月18日，日本同意通过世界粮食计划署（WFP），为包括缅甸少数民族贫困地区粮食援助在内的项目提供无偿资金援助；2012年4月21日，日本同意无偿援助缅甸“伊洛瓦底江三角洲地区加强防灾的红树林恢复项目计划”和“人力资源发展奖学金”项目；2012年11月21日，日本为缅甸地震灾害实施紧急援助；2013年3月，日本政府向缅甸赠款2.15亿美元，主要用于缅甸部分少数民族地区的基础设施、社会公益及人道主义援助；2013年5月26日，日本重启对缅日元贷款，免除了缅甸对日本的全部债务，并对无偿援助缅甸的注意事项进行换文；2013年8月6日，日本对缅甸洪水灾害实施了紧急援助。[①] 从数额来看，这些援助在缅甸改革之初保持了谨慎过渡，直到2013年因日元贷款的启动，才使得日本对缅官方发展援助数额急剧增加。从援助内容来看，除了传统的救灾、无偿援助外，最大的改变就是日方在中断26年后重启了对缅日元贷款，而日本政府开发援助的实施主体——日本国际协力组织（JICA）驻缅负责人表示，这笔款项的主要用途将是针对缅甸的公共建设、饮用水改善、电力设施三大类项目。

2. 加强与缅甸的政治交流与安全合作

首先，采取积极的外交手段。2011年迄今，日本高官频繁出访缅甸，并先后邀请缅甸政府及其他党派领导人访日，试图利用积极主动的高层外交和互访，为双边关系改善及各领域合作扫清障碍。其中，主要的高官外交活动大事记如下：

第一阶段，2011年4～12月，日缅政要首脑开始接触与互访。6月，时任外务政务官菊田真纪子访问缅甸，这也是三年来日本政府首次派出高官访缅；10月，缅甸外交部部长温纳貌伦访日；11月25日，日本时任首相野田佳彦在巴厘岛会晤缅甸总统吴登盛；12月26日，外交大臣玄叶光一郎访问缅甸。

第二阶段，从2012年4月20日起，缅甸总统吴登盛访问日本，这也是缅甸国家元首28年来的首次访日。2012年5月后，日本开始频繁会晤缅甸各党派和各部门要员。5月10日，缅甸人民议会议长钦翁敏拜会首相野田佳彦；5月25日，玄叶光一郎会见缅甸工业部长梭塔纳；6月14日，野田佳彦和玄叶光一郎分别会见缅甸“联邦巩固与发展党”总书记吴泰乌；7月2日，日本－缅甸外长会议召开；11月19日，日本－缅甸首脑会议召开。

第三阶段，从2013年起，日缅关系发展实现了重大突破。从1月5日起，日本外相麻生太郎出访缅甸，除了为安倍访缅铺垫、提升日缅战略协作关系外，还为日本大规模投资缅甸并将产业从中国转移到缅甸做好准备；4

---

① Ministry of Foreign Affairs of Japan，ODA，http：//www.mofa.go.jp/region/asia-paci/myanmar/index.html.

月18日，日本首相安倍晋三超规格接待缅甸反对党领袖昂山素季，凸显日本对缅的长远战略；5月24～26日，日本首相安倍晋三访问缅甸，这是1977年后首位日本首相访问缅甸，此次访问将近年持续热络的日缅关系推向了新高潮。①

其次，开始逐渐介入缅甸政治事务。冷战后，虽然两国关系走低，但日本一直都在关注缅甸政治变化的情况，近年来更是加强了与缅甸民选新政府及反对派领导人昂山素季的联系。其间，日本对缅甸政治影响力大幅下滑，只能利用官方发展援助作为间接影响缅甸政治事务，特别是影响缅甸民主化进程的重要工具。国际大环境变化后，美国的重返亚太战略及其对缅政策转变，使得日本获得了重拾对缅政治影响力的绝佳机会。和过去政经分离的政策实施不同，这一次，日本人终于可以采取政治手段，逐渐地参与到缅甸的政治事务中去。如从2012年3月起，缅甸中央政府正式聘请日本专家协助其起草新的经济特区法，一些省邦在制定本地发展规划时也同样聘请了日本、新加坡等国的专家；而更为典型的例子是，2013年2月19日，日本财团会长笹川阳平被日本政府任命为“缅甸国民和解担当政府代表”，负责支援缅甸民族和解和民主化进程，这也是日本第一次为了他国的民族和解及民主化问题设置政府代表。

最后，推动与缅甸的安全合作。缅甸位于印度和中国之间，从地区安全保障角度考虑，其战略位置显得十分重要。日本一直希望推动日缅在安保等广泛领域的合作，加强区域和安全问题对话。一是谋求扩大日本对缅甸的影响力，二是想要遏制中国势力的南下，第三还希望通过推动横跨印度洋及太平洋的合作，保护其在两洋上的贸易通道和能源通道安全。2013年5月24～26日，日本首相安倍晋三访问缅甸，就加强地区事务磋商，推进防务领域交流与合作与缅方进行了磋商并达成共识。

3. 构建在缅经济发展的“日本模式”

第一，实行“官民一体”模式。也即政府先行，积极为日企重返缅甸

---

① Vip Visit and Meetings，Ministry of Foreign Affairs of Japan，http：//www. mofa. go. jp/region/asia-paci/myanmar/index. html.

开道铺路。如2013年5月日本首相安倍晋三的缅甸之行，就安排了一支包括50位日本企业家的豪华经贸代表团随行考察。而日本再三承诺免除缅甸债务并重启对缅日元贷款，就是希望通过援助缅甸的国内改革帮助日企进军缅甸市场。除了利用外交、官方发展援助及日元贷款等手段，日本还为在缅日本私企提供了优惠贷款，旨在帮助这些日企解决在缅发展的资金问题。

第二，采取基础设施先行的多领域投资规划。迄今为止，大约有600家日本企业到过缅甸考察，但几乎都没有进行实际投资，主要原因之一就是缅甸没有足够配套的基础设施，比如道路、电力、通信等。为了解决这个问题，日本政府已经开始对投资公共建设、饮用水改善、电力设施三个项目的缅甸私营企业提供了占项目总成本70%的贷款，这是日本政府首次向缅甸私营企业提供贷款。在基础设施布局安排的同时，日本企业对缅甸的投资开始向潜在市场广阔的批发业、建筑业和制造业集中，并逐渐向金融业、电信业和能源行业等涉及国家经济命脉的领域不断拓展。如2012年12月27日，日本三菱东京UFJ银行同缅甸合作银行签订谅解备忘录，宣布成立战略联盟，进军缅甸金融业；日本JCB信用卡公司、电信运营商KDDI公司以及三菱、日立、东芝、雅马哈等具有世界影响力的日企纷纷进军缅甸。此外，伊藤园、全家等便利店也在研究进入缅甸市场事宜。①

第三，将缅甸纳入新的“雁阵”发展。随着中国劳动力成本的上升及中日关系的持续紧张，“世界工厂”战略性转移已成为不可避免的趋势。日本一些低端制造业已在加速向缅甸等东南亚国家转移。随着中国、东盟的崛起，以及日本经济实力的下滑，以日本为领头雁的亚洲雁行发展模式已日见势微，日本希望通过此番对缅转移制造业，重塑“雁阵”并复制在东亚领军产业发展的成功。

第四，构建关注当地民生与发展的互利共赢模式。日本的目标在于缅甸的资源、能源和市场（劳动力市场和销售市场）以及较高利润的投资和生

① 国际观察：《日本在缅甸大把撒钱买好》，光明网，2013年2月5日，http：//world. gmw. cn/2013－02/05/content_ 6627352. htm。

产地。但体现在其发展模式上，却表现出对人权状况、环保和当地民生的关注。日本在缅甸开展经济活动的一个重要特点，就是寻找两国共同利益并加以促进。如日缅联合开发迪洛瓦经济特区时，就计划吸引汽车、机械、电子零部件等企业入驻，这将为推动当地的基础设施建设和产业发展、提高就业率和改善民生做出贡献。此外，日本还通过为缅甸培训技术人员、加大与缅甸在环境、社会福利等方面的合作大搞民心工程，不仅赢得了缅甸民众的好感，也为日企今后的发展奠定了基础。

4. 通过双边、多边平台拓展多渠道国际合作空间

为了促进日缅关系，采取了单边给予、双边合作、多边合作及利用国际多边合作平台等手段，不断拓展日缅合作空间。单边给予，即日本单方面做出给予缅甸许多援助和优惠。如日本在2013年5月全部免除了缅甸拖欠的5000亿日元（约合300亿元人民币）债务，同时宣布向缅甸提供1000亿日元的政府开发援助及500亿日元贷款。此举被视为日本时隔26年后对缅甸实施的巨额经济援助；双边磋商，即日缅两国之间进行了许多谈判，就军事、政治、经济合作达成了意向；多边合作，即日本积极联合印度、东盟各国加强对缅甸的合作和渗透；国际多边合作平台，即通过日本－东盟合作、日本与大湄公河次区域高峰会谈、东盟全面经济伙伴关系协定（AJCEP），还有联合国、IMF及亚洲开发银行（ADB）等国际机构，对缅拓展合作。日本与湄公河地区五国首脑会议在东京举行。从2013年度开始，3年间将为此提供约6000亿日元政府开发援助。共包括港口、道路、发电厂、高速铁路等57个项目，日本与泰国、越南、老挝、柬埔寨、缅甸五国发表了共同文件《东京战略2012》。日本此举旨在通过推进“东西经济走廊”等计划，以公共—私营部门合作伙伴方式促进基础设施出口。

（三）日本对缅政策实施的阶段性成果评价

1. 日本对缅政策实施取得了一定的成效

首先，日缅双边政治互信与联系逐渐增强。从目前日本对缅政策实施的效果来看，日缅关系已经实现了正常化并日渐亲密。此外，通过政府开发援助等手段，日本已经逐渐开始重拾对缅影响力，因此，在缅甸未来的民主化进程中，日本还将发挥重要的作用。其次，日本在缅经济实力有所提升。一是日缅双边贸易额不断增加。日本对缅进出口总额从1990年的205亿日元，增加到2012年的1540亿日元（约合14.14亿美元，见表2），增长了6.5倍，而根据缅甸官方预计，2013年日缅双边贸易额将达到15亿美元（其中，日本出口为10.9亿美元）。从趋势来看，2007年后日缅双边贸易已经开始呈现上升势头，尤其是2011年以来的上升势头非常迅猛（见图1）。二是日本在缅企业迅速发展。截至2012年10月末，进驻缅甸的日本企业已达91家，除了对基础设施领域进行投资外，日企已经开始向金融业、电信业和能源行业等涉及缅甸国家经济命脉的领域不断拓展。三是日缅对经济特区的合作建设。2012年8月，日本和缅甸在仰光签署了联合发展迪洛瓦经济特区的谅解备忘录，该经济特区预计将于2015年建成。再次，日缅初步实现了双边区域安全合作。2013年9月30日，日本海上自卫队混编舰队首次访问缅甸，体现了日本与缅甸就海上安全进一步合作的“先兆”。2013年12月15日，日本与缅甸等东南亚国家协商将加强双边经济与安全联系，日本不仅在双边会谈中宣布给予对方经济援助，还表示将加强双边海防合作与防务人员交流。① 最后，日缅的民间交流往来日益增加。日本很注重与缅甸

表2　日本对缅甸的贸易统计数据

单位：百万日元

年　份	1962	1970	1980	1985	1990	1995	2000	2005	2010	2011	2012
出口总额	53370	38722	49206	43704	14479	14668	21037	10132	23000	40000	100000
进口总额	16290	12569	17526	8455	5999	8735	12875	22473	34000	47000	54000
贸易收支	37080	26153	31680	35249	8480	5933	8162	-12341	-11000	-7000	46000
总　额	69660	51291	66722	52159	20478	23403	33912	32605	57000	87000	154000

资料来源：日本总务省统计研修，http：//www.stat.go.jp/english/data/index.htm。2012年数据来自http：//www.globaltimes.cn/content/788164.shtml#.UmO5WLKBTUw。

① 《日本海上自卫队编队首访缅甸》，新华网，2013年10月2日，http：//news.xinhuanet.com/world/2013-10/02/c_125479135.htm。

的民间及文化交流。2013年日本邀请1000名缅甸青年访问日本，而应吴登盛的要求，日本设计师也为2013年12月在缅举办的东南亚运动会参赛者设计了服装。此外，日本NGO在缅甸社会、民生、环境与援助事务中的普遍存在及其成功的工作开展，也让缅甸国民对日本的好感不断增加。

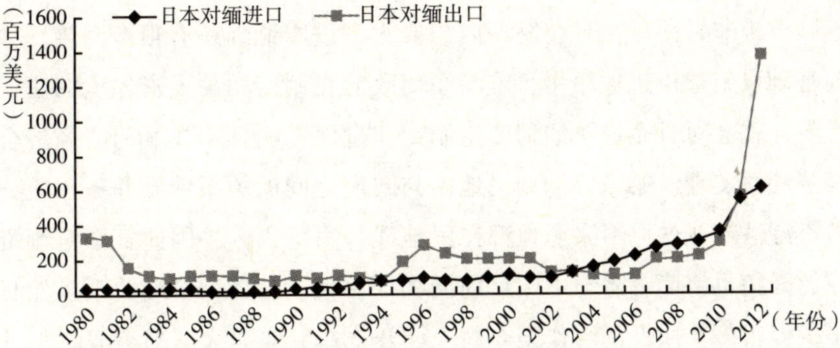

图1　日本对缅甸贸易发展情况

资料来源：根据UNCTAD数据作图。

2. 日本对缅政策实施的效果离预期目标差距较大

日本调整对缅政策的预期目标主要有四个：一是争夺缅甸的资源、市场和地缘战略优势，确保日本在缅安全和战略利益并助力日本经济增长；二是围堵中国并平衡中国的区域影响力，为日本创造更广阔的战略空间；三是既配合美国"亚太再平衡"的大战略，又利用自己在缅甸的外交成果增加日本在美日关系中的筹码；四是通过向缅甸及东南亚扩张影响力，减少对美国的依赖，推动日本转向"正常国家"甚至成为政治大国。从目前的情况来看，日本离其预期目标实现还有较大的差距，而且在可预见的未来这些目标的达成也是很困难的。

第一，日本在缅甸的经济实力不如中国与东盟国家，它想对缅甸经济发展产生较大影响还需要一个过程。根据缅甸官方的统计，截至2013年2月底，共有32个国家和地区在缅甸投资了554个项目，投资总额为420.9亿美元。投资最多的5个国家和地区分别为中国（141.8亿美元）、泰国

(95.68 亿美元)、中国香港（63.81 亿美元)、英国（29.89 亿美元）和新加坡（22.16 亿美元)，而 1988 年迄今日本在缅甸投资总额只有 2.7 亿美元，在缅甸外资来源国家中仅居第 11 位。从贸易量来看，中国商务部数据显示，截至 2013 年底，日缅贸易额只有 15 亿美元，同样远逊于中国(65 亿美元)、泰国（45 亿美元）和新加坡（30.6 亿美元)。第二，缅甸的基础设施非常落后，日企短期内想要大举进军缅甸还有很多困难。如果缅甸基础设施建设进展缓慢，或者缅甸政府在制定相关投资环境的法律方面受阻，就会对日企进军缅甸产生制约，进而影响日本在缅甸的经济合作及经济利益实现。第三，缅甸民地武与政府之间的关系前景并不乐观，而许多资源性产业的原料来源地都在民地武势力范围内，因此日本对缅资源领域的开拓也将面临着与中国目前同样的困境。第四，日缅关系虽然日趋热络，但很多实质性的合作至今尚未展开，在缅甸“大国平衡战略”的影响下，日本想要拉拢缅甸对中国进行围堵的目标，目前看来效果并不是很明显，因为缅甸对中国的经济利益诉求和军事安全依赖性依然很大。第五，日本想通过改善日缅关系提高其在东盟的影响力，从而摆脱美国桎梏的目标同样很难实现。美国重返亚太是为了平衡中国的影响力，但不可能放任日本突破现行美日同盟格局及亚洲均势。虽然谈不上很重视，但美国目前已经在金融、技术方面给予缅甸许多投入，随着缅甸民主化改革进程的推进，预计美国未来在缅甸及东盟的存在感将会不断增加，如此一来，日本就极可能沦为美国在缅甸及亚洲平衡中国影响力的工具而无法借助东盟实现“国家正常化”。

四　结语

从历史与现实的分析来看，日本在缅的政策推行具有一定优势。首先，日缅关系发展具有较好的历史基础及基于政府发展援助的经常性联系，两国的军、政、民间都有较多的往来和较好的关系；其次，日本产业的雁行转移模式成熟度高，制造业的国别转移复制经验丰富，这将提高日企转移在华产业至缅甸的成功率；最后，缅甸需要日本等国的多元投资来源促进本国经济发展、民主化进程并减少对中国的依赖，同时，缅甸也需要日本在美缅间斡旋以帮助其取消制裁。从现实情况来看，日缅关系改善为日本实现在缅利益创造了条件，但与此同时，日本的政策实施也存在着诸多困难。除了缅甸的法制建设不健全、基础设施极度匮乏、民主化进程中存在不确定性因素，以及民地武力量和教派冲突不可控外，日本所提供要素的可替代性，东盟以及中、美、印等域外大国的竞争，以及缅甸本身的外交独立性及所奉行的大国平衡外交政策，都将对日本对缅政策的实施形成挑战。

虽然日本重返缅甸的各种目标实现存在困难，但其对缅政策调整及实施将会对该区域的政治经济格局带来较大影响，从而也会影响中国在缅的既得利益及长期战略安排，因此有很多问题是中国必须关注和思考应对的。首先，日本进军缅甸的行为已经不可逆转，日本可能借机将自己塑造成能影响东南亚的大国，并对中国的在缅传统利益提出挑战。虽然中国不大可能会失去缅甸市场，中缅关系也会在总体上继续保持友好，但日缅关系的发展将对中国在缅发展的势头有所遏制，事实的发展也是如此。其次，日本的介入将加剧在缅的大国博弈竞争，从而可能会带来在缅甸乃至在整个中南半岛的势力再平衡，届时缅甸的竞争格局将会更加复杂，且缅甸周旋于大国间的平衡政策可能会进一步削减中国在缅利益及影响力。最后，虽然中日在缅经济发展存在着一定的互补性，但由于零和博弈思维的影响，中日互信问题一直未能得到解决，因而中日在缅甸问题上将很难形成合作，这也将是造成该地区安全形势不稳定的重要因素之一。

基于以上分析，笔者认为，中国要做的不仅是战略调整，还要考虑外交策略及对缅发展模式调整，而且这些战略措施的调整与构建，不仅要针对竞争对手，更要针对所要争取对象国的情况进行设计。首先，可以考虑通过升级大湄公河次区域合作组织（GMS）和构建孟中印缅经济走廊（BCIM-BC）两个合作机制“挟持”缅甸，因为一旦将缅甸纳入经济合作的框架中，使得中缅两国经济融合度增加，就仅是出于发展经济的考虑，缅甸也不会轻易与中国“分手”。对 GMS 和 BCIM 这两个多边合作机制的建设和升级，同样也会加大周边各国与中国的经济融合与共赢合作，一旦经济、安全等路径依赖形成后，就能自然化解和消除日本所谓“自由民主之弧”的围堵；其次，应该持续增加与东盟各国的互信与合作，在这个缅甸最看重的区域一体化组织框架机制中实现合作，就可以在大周边框架下削减美国对亚洲势力再平衡中不利于中国的诸多因素。最后，要真正以平等、互利的态度和方式，去对待和实践中缅合作。在政治上，要采取恰当方式帮助缅甸推进民主化进程。虽然中缅关系问题一定程度上受到缅甸与美、日等西方国家关系改善的影响，但主要原因还是源于缅甸国内局势发展的制约，因此建成一个和平、稳定、开放的缅甸才是中国最需要看到的，中国应在缅甸民主化和市场化中与其建立更加稳固的战略合作伙伴关系。在外交方面，要总结从前对缅外交工作中的得失，发挥外交途径在中缅合作中的正面力量。在经济合作方面，应该考虑加强对中国企业进入缅甸经营的管理和协调，并对合作中的环保因素、就业因素、当地福利等因素进行充分的考量。此外，还应支持中国NGO组织在缅甸的活动，使其能在非官方舆论阵地上消除其他国家和地区的某些对华负面宣传，并为促进中缅民间交流和了解做出积极的贡献。

附　录

Appendix

B.12
2013 年印度洋地区大事记

胡文远 *

1 月

6 日　约旦政府与科威特政府再次签署 4 项合作协议。根据协议要求，科威特阿拉伯经济发展基金会将对约旦提供项目发展资金约 2.6 亿美元。该资金将用于发展教育、水资源、健康、能源等多个领域。此次援助资金也是海湾合作组织框架下科威特对约旦提供 12.5 亿美元援助的一部分。

21 日　世界银行预计，埃及经济 2012 ~ 2013 财年经济增长率为 2.6% 左右，2013 ~ 2014 财年的增长率将增长至 3.8%，2014 ~ 2015 财年经济增长将继续回升到 4.7% 左右。埃及总理甘迪勒曾对外表示世行将向埃及提供

* 胡文远，云南财经大学印度洋地区研究中心助教、硕士。

10亿美元贷款用于支持埃及的减贫和社会公平发展计划。

23日 孟加拉国总理谢赫哈西娜历史性访俄，双方签署了10亿美元的军购协议和5亿美元的核电站贷款协议，孟俄双边关系实现巨大突破。

24日 2012年，中国与东盟贸易额创历史新高，突破了4000亿美元，增长了10.2%。中国连续四年成为东盟最大的贸易伙伴，东盟继续是中国的第三大贸易伙伴。

28日 孟加拉国－印度第四届内政部长级会谈在孟加拉国首都达卡举行。会谈中，孟加拉国内政部长默黑乌丁·汗·阿隆基和印度内政部长苏西库马尔·信德签署了具有里程碑意义的《引渡条约》以及就放松双方签证要求的《旅游条例修订》。

31日 中国驻南非大使田学军在南非行政首都比勒陀利亚举行庆祝中南建交15周年招待会。南非各界代表和外国驻南非使节100余人出席了招待会。

2月

1日 缅甸总统吴登盛发表广播讲话，呼吁缅甸各组织领导人回到谈判桌前，通过和谈实现国内持久和平。并强调要实现政治稳定、国内形势稳定和民族和解，以确保改革努力能够成功。

11日 由美国和泰国主办的东南亚地区最大规模联合军事演习“金色眼镜蛇”在泰国北部城市清迈举行了开幕式。据介绍，该次军演首次允许缅甸以观察员身份参加。

27日 新加坡海军正与马来西亚海军在新加坡樟宜海军基地进行名为“马来坡拉2013”（Malapura）的双边军事演习。

27日 伊拉克交通部长哈迪·阿迈里宣布，自即日起，伊拉克航空公司将开通伊拉克至科威特航线。至此，中断23年多的科伊空中直航全面恢复。哈迪希望此举有助于加强两国兄弟关系、服务于两国人民。

3 月

7 日 经国务院批准，中国人民银行与新加坡金融管理局续签中新双边本币互换协议。规模翻倍至 3000 亿美元。

18 日 新加坡作为全球国际贸易与金融中心之一，积极支持人民币离岸市场在亚洲区域的发展，并愿意作为人民币新产品的试点，以协助提高人民币在亚洲区域的流通性，方便企业与投资者筹集人民币资金，以及支持离岸人民币与亚洲货币市场的结合。

19 日 埃及总统穆罕默德·穆尔西抵达印度，开始为期 3 天的正式访问。他与印度总理曼莫汉·辛格举行了会谈，双方签署了 7 项合作协议，并就共同关心的地区和国际问题进行了讨论。

21 日 联合国人权事务理事会在日内瓦通过了由美国提出的针对斯里兰卡人权状况的决议。该决议称，斯里兰卡军队在内战期间犯有滥杀平民等战争罪行，应对此进行国际调查。斯里兰卡政府对此表示强烈不满，指责该决议是要侮辱斯里兰卡，充满了政治偏见。

27 日 金砖国家领导人同非洲国家领导人对话会下午在南非德班举行。中国国家主席习近平、南非总统祖马、巴西总统罗塞夫、俄罗斯总统普京、印度总理辛格共同出席。习近平发表讲话强调，举行金砖国家同非洲领导人对话，体现了双方平等包容、共谋发展的政治意愿。没有非洲的和平与发展，就没有世界的稳定和繁荣。没有非洲的参与，国际事务不可能得到妥善处理。没有非洲的发言权，全球治理体系不可能有生命力。21 世纪必定是非洲崛起的世纪。

该次峰会决定建立金砖国家开发银行，筹备建立金砖国家外汇储备库，并成立工商理事会。金砖五国财长在南非德班就创建 1000 亿美元应急储备基金正式迈出第一步。中国拟出资 410 亿美元，占比近半，巴西、俄罗斯、印度分别出资 180 亿美元，南非出资 50 亿美元。

4 月

1 日　新加坡总统陈庆炎将对缅甸进行为期 5 天的访问，这是新加坡元首自两国建交以来第一次访问缅甸，届时将会见缅甸总统吴登盛和反对派领袖昂山素季。访问期间，两国将重点加强经济方面的交流。

6 日　埃及总统穆尔西首次访问苏丹，两国将加强经济合作。这也是其就任总统后首次访问苏丹。访问期间，两国在经贸领域达成多个合作项目，同时就热点地区问题交换了意见。

8 日　博鳌亚洲论坛 2013 年年会傍晚落下帷幕。13 位国家元首、政府首脑出席。54 场专题讨论，议题立足亚洲、面向世界。1470 多名代表深入交流，达成重要共识。“亚洲和世界和平发展、合作共赢的事业没有终点，只有一个接一个的新起点。”

30 日　孟加拉国妇女和儿童国务部长希琳·乔杜里在议会当选新任议长，成为孟加拉国史上首位女议长，同时也是最年轻的议长。

5 月

3 日　澳大利亚总理吉拉德、国防部长史密斯在堪培拉举行记者会，正式发布了澳大利亚 2013 年国防白皮书。除了澳大利亚的国防战略，这份白皮书还涉及大量的国防采购及建设项目支出。

5 日　中国和印度两国的军队结束了在印控克什米尔拉达克的普桑谷地 20 天的对峙，双方军队同时向后撤退，结束了紧张局势。

10 日　国务院总理李克强在中南海紫光阁会见印度外长库尔希德。李克强指出，中印友好合作是主流，共同利益远大于分歧。中方愿与印共同致力于通过和平友好协商推动解决边界问题，为两国合作发展营造有利环境。

20 日　奥巴马在白宫会见缅甸总统吴登盛。缅甸已结束军政府统治，奥巴马寻求继续推动缅甸实施改革。这是缅甸国家元首近 47 年来首次访美，是两国关系升温的新迹象。吴登盛到访华盛顿将是缅甸重返国际舞台的又一里程碑。奥巴马表达对吴登盛所推行改革道路的支持，但声称对缅甸涉及种族的暴力活动有忧虑。吴登盛在会晤以及随后的演说中承诺继续推进政治和经济改革，推动国家团结，呼吁美方企业到缅甸投资。

22～23 日 国务院总理李克强抵达伊斯兰堡开始对巴基斯坦进行正式访问。巴总统扎而达里向李克强颁发了最高勋章“巴基斯坦勋章”。双方就深化中巴战略合作伙伴关系达成重要共识。

27～30 日 应中华人民共和国主席习近平邀请，斯里兰卡民主社会主义共和国总统马欣达·拉贾帕克萨对中华人民共和国进行国事访问。国家主席习近平 28 日在人民大会堂同斯里兰卡总统拉贾帕克萨举行会谈。两国元首决定将中斯关系提升为战略合作伙伴关系，谋求共同发展，造福两国人民。

6 月

1 日 新选出的巴基斯坦国民议会议员宣誓就职，这是巴基斯坦 66 年历史上首次政权民主交接。谢里夫当选新一届政府总理。巴基斯坦国民议会议长法赫米达·米尔扎主持了议员宣誓仪式。

5 日 第 22 届世界经济论坛东亚峰会在缅甸首都内比都开幕。来自 55 个国家和地区的 900 多名政府首脑、商业领袖和专家学者将参加为期 3 天的峰会。该次会议的主题是“大胆推动转型，促进包容与融合”，三个主要议题是“鼓励向包容性增长转型”、“实现区域融合”和“推广区域解决方案以抵御全球风险”。

5 日 中缅天然气管道全面竣工，能满足国内 8% 的天然气需求。备受关注的第四大能源进口通道中缅天然气管道，在经过 3 年建设后终于迎来全面竣工。中缅油气管道是继中亚油气管道、中俄原油管道、海上通道之后的第四大能源进口通道。它包括原油管道和天然气管道，其中原油管道的设计能力为44万桶/天（2200万吨/年），天然气管道的输气能力为120亿立方米/年。原油管道将使中国进口中东原油不必再经马六甲海峡，而可自印度洋安达曼海的缅甸马德岛上岸，经该管道输送至中国西南。

6日 斯里兰卡总理迪·穆·贾亚拉特纳率领斯里兰卡代表团来华出席首届中国－南亚博览会暨第21届昆明进出口商品交易会。贾亚拉特纳总理表示，中斯两国经贸合作前景广阔，首届中国－南亚博览会商机无限。

7月

3日 巴基斯坦总理纳瓦兹·谢里夫抵达北京，开始为期6天的对华正式访问。此访问是谢里夫2013年6月第三度当选总理后的首次出访，在京期间，中国领导人习近平、李克强、张德江分别与谢里夫会见会谈。谢里夫总理重申巴基斯坦政府致力于进一步促进和深化中巴战略合作的强烈愿望。中方领导人赞赏谢里夫总理选择中国作为出访的第一站。

为推动制订中巴经济走廊远景规划，双方同意成立中国和巴基斯坦经济走廊远景规划联合合作委员会，由中国国家发展和改革委员会与巴基斯坦计划发展部牵头，并在上述两部门设立秘书处。两国部级官员近期在北京举行了会谈，中方将尽快派工作组访巴展开磋商。

4日 澳大利亚新总理陆克文赴印度尼西亚访问，这是他上任后首次出访海外。

11日 印度、斯里兰卡、马尔代夫三国共同签署了《印度洋安全条约》。三国将以该条约为依据，在这一地区建立一个合作平台，共享信息及相互支援，在打击海盗、恐怖主义及军火走私等方面加强海上安全合作。

8月

1日 美国国务卿克里抵达伊斯兰堡，开始对巴基斯坦进行3天的访问。访问期间，克里会见巴基斯坦总理谢里夫，并与其他巴方高级官员进行对话，议题涉及双边关系和地区形势。双方期待恢复战略对话以及包括能源领域在内的各领域合作。

12 日 印度首艘国产航空母舰“维克兰特”号在南部港口科钦正式下水。

14 日 巴基斯坦总理谢里夫在独立日庆祝活动中发表讲话，呼吁民众共同应对恐怖主义和极端主义带来的威胁和挑战。谢里夫说，政府有义务清除国内极端分子和恐怖分子，并将尽一切努力确保安全和稳定。尽管恐怖主义依然困扰着巴基斯坦，但巴基斯坦政府有决心战胜这一威胁。巴总统扎尔达里在庆祝独立日的讲话中呼吁人们要联合起来共同维护并巩固民主制度，为建设一个不断进步、包容、温和、多元化的巴基斯坦而努力。

15 日 印度总理曼莫汉·辛格在印度独立日庆典上发表演说，强调印度要保持政治稳定。他指出，过去的 10 年中，印度已发生了重大变化，经验证明建立一个政治稳定、社会和谐和环境安全的印度是非常必要的。他指出，在过去 9 年中，印度年均经济增长保持在 7.9% 的高水平，这在印度社会发展历史上是前所未有的。因此，构建一个更有利于经济、贸易和增加投资的社会环境具有重要意义。

16 日 国家主席习近平在人民大会堂会见新加坡总理李显龙。

27 日 澳大利亚总理陆克文说，《跨太平洋战略经济伙伴协定》（TPP）谈判大门应该向中国开放。

27 日 斯里兰卡新任国防参谋长达雅·拉特苏利亚在科伦坡会见了到访的巴基斯坦国防部顾问帕维斯·布特。双方表示，斯巴两军将进一步深化各领域合作。

双方就共同关切的地区和国际问题交换了意见。斯里兰卡自 1948 年独立后，就与巴基斯坦在军事领域建立了密切的合作关系。目前，两国在陆海空三军领域都建立了军事互训合作项目。

30 日 阿丽亚娜 5 型运载火箭于莫斯科时间零点 30 分，在法属圭亚那库鲁宇宙发射中心发射升空，将印度 GSAT－7 卫星送入太空。卫星重达 2.6

吨，是印度海军的专用卫星。这颗国防卫星发射成功，标志着继美、俄、中、英、法5国之后，印度正式加入专有国防卫星俱乐部。

9月

2日 李克强在南宁会见缅甸总统吴登盛，指出缅甸正加快经济和民生建设，中国也在加快西南地区开发开放，双方合作具有特殊区位、市场、技术互补优势。双方要牢牢把握两国关系发展大方向，将各自发展战略更好结合，实施好两国重大合作项目，增进当地人民福祉。

4日 孟加拉国财政部长穆西斯宣布，今后将使用2005～2006财年作为基准年进行经济数据统计。孟加拉国统计局以2005～2006财年作为基准年，对国内生产总值进行重新计算后，2012～2013财年孟加拉国的GDP增长率从6.03%修正为6.18%。按照新的统计方法计算，2012～2013财年孟加拉国年人均收入首次突破1000美元，达到1044美元，列南亚国家第四位。

6日 美国国防部长拉姆斯菲尔德抵达雅加达对印度尼西亚进行为期一天的访问，旨在加强与东南亚国家的反恐合作。

拉姆斯菲尔德会见了印尼总统苏西洛·尤多约诺、印尼政治、法律和安全事务统筹部长维多多，与印尼国防部长尤沃诺·苏达索诺举行了会谈。双方主要讨论了改善两国军事关系、马六甲海峡安全问题以及加强反恐合作等。

7日 澳大利亚反对党联盟候选人阿博特今日赢得大选，成为澳大利亚第29任政府总理。

9日 巴基斯坦新任总统马姆努恩·侯赛因在首都伊斯兰堡宣誓就职，正式就任巴基斯坦新一届总统。

19日 印度尼西亚总统苏西洛在雅加达会见中国国务委员杨洁篪。苏西洛表示，印尼同中国关系发展很好，两国应该继续加强全方位合作。杨洁篪表示，中国和印尼同是亚洲大国和新兴市场国家，加强两国战略伙伴关系是两国政府和人民的共同愿望，对维护地区和平、稳定、发展，促进发展中国家团结合作都具有重要作用。

27日 国家主席习近平应约同澳大利亚总理阿博特通电话。习近平祝贺阿博特当选澳大利亚联邦总理，对阿博特重视中澳关系表示赞赏。习近平强调，中澳同为亚太地区重要成员，中方愿同澳方一道，坚持从战略高度和长远角度出发，尊重彼此核心利益和重大关切，加强各领域合作，加强在重大国际和地区问题上的协调，共同维护好、发展好中澳战略伙伴关系。经贸合作是中澳战略伙伴关系的“推进器”，希望双方本着互利、务实、平衡的精神，尽快完成中澳自由贸易协定谈判。

10月

1日 中国人民银行与印度尼西亚银行续签了双边本币互换协议，旨在加强双边金融合作，便利两国经贸往来，共同维护金融稳定。互换规模为1000亿元人民币/175万亿印尼卢比，有效期三年，经双方同意可以展期。

2日 国家主席习近平在雅加达同印度尼西亚总统苏西洛举行会谈。双方共同决定把中印尼关系提升为全面战略伙伴关系。

习近平在印度尼西亚国会发表重要演讲，强调共同谱写中印尼关系新篇章，携手开创中国东盟命运共同体美好未来。

6日 中国国家主席习近平在印度尼西亚巴厘岛会见泰国总理英拉。习近平表示，中泰关系有着坚实的政治、经济、民意基础，发展潜力巨大，前景看好。中国高度重视发展同泰国的友好关系，将泰国视为本地区重要的合作伙伴。英拉表示，泰国政府希望同中国加强交往，扩大经贸、投资、基础设施建设等领域合作，实施好高铁、水利设施建设等项目。

7日 亚太经合组织领导人非正式会议（APEC峰会）在印尼度假胜地巴厘岛开幕，中国成为峰会最大焦点。中国国家主席习近平参加会议并发表两场演讲。

10日 印度总理曼莫汉·辛格在文莱参加印度－东盟首脑会议。辛格在会上与东盟及东亚各国首脑就地区安全、文化交流和经济合作等问题展开讨论。

11 日 应泰王国总理英拉邀请，国务院总理李克强抵达曼谷廊曼机场，开始对泰国进行正式访问。

12 日 在访问泰国期间，中国国务院总理李克强与泰国总理英拉共同参观中国高铁展。其间，李克强“推介”中国的高铁技术先进，安全可靠，成本具有竞争优势。希望中泰加强铁路合作。在前一日的演讲中，李克强也表示铁路合作可以成为中泰合作的新亮点。

16 日 国家主席、中央军委主席习近平在人民大会堂会见缅甸国防军总司令敏昂莱大将，并积极评价中缅两军关系，希望双方加强各领域交流合作，继续为两国关系发展做出贡献。

17 日 国家主席习近平在北京人民大会堂会见澳大利亚总督布赖斯。

23 日 印度总理辛格访问中国，他与习近平和李克强举行会谈，双方在此期间签署边防合作协议等重要的协议。

23 日 巴基斯坦总理谢里夫在华盛顿与美国总统奥巴马会晤。美国方面希望巴基斯坦在推动阿富汗政府与塔利班的和平进程中发挥积极作用，而谢里夫将利用此行向美国寻求帮助，解决本国萧条的经济和能源问题。

11 月

1 日 世界银行最新公布的《2014 年全球经商环境报告》日前出炉，马来西亚在最具竞争力排行榜中，从上年的第 12 名跃升至第 6 名，首次跻身全球最具竞争力 10 强。

17 日 马尔代夫当选总统阿卜杜拉·亚明宣誓就职，成为该国第六位总统。

19 日 英国首相卡梅伦下午同伊朗总统鲁哈尼通电话，双方就两国关系和伊朗核问题交换了意见。此次电话交谈被称为是历史性的，这是两国领导人十多年来的首次交谈，引起外界高度关注。卡梅伦对鲁哈尼上台以来在改善两国关系方面所作的努力表示欢迎。

24 日　伊朗与伊核问题六国（美国、英国、法国、俄罗斯、中国和德国）在瑞士日内瓦万国宫，就解决伊朗核问题第一阶段措施达成协议，为和平解决伊朗核问题迈出重要一步。

27 日　美国与孟加拉国签署了《贸易与投资合作论坛协议》（TICFA），旨在扩大贸易和加强两国之间的经济关系。

12 月

3 日　世界贸易组织第九届部长级会议在印度尼西亚巴厘岛举行，各方呼吁展现政治意愿，推动达成巴厘一揽子成果，向世界传递积极信号，维护多边贸易体系。主要就贸易便利化、农业和发展三大议题展开讨论。

8～11 日　为期 4 天的跨太平洋战略经济伙伴协定（TPP）部长级会议在新加坡举行，与会各方谈判未能达成协议，从而使会议未能实现美国期望的在 2013 年底之前完成谈判的目标。

9 日　经过历时 7 年的多方努力，孟加拉国达卡至缅甸仰光的航线再次通航。

B.13

印度洋地区统计数据

李 波*

表1 GDP

单位：百万美元（现价）

国 家	Country	2000年	2001年	2002年	2003年	2004年	2005年
科摩罗	Comoros	201.90	220.12	251.16	324.47	362.42	387.04
吉布提	Djibouti	551.23	572.42	591.12	622.04	666.07	708.63
埃及	Egypt, Arab Rep.	99838.54	97632.01	87850.68	82923.68	78845.19	89685.72
厄立特里亚	Eritrea	706.37	752.37	729.32	870.25	1109.05	1098.43
肯尼亚	Kenya	12705.35	12985.99	13147.74	14904.50	16095.32	18737.90
马达加斯加	Madagascar	3877.67	4529.58	4397.25	5474.03	4363.93	5038.58
毛里求斯	Mauritius	4582.56	4536.54	4767.30	5609.84	6385.69	6283.80
莫桑比克	Mozambique	4310.09	4075.05	4201.33	4666.20	5697.99	6578.52
塞舌尔	Seychelles	614.88	618.43	698.08	703.10	839.32	919.10
索马里	Somalia						
南非	South Africa	132877.64	118478.99	111100.86	168219.33	219092.94	247051.56
苏丹	Sudan	12257.30	13182.87	14803.42	17646.27	21457.89	26524.99
坦桑尼亚	Tanzania	10185.79	10383.56	10805.60	11659.13	12825.80	14141.92
东部非洲	East Africa	282709.32	267967.92	253343.88	313622.83	367741.62	417156.18

* 李波，云南大学发展研究院2013级博士研究生。

续表

国　家	Country	2000 年	2001 年	2002 年	2003 年	2004 年	2005 年
印度尼西亚	Indonesia	165021.01	160446.95	195660.61	234772.46	256836.88	285868.61
马来西亚	Malaysia	93789.47	92783.95	100845.53	110202.37	124749.74	143533.15
缅甸	Myanmar						
新加坡	Singapore	95922.65	91148.43	90582.82	93362.87	109336.48	123506.89
泰国	Thailand	122725.25	115536.41	126876.92	142640.08	161339.79	176351.95
东帝汶	Timor Leste	350.10	429.70	426.70	436.50	455.50	479.10
东南亚	Southeast Asia	477808.49	460345.43	514392.57	581414.28	652718.39	729739.70
孟加拉国	Bangladesh	47124.93	46987.84	47571.13	51913.66	56560.74	60277.56
印度	India	476609.15	493954.33	523968.56	618356.47	721585.61	834215.01
马尔代夫	Maldives	624.34	802.44	828.24	949.87	1075.61	992.47
巴基斯坦	Pakistan	73952.37	72309.74	72306.82	83244.80	97977.77	109502.10
斯里兰卡	Sri Lanka	16330.81	15746.22	17102.62	18881.77	20662.53	24405.79
南亚	South Asia	614641.60	629800.58	661777.38	773346.56	897862.25	1029392.94
澳大利亚	Australia	415208.19	378642.27	394442.24	466663.37	613161.19	693662.61
大洋洲	Australia	415208.19	378642.27	394442.24	466663.37	613161.19	693662.61
巴林	Bahrain	7970.69	7928.93	8491.18	9747.60	11235.67	13460.20
伊朗	Iran, Islamic Rep.	101286.51	115438.39	116420.83	135409.68	163226.58	192014.94
伊拉克	Iraq	25857.11	18936.09	18969.59		25509.36	36743.64
以色列	Israel	124895.15	122940.53	112974.38	118673.28	126571.17	133959.00
约旦	Jordan	8457.92	8972.97	9580.16	10193.02	11407.57	12582.88
科威特	Kuwait	37718.01	34890.77	38138.80	47875.84	59440.51	80797.95
阿曼	Oman	19867.88	19949.28	20049.41	21542.26	24673.60	30905.07
卡塔尔	Qatar	17759.89	17538.46	19363.74	23533.79	31675.27	43040.11
沙特	Saudi Arabia	188441.86	183012.27	188551.20	214572.80	258742.13	328459.61
阿拉伯联合酋长国	United Arab Emirates	104337.38	103311.64	109816.20	124346.36	147824.37	180617.02
也门	Yemen, Rep.	9636.34	9854.04	10693.28	11777.77	13873.50	16753.79
中东	Mid-east	646228.75	642773.39	653048.78	717672.41	874179.75	1069334.20

续表

国家	Country	2006 年	2007 年	2008 年	2009 年	2010 年	2011 年	2012 年
科摩罗	Comoros	403.18	464.95	530.13	535.20	543.38	610.37	595.90
吉布提	Djibouti	768.87	847.92					
埃及	Egypt, Arab Rep.	107484.03	130477.82	162818.18	188984.09	218887.81	236000.74	262831.91
厄立特里亚	Eritrea	1211.16	1317.97	1380.19	1856.70	2117.04	2607.74	3091.84
肯尼亚	Kenya	22504.14	27236.74	30465.49	30580.37	32198.15	33620.68	40697.16
马达加斯加	Madagascar	5515.24	7342.91	9394.33	8589.56	8837.04	9911.78	9975.12
毛里求斯	Mauritius	6731.54	7792.06	9641.08	8834.66	9718.33	11250.56	10486.04
莫桑比克	Mozambique	7095.91	8035.64	9891.00	9674.04	9274.45	12568.44	14243.72
塞舌尔	Seychelles	1016.42	1033.64	967.21	847.42	969.97	1074.58	1128.75
索马里	Somalia							
南非	South Africa	261007.04	286171.83	273141.75	283985.55	363240.73	401802.22	384312.67
苏丹	Sudan	35159.25	45456.46	54082.39	52839.99	64849.93	63997.13	58768.80
坦桑尼亚	Tanzania	14331.23	16825.55	20715.09	21368.17	22915.00	23874.17	28242.43
东部非洲	East Africa	463228.01	533003.48	573026.84	608095.74	733551.84	797318.41	814374.35
印度尼西亚	Indonesia	364570.53	432216.74	510244.55	539579.96	709190.82	846341.44	878043.03
马来西亚	Malaysia	162692.47	193552.80	230987.62	202251.38	247533.53	289258.94	305032.75
缅甸	Myanmar							
新加坡	Singapore	139020.88	168705.76	178924.16	194131.27	217200.12	245024.32	274701.30
泰国	Thailand	207088.83	246976.87	272577.80	263711.24	318907.93	345672.23	365965.82
东帝汶	Timor Leste	462.60	558.70	693.80	826.70	934.30	1128.30	1293.00
东南亚	Southeast Asia	873835.30	1042010.87	1193427.93	1200500.56	1493766.70	1727425.23	1825035.89

续表

国　家	Country	2006 年	2007 年	2008 年	2009 年	2010 年	2011 年	2012 年
孟加拉国	Bangladesh	61901.12	68415.42	79554.35	89359.77	100357.02	111879.12	116355.06
印度	India	949116.77	1238700.20	1224095.30	1365372.43	1710908.77	1872840.20	1841709.76
马尔代夫	Maldives	1303.38	1541.98	1891.63	1984.64	2134.10	2153.64	2222.43
巴基斯坦	Pakistan	137264.06	152385.72	170077.81	168152.78	177406.85	213853.86	225143.27
斯里兰卡	Sri Lanka	28267.41	32351.18	40715.24	42067.97	49567.52	59184.31	59423.01
南亚	South Asia	1177852.73	1493394.50	1516334.33	1666937.59	2040374.27	2259911.13	2244853.52
澳大利亚	Australia	747463.31	853854.91	1055506.16	926710.31	1141793.59	1386889.15	1532407.88
大洋洲	Australia	747463.31	853854.91	1055506.16	926710.31	1141793.59	1386889.15	1532407.88
巴林	Bahrain	15854.94	18473.10	21902.89	19318.82	25713.57	29044.46	
伊朗	Iran, Islamic Rep.	222880.53	286057.93	355988.37	362661.11	422567.97	514059.51	
伊拉克	Iraq	65141.04	88837.73	131611.82	111659.99	135488.47	180606.80	210279.95
以色列	Israel	145479.60	167111.80	201661.65	194866.36	231674.51	258216.88	
约旦	Jordan	15056.94	17110.61	21971.84	23820.01	26425.38	28840.20	31015.24
科威特	Kuwait	101561.15	114721.83	147402.41	105911.34	119934.67	160912.71	
阿曼	Oman	36803.64	41901.17	60566.97	46866.06	58813.00	69971.91	
卡塔尔	Qatar	60496.70	79546.98	115019.78	97583.51	125122.25	171476.09	
沙特	Saudi Arabia	376900.13	415909.02	519796.80	429097.87	526811.47	669506.67	711049.60
阿拉伯联合酋长国	United Arab Emirates	222105.93	258150.04	314844.67	270334.93	287421.93	348594.97	
也门	Yemen, Rep.	18941.30	21596.09	26869.02	24581.91	31883.41	31724.63	35645.82
中东	Mid-east	1281221.91	1509416.30	1917636.21	1686701.92	1991856.63	2462954.82	987990.61

注：各地区的数据根据各国数据整理而来。

资料来源：世界银行 WDI&GDF 数据库。

表 2　GDP 增长率

单位：%

国家	Country	2000 年	2001 年	2002 年	2003 年	2004 年	2005 年	2006 年	2007 年	2008 年	2009 年	2010 年	2011 年	2012 年
科摩罗	Comoros	1. 42	3. 33	4. 15	2. 47	-0. 24	4. 23	1. 24	0. 49	0. 97	1. 81	2. 05	2. 23	2. 96
吉布提	Djibouti	0. 42	2. 05	2. 62	3. 20	3. 83	3. 17	4. 80	5. 10					
埃及	Egypt, Arab Rep.	5. 37	3. 54	2. 37	3. 19	4. 09	4. 47	6. 84	7. 09	7. 16	4. 69	5. 15	1. 76	2. 21
厄立特里亚	Eritrea	-3. 14	8. 76	3. 01	-2. 66	1. 45	2. 57	-0. 97	1. 43	-9. 78	3. 88	2. 19	8. 68	7. 02
肯尼亚	Kenya	0. 60	3. 78	0. 55	2. 93	5. 10	5. 91	6. 33	6. 99	1. 53	2. 74	5. 76	4. 38	4. 60
马达加斯加	Madagascar	4. 76	6. 02	-12. 67	9. 78	5. 26	4. 60	5. 02	6. 24	7. 13	-4. 13	0. 53	1. 87	3. 10
毛里求斯	Mauritius	9. 03	2. 57	2. 11	3. 66	5. 75	1. 24	3. 95	5. 89	5. 51	3. 01	4. 11	3. 85	3. 23
莫桑比克	Mozambique	1. 09	11. 90	8. 82	6. 02	8. 77	8. 67	6. 32	7. 28	6. 83	6. 33	7. 08	7. 32	7. 40
塞舌尔	Seychelles	4. 20	-2. 27	1. 30	-6. 33	-2. 48	9. 01	9. 41	10. 42	-2. 14	-1. 11	5. 95	7. 92	2. 81
索马里	Somalia													
南非	South Africa	4. 15	2. 74	3. 67	2. 95	4. 55	5. 28	5. 60	5. 55	3. 62	-1. 53	3. 09	3. 46	2. 55
苏丹	Sudan	6. 35	6. 50	6. 43	7. 73	3. 88	7. 49	10. 06	11. 52	3. 00	3. 23	3. 48	-3. 29	-10. 10
坦桑尼亚	Tanzania	4. 93	6. 00	7. 16	6. 89	7. 83	7. 37	6. 74	7. 15	7. 44	6. 02	7. 04	6. 45	6. 86
东部非洲	East Africa		3. 43	3. 32	3. 51	4. 60	5. 31	6. 19	6. 43	4. 46	0. 82	3. 92	2. 82	2. 03
印度尼西亚	Indonesia	4. 92	3. 64	4. 50	4. 78	5. 03	5. 69	5. 50	6. 35	6. 01	4. 63	6. 22	6. 49	6. 23
马来西亚	Malaysia	8. 86	0. 52	5. 39	5. 79	6. 78	5. 33	5. 59	6. 30	4. 83	-1. 51	7. 43	5. 13	5. 64
缅甸	Myanmar	13. 75	11. 34	12. 03	13. 84	13. 64								
新加坡	Singapore	9. 04	-1. 15	4. 20	4. 58	9. 16	7. 37	8. 62	9. 02	1. 75	-0. 79	14. 78	5. 16	1. 32
泰国	Thailand	4. 75	2. 17	5. 32	7. 14	6. 34	4. 60	5. 09	5. 04	2. 48	-2. 33	7. 81	0. 08	6. 49

续表

国家	Country	2000 年	2001 年	2002 年	2003 年	2004 年	2005 年	2006 年	2007 年	2008 年	2009 年	2010 年	2011 年	2012 年
东帝汶	Timor Leste	13.66	16.34	-6.70	-2.18	0.39	6.54	-3.18	11.62	14.63	12.77	9.49	12.03	0.59
东南亚	Southeast Asia		1.87	4.81	5.51	6.36	5.64	5.94	6.49	4.20	0.87	8.27	4.56	5.27
孟加拉国	Bangladesh	5.94	5.27	4.42	5.26	6.27	5.96	6.63	6.43	6.19	5.74	6.07	6.71	6.23
印度	India	3.84	4.82	3.80	7.86	7.92	9.28	9.26	9.80	3.89	8.48	10.55	6.33	3.24
马尔代夫	Maldives			6.10	14.15	12.48	-8.68	19.59	10.56	12.20	-3.64	7.06	7.05	3.42
巴基斯坦	Pakistan	4.26	1.98	3.22	4.85	7.37	7.67	6.18	4.83	1.70	2.83	1.61	2.79	4.02
斯里兰卡	Sri Lanka	6.00	-1.55	3.96	5.94	5.45	6.24	7.67	6.80	5.95	3.54	8.02	8.25	6.41
南亚	South Asia		4.36	3.78	7.32	7.71	8.82	8.75	9.02	3.86	7.64	9.40	6.09	3.54
澳大利亚	Australia	3.85	1.90	3.91	3.15	4.15	3.19	3.04	3.79	3.77	1.65	2.09	2.43	3.41
大洋洲	Australia		1.90	3.91	3.15	4.15	3.19	3.04	3.79	3.77	1.65	2.09	2.43	3.41
巴林	Bahrain	5.30	4.60	5.26	7.20	5.60	7.80	6.70	8.34	6.30	3.10	4.34	2.10	3.40
伊朗	Iran, Islamic Rep.	5.14	3.67	7.52	7.11	5.08	4.62	5.89	7.82	2.30	1.80			
伊拉克	Iraq	-4.30	-6.60	-7.80	-41.30	46.50	-0.70	1.38	1.38	6.61	5.81	5.86	8.58	8.43
以色列	Israel	9.25	-0.22	-0.58	1.51	4.84	4.94	5.59	5.50	4.03	0.84	5.66	4.57	3.35
约旦	Jordan	4.24	5.27	5.79	4.16	8.56	8.14	8.12	8.18	7.23	5.48	2.31	2.58	2.65
科威特	Kuwait	4.69	0.73	3.00	17.32	10.20	10.60	5.20	4.37	4.97	-5.15	-2.37	6.30	
阿曼	Oman	5.40	7.48	2.57	0.30	3.40	3.99	5.50	6.80	12.80	1.10	5.59	0.29	
卡塔尔	Qatar		3.33	7.13	3.49	20.84	7.60	18.60	18.00	17.70	12.00	16.73	12.96	6.24
沙特	Saudi Arabia	4.86	0.55	0.13	8.29	8.62	7.26	5.58	5.99	8.43	1.83	7.43	8.57	5.13
阿拉伯联合酋长国	United Arab Emirates	10.85	1.40	2.43	8.80	9.57	4.86	9.91	3.21	3.29	-1.61	-1.82	3.88	4.37
也门	Yemen, Rep.	6.18	3.80	3.94	3.75	3.97	5.59	3.17	3.34	3.65	3.87	7.70	-10.48	0.14
中东	Mid-east		1.16	1.96	4.83	8.92	5.93	6.72	6.08	6.07	1.39	5.01	6.47	4.79

注：各地区的数据根据世界银行 WDI&GDF 统计数据库中以 2005 年为基期的数据整理计算而来。

资料来源：世界银行 WDI&GDF 数据库。

表 3 人均 GDP

单位：美元（现价）

国家	Country	2000 年	2001 年	2002 年	2003 年	2004 年	2005 年
科摩罗	Comoros	382. 16	406. 14	451. 71	568. 76	619. 11	644. 27
吉布提	Djibouti	762. 54	780. 15	794. 06	823. 81	869. 80	912. 50
埃及	Egypt, Arab Rep.	1509. 58	1452. 77	1286. 19	1194. 31	1116. 93	1249. 49
厄立特里亚	Eritrea	179. 31	183. 43	170. 34	194. 58	237. 71	226. 29
肯尼亚	Kenya	406. 12	404. 22	398. 41	439. 60	462. 05	523. 61
马达加斯加	Madagascar	246. 28	278. 99	262. 74	317. 42	245. 67	275. 48
毛里求斯	Mauritius	3861. 04	3780. 83	3939. 28	4587. 66	5177. 37	5054. 32
莫桑比克	Mozambique	235. 84	216. 92	217. 46	234. 80	278. 78	313. 11
塞舌尔	Seychelles	7578. 83	7615. 99	8340. 30	8491. 50	10173. 57	11086. 89
索马里	Somalia						
南非	South Africa	3019. 95	2638. 16	2439. 99	3647. 70	4695. 04	5234. 31
苏丹	Sudan	356. 50	372. 83	406. 99	471. 52	557. 22	669. 40
坦桑尼亚	Tanzania	308. 14	306. 27	310. 63	326. 48	349. 62	375. 00
东部非洲	East Africa	1160. 30	1075. 10	994. 44	1204. 34	1381. 61	1533. 49
印度尼西亚	Indonesia	789. 81	756. 93	909. 89	1076. 22	1160. 61	1273. 47
马来西亚	Malaysia	4004. 55	3878. 00	4130. 68	4427. 46	4918. 17	5553. 94
缅甸	Myanmar						
新加坡	Singapore	23814. 56	22027. 17	21691. 29	22689. 53	26240. 55	28952. 81
泰国	Thailand	1968. 54	1831. 90	1988. 73	2211. 87	2478. 82	2689. 95
东帝汶	Timor Leste	410. 15	493. 14	474. 44	467. 66	471. 05	487. 32

续表

国家	Country	2000 年	2001 年	2002 年	2003 年	2004 年	2005 年
东南亚	Southeast Asia	1594. 90	1514. 42	1668. 34	1860. 09	2059. 83	2272. 39
孟加拉国	Bangladesh	355. 97	348. 76	347. 22	372. 98	400. 47	421. 12
印度	India	457. 28	466. 21	486. 64	565. 34	649. 71	740. 11
马尔代夫	Maldives	2289. 09	2888. 30	2929. 31	3302. 81	3677. 22	3335. 19
巴基斯坦	Pakistan	514. 16	492. 38	483. 03	546. 15	631. 50	693. 18
斯里兰卡	Sri Lanka	854. 93	837. 70	903. 90	984. 81	1063. 16	1242. 40
南亚	South Asia	459. 42	463. 03	478. 64	550. 48	629. 31	710. 81
澳大利亚	Australia	21678. 49	19504. 57	20071. 97	23455. 84	30464. 00	34011. 74
大洋洲	Australia	21678. 49	19504. 57	20071. 97	23455. 84	30464. 00	34011. 74
巴林	Bahrain	11927. 90	11347. 33	11591. 41	12625. 48	13693. 60	15303. 78
伊朗	Iran, Islamic Rep.	1536. 72	1726. 63	1718. 97	1975. 54	2353. 93	2737. 11
伊拉克	Iraq	1086. 38	772. 37	751. 62		956. 35	1342. 13
以色列	Israel	19859. 30	19093. 11	17195. 49	17739. 70	18588. 81	19330. 02
约旦	Jordan	1763. 17	1824. 89	1901. 58	1973. 86	2156. 44	2325. 43
科威特	Kuwait	19786. 70	17616. 23	18620. 35	22621. 86	27061. 89	35185. 93
阿曼	Oman	9061. 60	8909. 81	8685. 38	9016. 82	10013. 63	12252. 61
卡塔尔	Qatar	29914. 26	28666. 61	30748. 53	35644. 40	43970. 05	52413. 85
沙特	Saudi Arabia	9354. 47	8760. 09	8639. 14	9389. 54	10853. 63	13303. 31
阿拉伯联合酋长国	United Arab Emirates	34476. 29	32984. 74	34062. 43	36906. 20	40403. 99	43533. 89
也门	Yemen, Rep.	549. 94	546. 54	576. 42	617. 24	707. 37	831. 88
中东	Mid-east	4400. 53	4276. 19	4243. 53	4553. 84	5415. 34	6466. 37

续表

国家	Country	2006 年	2007 年	2008 年	2009 年	2010 年	2011 年	2012 年
科摩罗	Comoros	653. 95	734. 82	816. 48	803. 49	795. 48	871. 69	830. 52
吉布提	Djibouti	976. 29	1061. 64					
埃及	Egypt, Arab Rep.	1472. 57	1757. 76	2156. 76	2461. 53	2803. 53	2972. 58	3256. 02
厄立特里亚	Eritrea	240. 55	252. 98	256. 44	334. 06	368. 75	439. 54	504. 30
肯尼亚	Kenya	612. 23	721. 46	785. 73	767. 87	787. 06	799. 96	942. 54
马达加斯加	Madagascar	292. 96	379. 07	471. 44	419. 09	419. 22	457. 21	447. 44
毛里求斯	Mauritius	5373. 63	6182. 20	7599. 99	6928. 97	7586. 97	8748. 14	8119. 55
莫桑比克	Mozambique	328. 71	362. 43	434. 53	414. 11	386. 96	511. 30	565. 15
塞舌尔	Seychelles	12014. 42	12155. 70	11123. 00	9707. 27	10805. 10	12289. 26	12858. 18
索马里	Somalia							
南非	South Africa	5468. 30	5930. 13	5597. 97	5758. 00	7266. 08	7942. 83	7507. 67
苏丹	Sudan	862. 29	1083. 46	1253. 11	1190. 79	1422. 37	1537. 60	1580. 00
坦桑尼亚	Tanzania	369. 40	421. 30	503. 60	504. 20	524. 69	530. 39	608. 72
东部非洲	East Africa	1666. 23	1876. 07	1979. 17	2055. 38	2425. 42	2579. 82	2578. 83
印度尼西亚	Indonesia	1601. 03	1871. 29	2178. 27	2272. 04	2946. 66	3471. 43	3556. 79
马来西亚	Malaysia	6179. 66	7218. 40	8460. 36	7277. 76	8754. 24	10058. 04	10432. 06
缅甸	Myanmar							
新加坡	Singapore	31585. 60	36766. 28	36972. 39	38922. 78	42783. 72	47268. 23	51709. 45
泰国	Thailand	3143. 24	3737. 72	4118. 40	3978. 91	4802. 66	5192. 12	5479. 76
东帝汶	Timor Leste	456. 02	534. 11	643. 65	744. 73	817. 77	959. 54	1068. 39

续表

国家	Country	2006 年	2007 年	2008 年	2009 年	2010 年	2011 年	2012 年
东南亚	Southeast Asia	2685.94	3162.42	3576.90	3555.44	4373.19	4999.83	5223.17
孟加拉国	Bangladesh	427.29	467.14	537.64	597.71	664.06	731.89	752.16
印度	India	830.16	1068.68	1042.08	1147.24	1419.11	1533.66	1489.23
马尔代夫	Maldives	4304.06	5002.54	6027.32	6208.60	6552.48	6487.56	6566.65
巴基斯坦	Pakistan	853.07	929.59	1018.38	988.59	1024.59	1213.93	1256.66
斯里兰卡	Sri Lanka	1423.48	1614.41	2013.91	2057.11	2400.02	2835.99	2923.21
南亚	South Asia	801.68	1002.39	1004.08	1089.14	1315.63	1438.16	1410.79
澳大利亚	Australia	36113.00	40629.00	49358.70	42551.03	51746.12	62125.76	67555.76
大洋洲	Australia	36113.00	40629.00	49358.70	42551.03	51746.12	62125.76	67555.76
巴林	Bahrain	16672.72	17894.17	19625.58	16213.34	20545.99	22466.95	
伊朗	Iran, Islamic Rep.	3140.20	3983.58	4899.31	4931.28	5674.92	6815.57	
伊拉克	Iraq	2321.15	3091.02	4472.06	3701.86	4375.91	5686.61	6454.62
以色列	Israel	20624.58	23274.30	27591.62	26032.16	30389.12	33250.09	
约旦	Jordan	2719.82	3022.54	3797.41	4027.05	4370.72	4665.94	4909.03
科威特	Kuwait	42011.77	44902.32	54548.62	37160.54	40090.75	51496.93	
阿曼	Oman	14405.09	16305.61	23353.17	17597.49	20983.90	23132.94	
卡塔尔	Qatar	62522.30	69023.69	84628.50	62390.28	71510.16	89735.68	
沙特	Saudi Arabia	14855.00	16048.58	19714.40	16013.28	19326.58	24116.17	25136.21
阿拉伯联合酋长国	United Arab Emirates	45554.22	44529.00	46309.98	35025.10	34048.53	39057.84	
也门	Yemen, Rep.	916.73	1019.54	1238.00	1105.82	1400.67	1361.33	1494.43
中东	Mid-east	7561.93	8695.02	10783.84	9261.49	10688.63	12930.57	10852.69

注：各地区的数据根据世界银行 WDI&GDF 统计数据库数据整理计算而来。

资料来源：世界银行 WDI&GDF 数据库。

表 4　人均 GDP 增长率

单位：%

国家	Country	2000 年	2001 年	2002 年	2003 年	2004 年	2005 年	2006 年	2007 年	2008 年	2009 年	2010 年	2011 年	2012 年
科摩罗	Comoros	-1.13	0.72	1.52	-0.12	-2.78	1.57	-1.35	-2.08	-1.60	-0.76	-0.49	-0.27	0.48
吉布提	Djibouti	-1.14	0.54	1.14	1.74	2.38	1.73	3.34	3.63					
埃及	Egypt, Arab Rep.	3.71	1.89	0.72	1.51	2.38	2.74	5.07	5.30	5.36	2.94	3.39	0.07	0.53
厄立特里亚	Eritrea	-6.68	4.45	-1.32	-6.81	-2.74	-1.41	-4.53	-1.98	-12.67	0.59	-1.07	5.17	3.56
肯尼亚	Kenya	-1.99	1.06	-2.12	0.19	2.30	3.09	3.52	4.17	-1.15	0.02	2.96	1.60	1.81
马达加斯加	Madagascar	1.55	2.81	-15.28	6.54	2.19	1.59	2.03	3.25	4.14	-6.79	-2.26	-0.95	0.26
毛里求斯	Mauritius	7.96	1.46	1.24	2.59	4.84	0.44	3.16	5.24	4.83	2.48	3.63	3.44	2.80
莫桑比克	Mozambique	-1.55	8.86	5.81	3.07	5.76	5.72	3.48	4.46	4.06	3.61	4.38	4.64	4.75
塞舌尔	Seychelles	3.28	-2.36	-1.72	-5.31	-2.12	8.48	7.21	9.86	-4.30	-1.49	3.03	10.79	2.40
索马里	Somalia													
南非	South Africa	1.61	0.65	2.25	1.65	3.33	4.09	4.43	4.40	2.48	-2.58	1.70	2.24	1.34
苏丹	Sudan	5.43	3.23	2.42	4.14	2.15	3.33	6.84	8.38	0.13	0.40	0.71	5.93	0.60
坦桑尼亚	Tanzania	2.36	3.35	4.44	4.12	4.97	4.45	3.76	4.09	4.31	2.90	3.87	3.28	3.67
东部非洲	East Africa		1.10	1.09	1.26	2.34	3.05	3.91	4.15	2.22	-1.34	1.65	0.62	-0.15
印度尼西亚	Indonesia	3.42	2.16	3.01	3.29	3.54	4.19	4.00	4.84	4.53	3.20	4.82	5.13	4.91
马来西亚	Malaysia	6.42	-1.60	3.28	3.76	4.79	3.38	3.65	4.37	2.96	-3.24	5.58	3.36	3.90
缅甸	Myanmar	12.51	10.34	11.19	13.12	12.96								
新加坡	Singapore	7.17	-3.78	3.25	6.14	7.80	4.88	5.28	4.57	-3.53	-3.73	12.77	2.99	-1.14
泰国	Thailand	3.54	0.99	4.11	5.99	5.37	3.85	4.58	4.74	2.32	-2.47	7.61	-0.18	6.16
东帝汶	Timor Leste	12.95	13.97	-9.60	-5.74	-3.10	4.79	-6.16	8.25	11.24	9.50	6.38	8.85	-2.26

续表

国家	Country	2000 年	2001 年	2002 年	2003 年	2004 年	2005 年	2006 年	2007 年	2008 年	2009 年	2010 年	2011 年	2012 年
东南亚	Southeast Asia		0.40	3.33	4.07	4.92	4.24	4.57	5.15	2.90	-0.33	7.03	3.37	4.09
孟加拉国	Bangladesh	4.01	3.44	2.68	3.61	4.73	4.55	5.35	5.27	5.10	4.66	4.93	5.50	4.97
印度	India	2.12	3.12	2.15	6.18	6.29	7.68	7.72	8.30	2.51	7.07	9.13	4.98	1.94
马尔代夫	Maldives			4.25	12.23	10.59	-10.23	17.51	8.61	10.20	-5.39	5.08	5.03	1.44
巴基斯坦	Pakistan	1.90	-0.12	1.27	2.97	5.48	5.75	4.24	2.90	-0.17	0.97	-0.19	1.03	2.28
斯里兰卡	Sri Lanka	5.74	0.05	3.28	4.55	4.02	5.11	6.51	5.83	5.02	2.36	6.95	7.13	9.24
南亚	South Asia		2.65	2.10	5.62	6.05	7.20	7.20	7.51	2.46	6.21	7.96	4.70	2.25
澳大利亚	Australia	2.62	0.53	2.65	1.89	2.95	1.83	1.53	2.22	1.98	-0.19	0.76	1.25	1.76
大洋洲	Australia	2.62	0.53	2.65	1.89	2.95	1.83	1.53	2.22	1.98	-0.19	0.76	1.25	1.76
巴林	Bahrain	0.99	0.03	0.40	1.71	-0.64	0.57	-1.31	-0.20	-1.67	-3.43	-0.66	-1.16	1.43
伊朗	Iran, Islamic Rep.	3.46	2.20	6.14	5.84	3.87	3.42	4.66	6.57	1.10	0.58			
伊拉克	Iraq	-7.15	-9.33	-10.44	-42.93	42.58	-3.25	-1.10	-1.01	4.11	3.24	3.12	5.85	5.71
以色列	Israel	6.41	-2.55	-2.56	-0.30	3.01	3.11	3.74	3.64	2.20	-1.54	3.75	2.66	1.50
约旦	Jordan	1.72	2.70	3.25	1.62	5.98	5.72	5.68	5.79	4.92	3.18	0.09	0.34	0.43
科威特	Kuwait	-0.13	-3.05	-0.40	13.54	6.18	5.79	-0.07	-1.24	-0.75	-10.07	-6.99	1.77	
阿曼	Oman	4.43	5.25	-0.51	-3.09	0.26	1.59	4.15	6.18	11.77	-1.55	0.33	-7.07	
卡塔尔	Qatar		0.27	4.08	-1.29	10.75	-5.61	0.65	-0.93	-0.20	-2.68	4.35	3.43	-0.99
沙特	Saudi Arabia	2.14	-3.05	-4.16	3.42	4.12	3.56	2.74	3.77	6.57	0.20	5.61	6.60	3.17
阿拉伯联合酋长国	United Arab Emirates	5.99	-2.02	-0.49	4.11	0.90	-7.53	-6.48	-13.20	-11.92	-13.33	-10.23	-1.75	1.18
也门	Yemen, Rep.	3.23	0.88	1.02	0.86	1.16	2.83	0.56	0.80	1.16	1.41	5.18	-12.56	-2.16
中东	Mid-east		-1.17	-0.41	2.37	6.34	3.41	4.16	3.53	3.55	-1.01	1.90	3.55	2.33

注：各地区的数据根据世界银行 WDI&GDF 统计数据库中以 2005 年为基期的数据整理计算而来。

资料来源：世界银行 WDI&GDF 数据库。

表 5　总人口

单位：百万人

国家	Country	2000 年	2001 年	2002 年	2003 年	2004 年	2005 年	2006 年	2007 年	2008 年	2009 年	2010 年	2011 年	2012 年
科摩罗	Comoros	0. 53	0. 54	0. 56	0. 57	0. 59	0. 60	0. 62	0. 63	0. 65	0. 67	0. 68	0. 70	0. 72
吉布提	Djibouti	0. 72	0. 73	0. 74	0. 76	0. 77	0. 78	0. 79	0. 80	0. 81	0. 82	0. 83	0. 85	0. 86
埃及	Egypt, Arab Rep.	66. 14	67. 20	68. 30	69. 43	70. 59	71. 78	72. 99	74. 23	75. 49	76. 78	78. 08	79. 39	80. 72
厄立特里亚	Eritrea	3. 94	4. 10	4. 28	4. 47	4. 67	4. 85	5. 04	5. 21	5. 38	5. 56	5. 74	5. 93	6. 13
肯尼亚	Kenya	31. 29	32. 13	33. 00	33. 91	34. 83	35. 79	36. 76	37. 75	38. 77	39. 82	40. 91	42. 03	43. 18
马达加斯加	Madagascar	15. 74	16. 24	16. 74	17. 25	17. 76	18. 29	18. 83	19. 37	19. 93	20. 50	21. 08	21. 68	22. 29
毛里求斯	Mauritius	1. 19	1. 20	1. 21	1. 22	1. 23	1. 24	1. 25	1. 26	1. 27	1. 28	1. 28	1. 29	1. 29
莫桑比克	Mozambique	18. 28	18. 79	19. 32	19. 87	20. 44	21. 01	21. 59	22. 17	22. 76	23. 36	23. 97	24. 58	25. 20
塞舌尔	Seychelles	0. 08	0. 08	0. 08	0. 08	0. 08	0. 08	0. 08	0. 09	0. 09	0. 09	0. 09	0. 09	0. 09
索马里	Somalia	7. 39	7. 61	7. 83	8. 04	8. 25	8. 47	8. 69	8. 91	9. 14	9. 38	9. 64	9. 91	10. 20
南非	South Africa	44. 00	44. 91	45. 53	46. 12	46. 66	47. 20	47. 73	48. 26	48. 79	49. 32	49. 99	50. 59	51. 19
苏丹	Sudan	27. 73	28. 43	29. 19	29. 97	30. 78	31. 59	32. 40	33. 22	34. 04	34. 85	35. 65	36. 43	37. 20
坦桑尼亚	Tanzania	34. 02	34. 90	35. 81	36. 76	37. 77	38. 82	39. 94	41. 12	42. 35	43. 64	44. 97	46. 35	47. 78
东部非洲	East Africa	251. 04	256. 86	262. 59	268. 45	274. 42	280. 50	286. 70	293. 02	299. 48	306. 06	312. 91	319. 81	326. 85
印度尼西亚	Indonesia	208. 94	211. 97	215. 04	218. 15	221. 29	224. 48	227. 71	230. 97	234. 24	237. 49	240. 68	243. 80	246. 86
马来西亚	Malaysia	23. 42	23. 93	24. 41	24. 89	25. 37	25. 84	26. 33	26. 81	27. 30	27. 79	28. 28	28. 76	29. 24
缅甸	Myanmar	48. 45	48. 89	49. 26	49. 58	49. 88	50. 18	50. 50	50. 83	51. 17	51. 54	51. 93	52. 35	52. 80
新加坡	Singapore	4. 03	4. 14	4. 18	4. 11	4. 17	4. 27	4. 40	4. 59	4. 84	4. 99	5. 08	5. 18	5. 31
泰国	Thailand	62. 34	63. 07	63. 80	64. 49	65. 09	65. 56	65. 88	66. 08	66. 19	66. 28	66. 40	66. 58	66. 79
东帝汶	Timor Leste	0. 85	0. 87	0. 90	0. 93	0. 97	0. 98	1. 01	1. 05	1. 08	1. 11	1. 14	1. 18	1. 21

续表

国家	Country	2000 年	2001 年	2002 年	2003 年	2004 年	2005 年	2006 年	2007 年	2008 年	2009 年	2010 年	2011 年	2012 年
东南亚	Southeast Asia	348. 04	352. 87	357. 59	362. 15	366. 76	371. 31	375. 84	380. 33	384. 82	389. 19	393. 51	397. 85	402. 21
孟加拉国	Bangladesh	132. 38	134. 73	137. 01	139. 19	141. 24	143. 14	144. 87	146. 46	147. 97	149. 50	151. 13	152. 86	154. 70
印度	India	1042. 26	1059. 50	1076. 71	1093. 79	1110. 63	1127. 14	1143. 29	1159. 10	1174. 66	1190. 14	1205. 62	1221. 16	1236. 69
马尔代夫	Maldives	0. 27	0. 28	0. 28	0. 29	0. 29	0. 30	0. 30	0. 31	0. 31	0. 32	0. 33	0. 33	0. 34
巴基斯坦	Pakistan	143. 83	146. 86	149. 69	152. 42	155. 15	157. 97	160. 91	163. 93	167. 01	170. 09	173. 15	176. 17	179. 16
斯里兰卡	Sri Lanka	19. 10	18. 80	18. 92	19. 17	19. 44	19. 64	19. 86	20. 04	20. 22	20. 45	20. 65	20. 87	20. 33
南亚	South Asia	1337. 85	1360. 16	1382. 61	1404. 85	1426. 74	1448. 19	1469. 22	1489. 83	1510. 17	1530. 50	1550. 88	1571. 39	1591. 21
澳大利亚	Australia	19. 15	19. 41	19. 65	19. 90	20. 13	20. 39	20. 70	21. 02	21. 38	21. 78	22. 07	22. 32	22. 68
大洋洲	Australia	19. 15	19. 41	19. 65	19. 90	20. 13	20. 39	20. 70	21. 02	21. 38	21. 78	22. 07	22. 32	22. 68
巴林	Bahrain	0. 67	0. 70	0. 73	0. 77	0. 82	0. 88	0. 95	1. 03	1. 12	1. 19	1. 25	1. 29	1. 32
伊朗	Iran, Islamic Rep.	65. 91	66. 86	67. 73	68. 54	69. 34	70. 15	70. 98	71. 81	72. 66	73. 54	74. 46	75. 42	76. 42
伊拉克	Iraq	23. 80	24. 52	25. 24	25. 96	26. 67	27. 38	28. 06	28. 74	29. 43	30. 16	30. 96	31. 76	32. 58
以色列	Israel	6. 29	6. 44	6. 57	6. 69	6. 81	6. 93	7. 05	7. 18	7. 31	7. 49	7. 62	7. 77	7. 91
约旦	Jordan	4. 80	4. 92	5. 04	5. 16	5. 29	5. 41	5. 54	5. 66	5. 79	5. 92	6. 05	6. 18	6. 32
科威特	Kuwait	1. 91	1. 98	2. 05	2. 12	2. 20	2. 30	2. 42	2. 55	2. 70	2. 85	2. 99	3. 12	3. 25
阿曼	Oman	2. 19	2. 24	2. 31	2. 39	2. 46	2. 52	2. 55	2. 57	2. 59	2. 66	2. 80	3. 02	3. 31
卡塔尔	Qatar	0. 59	0. 61	0. 63	0. 66	0. 72	0. 82	0. 97	1. 15	1. 36	1. 56	1. 75	1. 91	2. 05
沙特	Saudi Arabia	20. 14	20. 89	21. 83	22. 85	23. 84	24. 69	25. 37	25. 92	26. 37	26. 80	27. 26	27. 76	28. 29
阿拉伯联合酋长国	United Arab Emirates	3. 03	3. 13	3. 22	3. 37	3. 66	4. 15	4. 88	5. 80	6. 80	7. 72	8. 44	8. 93	9. 21
也门	Yemen, Rep.	17. 52	18. 03	18. 55	19. 08	19. 61	20. 14	20. 66	21. 18	21. 70	22. 23	22. 76	23. 30	23. 85
中东	Mid-east	146. 85	150. 31	153. 89	157. 60	161. 43	165. 37	169. 43	173. 60	177. 82	182. 12	186. 35	190. 48	194. 51

注：各地区的数据根据各国数据整理而来。

资料来源：世界银行 WDI&GDF 数据库。

表 6　人口增长率

单位：%

国家	Country	2000 年	2001 年	2002 年	2003 年	2004 年	2005 年	2006 年	2007 年	2008 年	2009 年	2010 年	2011 年	2012 年
科摩罗	Comoros	2.55	2.55	2.56	2.57	2.58	2.59	2.59	2.60	2.58	2.56	2.52	2.48	2.44
吉布提	Djibouti	1.57	1.49	1.45	1.42	1.41	1.40	1.40	1.41	1.42	1.44	1.47	1.50	1.52
埃及	Egypt, Arab Rep.	1.58	1.60	1.62	1.64	1.66	1.67	1.68	1.68	1.69	1.69	1.68	1.67	1.66
厄立特里亚	Eritrea	3.72	4.04	4.29	4.36	4.22	3.96	3.66	3.41	3.25	3.21	3.24	3.28	3.28
肯尼亚	Kenya	2.61	2.65	2.68	2.70	2.70	2.69	2.68	2.67	2.67	2.68	2.69	2.70	2.70
马达加斯加	Madagascar	3.11	3.07	3.03	3.00	2.96	2.92	2.89	2.85	2.83	2.82	2.81	2.80	2.80
毛里求斯	Mauritius	0.98	1.09	0.86	1.04	0.86	0.80	0.76	0.61	0.65	0.51	0.46	0.40	0.42
莫桑比克	Mozambique	2.65	2.75	2.80	2.82	2.81	2.76	2.71	2.67	2.63	2.60	2.56	2.53	2.50
塞舌尔	Seychelles	0.89	0.09	3.03	-1.08	-0.36	0.48	2.03	0.51	2.24	0.39	2.79	-2.63	0.39
索马里	Somalia	3.25	2.99	2.81	2.67	2.61	2.60	2.57	2.54	2.54	2.60	2.69	2.78	2.86
南非	South Africa	2.48	2.05	1.38	1.27	1.18	1.14	1.12	1.10	1.10	1.07	1.35	1.18	1.18
苏丹	Sudan	2.35	2.51	2.61	2.66	2.65	2.59	2.54	2.50	2.44	2.36	2.27	2.16	2.08
坦桑尼亚	Tanzania	2.49	2.54	2.58	2.63	2.70	2.77	2.84	2.91	2.96	2.99	3.01	3.03	3.04
东部非洲	East Africa		2.32	2.23	2.23	2.22	2.21	2.21	2.20	2.21	2.20	2.24	2.21	2.20
印度尼西亚	Indonesia	1.44	1.44	1.44	1.43	1.43	1.43	1.43	1.42	1.41	1.38	1.33	1.29	1.25
马来西亚	Malaysia	2.27	2.13	2.02	1.93	1.89	1.87	1.85	1.83	1.81	1.77	1.73	1.69	1.66
缅甸	Myanmar	1.09	0.91	0.75	0.64	0.60	0.61	0.63	0.65	0.68	0.71	0.76	0.80	0.85
新加坡	Singapore	1.73	2.70	0.91	-1.48	1.25	2.35	3.13	4.17	5.32	3.02	1.77	2.09	2.45
泰国	Thailand	1.16	1.16	1.15	1.08	0.92	0.72	0.49	0.29	0.16	0.14	0.19	0.26	0.31
东帝汶	Timor Leste	0.63	2.06	3.16	3.71	3.54	1.66	3.14	3.07	3.00	2.94	2.88	2.88	2.88

续表

国家	Country	2000 年	2001 年	2002 年	2003 年	2004 年	2005 年	2006 年	2007 年	2008 年	2009 年	2010 年	2011 年	2012 年
东南亚	Southeast Asia		1.39	1.34	1.28	1.27	1.24	1.22	1.19	1.18	1.14	1.11	1.10	1.10
孟加拉国	Bangladesh	1.84	1.76	1.68	1.58	1.46	1.34	1.20	1.09	1.03	1.03	1.08	1.14	1.19
印度	India	1.67	1.64	1.61	1.57	1.53	1.48	1.42	1.37	1.33	1.31	1.29	1.28	1.26
马尔代夫	Maldives	1.96	1.85	1.75	1.70	1.69	1.72	1.75	1.77	1.80	1.84	1.87	1.91	1.93
巴基斯坦	Pakistan	2.29	2.08	1.91	1.80	1.78	1.80	1.84	1.86	1.86	1.83	1.78	1.73	1.69
斯里兰卡	Sri Lanka	0.24	-1.61	0.66	1.32	1.36	1.07	1.08	0.91	0.88	1.15	0.99	1.04	
南亚	South Asia		1.67	1.65	1.61	1.56	1.50	1.45	1.40	1.37	1.35	1.33	1.32	1.26
澳大利亚	Australia	1.20	1.35	1.22	1.23	1.16	1.32	1.48	1.52	1.74	1.83	1.31	1.17	1.60
大洋洲	Australia	1.20	1.35	1.22	1.23	1.16	1.32	1.48	1.52	1.74	1.83	1.31	1.17	1.60
巴林	Bahrain	4.18	4.46	4.72	5.25	6.09	6.95	7.81	8.21	7.79	6.55	4.91	3.24	1.92
伊朗	Iran, Islamic Rep.	1.61	1.43	1.29	1.20	1.16	1.16	1.17	1.17	1.18	1.21	1.24	1.28	1.32
伊拉克	Iraq	3.07	3.01	2.94	2.86	2.75	2.64	2.51	2.41	2.40	2.49	2.65	2.54	2.54
以色列	Israel	2.64	2.36	2.01	1.81	1.77	1.76	1.77	1.78	1.78	2.39	1.83	1.85	1.81
约旦	Jordan	2.45	2.47	2.43	2.47	2.41	2.26	2.28	2.23	2.18	2.21	2.19	2.21	2.19
科威特	Kuwait	4.72	3.83	3.36	3.27	3.72	4.45	5.14	5.53	5.61	5.33	4.84	4.35	3.95
阿曼	Oman	0.93	2.10	3.05	3.44	3.09	2.34	1.28	0.58	0.92	2.65	5.11	7.62	9.13
卡塔尔	Qatar	3.70	3.01	2.89	4.73	8.72	13.09	16.41	17.48	16.49	14.05	11.22	8.81	7.05
沙特	Saudi Arabia	2.64	3.64	4.37	4.60	4.23	3.51	2.72	2.12	1.72	1.62	1.71	1.83	1.88
阿拉伯联合酋长国	United Arab Emirates	4.48	3.43	2.89	4.41	8.24	12.57	16.14	17.31	15.93	12.69	8.96	5.57	3.10
也门	Yemen, Rep.	2.82	2.85	2.85	2.82	2.75	2.65	2.56	2.49	2.43	2.39	2.37	2.35	2.33
中东	Mid-east		2.36	2.38	2.41	2.43	2.44	2.46	2.46	2.44	2.42	2.32	2.21	2.12

注：各地区的数据根据各国数据整理而来。

资料来源：世界银行 WDI&GDF 数据库。

表 7　城市人口占比（城镇化率）

单位：%

国家	Country	2000 年	2001 年	2002 年	2003 年	2004 年	2005 年	2006 年	2007 年	2008 年	2009 年	2010 年	2011 年	2012 年
科摩罗	Comoros	0.15	0.15	0.16	0.16	0.16	0.17	0.17	0.18	0.18	0.19	0.19	0.20	0.20
吉布提	Djibouti	0.55	0.56	0.57	0.58	0.59	0.60	0.60	0.61	0.62	0.63	0.64	0.65	0.66
埃及	Egypt, Arab Rep.	28.30	28.79	29.29	29.81	30.34	30.88	31.46	32.04	32.64	33.25	33.87	34.57	35.28
厄立特里亚	Eritrea	0.69	0.73	0.78	0.83	0.88	0.92	0.98	1.03	1.09	1.14	1.20	1.27	1.34
肯尼亚	Kenya	6.22	6.51	6.80	7.11	7.43	7.76	8.11	8.47	8.85	9.24	9.64	10.08	10.53
马达加斯加	Madagascar	4.27	4.46	4.65	4.85	5.06	5.27	5.54	5.82	6.11	6.42	6.73	7.06	7.40
毛里求斯	Mauritius	0.51	0.51	0.51	0.52	0.52	0.52	0.53	0.53	0.53	0.53	0.54	0.54	0.54
莫桑比克	Mozambique	5.32	5.50	5.69	5.89	6.09	6.30	6.52	6.74	6.96	7.19	7.42	7.67	7.93
塞舌尔	Seychelles	0.04	0.04	0.04	0.04	0.04	0.04	0.04	0.04	0.05	0.05	0.05	0.05	0.05
索马里	Somalia	2.46	2.56	2.66	2.76	2.87	2.98	3.09	3.21	3.33	3.46	3.59	3.74	3.90
南非	South Africa	25.03	25.76	26.34	26.89	27.43	27.97	28.50	29.04	29.58	30.13	30.77	31.36	31.96
苏丹	Sudan	9.01	9.25	9.52	9.79	10.07	10.35	10.63	10.93	11.22	11.51	11.80	12.11	12.42
坦桑尼亚	Tanzania	7.59	7.92	8.26	8.62	8.99	9.39	9.83	10.29	10.78	11.29	11.82	12.40	13.00
东部非洲	East Africa	90.15	92.75	95.27	97.85	100.47	103.15	106.01	108.93	111.93	115.01	118.25	121.68	125.21
印度尼西亚	Indonesia	87.76	90.70	93.71	96.78	99.91	103.12	106.42	109.79	113.21	116.67	120.16	123.57	127.01
马来西亚	Malaysia	14.52	15.10	15.68	16.26	16.86	17.46	18.02	18.59	19.18	19.76	20.36	20.90	21.45
缅甸	Myanmar	13.19	13.52	13.83	14.14	14.44	14.75	15.11	15.48	15.87	16.26	16.66	17.09	17.54
新加坡	Singapore	4.03	4.14	4.18	4.11	4.17	4.27	4.40	4.59	4.84	4.99	5.08	5.18	5.31
泰国	Thailand	19.42	19.78	20.15	20.51	20.84	21.14	21.44	21.70	21.93	22.16	22.40	22.71	23.03

续表

国家	Country	2000 年	2001 年	2002 年	2003 年	2004 年	2005 年	2006 年	2007 年	2008 年	2009 年	2010 年	2011 年	2012 年
东帝汶	Timor Leste	0. 21	0. 21	0. 22	0. 24	0. 25	0. 26	0. 27	0. 28	0. 29	0. 31	0. 32	0. 33	0. 35
东南亚	Southeast Asia	139. 11	143. 45	147. 77	152. 04	156. 47	160. 99	165. 66	170. 43	175. 31	180. 14	184. 97	189. 80	194. 69
孟加拉国	Bangladesh	31. 23	32. 33	33. 44	34. 54	35. 63	36. 69	37. 79	38. 87	39. 94	41. 03	42. 15	43. 40	44. 69
印度	India	288. 36	296. 45	304. 65	312. 91	321. 21	329. 52	338. 12	346. 72	355. 36	364. 08	372. 90	382. 16	391. 54
马尔代夫	Maldives	0. 08	0. 08	0. 09	0. 09	0. 10	0. 10	0. 11	0. 11	0. 12	0. 12	0. 13	0. 14	0. 14
巴基斯坦	Pakistan	47. 66	49. 06	50. 41	51. 74	53. 08	54. 47	55. 93	57. 44	58. 99	60. 56	62. 13	63. 80	65. 48
斯里兰卡	Sri Lanka	3. 00	2. 93	2. 93	2. 94	2. 96	2. 97	3. 00	3. 02	3. 05	3. 08	3. 11	3. 16	3. 09
南亚	South Asia	370. 33	380. 86	391. 51	402. 22	412. 98	423. 76	434. 95	446. 17	457. 45	468. 86	480. 42	492. 65	504. 94
澳大利亚	Australia	16. 69	16. 96	17. 21	17. 46	17. 71	17. 98	18. 29	18. 60	18. 97	19. 36	19. 65	19. 91	20. 26
大洋洲	Australia	16. 69	16. 96	17. 21	17. 46	17. 71	17. 98	18. 29	18. 60	18. 97	19. 36	19. 65	19. 91	20. 26
巴林	Bahrain	0. 59	0. 62	0. 65	0. 68	0. 73	0. 78	0. 84	0. 91	0. 99	1. 06	1. 11	1. 15	1. 17
伊朗	Iran, Islamic Rep.	42. 21	43. 29	44. 33	45. 34	46. 36	47. 39	48. 15	48. 91	49. 69	50. 50	51. 33	52. 10	52. 91
伊拉克	Iraq	16. 14	16. 59	17. 04	17. 49	17. 92	18. 35	18. 79	19. 21	19. 64	20. 10	20. 60	21. 12	21. 66
以色列	Israel	5. 74	5. 88	6. 00	6. 11	6. 23	6. 34	6. 46	6. 58	6. 70	6. 87	7. 00	7. 14	7. 27
约旦	Jordan	3. 83	3. 94	4. 05	4. 16	4. 28	4. 39	4. 51	4. 62	4. 74	4. 86	4. 99	5. 11	5. 24
科威特	Kuwait	1. 87	1. 94	2. 01	2. 08	2. 16	2. 25	2. 37	2. 51	2. 65	2. 80	2. 94	3. 07	3. 19
阿曼	Oman	1. 57	1. 60	1. 66	1. 71	1. 77	1. 81	1. 84	1. 86	1. 88	1. 94	2. 05	2. 22	2. 44
卡塔尔	Qatar	0. 57	0. 59	0. 61	0. 64	0. 70	0. 80	0. 95	1. 13	1. 33	1. 54	1. 73	1. 89	2. 03
沙特	Saudi Arabia	16. 09	16. 73	17. 53	18. 40	19. 25	19. 99	20. 60	21. 10	21. 53	21. 94	22. 37	22. 85	23. 34
阿拉伯联合酋长国	United Arab Emirates	2. 43	2. 53	2. 61	2. 74	2. 99	3. 41	4. 03	4. 81	5. 67	6. 46	7. 09	7. 53	7. 79
也门	Yemen, Rep.	4. 60	4. 83	5. 07	5. 32	5. 57	5. 83	6. 09	6. 37	6. 65	6. 93	7. 23	7. 53	7. 85
中东	Mid-east	95. 64	98. 53	101. 55	104. 68	107. 96	111. 36	114. 63	118. 01	121. 47	124. 99	128. 44	131. 70	134. 88

注：各地区的数据根据各国数据整理而来。

资料来源：世界银行 WDI&GDF 数据库。

表 8　农业增加值（占 GDP 的百分比）

单位：%

国家	Country	2000 年	2001 年	2002 年	2003 年	2004 年	2005 年	2006 年	2007 年	2008 年	2009 年	2010 年	2011 年	2012 年
科摩罗	Comoros	48.55	49.96	50.15	50.55	50.94	51.02	45.18	45.34	45.81	46.32			
吉布提	Djibouti	3.54	3.54	3.58	3.61	3.62	3.53	3.51	3.86					
埃及	Egypt, Arab Rep.	16.74	16.56	16.46	16.34	15.18	14.86	14.07	14.07	13.22	13.68	13.99	14.52	14.47
厄立特里亚	Eritrea	13.44	16.25	15.06	12.87	11.58	24.21	26.11	25.38	17.38	14.53			
肯尼亚	Kenya	32.36	31.33	29.13	29.03	28.04	27.20	26.76	25.01	25.84	27.17	25.11	28.48	29.88
马达加斯加	Madagascar	29.21	27.89	31.68	29.20	28.80	28.29	27.48	25.69	24.81	29.11			
毛里求斯	Mauritius	6.97	7.31	6.29	6.28	6.45	6.04	5.03	4.39	4.00	3.79	3.56	3.60	3.47
莫桑比克	Mozambique	24.01	22.51	27.82	27.26	26.70	26.36	27.08	26.96	28.52	28.81	30.31	30.83	30.33
塞舌尔	Seychelles	2.83	2.84	2.88	2.65	3.46	3.25	2.98	2.75	2.57	2.26	2.26	2.20	1.91
索马里	Somalia													
南非	South Africa	3.27	3.51	4.15	3.43	3.11	2.67	2.88	3.00	2.99	2.92	2.58	2.46	2.57
苏丹	Sudan	42.17	42.89	41.89	38.25	34.57	31.53	29.81	26.68	25.91	27.03	24.93	24.49	27.65
坦桑尼亚	Tanzania	33.48	32.87	32.46	32.53	33.33	31.76	30.41	29.97	29.71	28.79	28.13	27.68	27.58
东部非洲	East Africa	13.00	13.63	14.24	12.16	10.61	10.26	10.53	10.69	11.26	11.43	10.34	10.40	11.22
印度尼西亚	Indonesia	15.60	15.29	15.46	15.19	14.34	13.13	12.97	13.72	14.48	15.29	15.29	14.70	14.44
马来西亚	Malaysia	8.60	8.01	8.99	9.31	9.27	8.26	8.61	9.99	9.97	9.22	10.36	11.79	10.05
缅甸	Myanmar	57.24	57.07	54.53	50.62	48.35								
新加坡	Singapore	0.10	0.09	0.07	0.06	0.06	0.05	0.05	0.04	0.04	0.04	0.04	0.04	0.03
泰国	Thailand	9.02	9.13	9.43	10.41	10.31	10.27	10.77	10.68	11.56	11.46	12.39	13.34	12.27
东帝汶	Timor Leste	29.59	24.24	27.90	28.96	30.69	28.81	31.22	28.97	24.64	20.52	20.26	16.72	

续表

国家	Country	2000 年	2001 年	2002 年	2003 年	2004 年	2005 年	2006 年	2007 年	2008 年	2009 年	2010 年	2011 年	2012 年
东南亚	Southeast Asia	9.57	9.39	10.10	10.57	10.08	9.35	9.66	10.19	10.87	11.06	11.73	11.97	11.21
孟加拉国	Bangladesh	25.51	24.10	22.73	21.75	21.04	20.14	19.61	19.24	19.01	18.73	18.59	18.29	17.68
印度	India	23.02	22.92	20.70	20.74	19.03	18.81	18.29	18.26	17.78	17.74	17.98	17.55	17.39
马尔代夫	Maldives	8.76	7.09	6.86	5.98	6.13	7.83	6.43	5.64	5.66	4.31	4.32	4.11	3.99
巴基斯坦	Pakistan	25.93	24.09	23.35	23.36	22.18	21.47	23.01	23.06	23.11	23.91	24.29	26.01	24.43
斯里兰卡	Sri Lanka	19.90	20.05	14.28	13.23	12.54	11.82	11.34	11.68	13.38	12.69	12.81	12.11	11.05
南亚	South Asia	23.48	23.06	20.94	20.88	19.33	18.99	18.72	18.64	18.32	18.26	18.43	18.24	17.93
澳大利亚	Australia	3.38	3.84	4.31	3.18	3.38	3.16	2.98	2.40	2.52	2.46	2.37	2.46	2.42
大洋洲	Australia	3.38	3.84	4.31	3.18	3.38	3.16	2.98	2.40	2.52	2.46	2.37	2.46	2.42
巴林	Bahrain													
伊朗	Iran, Islamic Rep.	13.72	12.83	12.04	11.97	11.23	10.19	10.36	10.22					
伊拉克	Iraq	5.36	8.05	9.00	8.57									
以色列	Israel													
约旦	Jordan	2.35	2.27	2.55	2.83	2.81	3.09	2.95	2.84	2.70	3.05	3.42	3.33	3.13
科威特	Kuwait	0.36	0.45	0.52	0.46									
阿曼	Oman	1.96	2.05	2.11	1.99	1.86								
卡塔尔	Qatar													
沙特	Saudi Arabia	4.95	5.20	5.11	4.53	3.90	3.22	2.95	2.77	2.32	2.85	2.38	1.92	2.24
阿拉伯联合酋长国	United Arab Emirates	2.26	2.24	2.20	1.93	1.67	1.40	1.09	0.98	0.83	0.97	0.91		
也门	Yemen, Rep.	13.77	14.12	13.34	12.88	11.73	10.55	10.15	10.38	8.99	9.86	7.70		
中东	Mid-east	5.85	6.14	5.88	5.43	5.35	4.74	4.56	4.59	2.00	2.41	2.12	1.97	2.28

注：各地区的数据根据各国数据整理而来。

资料来源：世界银行 WDI&GDF 数据库。

表 9　工业增加值（占 GDP 的百分比）

单位：%

国家	Country	2000 年	2001 年	2002 年	2003 年	2004 年	2005 年	2006 年	2007 年	2008 年	2009 年	2010 年	2011 年	2012 年
科摩罗	Comoros	11.52	11.72	11.59	12.72	12.20	10.99	11.81	11.86	11.98	12.11			
吉布提	Djibouti	15.35	15.65	15.99	16.16	16.62	16.61	16.38	16.89					
埃及	Egypt, Arab Rep.	33.13	33.33	34.39	35.25	36.48	35.92	38.43	36.34	37.53	37.32	37.53	37.63	39.22
厄立特里亚	Eritrea	20.45	19.86	21.23	21.44	21.33	21.92	19.27	20.08	26.85	22.44			
肯尼亚	Kenya	16.92	17.22	17.41	17.58	18.23	19.09	18.47	18.54	19.77	18.67	18.57	17.57	17.39
马达加斯加	Madagascar	14.23	14.58	14.41	15.37	15.95	15.77	16.14	16.26	16.18	16.00			
毛里求斯	Mauritius	30.97	31.19	30.60	30.28	29.14	27.58	25.84	26.21	27.37	27.22	26.25	25.47	24.66
莫桑比克	Mozambique	24.52	25.82	23.15	25.38	26.71	24.78	25.68	25.17	23.86	22.97	22.45	21.70	22.85
塞舌尔	Seychelles	29.02	28.26	30.24	27.50	14.79	16.40	16.24	16.08	15.63	14.03	14.02	14.39	14.10
索马里	Somalia													
南非	South Africa	31.78	32.27	32.61	31.68	31.27	31.17	31.16	31.25	32.32	30.99	29.84	29.21	28.41
苏丹	Sudan	20.81	18.73	20.51	22.36	25.81	27.69	27.76	30.62	33.04	24.13	28.26	28.13	31.24
坦桑尼亚	Tanzania	19.18	19.30	21.06	22.51	22.35	22.72	22.88	23.33	23.14	24.28	24.66	25.07	25.02
东部非洲	East Africa	30.22	30.24	30.63	30.61	30.82	30.72	31.32	31.15	32.40	31.13	31.30	30.95	31.49
印度尼西亚	Indonesia	45.93	46.45	44.46	43.75	44.63	46.54	46.94	46.80	48.06	47.65	46.98	47.11	46.95
马来西亚	Malaysia	48.32	46.20	45.12	46.58	48.53	46.37	46.52	44.60	45.11	40.97	41.19	40.42	40.85
缅甸	Myanmar	9.69	10.58	13.01	14.26	16.21								
新加坡	Singapore	34.54	31.79	31.86	31.12	32.81	31.59	31.22	28.84	26.50	27.42	27.46	26.66	26.73
泰国	Thailand	41.99	42.14	42.44	43.63	43.40	43.96	44.35	44.74	44.05	43.34	44.65	42.97	43.56
东帝汶	Timor Leste	17.22	15.00	13.59	11.95	10.12	10.64	8.88	11.89	18.04	21.29	21.41	26.34	
东南亚	Southeast Asia	43.20	42.52	41.94	42.30	43.15	43.42	43.81	43.11	43.46	42.41	42.80	42.38	42.35

续表

国家	Country	2000 年	2001 年	2002 年	2003 年	2004 年	2005 年	2006 年	2007 年	2008 年	2009 年	2010 年	2011 年	2012 年
孟加拉国	Bangladesh	25. 28	25. 94	26. 41	26. 26	26. 60	27. 22	27. 91	28. 38	28. 51	28. 66	28. 46	28. 20	28. 47
印度	India	26. 00	25. 08	26. 17	26. 01	27. 93	28. 13	28. 84	29. 03	28. 29	27. 76	27. 57	26. 73	25. 75
马尔代夫	Maldives	15. 04	13. 60	13. 92	13. 83	13. 75	15. 32	13. 52	13. 24	18. 03	15. 06	15. 54	19. 11	21. 41
巴基斯坦	Pakistan	23. 33	24. 02	23. 86	23. 91	26. 99	27. 10	20. 95	21. 13	22. 33	20. 20	20. 58	21. 27	22. 02
斯里兰卡	Sri Lanka	27. 28	26. 80	28. 01	28. 42	28. 62	30. 19	30. 64	29. 92	29. 37	29. 67	29. 43	29. 90	31. 49
南亚	South Asia	25. 64	25. 05	25. 97	25. 85	27. 73	28. 01	27. 89	28. 18	27. 63	27. 08	27. 03	26. 36	25. 67
澳大利亚	Australia	26. 76	25. 96	25. 77	26. 37	26. 19	26. 76	27. 88	27. 88	27. 72	28. 89	27. 03	28. 49	28. 13
大洋洲	Australia	26. 76	25. 96	25. 77	26. 37	26. 19	26. 76	27. 88	27. 88	27. 72	28. 89	27. 03	28. 49	28. 13
巴林	Bahrain													
伊朗	Iran, Islamic Rep.	36. 74	35. 39	41. 39	40. 95	42. 74	44. 71	43. 64	44. 47					
伊拉克	Iraq	84. 38	78. 65	73. 37	70. 15									
以色列	Israel													
约旦	Jordan	25. 55	25. 76	27. 09	27. 05	28. 60	28. 61	28. 98	31. 62	33. 84	32. 08	30. 72	31. 10	30. 06
科威特	Kuwait	59. 16	54. 03	49. 14	51. 01									
阿曼	Oman	57. 25	54. 27	53. 45	53. 90	55. 11								
卡塔尔	Qatar													
沙特	Saudi Arabia	53. 91	51. 23	51. 47	54. 36	57. 17	62. 11	62. 88	63. 03	66. 76	55. 02	58. 54	63. 84	62. 57
阿拉伯联合酋长国	United Arab Emirates	48. 52	49. 68	47. 55	49. 12	51. 68	55. 64	57. 91	54. 79	58. 08	53. 39	53. 94		
也门	Yemen, Rep.	46. 43	42. 43	42. 09	43. 01	45. 16	48. 99	49. 25	36. 33	34. 35	37. 70	29. 43		
中东	Mid-east	50. 85	48. 17	48. 58	49. 04	51. 26	55. 16	55. 75	54. 55	61. 93	53. 20	55. 21	62. 65	61. 37

注：各地区的数据根据各国数据整理而来。

资料来源：世界银行 WDI&GDF 数据库。

表 10　制造业增加值（占 GDP 的百分比）

单位：%

国家	Country	2000 年	2001 年	2002 年	2003 年	2004 年	2005 年	2006 年	2007 年	2008 年	2009 年	2010 年	2011 年	2012 年
科摩罗	Comoros	4.53	4.57	4.36	4.36	4.42	4.35	4.19	4.20	4.25	4.29			
吉布提	Djibouti	2.61	2.61	2.64	2.67	2.66	2.59	2.52	2.45					
埃及	Egypt, Arab Rep.	19.39	19.09	19.15	17.83	17.57	16.95	16.55	15.69	15.73	15.98	15.80	15.37	14.68
厄立特里亚	Eritrea	9.93	9.57	10.09	9.90	9.33	7.31	6.35	5.71	6.76	5.65			
肯尼亚	Kenya	11.62	11.00	11.07	10.92	11.25	11.82	11.55	11.79	12.29	11.28	11.29	10.98	10.41
马达加斯加	Madagascar	12.24	12.43	12.50	13.71	14.19	13.99	14.34	14.47	14.34	14.14			
毛里求斯	Mauritius	23.48	23.33	22.44	21.68	20.96	19.85	18.65	18.32	18.43	17.85	17.04	16.89	16.70
莫桑比克	Mozambique	12.24	13.89	13.89	16.12	17.20	15.13	15.57	14.99	14.89	13.97	13.54	13.52	
塞舌尔	Seychelles	19.21	18.08	18.25	16.41	7.66	8.74	8.96	9.57	9.29	7.82	8.03	7.06	8.36
索马里	Somalia													
南非	South Africa	18.98	19.06	19.16	19.38	19.20	18.49	17.46	16.99	16.80	15.23	14.20	12.81	12.38
苏丹	Sudan	8.61	7.99	8.18	7.48	7.41	6.91	6.07	6.17	5.66	6.03	6.03	6.86	6.07
坦桑尼亚	Tanzania	9.39	8.98	8.89	8.89	8.71	8.69	8.57	8.56	8.62	9.54	9.90	10.22	10.17
东部非洲	East Africa	17.80	17.53	17.41	17.29	17.26	16.55	15.63	15.04	14.77	14.22	13.71	13.00	12.35
印度尼西亚	Indonesia	27.75	29.05	28.72	28.25	28.07	27.41	27.54	27.05	27.81	26.36	24.80	24.33	23.94
马来西亚	Malaysia	30.86	29.34	29.25	29.93	30.38	27.55	27.57	26.12	24.56	23.80	24.52	24.32	24.24
缅甸	Myanmar	7.16	7.83	9.18	9.80	11.57								
新加坡	Singapore	26.89	23.77	25.17	25.06	27.54	26.83	26.61	24.19	20.54	20.71	21.63	20.80	20.70
泰国	Thailand	33.59	33.43	33.69	34.84	34.45	34.70	35.04	35.63	34.84	34.15	35.62	33.99	33.98
东帝汶	Timor Leste	2.81	2.94	3.01	3.18	3.09	3.41	3.45	3.50	3.08	3.03	2.83	2.50	

续表

国家	Country	2000 年	2001 年	2002 年	2003 年	2004 年	2005 年	2006 年	2007 年	2008 年	2009 年	2010 年	2011 年	2012 年
东南亚	Southeast Asia	29.71	29.20	29.44	29.70	30.00	29.10	29.18	28.48	27.74	26.76	26.63	25.79	25.56
孟加拉国	Bangladesh	15.23	15.61	15.86	15.80	16.13	16.53	17.21	17.77	17.83	17.92	17.89	17.63	17.56
印度	India	15.31	14.64	14.87	14.90	15.25	15.39	16.06	15.99	15.43	15.10	14.87	14.39	13.53
马尔代夫	Maldives	7.96	6.15	5.83	5.90	6.09	6.54	5.71	5.47	5.97	4.68	4.34	5.73	6.74
巴基斯坦	Pakistan	14.68	15.50	15.50	16.00	17.19	18.56	13.81	14.03	15.19	13.39	13.64	14.32	14.45
斯里兰卡	Sri Lanka	16.83	15.95	18.48	18.59	18.72	19.51	19.23	18.50	17.95	18.11	18.00	18.21	17.87
南亚	South Asia	15.26	14.84	15.10	15.16	15.60	15.90	15.93	15.92	15.59	15.14	14.99	14.65	13.95
澳大利亚	Australia	12.60	12.07	11.53	11.91	11.94	11.27	10.77	10.10	9.99	9.06	8.62	7.97	7.53
大洋洲	Australia	12.60	12.07	11.53	11.91	11.94	11.27	10.77	10.10	9.99	9.06	8.62	7.97	7.53
巴林	Bahrain													
伊朗	Iran, Islamic Rep.	13.16	13.36	11.39	11.25	11.27	10.74	10.87	10.55					
伊拉克	Iraq	0.91	1.57	1.51	1.71									
以色列	Israel													
约旦	Jordan	15.66	15.74	16.89	17.18	18.26	17.91	19.38	21.24	20.99	20.12	19.16	19.38	18.83
科威特	Kuwait	2.58	2.84	2.70	2.27									
阿曼	Oman	5.43	8.32	7.80	8.27	8.29								
卡塔尔	Qatar													
沙特	Saudi Arabia	9.66	10.08	10.32	10.72	10.33	9.54	9.60	9.94	8.98	10.85	11.04	10.04	10.07
阿拉伯联合酋长国	United Arab Emirates	9.07	13.31	13.06	12.26	11.51	10.61	9.66	9.02	8.62	10.11	10.07		
也门	Yemen, Rep.	5.73	6.05	6.39	6.47	7.37	7.13	7.76	8.57	7.07	7.76	6.06		
中东	Mid-east	9.09	10.58	10.14	10.39	10.84	10.19	10.05	10.02	9.06	10.74	10.75	10.38	10.39

注：各地区的数据根据各国数据整理而来。

资料来源：世界银行 WDI&GDF 数据库。

表 11 服务等附加值（占 GDP 的比例）

单位：%

国家	Country	2000 年	2001 年	2002 年	2003 年	2004 年	2005 年	2006 年	2007 年	2008 年	2009 年	2010 年	2011 年	2012 年
科摩罗	Comoros	39. 93	38. 32	38. 26	36. 73	36. 87	37. 99	43. 01	42. 80	42. 21	41. 59			
吉布提	Djibouti	81. 10	80. 81	80. 43	80. 23	79. 76	79. 86	80. 11	79. 26					
埃及	Egypt, Arab Rep.	50. 13	50. 11	49. 15	48. 41	48. 35	49. 21	47. 50	49. 59	49. 25	49. 00	48. 48	47. 85	46. 31
厄立特里亚	Eritrea	66. 12	63. 89	63. 71	65. 69	67. 09	53. 87	54. 63	54. 54	55. 77	63. 03			
肯尼亚	Kenya	50. 72	51. 45	53. 46	53. 40	53. 73	53. 71	54. 77	56. 45	54. 39	54. 16	56. 32	53. 95	52. 73
马达加斯加	Madagascar	56. 56	57. 52	53. 91	55. 43	55. 25	55. 93	56. 37	58. 05	59. 02	54. 89			
毛里求斯	Mauritius	62. 06	61. 50	63. 11	63. 44	64. 42	66. 38	69. 13	69. 40	68. 63	68. 99	70. 19	70. 94	71. 87
莫桑比克	Mozambique	51. 47	51. 68	49. 03	47. 37	46. 59	48. 86	47. 24	47. 87	47. 62	48. 22	47. 25	47. 47	46. 82
塞舌尔	Seychelles	68. 15	68. 90	66. 88	69. 85	81. 75	80. 35	80. 78	81. 17	81. 80	83. 72	83. 72	83. 41	83. 99
索马里	Somalia													
南非	South Africa	64. 94	64. 22	63. 24	64. 88	65. 62	66. 16	65. 96	65. 74	64. 70	66. 08	67. 58	68. 33	69. 02
苏丹	Sudan	37. 02	38. 38	37. 60	39. 39	39. 62	40. 78	42. 43	42. 70	41. 05	48. 84	46. 81	47. 38	41. 11
坦桑尼亚	Tanzania	47. 34	47. 83	46. 48	44. 96	44. 32	45. 52	46. 71	46. 70	47. 15	46. 93	47. 21	47. 25	47. 40
东部非洲	East Africa	56. 78	56. 13	55. 13	57. 23	58. 57	59. 01	58. 15	58. 17	56. 34	57. 44	58. 36	58. 64	57. 30
印度尼西亚	Indonesia	38. 47	38. 25	40. 08	41. 07	41. 04	40. 33	40. 08	39. 48	37. 46	37. 06	37. 73	38. 19	38. 61
马来西亚	Malaysia	43. 08	45. 79	45. 90	44. 12	42. 20	45. 37	44. 87	45. 42	44. 93	49. 81	48. 45	47. 79	49. 10
缅甸	Myanmar	33. 07	32. 35	32. 46	35. 12	35. 44								
新加坡	Singapore	65. 36	68. 12	68. 07	68. 82	67. 13	68. 35	68. 74	71. 12	73. 46	72. 54	72. 50	73. 31	73. 23
泰国	Thailand	48. 99	48. 72	48. 13	45. 96	46. 30	45. 77	44. 88	44. 59	44. 39	45. 20	42. 96	43. 69	44. 17
东帝汶	Timor Leste	53. 19	60. 76	58. 51	59. 08	59. 20	60. 55	59. 90	59. 14	57. 32	58. 20	58. 34	56. 94	
东南亚	Southeast Asia	47. 23	48. 09	47. 96	47. 12	46. 77	47. 23	46. 53	46. 70	45. 67	46. 53	45. 47	45. 66	46. 45

续表

国家	Country	2000 年	2001 年	2002 年	2003 年	2004 年	2005 年	2006 年	2007 年	2008 年	2009 年	2010 年	2011 年	2012 年
孟加拉国	Bangladesh	49. 20	49. 96	50. 86	51. 98	52. 36	52. 63	52. 48	52. 38	52. 48	52. 61	52. 96	53. 51	53. 86
印度	India	50. 98	51. 99	53. 13	53. 25	53. 05	53. 06	52. 87	52. 71	53. 93	54. 50	54. 45	55. 72	56. 86
马尔代夫	Maldives	76. 20	79. 32	79. 22	80. 20	80. 12	76. 85	80. 05	81. 11	76. 31	80. 62	80. 14	76. 78	74. 59
巴基斯坦	Pakistan	50. 74	51. 89	52. 78	52. 73	50. 83	51. 43	56. 04	55. 81	54. 56	55. 89	55. 13	52. 72	53. 56
斯里兰卡	Sri Lanka	52. 82	53. 14	57. 71	58. 34	58. 84	57. 99	58. 02	58. 40	57. 25	57. 64	57. 76	57. 99	57. 46
南亚	South Asia	50. 88	51. 89	53. 09	53. 27	52. 94	53. 01	53. 39	53. 18	54. 05	54. 66	54. 55	55. 40	56. 40
澳大利亚	Australia	69. 85	70. 21	69. 92	70. 45	70. 43	70. 08	69. 15	69. 72	69. 76	68. 65	70. 60	69. 05	69. 44
大洋洲	Australia	69. 85	70. 21	69. 92	70. 45	70. 43	70. 08	69. 15	69. 72	69. 76	68. 65	70. 60	69. 05	69. 44
巴林	Bahrain													
伊朗	Iran, Islamic Rep.	49. 53	51. 78	46. 58	47. 08	46. 04	45. 10	45. 99	45. 31					
伊拉克	Iraq	10. 26	13. 30	17. 64	21. 28									
以色列	Israel													
约旦	Jordan	72. 11	71. 97	70. 36	70. 12	68. 59	68. 30	68. 07	65. 54	63. 46	64. 87	65. 86	65. 57	66. 81
科威特	Kuwait	40. 48	45. 52	50. 34	48. 53									
阿曼	Oman	40. 80	43. 68	44. 44	44. 11	43. 03								
卡塔尔	Qatar													
沙特	Saudi Arabia	41. 15	43. 57	43. 42	41. 11	38. 92	34. 66	34. 17	34. 20	30. 93	42. 13	39. 08	34. 24	35. 18
阿拉伯联合酋长国	United Arab Emirates	49. 22	48. 09	50. 25	48. 95	46. 66	42. 96	41. 00	44. 23	41. 09	45. 65	45. 15		
也门	Yemen, Rep.	39. 81	43. 45	44. 57	44. 11	43. 11	40. 46	40. 61	53. 28	56. 66	52. 44	62. 87		
中东	Mid-east	43. 29	45. 70	45. 54	45. 53	43. 38	40. 09	39. 70	40. 86	36. 07	44. 39	42. 67	35. 38	36. 35

注：各地区的数据根据各国数据整理而来。

资料来源：世界银行 WDI&GDF 数据库。

表 12　货物进口额

单位：百万美元（现价）

国家	Country	2000 年	2001 年	2002 年	2003 年	2004 年	2005 年
科摩罗	Comoros	43.00	51.00	53.00	70.00	85.60	98.69
吉布提	Djibouti	207.00	196.00	197.00	238.00	261.00	277.00
埃及	Egypt, Arab Rep.	14600.00	13400.00	12800.00	13000.00	16000.00	22400.00
厄立特里亚	Eritrea	471.00	423.00	538.00	433.00	480.00	490.00
肯尼亚	Kenya	3110.00	3190.00	3240.00	3730.00	4550.00	5850.00
马达加斯加	Madagascar	1100.00	1120.00	627.00	1300.00	1680.00	1710.00
毛里求斯	Mauritius	2090.00	1990.00	2160.00	2360.00	2770.00	3160.00
莫桑比克	Mozambique	1160.00	1060.00	1540.00	1750.00	2030.00	2410.00
塞舌尔	Seychelles	342.00	476.00	420.00	412.00	497.00	675.00
索马里	Somalia						
南非	South Africa	29700.00	28200.00	29300.00	39700.00	53500.00	62300.00
苏丹	Sudan	1550.00	1960.00	2450.00	2880.00	4080.00	6760.00
坦桑尼亚	Tanzania	1520.00	1710.00	1660.00	2130.00	2730.00	3290.00
东部非洲	East Africa	55893.00	53776.00	54985.00	68003.00	88663.60	109420.69
印度尼西亚	Indonesia	43600.00	37500.00	38300.00	42200.00	54900.00	75700.00
马来西亚	Malaysia	82000.00	73900.00	79900.00	83300.00	105000.00	115000.00
缅甸	Myanmar	2400.00	2880.00	2350.00	2090.00	2200.00	1930.00
新加坡	Singapore	135000.00	116000.00	116000.00	136000.00	174000.00	200000.00
泰国	Thailand	61900.00	62000.00	64600.00	75800.00	94400.00	118000.00
东帝汶	Timor Leste				130.00	146.00	109.00

续表

国家	Country	2000 年	2001 年	2002 年	2003 年	2004 年	2005 年
东南亚	Southeast Asia	324900.00	292280.00	301150.00	339520.00	430646.00	510739.00
孟加拉国	Bangladesh	8880.00	9020.00	8590.00	10400.00	12000.00	13900.00
印度	India	51500.00	50400.00	56500.00	72600.00	99800.00	143000.00
马尔代夫	Maldives	389.00	393.00	392.00	471.00	642.00	745.00
巴基斯坦	Pakistan	10900.00	10200.00	11200.00	13000.00	17900.00	25400.00
斯里兰卡	Sri Lanka	7180.00	5970.00	6100.00	6670.00	7970.00	8830.00
南亚	South Asia	78849.00	75983.00	82782.00	103141.00	138312.00	191875.00
澳大利亚	Australia	71500.00	63900.00	72700.00	89100.00	109000.00	125000.00
大洋洲	Australia						
巴林	Bahrain	4630.00	4310.00	5010.00	5660.00	7380.00	9390.00
伊朗	Iran, Islamic Rep.	13900.00	16700.00	20600.00	24800.00	32000.00	40000.00
伊拉克	Iraq	13400.00	13100.00	9820.00	9930.00	21300.00	23500.00
以色列	Israel	37700.00	35400.00	35500.00	36300.00	42900.00	47100.00
约旦	Jordan	4600.00	4870.00	5080.00	5740.00	8180.00	10500.00
科威特	Kuwait	7160.00	7870.00	9000.00	11000.00	12600.00	15800.00
阿曼	Oman	5130.00	5930.00	6300.00	6800.00	8800.00	8970.00
卡塔尔	Qatar	3250.00	3760.00	4050.00	4900.00	6000.00	10100.00
沙特	Saudi Arabia	30200.00	31200.00	32300.00	41700.00	47400.00	59500.00
阿拉伯联合酋长国	United Arab Emirates	35000.00	37300.00	42700.00	52100.00	72100.00	84700.00
也门	Yemen, Rep.	2320.00	2470.00	2920.00	3680.00	3990.00	5380.00
中东	Mid-east	157290.00	162910.00	173280.00	202610.00	262650.00	314940.00

续表

国家	Country	2006 年	2007 年	2008 年	2009 年	2010 年	2011 年	2012 年
科摩罗	Comoros	115.00	138.00	180.00	210.00	233.00	277.00	273.00
吉布提	Djibouti	336.00	473.00	574.00	451.00	374.00	511.00	580.00
埃及	Egypt, Arab Rep.	27300.00	37100.00	48400.00	44900.00	52900.00	62200.00	69300.00
厄立特里亚	Eritrea	495.00	510.00	600.00	590.00	690.00	890.00	1000.00
肯尼亚	Kenya	7230.00	8990.00	11100.00	10200.00	12100.00	14800.00	16300.00
马达加斯加	Madagascar	1800.00	2640.00	3780.00	3200.00	2520.00	2910.00	3050.00
毛里求斯	Mauritius	3630.00	3890.00	4650.00	3730.00	4390.00	5150.00	5350.00
莫桑比克	Mozambique	2870.00	3050.00	4010.00	3760.00	4600.00	6310.00	6800.00
塞舌尔	Seychelles	757.00	859.00	1090.00	794.00	650.00	750.00	800.00
索马里	Somalia							
南非	South Africa	78700.00	88400.00	102000.00	74100.00	94200.00	122000.00	124000.00
苏丹	Sudan	8070.00	8780.00	9350.00	9690.00	10000.00	9240.00	9480.00
坦桑尼亚	Tanzania	4250.00	5340.00	7700.00	6410.00	7870.00	10800.00	11300.00
东部非洲	East Africa	135553.00	160170.00	193434.00	158035.00	190527.00	235838.00	248233.00
印度尼西亚	Indonesia	80600.00	93100.00	128000.00	93800.00	135000.00	176000.00	190000.00
马来西亚	Malaysia	131000.00	147000.00	157000.00	124000.00	165000.00	187000.00	197000.00
缅甸	Myanmar	2560.00	3310.00	4290.00	4350.00	4760.00	9020.00	9200.00
新加坡	Singapore	239000.00	263000.00	320000.00	246000.00	311000.00	366000.00	380000.00
泰国	Thailand	129000.00	140000.00	179000.00	134000.00	183000.00	229000.00	248000.00
东帝汶	Timor Leste	101.00	183.00	269.00	295.00	298.00	340.00	380.00
东南亚	Southeast Asia	582261.00	646593.00	788559.00	602445.00	799058.00	967360.00	1024580.00
孟加拉国	Bangladesh	16000.00	18600.00	23900.00	21800.00	27800.00	36200.00	34100.00

续表

国家	Country	2006 年	2007 年	2008 年	2009 年	2010 年	2011 年	2012 年
印度	India	178000.00	229000.00	321000.00	257000.00	350000.00	464000.00	490000.00
马尔代夫	Maldives	927.00	1100.00	1390.00	963.00	1090.00	1470.00	1550.00
巴基斯坦	Pakistan	29800.00	32600.00	42300.00	31700.00	37800.00	44000.00	44200.00
斯里兰卡	Sri Lanka	10300.00	11300.00	14000.00	10000.00	13500.00	20300.00	19200.00
南亚	South Asia	235027.00	292600.00	402590.00	321463.00	430190.00	565970.00	589050.00
澳大利亚	Australia	139000.00	165000.00	200000.00	165000.00	202000.00	244000.00	261000.00
大洋洲	Australia							
巴林	Bahrain	10500.00	11500.00	15000.00	10100.00	12300.00	12700.00	13900.00
伊朗	Iran, Islamic Rep.	40800.00	44900.00	57400.00	50800.00	65400.00	61800.00	57100.00
伊拉克	Iraq	20900.00	21500.00	33000.00	38400.00	43900.00	49000.00	57000.00
以色列	Israel	50300.00	59000.00	67700.00	49300.00	61200.00	75800.00	75400.00
约旦	Jordan	11500.00	13700.00	17000.00	14200.00	15600.00	18900.00	20700.00
科威特	Kuwait	17200.00	21400.00	24800.00	19900.00	22700.00	25400.00	25900.00
阿曼	Oman	11000.00	16000.00	23100.00	17900.00	20000.00	24000.00	28600.00
卡塔尔	Qatar	16400.00	23400.00	27900.00	24900.00	23200.00	29900.00	34200.00
沙特	Saudi Arabia	69800.00	90200.00	115000.00	95600.00	107000.00	132000.00	156000.00
阿拉伯联合酋长国	United Arab Emirates	100000.00	133000.00	177000.00	150000.00	165000.00	203000.00	230000.00
也门	Yemen, Rep.	6070.00	8510.00	10500.00	9180.00	9260.00	10000.00	12000.00
中东	Mid-east	354470.00	443110.00	568400.00	480280.00	545560.00	642500.00	710800.00

注：各地区的数据根据各国数据整理而来。

资料来源：WTO 统计数据库。

表 13　货物出口额

单位：百万美元（现价）

国家	Country	2000 年	2001 年	2002 年	2003 年	2004 年	2005 年
科摩罗	Comoros	14.00	17.00	19.00	26.70	18.63	12.03
吉布提	Djibouti	31.60	32.00	35.62	37.25	37.98	39.50
埃及	Egypt, Arab Rep.	5280.00	4820.00	5550.00	7410.00	9660.00	12900.00
厄立特里亚	Eritrea	37.00	19.00	51.82	6.62	11.31	11.32
肯尼亚	Kenya	1730.00	1940.00	2120.00	2410.00	2680.00	3420.00
马达加斯加	Madagascar	824.00	928.00	486.00	856.00	992.00	855.00
毛里求斯	Mauritius	1560.00	1630.00	1800.00	1900.00	1990.00	2140.00
莫桑比克	Mozambique	364.00	703.00	810.00	1050.00	1500.00	1780.00
塞舌尔	Seychelles	194.00	216.00	228.00	274.00	291.00	340.00
索马里	Somalia						
南非	South Africa	30000.00	29300.00	29700.00	36500.00	46100.00	51600.00
苏丹	Sudan	1810.00	1700.00	1950.00	2540.00	3780.00	4820.00
坦桑尼亚	Tanzania	734.00	851.00	980.00	1220.00	1480.00	1680.00
东部非洲	East Africa	42578.60	42156.00	43730.44	54230.57	68540.92	79597.85
印度尼西亚	Indonesia	65400.00	57400.00	59200.00	64100.00	70800.00	87000.00
马来西亚	Malaysia	98200.00	88000.00	94100.00	105000.00	127000.00	141000.00
缅甸	Myanmar	1650.00	2380.00	3050.00	2480.00	2380.00	3810.00
新加坡	Singapore	138000.00	122000.00	125000.00	160000.00	199000.00	230000.00
泰国	Thailand	69100.00	65000.00	68100.00	80300.00	96200.00	111000.00
东帝汶	Timor Leste				8.00	7.34	8.09

续表

国家	Country	2000 年	2001 年	2002 年	2003 年	2004 年	2005 年
东南亚	Southeast Asia	372350.00	334780.00	349450.00	411888.00	495387.34	572818.09
孟加拉国	Bangladesh	6390.00	6080.00	6150.00	6990.00	8310.00	9300.00
印度	India	42400.00	43400.00	49300.00	59000.00	76600.00	99600.00
马尔代夫	Maldives	109.00	110.00	132.00	152.00	181.00	162.00
巴基斯坦	Pakistan	9030.00	9240.00	9910.00	11900.00	13400.00	16100.00
斯里兰卡	Sri Lanka	5430.00	4820.00	4700.00	5130.00	5760.00	6350.00
南亚	South Asia	63359.00	63650.00	70192.00	83172.00	104251.00	131512.00
澳大利亚	Australia	63900.00	63400.00	65000.00	70400.00	86600.00	106000.00
大洋洲	Australia	63900.00	63400.00	65000.00	70400.00	86600.00	106000.00
巴林	Bahrain	6200.00	5580.00	5790.00	6630.00	7560.00	10200.00
伊朗	Iran, Islamic Rep.	28700.00	25700.00	24400.00	33800.00	41700.00	56300.00
伊拉克	Iraq	20600.00	12900.00	12200.00	9710.00	17800.00	23700.00
以色列	Israel	31400.00	29000.00	29300.00	31800.00	38600.00	42800.00
约旦	Jordan	1900.00	2290.00	2770.00	3080.00	3880.00	4300.00
科威特	Kuwait	19400.00	16200.00	15400.00	20700.00	28600.00	44900.00
阿曼	Oman	11300.00	11100.00	11200.00	11700.00	13300.00	18700.00
卡塔尔	Qatar	11600.00	10900.00	11000.00	13400.00	18700.00	25800.00
沙特	Saudi Arabia	77600.00	68100.00	72500.00	93200.00	126000.00	181000.00
阿拉伯联合酋长国	United Arab Emirates	49800.00	48400.00	52200.00	67100.00	91000.00	117000.00
也门	Yemen, Rep.	4080.00	3370.00	3340.00	3730.00	4070.00	5610.00
中东	Mid-east	262580.00	233540.00	240100.00	294850.00	391210.00	530310.00

续表

国家	Country	2006 年	2007 年	2008 年	2009 年	2010 年	2011 年	2012 年
科摩罗	Comoros	9.93	13.81	6.52	14.96	20.61	25.17	18.84
吉布提	Djibouti	55.17	58.07	68.75	77.37	85.13	92.70	95.00
埃及	Egypt, Arab Rep.	16700.00	19200.00	26200.00	23100.00	26400.00	31600.00	29400.00
厄立特里亚	Eritrea	12.27	13.22	11.00	11.00	12.00	400.00	480.00
肯尼亚	Kenya	3500.00	4080.00	5000.00	4460.00	5170.00	5760.00	6130.00
马达加斯加	Madagascar	985.00	1240.00	1310.00	1050.00	1070.00	1590.00	1500.00
毛里求斯	Mauritius	2330.00	2240.00	2380.00	1940.00	2260.00	2570.00	2670.00
莫桑比克	Mozambique	2380.00	2410.00	2650.00	2150.00	3000.00	3600.00	4100.00
塞舌尔	Seychelles	380.00	360.00	430.00	395.00	400.00	483.00	497.00
索马里	Somalia							
南非	South Africa	58200.00	69800.00	80800.00	61700.00	80900.00	98000.00	87300.00
苏丹	Sudan	5660.00	8880.00	11700.00	8260.00	11400.00	9690.00	3370.00
坦桑尼亚	Tanzania	1860.00	2140.00	3120.00	2980.00	4050.00	4730.00	5500.00
东部非洲	East Africa	92072.37	110435.10	133676.27	106138.33	134767.74	158540.87	141060.84
印度尼西亚	Indonesia	104000.00	118000.00	140000.00	120000.00	158000.00	201000.00	188000.00
马来西亚	Malaysia	161000.00	176000.00	200000.00	157000.00	199000.00	228000.00	227000.00
缅甸	Myanmar	4590.00	6340.00	6940.00	6660.00	8660.00	9240.00	8900.00
新加坡	Singapore	272000.00	299000.00	338000.00	270000.00	352000.00	410000.00	408000.00
泰国	Thailand	130000.00	154000.00	178000.00	152000.00	193000.00	223000.00	230000.00
东帝汶	Timor Leste	8.44	8.37	13.00	8.49	16.66	12.00	12.00
东南亚	Southeast Asia	671598.44	753348.37	862953.00	705668.49	910676.66	1071252.00	1061912.00
孟加拉国	Bangladesh	11800.00	12500.00	15400.00	15100.00	19200.00	24400.00	25100.00

续表

国家	Country	2006 年	2007 年	2008 年	2009 年	2010 年	2011 年	2012 年
印度	India	122000.00	150000.00	195000.00	165000.00	226000.00	303000.00	294000.00
马尔代夫	Maldives	225.00	228.00	331.00	169.00	198.00	346.00	314.00
巴基斯坦	Pakistan	16900.00	17800.00	20300.00	17500.00	21400.00	25400.00	24600.00
斯里兰卡	Sri Lanka	6890.00	7740.00	8450.00	7350.00	8600.00	10200.00	9380.00
南亚	South Asia	157815.00	188268.00	239481.00	205119.00	275398.00	363346.00	353394.00
澳大利亚	Australia	123000.00	141000.00	187000.00	154000.00	213000.00	270000.00	257000.00
大洋洲	Australia	123000.00	141000.00	187000.00	154000.00	213000.00	270000.00	257000.00
巴林	Bahrain	12200.00	13600.00	17300.00	11900.00	15000.00	19700.00	19800.00
伊朗	Iran, Islamic Rep.	77000.00	88700.00	114000.00	78800.00	101000.00	132000.00	104000.00
伊拉克	Iraq	29400.00	41300.00	61300.00	41900.00	52500.00	83300.00	94400.00
以色列	Israel	46800.00	54100.00	61300.00	47900.00	58400.00	67800.00	63100.00
约旦	Jordan	5200.00	5730.00	7940.00	6380.00	7030.00	8010.00	7890.00
科威特	Kuwait	56000.00	62700.00	87500.00	54000.00	70000.00	102000.00	119000.00
阿曼	Oman	21600.00	24700.00	37700.00	27700.00	36600.00	47100.00	52100.00
卡塔尔	Qatar	34100.00	42000.00	67300.00	48000.00	74800.00	114000.00	133000.00
沙特	Saudi Arabia	211000.00	233000.00	313000.00	192000.00	251000.00	365000.00	388000.00
阿拉伯联合酋长国	United Arab Emirates	146000.00	179000.00	239000.00	192000.00	214000.00	302000.00	350000.00
也门	Yemen, Rep.	6650.00	6300.00	7580.00	6260.00	8400.00	10800.00	8600.00
中东	Mid-east	645950.00	751130.00	1013920.00	706840.00	888730.00	1251710.00	1339890.00

注：各地区的数据根据各国数据整理而来。

资料来源：WTO 统计数据库。

表 14　货物进出口总额

单位：百万美元（现价）

国家	Country	2000 年	2001 年	2002 年	2003 年	2004 年	2005 年
科摩罗	Comoros	57.00	68.00	72.00	96.70	104.23	110.71
吉布提	Djibouti	238.60	228.00	232.62	275.25	298.98	316.50
埃及	Egypt, Arab Rep.	19880.00	18220.00	18350.00	20410.00	25660.00	35300.00
厄立特里亚	Eritrea	508.00	442.00	589.82	439.62	491.31	501.32
肯尼亚	Kenya	4840.00	5130.00	5360.00	6140.00	7230.00	9270.00
马达加斯加	Madagascar	1924.00	2048.00	1113.00	2156.00	2672.00	2565.00
毛里求斯	Mauritius	3650.00	3620.00	3960.00	4260.00	4760.00	5300.00
莫桑比克	Mozambique	1524.00	1763.00	2350.00	2800.00	3530.00	4190.00
塞舌尔	Seychelles	536.00	692.00	648.00	686.00	788.00	1015.00
索马里	Somalia						
南非	South Africa	59700.00	57500.00	59000.00	76200.00	99600.00	113900.00
苏丹	Sudan	3360.00	3660.00	4400.00	5420.00	7860.00	11580.00
坦桑尼亚	Tanzania	2254.00	2561.00	2640.00	3350.00	4210.00	4970.00
东部非洲	East Africa	98471.60	95932.00	98715.44	122233.57	157204.53	189018.53
印度尼西亚	Indonesia	109000.00	94900.00	97500.00	106300.00	125700.00	162700.00
马来西亚	Malaysia	180200.00	161900.00	174000.00	188300.00	232000.00	256000.00
缅甸	Myanmar	4050.00	5260.00	5400.00	4570.00	4580.00	5740.00
新加坡	Singapore	273000.00	238000.00	241000.00	296000.00	373000.00	430000.00
泰国	Thailand	131000.00	127000.00	132700.00	156100.00	190600.00	229000.00
东帝汶	Timor Leste				138.00	153.34	117.09

续表

国家	Country	2000 年	2001 年	2002 年	2003 年	2004 年	2005 年
东南亚	Southeast Asia	697250.00	627060.00	650600.00	751408.00	926033.34	1083557.09
孟加拉国	Bangladesh	15270.00	15100.00	14740.00	17390.00	20310.00	23200.00
印度	India	93900.00	93800.00	105800.00	131600.00	176400.00	242600.00
马尔代夫	Maldives	498.00	503.00	524.00	623.00	823.00	907.00
巴基斯坦	Pakistan	19930.00	19440.00	21110.00	24900.00	31300.00	41500.00
斯里兰卡	Sri Lanka	12610.00	10790.00	10800.00	11800.00	13730.00	15180.00
南亚	South Asia	142208.00	139633.00	152974.00	186313.00	242563.00	323387.00
澳大利亚	Australia	135400.00	127300.00	137700.00	159500.00	195600.00	231000.00
大洋洲	Australia	135400.00	127300.00	137700.00	159500.00	195600.00	231000.00
巴林	Bahrain	10830.00	9890.00	10800.00	12290.00	14940.00	19590.00
伊朗	Iran, Islamic Rep.	42600.00	42400.00	45000.00	58600.00	73700.00	96300.00
伊拉克	Iraq	34000.00	26000.00	22020.00	19640.00	39100.00	47200.00
以色列	Israel	69100.00	64400.00	64800.00	68100.00	81500.00	89900.00
约旦	Jordan	6500.00	7160.00	7850.00	8820.00	12060.00	14800.00
科威特	Kuwait	26560.00	24070.00	24400.00	31700.00	41200.00	60700.00
阿曼	Oman	16430.00	17030.00	17500.00	18500.00	22100.00	27670.00
卡塔尔	Qatar	14850.00	14660.00	15050.00	18300.00	24700.00	35900.00
沙特	Saudi Arabia	107800.00	99300.00	104800.00	134900.00	173400.00	240500.00
阿拉伯联合酋长国	United Arab Emirates	84800.00	85700.00	94900.00	119200.00	163100.00	201700.00
也门	Yemen, Rep.	6400.00	5840.00	6260.00	7410.00	8060.00	10990.00
中东	Mid-east	419870.00	396450.00	413380.00	497460.00	653860.00	845250.00

续表

国家	Country	2006 年	2007 年	2008 年	2009 年	2010 年	2011 年	2012 年
科摩罗	Comoros	124.93	151.81	186.52	224.96	253.61	302.17	291.84
吉布提	Djibouti	391.17	531.07	642.75	528.37	459.13	603.70	675.00
埃及	Egypt, Arab Rep.	44000.00	56300.00	74600.00	68000.00	79300.00	93800.00	98700.00
厄立特里亚	Eritrea	507.27	523.22	611.00	601.00	702.00	1290.00	1480.00
肯尼亚	Kenya	10730.00	13070.00	16100.00	14660.00	17270.00	20560.00	22430.00
马达加斯加	Madagascar	2785.00	3880.00	5090.00	4250.00	3590.00	4500.00	4550.00
毛里求斯	Mauritius	5960.00	6130.00	7030.00	5670.00	6650.00	7720.00	8020.00
莫桑比克	Mozambique	5250.00	5460.00	6660.00	5910.00	7600.00	9910.00	10900.00
塞舌尔	Seychelles	1137.00	1219.00	1520.00	1189.00	1050.00	1233.00	1297.00
索马里	Somalia							
南非	South Africa	136900.00	158200.00	182800.00	135800.00	175100.00	220000.00	211300.00
苏丹	Sudan	13730.00	17660.00	21050.00	17950.00	21400.00	18930.00	12850.00
坦桑尼亚	Tanzania	6110.00	7480.00	10820.00	9390.00	11920.00	15530.00	16800.00
东部非洲	East Africa	227625.37	270605.10	327110.27	264173.33	325294.74	394378.87	389293.84
印度尼西亚	Indonesia	184600.00	211100.00	268000.00	213800.00	293000.00	377000.00	378000.00
马来西亚	Malaysia	292000.00	323000.00	357000.00	281000.00	364000.00	415000.00	424000.00
缅甸	Myanmar	7150.00	9650.00	11230.00	11010.00	13420.00	18260.00	18100.00
新加坡	Singapore	511000.00	562000.00	658000.00	516000.00	663000.00	776000.00	788000.00
泰国	Thailand	259000.00	294000.00	357000.00	286000.00	376000.00	452000.00	478000.00
东帝汶	Timor Leste	109.44	191.37	282.00	303.49	314.66	352.00	392.00
东南亚	Southeast Asia	1253859.44	1399941.37	1651512.00	1308113.49	1709734.66	2038612.00	2086492.00
孟加拉国	Bangladesh	27800.00	31100.00	39300.00	36900.00	47000.00	60600.00	59200.00

续表

国家	Country	2006 年	2007 年	2008 年	2009 年	2010 年	2011 年	2012 年
印度	India	300000.00	379000.00	516000.00	422000.00	576000.00	767000.00	784000.00
马尔代夫	Maldives	1152.00	1328.00	1721.00	1132.00	1288.00	1816.00	1864.00
巴基斯坦	Pakistan	46700.00	50400.00	62600.00	49200.00	59200.00	69400.00	68800.00
斯里兰卡	Sri Lanka	17190.00	19040.00	22450.00	17350.00	22100.00	30500.00	28580.00
南亚	South Asia	392842.00	480868.00	642071.00	526582.00	705588.00	929316.00	942444.00
澳大利亚	Australia	262000.00	306000.00	387000.00	319000.00	415000.00	514000.00	518000.00
大洋洲	Australia	262000.00	306000.00	387000.00	319000.00	415000.00	514000.00	518000.00
巴林	Bahrain	22700.00	25100.00	32300.00	22000.00	27300.00	32400.00	33700.00
伊朗	Iran, Islamic Rep.	117800.00	133600.00	171400.00	129600.00	166400.00	193800.00	161100.00
伊拉克	Iraq	50300.00	62800.00	94300.00	80300.00	96400.00	132300.00	151400.00
以色列	Israel	97100.00	113100.00	129000.00	97200.00	119600.00	143600.00	138500.00
约旦	Jordan	16700.00	19430.00	24940.00	20580.00	22630.00	26910.00	28590.00
科威特	Kuwait	73200.00	84100.00	112300.00	73900.00	92700.00	127400.00	144900.00
阿曼	Oman	32600.00	40700.00	60800.00	45600.00	56600.00	71100.00	80700.00
卡塔尔	Qatar	50500.00	65400.00	95200.00	72900.00	98000.00	143900.00	167200.00
沙特	Saudi Arabia	280800.00	323200.00	428000.00	287600.00	358000.00	497000.00	544000.00
阿拉伯联合酋长国	United Arab Emirates	246000.00	312000.00	416000.00	342000.00	379000.00	505000.00	580000.00
也门	Yemen, Rep.	12720.00	14810.00	18080.00	15440.00	17660.00	20800.00	20600.00
中东	Mid-east	1000420.00	1194240.00	1582320.00	1187120.00	1434290.00	1894210.00	2050690.00

注：各地区的数据根据各国数据整理而来。

资料来源：WTO 统计数据库。

表 15　FDI 流出（流量）

单位：百万美元（现价）

国家	Country	2000 年	2001 年	2002 年	2003 年	2004 年	2005 年
科摩罗	Comoros						
吉布提	Djibouti						
埃及	Egypt, Arab Rep.	51.20	12.40	27.80	20.70	158.90	92.00
厄立特里亚	Eritrea						
肯尼亚	Kenya			7.42	2.08	4.42	9.69
马达加斯加	Madagascar		1.13		-4.51		
毛里求斯	Mauritius	12.69	2.85	8.58	-5.48	31.67	47.53
莫桑比克	Mozambique	0.24	-0.04	-0.06	-0.17	-0.05	0.22
塞舌尔	Seychelles	7.73	8.54	8.73	8.15	7.60	33.41
索马里	Somalia						
南非	South Africa	270.61	-3177.89	-397.98	565.12	1350.06	930.29
苏丹	Sudan						
坦桑尼亚	Tanzania	-19.82	427.44	170.62	614.88	71.73	529.49
东部非洲	East Africa	322.65	-2725.57	-174.89	1200.76	1624.33	1642.62
印度尼西亚	Indonesia	150.00	125.00	181.77	212.67	3408.00	3065.00
马来西亚	Malaysia	2026.05	266.84	1904.74	1369.47	2061.32	3075.50
缅甸	Myanmar						
新加坡	Singapore	6650.27	20027.01	-250.03	3113.57	10960.52	11589.28
泰国	Thailand						
东帝汶	Timor Leste	423.67	213.70	441.12	991.15	2208.00	3750.30

续表

国家	Country	2000 年	2001 年	2002 年	2003 年	2004 年	2005 年
东南亚	Southeast Asia	9249.99	20632.56	2277.60	5686.86	18637.84	21480.08
孟加拉国	Bangladesh	2.00	20.60	4.10	6.20	5.70	3.30
印度	India	514.45	1397.44	1678.04	1875.78	2175.37	2985.49
马尔代夫	Maldives						
巴基斯坦	Pakistan	11.00	31.00	28.00	19.00	56.00	45.00
斯里兰卡	Sri Lanka	2.00	0.00	11.45	27.31	6.00	38.00
南亚	South Asia	529.45	1449.04	1721.59	1928.29	2243.07	3071.79
澳大利亚	Australia	4221.29	13675.11	7496.63	18363.59	10701.97	-31137.02
大洋洲	Australia	4221.29	13675.11	7496.63	18363.59	10701.97	-31137.02
巴林	Bahrain	9.57	215.96	190.16	741.35	1035.64	1135.37
伊朗	Iran, Islamic Rep.	21.80	-19.34	55.48	-341.86	67.52	452.14
伊拉克	Iraq						88.70
以色列	Israel	3335.37	687.55	980.98	2109.55	4540.74	2945.83
约旦	Jordan	8.60	31.59	13.82	-3.67	18.19	163.19
科威特	Kuwait	-303.09	-242.38	-76.69	-4959.38	2581.27	5141.78
阿曼	Oman				88.00	42.00	234.00
卡塔尔	Qatar	17.75	17.21	-21.04	88.17	437.92	351.91
沙特	Saudi Arabia	1550.00	45.63	2020.03	473.00	78.74	-350.14
阿拉伯联合酋长国	United Arab Emirates		0.76	0.24	2.26		
也门	Yemen, Rep.	-8.76	0.60	39.35	61.41	21.48	65.04
中东	Mid-east	4631.24	737.58	3202.33	-1741.17	8823.50	10227.83

续表

国家	Country	2006 年	2007 年	2008 年	2009 年	2010 年	2011 年	2012 年
科摩罗	Comoros							
吉布提	Djibouti							
埃及	Egypt, Arab Rep.	148.40	664.80	1920.20	571.10	1175.50	625.50	211.10
厄立特里亚	Eritrea							
肯尼亚	Kenya	23.95	36.04	43.77	45.99	1.58	9.43	16.05
马达加斯加	Madagascar							
毛里求斯	Mauritius	10.16	58.03	52.16	37.45	128.70	88.55	88.52
莫桑比克	Mozambique	0.40	-0.30	-0.04	-2.83	0.77	-3.38	-8.51
塞舌尔	Seychelles	8.01	17.83	12.96	5.34	6.15	7.92	4.00
索马里	Somalia							
南非	South Africa	6063.31	2965.92	-3133.68	1151.45	-75.67	-256.85	4368.71
苏丹	Sudan	7.28	10.74	98.21	89.21	66.05	84.49	79.92
坦桑尼亚	Tanzania	967.72	3003.11	4056.63	4172.07	4467.33	8217.36	11911.15
东部非洲	East Africa	7229.22	6756.17	3050.21	6069.77	5770.41	8773.03	16670.94
印度尼西亚	Indonesia	2726.00	4675.00	5900.00	2249.00	2664.25	7713.00	5423.00
马来西亚	Malaysia	6021.02	11313.89	14964.88	7784.37	13399.08	15248.88	17114.75
缅甸	Myanmar							
新加坡	Singapore	18637.07	36897.29	6812.19	24050.92	25341.29	26249.42	23080.15
泰国	Thailand							
东帝汶	Timor Leste	10891.76	14567.73	15820.30	2722.90	2015.00	2178.00	2536.01
东南亚	Southeast Asia	38275.86	67453.91	43497.37	36807.18	43419.61	51389.30	48153.91
孟加拉国	Bangladesh	3.60	21.00	9.30	29.30	15.40	13.04	52.78

续表

国家	Country	2006 年	2007 年	2008 年	2009 年	2010 年	2011 年	2012 年
印度	India	14284.99	17233.76	21147.36	16031.30	15932.52	12456.13	8582.75
马尔代夫	Maldives							
巴基斯坦	Pakistan	109.00	98.00	49.00	71.00	47.00	62.00	73.00
斯里兰卡	Sri Lanka	29.00	55.00	61.70	20.00	42.50	60.00	80.00
南亚	South Asia	14426.59	17407.76	21267.36	16151.60	16037.42	12591.17	8788.53
澳大利亚	Australia	25409.46	16856.75	33618.25	16233.16	27271.23	14285.23	16141.01
大洋洲	Australia	25409.46	16856.75	33618.25	16233.16	27271.23	14285.23	16141.01
巴林	Bahrain	980.05	1669.15	1620.48	-1791.49	334.04	893.62	922.34
伊朗	Iran, Islamic Rep.	385.51	301.72	379.79	355.67	345.89	360.45	430.00
伊拉克	Iraq	305.00	7.90	33.60	71.90	124.90	366.00	548.60
以色列	Israel	15437.96	8604.65	7209.99	1751.36	8656.10	3308.83	3177.64
约旦	Jordan	-138.08	48.10	12.82	72.39	28.45	30.85	5.35
科威特	Kuwait	8211.85	9778.27	8857.56	8583.82	1529.87	8895.75	7561.95
阿曼	Oman	276.00	-36.00	585.00	109.00	1498.00	1220.00	1371.00
卡塔尔	Qatar	127.43	5160.25	3657.77	3214.57	1863.17	6027.47	1840.11
沙特	Saudi Arabia	-38.60	-134.80	3497.70	2177.20	3906.90	3430.00	4402.00
阿拉伯联合酋长国	United Arab Emirates							
也门	Yemen, Rep.	55.88	53.79	66.00	66.36	70.32	76.56	71.08
中东	Mid-east	25603.01	25453.02	25920.71	14610.79	18357.64	24609.53	20330.08

注：各地区的数据根据各国数据整理而来。

资料来源：联合国 UNCTADstat 数据库。

表 16　FDI 流入（流量）

单位：百万美元（现价）

国家	Country	2000 年	2001 年	2002 年	2003 年	2004 年	2005 年
科摩罗	Comoros	0.09	1.15	0.43	0.79	0.67	0.56
吉布提	Djibouti	3.29	3.39	3.43	14.22	38.54	22.20
埃及	Egypt, Arab Rep.	1235.40	509.90	646.90	237.40	2157.40	5375.60
厄立特里亚	Eritrea	27.87	12.13	22.77	25.00	24.10	1.43
肯尼亚	Kenya	110.90	5.30	27.62	81.74	46.06	21.21
马达加斯加	Madagascar	82.95	93.06	61.11	95.45	95.19	86.02
毛里求斯	Mauritius	276.77	-25.64	32.11	62.08	11.16	41.56
莫桑比克	Mozambique	139.30	255.42	347.58	336.70	244.70	107.90
塞舌尔	Seychelles	24.33	64.74	47.72	58.43	37.45	85.88
索马里	Somalia	0.27	0.04	0.14	-0.85	-4.79	24.00
南非	South Africa	887.34	6783.92	1569.16	733.67	798.03	6646.93
苏丹	Sudan	392.20	574.00	713.18	1349.19	1511.07	2304.64
坦桑尼亚	Tanzania	3410.12	5073.20	3355.42	5222.35	5858.58	8066.55
东部非洲	East Africa	6590.83	13350.61	6827.56	8216.16	10818.17	22784.49
印度尼西亚	Indonesia	-4550.00	-2977.00	145.94	-597.00	1896.00	8336.00
马来西亚	Malaysia	3787.63	553.95	3203.42	2473.16	4624.21	4065.31
缅甸	Myanmar	208.00	192.00	191.40	291.23	251.00	234.90
新加坡	Singapore	15515.33	17006.90	6157.24	17051.45	24390.29	18090.30
泰国	Thailand				4.52	..	0.91
东帝汶	Timor Leste	-506.33	1183.84	95.30	4255.96	10003.50	10899.93

续表

国家	Country	2000 年	2001 年	2002 年	2003 年	2004 年	2005 年
东南亚	Southeast Asia	14454.63	15959.69	9793.31	23479.32	41165.00	41627.36
孟加拉国	Bangladesh	578.64	354.47	328.31	350.25	460.40	845.26
印度	India	3587.99	5477.64	5629.67	4321.08	5777.81	7621.77
马尔代夫	Maldives	22.26	20.50	24.67	31.77	52.93	73.23
巴基斯坦	Pakistan	309.00	383.00	823.00	534.00	1118.00	2201.00
斯里兰卡	Sri Lanka	172.95	171.79	196.50	228.72	233.00	272.00
南亚	South Asia	4670.85	6407.40	7002.15	5465.82	7642.14	11013.26
澳大利亚	Australia	15611.97	11031.12	15048.14	9412.35	42457.80	-24245.69
大洋洲	Australia	15611.97	11031.12	15048.14	9412.35	42457.80	-24245.69
巴林	Bahrain	363.56	80.32	217.02	516.70	865.31	1048.67
伊朗	Iran, Islamic Rep.	193.58	1084.48	3657.07	2697.87	2863.39	3135.59
伊拉克	Iraq	-3.14	-6.45	-1.59	1000.00	300.00	515.30
以色列	Israel	6957.44	1771.72	1582.84	3322.39	2947.35	4818.27
约旦	Jordan	913.26	273.62	238.22	546.97	936.81	1984.49
科威特	Kuwait	16.30	-111.57	3.62	-67.10	23.75	233.90
阿曼	Oman	83.20	5.20	122.00	25.00	111.00	1538.00
卡塔尔	Qatar	251.60	295.52	623.92	624.92	1198.97	2500.00
沙特	Saudi Arabia	183.00	504.00	453.00	778.46	1942.00	12097.00
阿拉伯联合酋长国	United Arab Emirates	282.00	467.20	387.60	308.20	330.60	935.52
也门	Yemen, Rep.	6.40	155.14	114.30	-89.11	143.58	-302.06
中东	Mid-east	9247.19	4519.18	7398.00	9664.30	11662.76	28504.68

续表

国家	Country	2006 年	2007 年	2008 年	2009 年	2010 年	2011 年	2012 年
科摩罗	Comoros	0.83	7.68	4.63	13.78	8.34	23.09	16.97
吉布提	Djibouti	108.29	195.35	228.95	99.63	26.80	78.00	100.00
埃及	Egypt, Arab Rep.	10042.80	11578.10	9494.60	6711.60	6385.60	-482.70	2797.70
厄立特里亚	Eritrea	15.38	7.21	39.00	91.00	91.00	39.00	73.67
肯尼亚	Kenya	50.67	729.05	95.58	114.97	178.06	335.25	258.61
马达加斯加	Madagascar	294.51	773.30	1169.36	1066.06	808.15	809.78	894.66
毛里求斯	Mauritius	105.30	339.05	382.91	247.84	429.96	273.39	360.93
莫桑比克	Mozambique	153.70	427.40	591.60	892.50	1017.92	2662.81	5218.14
塞舌尔	Seychelles	145.59	238.61	129.84	118.42	159.83	143.88	114.00
索马里	Somalia	96.00	141.00	87.00	108.00	112.00	102.00	107.33
南非	South Africa	-526.76	5694.53	9006.30	5365.44	1228.35	6004.30	4572.49
苏丹	Sudan	3534.08	2425.59	2600.50	1816.18	2063.73	2691.70	2466.36
坦桑尼亚	Tanzania	9501.25	11359.42	8454.70	4854.39	9146.78	7778.68	8607.45
东部非洲	East Africa	23521.64	33916.28	32284.98	21499.83	21656.52	20459.18	25588.30
印度尼西亚	Indonesia	4914.00	6928.00	9318.00	4877.37	13770.58	19241.25	19852.57
马来西亚	Malaysia	6060.25	8594.67	7171.98	1452.97	9060.04	12197.58	10073.93
缅甸	Myanmar	275.81	709.92	863.00	972.53	1284.60	2200.00	2242.98
新加坡	Singapore	36700.23	46972.33	12200.01	24939.33	53622.71	55922.66	56650.90
泰国	Thailand	8.48	8.70	39.70	49.93	28.52	47.08	42.00
东帝汶	Timor Leste	12805.99	14186.52	13723.60	4002.70	5500.00	7679.00	9602.00
东南亚	Southeast Asia	60764.77	77400.14	43316.28	36294.83	83266.45	97287.56	98464.38
孟加拉国	Bangladesh	792.48	666.36	1086.31	700.16	913.32	1136.38	990.04

续表

国家	Country	2006 年	2007 年	2008 年	2009 年	2010 年	2011 年	2012 年
印度	India	20327.76	25349.89	47138.73	35657.25	21125.45	36190.40	25542.84
马尔代夫	Maldives	95.23	132.43	181.26	157.96	216.47	256.46	283.98
巴基斯坦	Pakistan	4273.00	5590.00	5438.00	2338.00	2022.00	1327.00	846.75
斯里兰卡	Sri Lanka	480.00	603.40	752.20	404.00	477.60	981.10	775.50
南亚	South Asia	25968.47	32342.08	54596.50	39257.38	24754.84	39891.34	28439.11
澳大利亚	Australia	31049.65	45534.57	47009.68	26701.19	35241.62	65296.97	56958.94
大洋洲	Australia	31049.65	45534.57	47009.68	26701.19	35241.62	65296.97	56958.94
巴林	Bahrain	2914.89	1756.12	1793.88	257.18	155.85	780.85	891.22
伊朗	Iran, Islamic Rep.	1646.57	2005.10	1909.20	3047.60	3647.50	4150.00	4869.88
伊拉克	Iraq	383.00	971.80	1855.70	1598.30	1396.20	2082.30	2549.00
以色列	Israel	15295.88	8798.28	10874.70	4607.03	5509.57	11080.56	10414.13
约旦	Jordan	3544.01	2622.14	2826.26	2413.10	1650.85	1473.52	1402.96
科威特	Kuwait	121.33	111.47	-5.96	1113.85	456.03	855.01	1851.14
阿曼	Oman	1597.00	3332.00	2952.00	1485.00	1243.00	739.00	1514.00
卡塔尔	Qatar	3500.00	4700.00	3778.63	8124.74	4670.33	-86.81	326.92
沙特	Saudi Arabia	18293.10	24318.70	39455.90	36457.80	29232.70	16308.00	12182.00
阿拉伯联合酋长国	United Arab Emirates	403.04	581.51	1383.25	952.61	1813.25	1229.38	1706.00
也门	Yemen, Rep.	1120.98	917.30	1554.62	129.19	188.63	-518.42	348.81
中东	Mid-east	48819.79	50114.42	68378.18	60186.40	49963.90	38093.38	38056.06

注：各地区的数据根据各国数据整理而来。

资料来源：联合国 UNCTADstat 数据库。

中国皮书网

www.pishu.cn

发布皮书研创资讯，传播皮书精彩内容
引领皮书出版潮流，打造皮书服务平台

栏目设置：

- □ 资讯：皮书动态、皮书观点、皮书数据、 皮书报道、 皮书新书发布会、电子期刊
- □ 标准：皮书评价、皮书研究、皮书规范、皮书专家、编撰团队
- □ 服务：最新皮书、皮书书目、重点推荐、在线购书
- □ 链接：皮书数据库、皮书博客、皮书微博、出版社首页、在线书城
- □ 搜索：资讯、图书、研究动态
- □ 互动：皮书论坛

中国皮书网依托皮书系列“权威、前沿、原创”的优质内容资源，通过文字、图片、音频、视频等多种元素，在皮书研创者、使用者之间搭建了一个成果展示、资源共享的互动平台。

自2005年12月正式上线以来，中国皮书网的IP访问量、PV浏览量与日俱增，受到海内外研究者、公务人员、商务人士以及专业读者的广泛关注。

2008年、2011年中国皮书网均在全国新闻出版业网站荣誉评选中获得“最具商业价值网站”称号。

2012年，中国皮书网在全国新闻出版业网站系列荣誉评选中获得“出版业网站百强”称号。

权威报告　热点资讯　海量资源

当代中国与世界发展的高端智库平台

皮书数据库　www.pishu.com.cn

皮书数据库是专业的人文社会科学综合学术资源总库，以大型连续性图书——皮书系列为基础，整合国内外相关资讯构建而成。该数据库包含七大子库，涵盖两百多个主题，囊括了近十几年间中国与世界经济社会发展报告，覆盖经济、社会、政治、文化、教育、国际问题等多个领域。

皮书数据库以篇章为基本单位，方便用户对皮书内容的阅读需求。用户可进行全文检索，也可对文献题目、内容提要、作者名称、作者单位、关键字等基本信息进行检索，还可对检索到的篇章再作二次筛选，进行在线阅读或下载阅读。智能多维度导航，可使用户根据自己熟知的分类标准进行分类导航筛选，使查找和检索更高效、便捷。

权威的研究报告、独特的调研数据、前沿的热点资讯，皮书数据库已发展成为国内最具影响力的关于中国与世界现实问题研究的成果库和资讯库。

皮书俱乐部会员服务指南

1. 谁能成为皮书俱乐部成员？

- 皮书作者自动成为俱乐部会员
- 购买了皮书产品（纸质皮书、电子书）的个人用户

2. 会员可以享受的增值服务

- 加入皮书俱乐部，免费获赠该纸质图书的电子书
- 免费获赠皮书数据库100元充值卡
- 免费定期获赠皮书电子期刊
- 优先参与各类皮书学术活动
- 优先享受皮书产品的最新优惠

3. 如何享受增值服务？

（1）加入皮书俱乐部，获赠该书的电子书

第1步 登录我社官网（www.ssap.com.cn），注册账号；

第2步 登录并进入“会员中心”—“皮书俱乐部”，提交加入皮书俱乐部申请；

第3步 审核通过后，自动进入俱乐部服务环节，填写相关购书信息即可自动兑换相应电子书。

（2）免费获赠皮书数据库100元充值卡

100元充值卡只能在皮书数据库中充值和使用

第1步 刮开附赠充值的涂层（左下）；

第2步 登录皮书数据库网站（www.pishu.com.cn），注册账号；

第3步 登录并进入“会员中心”—“在线充值”—“充值卡充值”，充值成功后即可使用。

4. 声明

解释权归社会科学文献出版社所有

皮书俱乐部会员可享受社会科学文献出版社其他相关免费增值服务，有任何疑问，均可与我们联系

联系电话：010-59367227　企业QQ：800045692　邮箱：pishuclub@ssap.cn

欢迎登录社会科学文献出版社官网（www.ssap.com.cn）和中国皮书网（www.pishu.cn）了解更多信息

法律声明